李茲
文化

Make Something Different
不一樣就是不一樣

UP UP UP
UP UP UP
UP UP UP UP UP UP UP
UP UP UP UP UP UP UP
UP UP UP UP UP UP UP UP UP
UP UP UP UP UP UP UP UP UP
UP UP UP UP UP UP UP UP UP
UP UP UP UP UP UP UP UP UP
UP UP UP UP UP UP UP UP UP
UP UP UP UP UP UP UP UP UP
UP UP UP UP UP UP UP UP UP
UP UP UP UP UP UP UP UP UP
UP UP UP UP UP UP UP UP UP
UP UP UP UP UP UP UP UP UP
UP UP UP UP UP UP UP UP UP
UP UP UP UP UP UP UP UP UP
UP UP UP UP UP UP UP UP UP
UP UP UP UP UP UP UP UP UP
UP UP UP UP UP UP UP UP UP
UP UP UP UP UP UP UP UP UP
UP UP UP UP UP UP UP UP UP

喚——醒——你
心中的大師
MASTERY

偷學48位大師精進的藝術，做個厲害的人

羅伯・葛林 Robert Greene ——著 謝佳真——譯

【推薦序】

大師是天才嗎？還是可以透過鍛鍊心性來培養？這是一本解讀大師的書，從本性、環境、教養及心境鍛鍊等面向出發，幫助我們發掘大師的祕密。

什麼是大師？我不是天生資質優異，可能成爲大師嗎？可能成爲具有宏觀視野、堅強毅力與深度思考能力的人嗎？作者並沒有要我們成爲書中所介紹的大師，然而透過不同階段的磨練、有效策略的心境演化，克服恐懼、戰勝自我的侷限、發展自我心性與思考能力，我們都可以達到大師境界。

這本書從發掘天賦開始到鍛鍊大師的境界，不斷提醒我們在現今高度競爭的社會裡，如何站在制高點，如何開發創造力與開發社交智能，如何融合直覺與理性，引導自我成爲一個大師典範，在人生過程中，爲自己創造價值！

好好閱讀這些智慧與心境開發的策略，「大師」也可以成爲我們人生的某種境界，擁有作者所謂的「終極的力量」，可能才是面對這個多變社會所必須具備的能力。

實踐大學應外系、創意產業博士班講座教授　陳超明

張三丰大師在教授張無忌太極劍時說：神在劍先。劍，是一種招式，是一種學徒訓練與積極創造的階段。但是要達到大師境界，還需要「神在劍先」的神，就是人性與自然。

大師境界是一種直覺，沒有招式，沒有推理，就是一種身體的自然反應。這本書的大師養成過

程也分成這幾個階段，認識自己 to be 的階段（第一章），學習劍法 to do 的學徒訓練階段（第二、三、四章，技巧、拜師、社交），接下來是創造階段（第五章）與大師境界階段（第六章）。

在今日繁忙的日子裡，我們要儘早喚醒心中沉睡已久的大師直覺，讓招式成為身體的自然反應。

台灣科技大學資訊管理系專任特聘教授　盧希鵬

你是否在你年輕的時候立下志願成爲某個領域的「大師」？你是否還朝向這個目標努力？面對這個變動劇烈的時代，我們常聽到唯一不變的就是「變」，在愈來愈多 AI（人工智慧）浪潮來襲、許多工作將會被取代的資訊環繞下，我們正進入一個迷惘與焦慮的時代，不論你是剛要踏入職場的新鮮人，在職場上思索轉換跑道，或是在追求第二人生，本書也許可以給你一些啟發。

本書詳述「發掘內心的召喚」（生命任務），到抵達「大師境界」過程中的學習與反思，其中許多現代大師在不同階段的例子，幫助我們理解一些必經的挫折與挑戰，在我們碰到困惑時，爲我們的思考帶來一些方向。我也回想著從年輕時候擔任財經記者，後來一路在互聯網與科技領域發展，我從這個過程中有許多的學習與收穫，不論碰到困難與阻礙，多數的時候，心裡始終是開心與喜樂的。在人生重要的跑道轉換時，我總是忠於自己的興趣和熱情，而不是外界一般認定的公司、職稱等等，這大概就是內心的召喚吧！希望你可以利用這本書，找到你的生命任務，堅定選擇屬於你的人生旅程與邁向大師境界的道路！

鉅亨網執行長　洪小玲

《異數》的作者麥爾坎．葛拉威爾，談到從平凡到超凡之間的界線來自於一萬小時的投入，當中還有一個關鍵，就是用正確的方法走在對的路上，如果方法錯誤，投入的時間再久也不可能得到想要的結果。

羅伯．葛林的新書《喚醒你心中的大師》正是要幫助你用對的方式，走上大師之路，透過四十八位大師的崛起歷程，找出精進的脈絡與正確步驟。

每個人的一生都只有一次，從大師的身上偷師，將幫助你省下大量的摸索時間，我相信持續投入練習，假以時日你必能看見更不凡的自己。

華人閱讀人社群主編　鄭俊德

目錄

第三章　汲取大師的功力：拜師——121

第五章　喚醒多重心智：積極創造階段——203

【簡介】

終極的力量

每個人都將命運細細捧在自己掌心，如同雕刻家看待準備雕琢成作品的素材。然而這種藝術與他類藝術並無二致：我們生來只具備了投入其中的資質；但必須另外學習、培養隨心所欲將素材雕塑成形的技巧。

歌德（Johann Wolfgang von Goethe），德國劇作家

世上有一種將人類潛力發揮到極致、展現無上力量與智能的境界，史上最卓越的成就與發現莫不由此而來。這種境界的智能，學校不教、學者不研究，但幾乎人人都曾經由某時某刻的個人經驗中窺見一鱗半爪。它往往發生在壓力沉重之際，諸如當我們得招架迫在眉睫的截止期限、碰上必須火速解決的問題，言而總之就是面對各式危急關頭時。但有時，那種境界卻是長期執著於同一件事所磨練出來的功力。無論如何，我們在情勢所逼之下，做事特別起勁，能聚精會神、全然投入在眼前的事務。這種高度凝聚注意力的狀態會激發種種靈感，當在入睡之際，靈感便莫名其妙地湧現，彷彿從無意識中跳躍而出似的。在這種時刻，別人似乎不太排斥聽由我們指揮，也或許是我們這時待人會格外用心，或是那一副神力加持的模樣教人不由得肅然起敬。我們平常的生活模式或許消極被動，總是事到臨頭才肯提起精神應付，但是在那幾天甚至幾週內，卻覺得自己一手主導了情勢，

且能夠使命必達。

可以用下文來描述這種力量：多半的時候，我們活在夢想、欲望、執念交織的內心世界中。但在這段創造力大爆發的時期，卻被完成任務的需求推著走，這帶來了實質的好處。我們強迫自己跳脫習於慣性思考的內心世界，連結到外界、旁人及現實。心智不再總是處於心不在焉的狀態，一會兒想東、一會兒想西，而是集中精神瞄準事物的核心。在這些時刻，周遭世界的光明彷彿湧進了我們的心智（此時心智已轉向外界），突然間，心智接軌到新的細節和資訊，於是我們點子變多，也更有創意。

一旦熬過截止期限或警報解除了，那種充滿力量、創意勃發的感覺通常會消退。我們回歸心不在焉的自己，不再覺得能夠駕馭全局。如果能複製那種感覺就好了，不然延續久一點也不錯……但它似乎很神祕，有點難以捉摸。

我們的困惑在於這種層次的力量及智能要嘛備受冷落，沒被當成一回事來研究，要嘛就是把它與各種迷思及誤解掛鉤，變得玄之又玄。我們以爲創意與才氣是莫名出現的，可能是天賦才華的果實、或心花怒放的獎勵、或天時地利的結果。若能揭開它的神祕面紗，給這種力量滿溢的感覺一個名稱，可以檢視其根源，界定能用何種方式召喚它，了解如何複製、如何存續，對我們將如虎添翼。

姑且將這種感覺稱爲**大師境界**（mastery），**亦即覺得更能駕馭現況、別人及自我的那種感受**。或許我們只有淺嘗過那種滋味，然而對有些人，尤其是各領域的大師而言，這便是他們的生活日常，便是他們的世界觀。（這些大師包括了達文西〔Leonardo da Vinci〕、拿破崙・波拿巴〔Napoleon Bonaparte〕、達爾文〔Charles Darwin〕、愛迪生〔Thomas Edison〕、瑪莎・葛蘭姆〔Martha Graham〕等族繁不及備載。）而在這股力量的背後，其實有個可通往大師境界的明確流程，人人都可以學習。

可用下文的說法解釋這個流程：假設我們想學鋼琴，或剛從事一份必須學會新技能的新工作。初期，我們是大外行無誤，對鋼琴或工作環境的初步印象是基於臆測，而且常會摻雜一些恐懼。開始學鋼琴時，琴鍵看來很複雜，我們不懂每個琴鍵之間的關係，也缺乏和弦、踩踏板及演奏音樂的相關知識。而在新公司的環境中，我們不熟知同事之間的權力地圖、上司的性格，以及想表現傑出所需的條件和方法。感到一頭霧水是自然的，在這兩個例子中，我們都還不具備足夠的知識。

剛開始進入這些處境時，我們或許會因為將學習新東西而興奮不已，或者因新技能將會派上用場而雀躍，然而很快就會察覺下功夫苦學是少不了的。最糟糕的情況是撐不了多久就向厭煩、不耐、恐懼、困惑低頭，於是乾脆停止觀察與學習。

話說回來，如果能熬過那些情緒，日積月累下來，便會逐漸形成驚人的轉變。若能持續觀察並遵循老手的帶領，認眞摸清狀況，一邊學習規則，一邊觀察事情如何運作、如何相輔相成。如此持之以恆，便能熟練；當基本工練到純熟之後，便能承受更刺激的新挑戰。我們逐漸能夠辨識之前隱而不顯的事理關係，慢慢相信自己有能力可以解決問題，並能十分堅毅地克服掉弱點。

時機成熟後，便從學習技藝升級到實作。我們試驗自己的想法，從過程中得到寶貴的回饋，因而深化知識，且運用這些學問的方式漸趨靈活。不再光是學習別人的作法，更融入了自己的風格和特色。

春去秋來，看似在不斷遵循這個學習兼實作的流程，但另一次的大躍進發生了，我們躍上大師境界了。琴鍵不再是外物，它與我們合而為一，彷彿成為神經系統及指尖的延伸。在新職場的例子中，則是洞悉了公司的權力分布及業界生態。已能將這份洞悉應用在社交場合，看穿別人的心思、預見別人的反應。我們能做出令人拍案的明快決定、靈思泉湧，將各種陳規的奧義學個透徹，成為打破或改寫遊戲規則的人。

由抵達這種終極境界之前的歷程，可以看出三個明顯的階段，或說層次。第一是**學徒訓練階段**，第二是**積極創造階段**，第三是**大師境界階段**。在第一階段，我們站在大門外，努力取得必要的基本條件和學習規則，只能窺見全局的一部分，因此能力很有限。到了第二階段，從大量的實作及浸淫陶冶中逐漸瞧出了門道，懂得事物如何彼此鏈結，對自己鑽研的領域有了比較全面的認識。因此從中得到新能力，開始可以測試各種牽涉其中的元素，揮灑創造力。在第三階段，我們累積的知識、經驗、專精的程度都已經很深厚，對全局簡直一目瞭然。我們碰觸到了生命的核心：人性和自然界。也因此，大師的藝術作品常能撼動人心的最深處。藝術家能捕捉到現實世界的精髓；傑出的科學家可以揭發新的物理法則；而發明家或企業家可以開發別人想都沒想過的東西。

這種力量或可稱爲直覺，而直覺說穿了便是在瞬間洞悉眞理，毋須言語解釋，不必公式推論。言語和公式或許會在事後出現，但那靈光一閃的直覺才是帶我們貼近眞相的關鍵，因爲心智突然被之前無人能見的眞相粒子所照亮。

動物有學習能力，但主要是運用與周遭環境連結的本能來學習，藉此迴避危險。牠們憑著本能，就能迅速有效地做出反應；人類則仰賴思考和理性來了解環境。但這種思考可能慢騰騰的，甚至緩不濟急的。因此我們深陷的內在思考過程往往會切斷與外界的連結。大師級的直覺力融合了直覺與理性、意識與無意識、人類與動物，就是以這種方式在瞬間與環境建立強力的連結，感受或思考到事物的內在。在孩提時期，我們具備少許這種直覺力與靈感，但心智因年深月久的資訊堆積而超載，因而喪失了那種本領。大師重拾了這種孩童般的狀態，作品帶有靈感的成分並且接通到無意識，程度比起孩童來得高超許多。

如果我們經歷這些過程，抵達這個終點，會喚醒這股在每個人類大腦裡休眠的直覺力，也就是當潛心解決一個問題時可能曾短暫體驗到的那股力量。事實上，我們經常在生活中瞥見到這股力量，比如說，曾隱約感覺到某件事情的未來走向，或一個完美的解決對策突然不知打哪兒迸出來了。但這些時刻一閃即逝，因爲不是建立在扎實的能力之上，因此無法複製。一旦抵達大師境界，這種直覺將供我們差遣，因爲它已變成走過漫長歷練的成果。且由於創造力及發掘事物新可能的能力普世重視，直覺力能爲我們帶來龐大的實際效益。

不妨這樣理解大師境界：古往今來的男男女女因爲自己的意識能力而受到侷限，不理解現實情況，也沒有影響周遭人事物的力量。尋尋覓覓之下，試圖藉由神祕儀式、進入出神狀態、念咒祈禱、仙丹靈藥等五花八門的途徑，去親炙無所不能及操控大局的感覺。一如獻身於鍊金術，想尋找出能將所有物質變爲黃金的點金石。

這種抄捷徑的渴求影響至今，演變成追求速成的成功法。終於公諸於世的古老祕密說：只要改變心態，就能吸引正能量。這種教導含有些微的眞理和實質益處，例如，強調專注的奇效。但到頭來，這些追尋都是繞著幻影打轉，像是輕鬆學好某種本事、簡易的速成妙法、進入心靈的黃金國等。

與此同時，多少人在這些無盡的幻想中迷失了，無視於自己其實坐擁了眞實的力量。這可不是變魔術或粗糙的成功公式，我們可以從歷史上見證到這股力量發揮後產生的優質成果：偉大的科學發現及發明、宏偉的建築及藝術作品。我們現在擁有的高超科技，清一色皆爲大師的傑作。這股力量可以讓持有者與現實連結，擁有改變世界的能力，而那正是昔日的神棍及江湖術士作夢都得不到的本領。

數百年來，人類在這種大師境界周圍築起一堵牆，宣稱那叫天才，認爲那不是凡人能夠企及的。

他們認爲那有賴上天的恩賜、天賦的才華或純屬幸運，彷彿和巫術一樣不可捉摸。但這堵牆是幻想，眞正的祕密是：**人的頭腦是發展六百萬年的成果，尤有甚者，大腦演化的初衷就是要讓我們進入大師境界，人人都握有這股多半在休眠中的力量。**

大師境界的演化

> 我們做了三百萬年的採集狩獵者，那種生活的演化壓力終於把我們的大腦鍛鍊得可以隨機應變又充滿創意。如今我們就是以採集狩獵者的大腦頂天立地。
>
> 理查德·李基（Richard Leakey），肯亞古人類學家、保育人士

如今我們很難想像在六百萬年前左右，冒險涉足東非草原的人類始祖是極其弱小的生物。他們身高不足一百五十公分，直立行走，可用雙腿奔跑，但與追捕他們的四足掠食動物相比，他們的速度實在談不上敏捷。他們骨瘦如柴，手臂沒什麼防禦力量；遇襲時，也沒有利爪、尖牙、毒液可用。爲了採集果實、堅果、昆蟲或死屍的肉，他們必須進入開闊的大草原，豹或成群的鬣狗可以輕易捕食人類。他們如此弱小，人數又少，就算三兩下就絕種也不足爲奇。

然而在幾百萬年內（以演化的尺度來看算是非常短暫），這些乏善可陳的人類祖先搖身變成了地球上最難纏的獵人。這種奇蹟似的反敗爲勝是怎麼發生的？有人推測是因爲他們以雙腿站立便能

騰出雙手，運用拇指與對立的四隻手指精準抓握東西來製作工具。但這種偏重肉體特徵的解釋搞錯了重點。人類的優勢、我們的大師能力不是來自雙手，而是頭腦，比起被我們打造成目前自然界已知最強大工具的大腦，任何利爪都瞠乎其後。而讓原始人類翻身掌握起大權的心智蛻變，則源自兩種簡單的生物特徵：視覺及社交能力。

我們最早的祖先是在樹上欣欣向榮數百萬年的靈長目後裔，牠們在那段期間演化出自然界最了不起的視覺系統。爲了在那種環境中迅捷地移動，牠們發展出極度複雜的眼睛及肌肉協調能力。牠們的眼睛緩緩演化成完全位於臉部正面，於是有了雙目的立體視覺。這套系統爲大腦提供高度精準的精細視覺，但視野很窄。具備這種視覺的動物（與眼睛長在側面或半側的動物相比）通常是強勁的掠食者，諸如貓頭鷹或貓科動物，牠們運用銳利的視覺鎖定遠方的獵物。住在樹上的靈長目動物演化出這種視覺的目的並不相同，牠們是爲了在枝幹上穿梭，更快速地尋找果實、漿果、昆蟲。牠們也演化出精密的彩色視覺。

當人類始祖從樹林進入非洲大草原的開闊草地，他們採取立姿，憑著這時已經具備的敏銳視覺系統就能看見遠方（長頸鹿和大象或許比較高，但眼睛位於兩側，看見的是全景）。因此，他們能察覺危險的掠食者在遠方的地平線現身，即使在黃昏時分也能看出掠食者的一舉一動。只要有幾秒或幾分鐘的緩衝，他們便能計畫出安全的脫身之計。同時，如果他們聚焦在自身周圍，便能辨識出環境中各種重要的細節，像是足跡及掠食者路過的蹤跡，能夠撿拾或許還能當作工具使用的岩石，並看清楚顏色及形狀。

在樹上，這種強大的視覺是爲了速度而存在，爲了能夠眼觀四方並迅速應變。在開闊的草地上則恰恰相反。保護自身安全及覓食必須靠慢慢耐著性子觀察環境，仰賴辨識細節的能力，並且要琢磨細節可能代表的意義。我們祖先的存亡取決於專注力的強弱。他們看得愈久、愈仔細，愈能分辨眼前的是機會或危險。假如他們乾脆、快速地掃視地平線，看見的範圍便會擴大很多，但如此一來，資訊會超過心智的負荷，對於如此敏銳的視覺來說，那樣細節太多了。人類的視覺系統和牛不一樣，不是爲了掃視而設計的，而是爲了高度聚焦。

動物永遠鎖定當下。牠們可以從近期的事件學習，但很容易因爲眼前的事物而分心。在漫長的歲月之後，慢慢地，我們的祖先克服了這種動物的基本弱點。藉由長時間注視一件物品，並且拒絕分心（即使只有區區幾秒），他們便能暫時忘卻四周的環境。如此一來，他們即可辨識模式，歸納出規則、計畫未來。他們能勻出心力思考及反省，即使還非常初階。

這些早期的人類演化出抽離現實的思考能力，這是他們在辛苦躲避掠食者及尋找食物時的主要優勢。他們因此連結到其他動物無法理解的現實面，這個層次的思考便是演化史上單一且最大的轉捩點：具有意識和推理能力的心智誕生了。

第二種生物優勢比較細微，但同樣影響深遠。靈長目基本上統統都是社交生物，但我們最早的祖先在開闊的空間裡非常脆弱，因此需要族群的向心力。他們仰賴族群成員來監看掠食者及採集食物。一般而言，這些早期人類的社交互動遙遙領先其他靈長目。幾十萬年後，他們的社交能力日漸高明，於是這些祖先便能與別人合作無間。一如認識自然環境的方式，這種社交能力也仰賴高度的觀察力與聚焦能力，在親密的族群中誤判社交訊號可能極爲危險。

拜**視覺**與**社交**這兩種能力極致發展之賜，人類始祖約在兩、三百萬年前發明並建立繁複的狩獵技巧。慢慢地，他們更有創意，將複雜的技巧雕琢成一門技藝。他們成爲季節性的獵人，行遍歐亞大陸，設法適應了各種氣候。他們的大腦在這段迅速演化的時期裡變大，約二十萬年前左右，他們的大腦尺寸便幾乎與現代人類相同。

一群義大利神經科學家在九〇年代的科學發現，有助於解釋我們原始祖先的狩獵技術爲何提高，進而說明了如今這個世界上的大師境界。他們在研究猴子大腦時，發現有一種特別的運動神經元不只在猴子們執行特定動作（諸如拉動把手來取得花生或拿到香蕉）時出現反應，當猴子們看到別隻猴子執行相同的動作，這些運動神經元也會出現反應。這些神經元不久便取名爲鏡像神經元（mirror neurons）。這種神經元的反應代表猴子不論是自己做動作，或看見其他猴子做相同的動作，都會出現類似的感覺，於是便能感同身受地了解別隻猴子的行動，彷彿自己也做了同樣的舉動。許多靈長目動物因而具備模仿能力，而黑猩猩預測競爭對手的計畫及行動的能力更是高超。據推測，這種神經元是因爲靈長目的社交天性而演化出來的。

近期的實驗證實人類具備相同的神經元，只是精巧的程度高出很多。猴子或靈長目動物看到其他同類的行動，就能從這隻同類的角度去理解牠的行動，想像牠的意圖，但人類還能更進一步。我們不用任何視覺提示或看見別人的行動，就能從**別人內心的角度**去猜測別人的想法。

對我們的祖先來說，憑著鏡像神經元的發達便能從最細微的跡象看穿別人的欲望，進而改進自己的社交技巧。鏡像神經元也是製作工具時的關鍵要素，可以模仿老手的作法，學會製作工具。但最重要的或許是他們得以從周遭一切事物的內在立場進行思考。研究特定動物多年後，他們便能理解該物種，採用牠們的思維，預測牠們的行爲模式，提高自己追蹤及獵殺獵物的能力。這種從內在立場思考的作法甚至也能套用在無機物上。製作石器時，老練的工匠會覺得自己與工具合而爲一，拿來切割工具的石器或木器彷若他們雙手的延伸，如同自己的身軀一般地感受到自己的工具，如此一來，不論是製作或使用工具，都隨心所欲許多。

這種心智的威力只能經過多年的經驗累積來釋出。追蹤獵物、製作工具等技能一旦精通之後，便可進入自動運作的狀態，執行該技術時心智不必再聚焦於執行的動作上，可專注在更高的層次，諸如獵物可能在想什麼、工具如何能改造得更順手。從內在立場思考可說是在語言時代出現之前的第三階段（大師境界階段），相當於原始版本的達文西對解剖學的直觀洞見，或麥克·法拉第（Michael Faraday）[1]的電磁學。既然我們的祖先抵達了這個層次，可見他們能明快地做出好決定，對自己的環境和獵物都有全面的認識。若是沒演化出這種本領，一場成功的狩獵所需處理的大量資訊三兩下就會壓垮祖先的心智。他們必須在語言發明前數十萬年就發展出這種直覺力，因此，我們體驗到這種智能時會覺得那是非言語的東西，是一種超乎我們語文能力所能描述的力量。

要了解：這段漫長歲月對我們心智發展是基礎關鍵，這從根本上改變了人類與時間的關係。對動物來說，時間是大敵。如果作爲獵物，在一地漫遊太久必死無疑；如果作爲掠食者，等待太久，獵物必然逃之夭夭。時間對動物來說，也代表肉體的衰頹，驚人的是，擅長打獵的祖先反轉這個過程。他們觀察一件事物的時間愈長，對現實的理解與連結就愈深，狩獵技巧會隨經驗累積而更上層樓，製作實用工具的能力會愈練愈精良。身體會衰老，但心智會持續學習及順應環境。運用時間來達成這種效果，即是大師境界的必備配方。

其實，這種與時間關係的巨大變革，大可說從根本上改變了人類心智，給了人類心智一種特質，或者說是本質。當我們花時間潛心專注，當我們相信投入幾個月或幾年的努力能達到大師境界，便是在發揮耗費數百萬年演化來的優異心智特質。我們智能的層次注定愈走愈高，見識愈來愈深廣且務實。操練技術，憑著技術製作物品；學會爲自己想，開始有能力處理複雜情況，不再手足無措。久而久之，我們成爲 homo magister，亦即「大師級的男性或女性」。

我們若相信自己可以用偷吃步、閃避必要的磨練，仗著政治上有人脈或速成法、抑或仰仗天資聰穎，大師境界便會神奇地落入我們手中，那便違逆了心智的本質，逆轉了我們的自然能力。我們反而會變成時間的奴隸，隨著時間流逝，日漸衰老、能力退化，困在死胡同般的工作中。我們開始受制於旁人的意見和恐嚇，不再用心智能力與現實接軌，昧於事實，禁錮在褊狹的思想領域之中。明明在以往可以憑藉專注力求生的人類，如今成了心思渙散、對周遭興趣缺缺的動物，既無力深入思考，卻又缺乏本能可仰賴。

最愚不可及的是去相信在短暫的人生中，光憑一己區區數十載歲月的意識，便妄想經由科技和一廂情願去改變大腦，擺脫歷經六百萬年才發展出來的心智特質。與心智的本質反其道而行或許會暫時見效，但時間會無情地披露你的弱點和耐性不足。

關於人類的美妙救贖，就是我們繼承了可塑性極高的心智工具。我們的採集狩獵者祖先在漫長歲月中，藉由建立懂得學習、改變、適應環境的文化，將大腦雕琢成如今的樣貌，沒讓大腦淪爲緩慢至極的自然演化的囚徒。身爲現代人類，我們的大腦具備相同的能力、相同的可塑性。我們隨時都可以選擇改變與時間的關係、順應心智的本質行事、認識心智的存在及其力量。將時間收歸己用之後，便能改掉壞習慣和消極態度，在智能的階梯向上爬。

可以視這種轉變爲回歸到人類既不平凡又久遠的過去，以現代版的樣貌連結到你的採集狩獵者

1 一七九一～一八六七年，英國物理學家。在電磁學及電化學領域有諸多重要貢獻，被譽為史上最有影響力的科學家之一。

祖先，維繫起這個偉大的傳承。我們安身立命的環境或許和以前大不相同，但大腦基本上一樣，且大腦的學習力、適應力、駕馭時間的能力舉世皆然。

進入大師境界的關鍵

> 人應該學會留意並關注從腦海閃現的靈光，這比吟唱詩人與智者的榮光來得重要。可是人對自己的想法太不屑一顧，只因為那是自己的。在每一件天才傑作當中，我們都會瞥見那些曾被自己摒棄的想法，這些想法會帶著陌生的壯麗光芒回到我們眼前。
>
> 愛默生 (Ralph Waldo Emerson)，美國詩人

既然人生來就擁有類似的大腦，大腦的架構與晉升到大師境界的潛力也相當，爲何歷史上只有寥寥無幾的人卓然出眾、發揮了潛力？當然，從務實面來看，這是我們該回答的最重要問題。

對於莫札特 (Wolfgang Amadeus Mozart) 或達文西之流的大師，一般的解釋不外乎那是因爲他們天生具有的資質與才華。除了與生俱來的本錢，還有什麼能說明他們傲視群倫的緣由？然而千千萬萬的孩童在某些領域上明明也展現超凡天賦，長大能闖出一番名堂的人卻相對較少；反而是那些小時沒那麼洋溢才華的人，成就反而常高出許多。天資好或智商高，解釋不了未來的成就。

不妨來比較法蘭西斯．高爾頓爵士 (Sir Francis Galton) 與他的表哥達爾文 (Charles Darwin) 的生

平，他們即是典型案例。高爾頓是公認的曠世奇才，智商高到破表，比達爾文高上許多（這是智商評量法問世多年後專家推估的結果）。高爾頓少年得志，在科學界成就斐然，然而在涉足的各個領域中都未臻大師境界。眾所皆知他靜不下來，神童往往如此。

相對來說，達爾文則成爲實至名歸的偉大科學家，是少數顛覆我們對生命認知的人。達爾文招認自己是「非常普通的一個男生，智商低於一般標準甚多……我領悟事理的速度不快……對於理解長篇大論的抽象思想，能力極爲有限。」但達爾文必然具備高爾頓所缺乏的特質。

從很多層面來說，檢視達爾文的早年生活便能破解這個謎團。達爾文童年就有個凌駕一切的嗜好：蒐集生物標本。他父親希望兒子承襲他的醫學衣缽，把他送進愛丁堡大學。達爾文卻對醫學興趣缺缺，成績不出色，他父親非常擔憂兒子未來會一事無成，便要他轉而發展神職。正當達爾文準備進入神職時，昔日的教授通知他小獵犬號 (HMS Beagle) 即將出航到世界探險，需要一位駐船的生物學家跟隨船員出海，以便採集標本寄回英國。達爾文不顧父親反對，欣然接受這份工作，他內心有一股力量推動他參與這趟航程。

頓時，他對採集標本的熱情有了完美的出口。在南美，他可以採集洋洋大觀的各式標本，還有化石及骨骼。他把自己對世界上無奇不有的生物的興趣，扣上更大的目標，也就是對於物種起源的大哉問。達爾文戮力工作、大量蒐集樣本，心裡終於緩緩浮現理論的雛形。他在出海五年後返回英國，餘生都致力於形塑自己的演化理論。爲此，他也必須同時應付龐雜又乏味的事務，例如他就用了八年工夫專門研究藤壺，以確立其生物學家的聲譽；他必須磨練出極高明的政治及社交手腕，以消解維多利亞時代的英國對他這種理論的成見。而支撐他度過這段漫長歷程的就是他對這個主題的鍾愛與熱情。

這個實例中的幾個要素在史上每一位大師的生平都反覆出現：**年少時期的某種熱忱或嗜好、偶然的際遇讓他們發現運用此嗜好的方法、一段他們積極努力地鑽研此學問的學徒訓練階段**。他們憑著苦練出來的能力在這個歷程中加速前進，這一切全都來自強烈的學習欲望，以及在鑽研的領域裡感受到的悸動。而在這許多苦工的背後其實是一個來自基因、先天的特質，並非是有待後天培植出來的才華，**那就是對特定主題強烈的性向**。

性向反映出每個人獨一無二之處，這不只是詩人或哲學家天馬行空勾勒的概念，科學已證實每個人的基因都舉世無雙，你我基因的精確組成皆是空前絕後。這份獨一無二，顯露在我們對特定活動或學習主題自然而然的偏愛。對象可以是音樂或數學、某種運動或賽局、破解謎團般的問題、修繕與建造、文字遊戲等等。

至於成功晉身大師境界而脫穎而出的人，他們的性向比別人更強、也更明確。他們感受到的性向簡直像是一種內在召喚，往往主宰了思緒和夢想。在偶然的機緣下，或是經過刻意追求，他們找到了能好好滋養性向的志業。這股強烈的熱情與欲望，讓他們咬牙度過一路上的痛苦，克服自我懷疑、枯燥的練習與學習，忍過免不了的挫敗、忌妒者無止無休地放冷箭。他們培養出旁人缺乏的韌性和自信。

我們的文化時常將思考能力與智力，跟成功與成就混爲一談。但從許多方面來說，一個在某個領域成爲大師的人，跟工作只求交差的芸芸眾生相比，**差別是在於兩者投入的情感是不同的**。我們懷抱多少欲望、耐心、毅力、信心，對於成功與否的影響力，遠遠超過純粹的推理能力。當我們動機強烈、幹勁十足，就幾乎能克服萬難。當我們百無聊賴、煩躁不安，心智便會停擺，整個人日益消極。

從前，只有菁英階級與精力、動力都超凡的人，可以追求自己選擇的職業並成爲大師。出身在正確階層的男子一出生就已雀屏中選，日後必須投效軍戎或接受從政的訓練，假如他對這份工作不只有天分，竟還有心，絕大部分只能說是純屬巧合。千千萬萬的人因為自己的社會階級、性別、族群不對，而被斷然拒於千里之外，根本沒有追求內心召喚的機會。連想往個人偏愛領域發展的人也不得其門而入，因為該領域的資訊與知識統統被權貴階級壟斷。因此，昔日的大師人數相對較稀少，也因此，更突顯出他們的確不同凡響。

但這些社會及政治藩籬現今已消失大半，今日我們能輕易取得昔日大師們夢寐以求的資訊和知識。**尤其到了現代，我們有能力及自由去培植每人獨一無二的基因組合所形塑的性向。是揭開「genius」（天才）一詞的神祕面紗、重新下定義的時候了，我們與天才的距離比想像中近得多。**（genius 一字來自拉丁文，原指守護每個人誕生的守護靈，後來才指賦予每個人獨特天賦的內在特質。）

我們或許覺得自己躬逢一個人人皆有機會當大師的歷史時刻，愈來愈多人能朝自己偏愛的領域發展，然而其實也遇到了取得這種力量的最後一道障礙，一個可能危害人類文化的潛障礙：追求卓越的概念已染上污名，被視作某種過時、甚至不討喜的玩意兒。一般人不再立大志要向大師看齊，對大師境界的負評是在相當近代才起了的變化，這可溯源到專屬於這個時代的氛圍。

我們生活在一個似乎愈來愈不受自己控制的世界，生計全看全球化趨勢的臉色；面臨的問題（經濟、環境等）無法以一己之力解決。政治人物冷漠看待我們的願望，能置之不理就不理，覺得束手無策的人們自然會以各種消極的方式求自保。於是，只要我們不勇於嘗試新事物、限縮自己的行動範圍，就能擁有是自己在掌控局面的錯覺。愈不嘗試，受挫的機會就愈少，如果佯裝自己的命運、人生的際遇一概不是自己的責任，就比較容易忍受明擺著的無能為力。基於這點理由，我們變得更能接受以下的說法：我們做什麼主要是由基因決定的、我們只是時代的產物、所謂個人自主只是一個迷思、人類行爲可以簡化爲統計上的曲線。

許多人進一步扭曲這種價值觀，給自己的消極理論套上積極的外衣。他們以浪漫的眼光看待那些自我毀滅到失控的藝術家，卻將帶有紀律或努力色彩的事物一律貶爲太吹毛求疵及迂腐。更重要的是藝術作品予人的感覺，只要稍微透出一絲絲精湛技藝便違反這項標準。他們轉而接受造價低廉、製作快速的物品。把許多活兒都交給數量激增的各式器械代勞，摒棄過去必須努力才能得到渴求事物的價值觀，愈來愈認爲這一切都是理所當然的，我們擁有並消費追求的物質生活簡直是天賦權力。「既然只要花一點點代價就能應有盡有，幹嘛長年累月追求什麼卓越境界？科技會解決一切問題。」這種消極的態度甚至還有了道德背書：「卓越與能力是不好的，是壓迫我們的權貴菁英喜歡的，權力在本質上就是邪惡的，最好對這一套敬謝不敏。」或至少裝出道理如此的樣子。

不謹愼防範的話，這種態度會偷偷地污染到你，你對自己能達到的成就會不自覺地降低標準。你付出的努力及自我要求或許會因爲降得太低，以致於不可能做出任何成績。你遵循社會規範，經常聽從別人的話，不太理會自己的心聲。你選擇職業是依據同儕和父母的主張，或是挑選看起來有「錢」途的出路。**如果你與內在的召喚失聯，人生或許仍能有一些成就，但提不起勁兒的感覺遲早會浮現**。工作淪爲機械化的反覆，人生變成了爲放假和及時行樂而活，活著活著就愈消極，始終沒有跨出追求卓越的任何一步。你感到挫敗、抑鬱，但始終不明白問題只是來自你棄自己的創造潛力於不顧。

趁著爲時未晚，你必須找到自己的性向，善用這個適合安身立命的時代所提供的驚人良機。你個人的欲望及對工作的感情極度重要，是邁向卓越境界的必要條件，當你能明白到這一點，昔日的消極其實可以反過來變成助力，至少在兩個重要層面上作爲鞭策自己的動力來源。

第一個層面，你必須將自己追求卓越的努力視為必須。這個世界問題叢生，其中許多問題是人類自己製造出來的，解決這些問題需要無數的努力及創意。基因、科技、求神問卜或是待人親切不做作是救不了我們的。我們不只需要卓越的能力來處理現實的事務，由於世道變了，也需要締造新的準則、秩序。我們必須好好打造自己的世界，否則會死於無所作爲。我們要設法回歸大師境界，這是人類在數百萬年前就已確立的物種本質，追求卓越的目的不是爲了主宰大自然或別人，而是爲了掌握自己的命運。消極的酸民態度不酷、也不瀟灑，而是可悲又妨礙身心。你能在現代世界裡樹立榜樣，示範成爲大師能夠達到的成就；你能爲最重要的理念盡一己之力，在停滯的年代裡，爲人類的生存及繁盛而奮鬥。

第二個層面，你務必要讓自己相信以下這個事實：人類是經由生命中的作為，得到自己該擁有的心智及腦力品質。以基因解釋人類行爲的說法大行其道，長久以來我們都從基因的角度認定大腦是固定不變的，但神經科學界近來的研究成果逐漸推翻這些認知。科學家正在證明大腦的可塑性其實頗高，我們的思想可以決定心智的樣貌。科學家在探索意志力與生理機能的關係，以及心智對健康及生理機能的影響程度。學界有可能端出愈來愈多的研究成果，證明人類如何透過特定的心智運作創造不同的生活模式，由此也證明我們對自己的際遇確實應該扛起責任。

消極的人得到了貧瘠的心智，由於他們的經驗與行動的格局狹隘，大腦內的各種連結因缺乏使用而消亡。你必須竭盡全力扭轉往日的消極模式，試試自己能控制自己的處境到什麼程度，著手建立起你想要的心智，不能透過藥物，而是經由行動。若能釋放內在的大師級心智，你將會成爲某條路徑的先鋒，探索人類意志力拓展的極限。

從許多角度來看，當智力從一個層次升級到新的層次，便可以視爲一種蛻變。舊的想法和觀點隨著你的提升而消散，新的力量重新產生，讓你能從較高的視野看這個世界。把大師境界視爲引導你完成蛻變的珍貴工具。本書的規畫是從最低層次一步步帶領你進入最高層次，以期幫助你從第一步入門（發掘你的生命任務或者說天命），以及如何在一路上成功抵達各個層次。本書會教導各位如何讓學徒時期發揮最大功能（在此階段最能助你一臂之力的各種觀察及學習策略）、如何尋找完美的師父、如何破解爭權奪勢的潛規則、如何培養社交智能，最後，如何研判何時應該脫離學徒身分，主動出擊，進入積極創造的階段。

本書會教你如何在較高層次繼續學習，提出永不過時的策略，教你如何以創意解決問題、如何維持心智的靈活及適應力。本書會教你如何汲取比較貼近無意識及原始層次的智慧，遇到免不了的妒忌言語時又要如何應對。本書會清楚介紹抵達大師境界能給你的各種力量，這些力量會指點你方向，開發你在專業領域中的直覺力。最後，本書會傳授你一套人生哲學，一種讓你的大師之路順暢愉悅的思維方式。

本書的立論乃是依據神經及認知科學界的大量研究、創造力的研究，以及歷史上成就斐然的大師們的傳記。這些大師包括達文西、禪師白隱 (Hakuin)、富蘭克林 (Benjamin Franklin)、莫札特、歌德、詩人濟慈 (John Keats)、科學家麥克・法拉第、達爾文、愛迪生、愛因斯坦 (Albert Einstein)、亨利・福特 (Henry Ford)、作家普魯斯特 (Marcel Proust)、舞蹈家瑪莎・葛蘭姆 (Martha Graham)、發明家巴克敏斯特・富勒 (Buckminister Fuller)、爵士樂演奏家約翰・柯川 (John Coltrane)、鋼琴家格連・顧爾德 (Glenn Gould)。

爲了闡明如何在現代世界運用這種智能，本書詳盡採訪九位現代大師，分別是神經科學家拉瑪

錢德朗 (V. S. Ramachandran)、人類語言學家丹尼爾・埃佛瑞特 (Daniel Everett)、電腦工程師兼作家兼科技創業才子保羅・葛藍 (Paul Graham)、建築工程師聖地牙哥・卡拉特拉瓦 (Santiago Calatrava)、曾是拳擊手的現役教練佛雷迪・羅區 (Freddie Roach)、機器人工程師兼環保科技設計師松岡容子 (Yoky Matsuoka)、視覺藝術家泰芮斯塔・費南德茲 (Teresita Fernández)、動物飼養及工業設計師天寶・葛蘭汀 (Temple Grandin)、美國空軍王牌戰鬥機飛行員西薩・羅德里格斯 (Cesar Rodriguez)。

這些現代人物的生平攻破了大師境界已是過時概念或只專屬於菁英的論調，他們橫跨各種背景、社經階級、種族。他們的本領顯然是個人努力及走過大師歷程的成果，無關乎基因或特權。他們的故事也披露了大師的高超境界如何順應這個時代，以及大師境界能給予何等的力量。

本書的架構很簡單，共分成六章，循序漸進地解說成爲大師的歷程。第一章是起點：發掘你的內在召喚、你的生命任務。第二、三、四章討論學徒訓練時期的不同元素（學習技巧、與師父共事、磨練社交能力）。第五章專門探討積極創造階段，第六章是終極目標：大師境界。每一章開頭都會介紹一位能闡明該章主旨的歷史名人的生平。緊接在後的「進入大師境界的關鍵」單元則詳細分析該章探討的主題，具體說明如何將這份知識套用在自己身上，以及想要妥善運用這份知識時必不可少的心態。這個單元後面的小節則詳述古今大師們運用的策略，他們以各種方式增益自己的歷程。介紹這些策略的目的是拓展你的視野，讓你瞧瞧書中概念的實際應用，啟發你追隨大師的腳步，證明那份本事絕對是可以企及的。

每一位當代大師及幾位古代大師的故事，分別拆散到不同章節陸續講述。每次接續前文的敘述之前，都可能略微重述大師的生平，以溫習他們在上一個人生階段的際遇，並以括號內的頁碼交代前文的位置。

最後，千萬別認爲在各個智能階層之間只能線性前進，一步步登上人稱大師境界的最終目的地。人的一生便如同應用學習技巧的學徒生涯。只要留心，你遭遇的每件事都是一種教誨。經由深入學習一項技藝所獲得的創造力必須與時俱進，持續強迫心智回歸開放的狀態。在你的一生中，連職業領域的知識都必須不時重溫及升級，業界的變化會強迫你跟上時代。

邁向大師境界，便是將心智帶入現實及誠實面對生命。任何有生命的事物，都處於持續改變及移動的狀態。一旦停下腳步，認爲自己已經抵達想追求的層次，部分心智便會開始衰退。你會喪失辛苦得到的創造力，別人也會察覺到。這是不進則退的力量與智能。

別再提天賦異稟、天資才華了！我們都說得出一些資質極低的各界傑出人士。他們憑著一些特質而超群絕倫，成為（我們說的）「天才」，知道這些特質為何的人不會拿出來說嘴，不知道的人更無從提起：他們都具備老練工人的認真勁兒，那些工人會先把建構細部的底子打好，才嘗試打造精良的完整作品；他們給自己時間，因為從製作小玩意兒細部得到的樂趣，超過耀眼的整體效果。

尼采（Friedrich Nietzsche），德國哲學家、詩人

第一章

發掘內心的召喚：生命任務

你內在有一股力量在引領你走向生命任務，亦即在有生之年應該達成的目標。童年時，這股力量對你來說昭然若揭。它會引導你接觸符合天性的活動和主題，能夠激發你內心深處原始的好奇心。到了人生中期，這股力量往往會褪色，你愈來愈聽從父母和同儕的意見，向消耗心力的生活焦慮低頭。**這或許就是你不快樂的根源，因為你與自己的本色、獨一無二之處失聯了。**邁向大師境界的第一步必然是探尋內心，認識自己實際上是個怎樣的人，和那股與生俱來的力量重新接上線。你要確知自己定能找到適當的職業道路，而且其餘的一切也會逐漸清晰可見。展開這項旅程的時間永遠不嫌遲。

隱而未現的力量

一五一九年四月下旬，藝術家達文西身體欠安已經有幾個月了，他確知自己的大限近在眼前。這時，他已在法國的克盧莊園 (Château de Cloux) 裡住了兩年，是法國國王法蘭索瓦一世 (François I) 的貴客。法王大方賜予他金錢、給予他榮耀，尊崇他是義大利文藝復興的典範人物，渴望把文藝復興也引進法國。達文西是法王的得力助手，提供各種重要議題的建言。但如今他已六十有七歲，壽命將盡，心思便漫遊到其他的事情上。他擬訂遺囑，在教堂領聖餐，回到床上，等待生命的最後一刻降臨。

他躺在床上時，幾位友人（包括法王）來探望他。他們察覺到達文西特別想要回顧這一生，他平時並不熱衷於談論自己，那會兒卻聊起童年和青春年少時的往事，娓娓訴說自己曲折離奇的一生。

達文西對命運一向具有強烈的感受，而多年來，他心裡始終有個縈繞不去的問題：是不是有一種內在的力量在驅策萬物生長、蛻變？假如這種力量存在於自然界，他要把它找出來，不論他在觀察什麼，都不忘尋找關於這種力量存在的鴻爪，這是他的痴狂。現下，眼看壽命將盡，在朋友們紛紛辭去後，獨處的達文西十之八九會以某種方式，藉由這個問題叩詢，探究生命之謎，尋找是不是有任何跡象可以證明存在一股力量，推動了他的生涯發展，引著他走到今日。

達文西探尋的第一步，自然是回顧在佛羅倫斯城外三十二公里的文西 (Vinci) 所度過的童年。他的父親瑟．皮耶羅．達文西 (Ser Piero da Vinci) 是公證人，屬於勢力強大的資產階級中堅分子，但達文西不是婚生子女，不能就讀大學，也不能從事任何高貴的職業。因此，他的學校教育有限，童年時經常四處遊蕩。他最愛在文西周圍的橄欖林漫步，或是沿著不知名的小徑行到一些風光迥異的茂密森林。森林裡有許多野豬，傾瀉而下的瀑布注入湍急的溪流，在水塘上會見到優游的天鵝，長在崖邊的還有長相奇特的野花。森林裡琳瑯滿目的生物令他痴迷不已。

一天，他溜進父親的辦公室，拿了一些紙張（在那個年代是稀罕的玩意兒，但他父親是公證人，因此紙張很充足）。他帶著紙走進森林，坐在石頭上開始描繪起周遭的各種景物。他每天回到森林裡畫畫；即使天氣不佳，他也會找個有遮蔽的地方，坐著畫素描。他沒有老師，沒有可供觀摩的畫，全憑雙眼觀察，讓自然界充當他的模特兒。他察覺要描繪景物時，必須觀察得特別仔細，才能捕捉到令畫中景物能夠栩栩如生的細節。

有一回，他畫起一朵白色鳶尾花，正在細細端詳時，鳶尾花奇特的形狀深深吸引了他。鳶尾花是從一顆小種子開始歷經各個階段之後才開成了花，在那幾年，他把這種花的各個階段都畫遍了。是什麼讓這株植物進入一個又一個時期，最後演變成這朵精巧的花，樣貌與一般的花朵那麼不同呢？或許花朵具備一種推動它經歷一次次蛻變的力量。在隨後的悠長人生裡，他會一再地尋思花的變化過程。

在病榻上獨處時，達文西也回顧早年在佛羅倫斯藝術家安德烈．德．維羅基奧（Andrea del Verrocchio）的畫室當學徒的日子。他憑著精巧的繪畫能力在十四歲時成爲這名藝術家的學徒。維羅基奧教導徒弟們在畫室工作所需要的科學知識，像是工程學、力學、化學、冶金學等。達文西熱切地吸收全部的技能，但不久便察覺內心有著別的渴望：他不願單純只做製圖的工作；他想製作自己的東西，要發明，不要一味模仿老師。

有一次，維羅基奧設計了一幅較大的《聖經》場景繪畫，交代他畫上一尊天使。達文西決定用自己的方式，讓自己負責的部分可以顯得更鮮活。在天使前方的前景，他畫了花床，但不是隨便勾勒那些司空見慣的植物，而是以前所未見的科學熱忱，描繪童年時便仔細研究的花卉樣本。他還爲了畫天使的臉龐試驗各種顏料，調出嶄新的色調，令它的容顏散發出柔和的神彩，呈現出神聖莊嚴的氣質。（爲了能捕捉這種神情，達文西特地挪了空到鎮上教堂觀察正在熱切祈禱的善男信女，其中一位虔誠年輕男子的神情成了天使面容的原型。）最後，他決心成爲第一位爲天使畫上一雙寫實翅膀的畫師。

爲此，他到市集買了幾隻鳥，花很長的時間練習描繪鳥翅，精準地畫出翅膀與鳥身連結的方式。他希望讓人覺得翅膀像是活生生地從天使肩部長出來的，彷彿可以飛行。一如往常，達文西研究到這個程度還不夠，這件案子結束後，他真的迷上了鳥類，在心頭蘊釀起的想法是如果能搞懂飛行的原理，或許人類眞的能夠飛行。他在這段期間每週都抽出幾小時，研讀能找到的所有鳥類相關資料。這便是他心智運作的典型方式：**從一個想法流向另一個想法**。

達文西也必定會憶起他的人生谷底，也就是一四八一年。教宗請羅倫佐．德麥地奇（Lorenzo de' Medici）推薦佛羅倫斯最優秀的畫師，以便繪製、裝飾他剛令人興建完工的西斯汀教堂（Sistine Chapel）。羅倫佐接受了教宗的請託，將佛羅倫斯一流的畫師悉數送至羅馬，唯獨漏掉達文西。他倆始終不太和睦。羅倫佐是學究型的人物，成日浸淫在經典著作中。達文西不會拉丁文，對古人的知識很是貧乏，他的性向是科學。遭到冷落不只令達文西沮喪，也令他漸漸憎恨起畫師只能仰賴王室青睞的宿命，只能靠著一次又一次接受委託案件來維持生計。他厭倦了佛羅倫斯及主宰該地的宮廷政治。

他接下來做出的決定扭轉了他的人生：要在米蘭自立門戶，並且想出討生活的新法子。他不僅要當藝術家，更要追求一切他所感興趣的工藝和科學，像是建築、軍事工程、水力學、解剖學、雕刻等。對於想晉用他的王侯或贊助人，只要提出優渥的贊助金，他就可以擔任全方位的顧問和藝術家。他自知，自己的心智在同時進行數項計畫的時候最靈光，因爲他會在各個計畫之間建立起各種連結點。

當達文西繼續自我檢討之旅時，他定會想起在這個人生新階段接到的一個重大委託案：打造一尊巨型的青銅駿馬，以緬懷現任米蘭公爵的父親法蘭切斯科・斯福爾扎 (Francesco Sforza)。這項挑戰對他來說簡直難以抗拒。這尊雕像的尺寸是古羅馬時代以降從來沒有人見識過的，極其龐大，而鑄造如此巨型的銅像是那個年代的藝術家還無法挑戰的工程壯舉，他必須有能力克服。達文西耗費幾個月時間設計這尊雕像，爲了測試設計圖的可行性，他用黏土先打造了雕像的模型，並在米蘭最寬闊的廣場上展示。這尊黏土模型是個龐然大物，大小相當於一棟巨型建築。前來參觀的人群對這尊巨馬的尺寸、達文西所捕捉到的駿馬英姿及其懾人丰采，不禁讚聲連連。這個奇觀的響亮名聲傳遍整個義大利，人人熱切地想要目睹青銅像完工。爲此，達文西還發明了全新的鑄造方法，他不打算按當時的作法，把雕像拆成幾段，分段製作各自的模子，而是打算製作一整座沒有接縫的模子（使用他調配出的高明配方）來鑄造整匹馬，如此，馬兒的外觀會顯得更靈動、更自然。

但幾個月後不巧發生戰爭，公爵得把找得到的青銅都拿去製造火炮。最後，黏土雕像遭到拆除，駿馬雕像從此胎死腹中。其他藝術家譏笑達文西笨，就是因爲耗費太久的時間在尋找完美的解方，夜長夢多，結果如此是剛好而已。連米開朗基羅都加入嘲笑他的行列，他說：「你做了一尊無法實現用青銅鑄造的駿馬模型，後來令人不恥地半途而廢。米蘭人當初怎麼會笨到相信你？」達文西已經習慣別人侮蔑他的工作步調溫吞，但這段經驗在他心中其實了無憾恨。他已經測試過自己對如何製作這尊大雕像的構想，日後大可把這份經驗應用在別處。反正，他最在乎的並不是成品本身，是追尋與創造的過程令他振奮不已。

如此回顧人生，達文西會清楚地察覺有股隱而未現的力量在驅策著他。在孩提時期，這種力量吸引他前往大自然的野地，觀察最多姿多彩的生命群像。同一股力量驅策他偷拿父親的紙，花上大把時間畫素描。他為維羅基奧工作時，這股力量慫恿他做實驗，後來更引導他背離佛羅倫斯的宮廷，告別那些從眾的藝術家，促使他極盡大膽之能事，製作巨型雕像、嘗試飛行、為了研究解剖學而剖開數百具屍體，一切全是為了發掘生命的本質。

從這個角度來看，他生命中的每件事都有發生的理由。身為私生子反倒是好事一件，他因而得以有自由發展的空間。連家裡的紙張似乎也是冥冥中替他備妥的。但假設他抗拒這股力量呢？假如在西斯汀教堂事件後，他沒有另謀出路，而是頑強地堅持要隨眾人一道去羅馬，努力去博取教宗的青睞呢？他是有那份本事的。假如他將主要的精力用於繪畫，賺取優渥的收入呢？假如他像別人那樣，總是追求完成工作的效率呢？沒錯，他照樣會表現傑出，但他就不會是達文西。他會和原有的生命目標失聯，人生遲早會出差錯。

這股隱匿在他之內的力量，一如多年前他描繪過的那朵鳶尾花之內的那股力量，帶領他徹底發揮自己的能力。他忠實地遵循這股呼喚的引導直到最後一刻，走完他的人生路，而今便是告別人世的時刻。或許他幾年前在筆記上寫下的字句，會在此時又浮現心頭：「一如充實的一日會換來甜美的睡眠，充實的一生將帶來甜美的長眠。」

進入大師境界的關鍵

每個人在自己能夠展現的各種可能樣貌中，總會找到一個能忠實呈現個人本色的版本。呼喚他展現真實本色的聲音便是我們說的「天職」。但大部分人拼命把天職的呼喚消音，拒絕聆聽。他們在內心製造喧囂……好令自己忙著聽這聽那，就怕聽見那個召喊；他們騙自己，犧牲掉自己的本色，換來一條虛假的人生道路。

荷西・奧德嘉・賈塞特 (José Ortega y Gasset)，西班牙哲學家

許多歷史上超群絕倫的大師都坦言自己覺得有一股力量、一個聲音、或一種命定的感覺在引導他們前進。以拿破崙來說，每次他採取正確行動，必然會感知到那顆專屬於他的「星星」。蘇格拉底 (Socrates) 感受到的則是他的精靈，亦即他聽到的一個聲音，那或許眞是來自神靈的聲音，而這個聲音總是在干涉他，指點該閃避的事物。至於歌德呢，他也把它稱爲精靈，而這個靈就棲身在他的內心，督促他實現天命。而在比較近代的大師中，愛因斯坦說過有一個內在的聲音在引領他的推論方向。這些全都是達文西所體驗到的，所謂冥冥中自有定數，只是形式不同。

這種感覺可以純然的神祕體驗看待，無從解釋，搞不好是幻覺和錯覺。但還有另一種看待它的角度，就是把它當成極爲眞實、實用、可以解釋的。我們不妨這麼來解釋：

每個人都是獨一無二。這種獨一無二的特質就呈現在我們 DNA 的基因編碼中。我們是宇宙裡

空前絕後的存在，每個人獨特的基因編碼在以前不曾出現過，未來也不會再有。**這份獨一無二會在我們每一個人的童年時期出現，是我們天生的特定傾向**。以達文西來說，那就是探索村莊四周的大自然，以自己的天分在紙張上活靈活現地描繪自然景物。至於其他人，也許是幼年時期就偏愛尋找模式，這往往預告了未來會對數學感興趣。也有人迷上特定的一種動作或空間排列。這種天生的性向該如何解釋？這就是所謂內在的原動力，來自我們想破頭也無法言喻的內心深處。原動力牽引我們去做這些事，而不碰那些事；帶著我們往這裡走或往那裡走，以極爲厲害的手段發展我們的心智。

這種獨一無二的天性當然會想擁有上場發揮的機會，只是有些人對此的感受特別敏銳。對大師們來說，那份唯一的特質強烈到像是一種實體的存在：一股力量、一個聲音，或一種天命。當我們從事符合內心最深處悸動的活動時，或許會略微體驗到以下的情況：自己在寫的文字或在做的動作，發生得迅如閃電且毫不費力，簡直像是有如神助。我們眞正地受到「inspired」（啓發）了，這個拉丁詞的意思是內心受到外界某物的吹拂。

且讓我們這樣說：一顆種子在你呱呱墜地時便植入到你體內。這顆種子就是你的獨特性。它想要成長、蛻變，揮灑全部的潛能，它本身就具有天生的自主能量。你的生命任務就是讓這顆種子將來成長到綻放花朵，透過工作展現你的獨特生命，你有必須達成的天命。**你愈能明確地感受到並維持自己的獨特（藉由一股動力、一個聲音等任何形式的引導），實現生命任務、進入大師境界的勝算就愈大**。

當你向生活中的其他干擾（像是要臣服的社會壓力）做出或多或少的讓步，便會削弱這個原動力，導致你幾乎感覺不到它，甚至懷疑它的存在。那種干擾力可能很強大。你會想要融入群體，或許下意識認定自己與眾不同的地方很丟臉，甚至令你痛苦。父母也常常成爲干擾力，他們或許想敦促你去追求優渥、輕鬆些的生涯。如果這些干擾力實在強大，你就會與自己的特長、眞實天賦說再見。你臨摹別人的性向和渴望，拿來參考著前進。

你可能因此踏入險境，淪落到入錯行。你內心的渴望和興趣日漸枯萎，連帶著拖累到你的工作成就。你開始誤以爲人生的喜樂與滿足只能來自工作以外的地方。你愈來愈無心工作，所以不能察覺到你的專業領域悄悄地變化，終於你落伍太多了，因而付出慘痛代價。遇到大事得決斷時，你的決策荒腔走板，或是看別人怎麼做就怎麼做，因爲你沒有可以遵循的心意，能指引的雷達。你與自己在出世時便具有的天命已經斷了連線。

千萬別落入那種悲慘境地。然而，不論你已處於哪個人生階段，基本上都能重新來過，開始遵循天命，朝著大師境界邁進。你內在幽微的原動力永遠會在，隨時準備叱吒風雲。

實現生命任務也有三個階段：**第一，連繫或重拾自己的天生傾向，亦即那種專屬於自己的感覺**。第一步永遠是向內探視。回首過去，尋覓內在聲音或原動力的蹤跡。你清除掉那些會動搖你的雜音，可能來自父母或同儕。要尋找最原本的初衷，那是你怎麼認識都不嫌多的中心性格。

第二，與天生性向建立連繫後，必須檢視你目前的職涯或即將要投入的事業。選擇職業（或轉變職涯）很要緊的，在此階段，檢視自己對工作這檔事的概念有益無弊。我們太常把生活切割成工作及私生活，認爲只有私生活才能提供樂趣與滿足感。把工作當成賺錢的必要之惡，只爲在私生活時段享受第二款人生。即使從職涯得到些許滿足，仍被制約成如此切割自己的生活。這種態度注定令人沮喪，因爲說到底，我們清醒的時間有一大塊是在工作啊。如果認爲必須忍耐著工作才能換得休閒的愉悅，那在短暫的人生中，工作的光陰就一併被你虛度掉了，十分可悲。

你要賦予工作令人振奮的意義，視它爲是天命（vocation）的一種。「vocation」來自拉丁文，意即召喚或被召喚。將這個詞用在工作上首見於早期的基督徒，有些教徒因爲受到召喚，於是展開神職生涯，那便是他們的天命。他們聽見神對他們說話，因此知道是神揀選他們服侍。久而久之，這個詞的應用不再限於宗教領域，可泛指從事符合志趣的工作或鑽研喜愛的領域，尤其是技藝。但現在我們應該將原始意義回歸給這個詞，因爲它最貼近生命任務及大師境界的形容。

此處所說的召喚你的聲音，不見得來自神，而是來自內心深處、來自你的天生特質，它能告訴你做什麼才符合你的個性。某些時候，它甚至會召喚你從事某一種工作或事業，這時，這種職涯會與你的本質深深契合，而不是生活中的一項責任義務。這時，你會感知自己的天命。

最後，你必須有心理準備，知道天命的道途是一趟曲曲折折的旅程，而不是筆直的康莊大道。你首先得選擇一個大致符合天性的領域或職務。這個入門職務給予你舒適成長的空間，一邊學習重要的基本功。不要一步登天，一下子從太高階、太困難的職務起步，工作除了可以讓你維持生計，你也可善用工作來建立自信。在起步後，你會發現幾條有興趣的分岔路線，這個領域中的其餘選擇則完全引不起你的興趣。你開始調整方向，或許是轉職到相關領域，持續拓展對自己能耐的認識，同時不斷增大自己的各種技能。一如達文西，把替別人工作的內容，變成看家的本事。

遲早，你會遇到一個跟你一拍即合的領域、職務或機會。你能一眼認出它來，因爲它會讓你像個孩子似地雀躍和期待；感覺它跟你簡直天造地設。屆時，一切都會水到渠成。你的學習腳步會加快、難度會加深；你的技能水準會提高到足以自立門戶，脫離你的老東家，走自己的路。在這個很多事都由不得個人作主的世界裡，你將擁有操盤的力量，自己的處境自己決定。你是自己的主宰，老闆蠻不蠻橫、同儕陰不陰險，隨他們高興也從此與你無涉，因爲你已經不必再看他們的臉色。

如此強調每個人的獨特性與天命看似過於理想化、與現實不完全搭得上，但其實在我們生存的這個時代茲事體大。在當今的世道，我們愈來愈不能仰賴國家、企業、家庭、親友的扶持和保護。這可是個全球化、競爭激烈的環境。我們必須學會栽培自己。同時，這是充滿嚴峻考驗的世界，也是個滿是機會的世界，最能夠解決問題、掌握到機會的是企業家，以及能夠獨立思考、適應力強大、觀點獨到的個人或群體。你若能自成氣候，具有揮灑自如的技能，就能左右逢源。

不妨這樣想：現代的人們最缺乏的就是承認生命具有重大意義。過去，通常是由組織嚴密的宗教提供這種層次的目的，但如今大部分人都活在所謂的俗世之中。人類這種動物很獨特，必須建立自己的世界觀，遇到事情時不是單純依據生物本性來回應，但不理會與生俱來的方向感，往往就會走得跌跌撞撞，不知道如何塡補空虛、如何度日，找不到人生目標。我們未必會意識到自己是空虛的，但空虛卻會伺機突襲我們。

認爲自己有使命要達成，是得到人生目標及方向感的不二法門。對每個人來說，都很像是趟類宗教的追尋之旅。這種追尋不應被理解爲是自私或背離社會的意圖。實際上，它反而能讓個人生命的意義變得深遠。人類這個物種的演化一向仰賴創造百家爭鳴的技能與思考方式，人人各自貢獻所長，同生共榮。沒有這種百花齊放，人類文化將會滅亡。

這種多樣化的必然，也顯現在你一出生就具備的獨到資質上。你對天生的特長愈是妥善栽培、努力發揮，便是在實踐個人的生命任務。這個時代重視平等，我們便誤以爲每個人都得跟別人齊頭式的平等，什麼都得一模一樣，**其實平等的意義是說，每個人都有展現各自不同才華的平等機會，百花固然姿態各異，卻能夠齊放**。天命不僅僅是你所做的工作，更是要找出你最內心深處的本質，爲呈現出自然界及人類文化中繁星般的樣貌，獻出一己之力。由此，你就看見天命這回事，不但能啓迪人心，也相對詩意啊。

大約兩千六百年前，古希臘詩人品達（Pindar）寫道：「認識自己，進而成爲自己。」意思就是：你生來就具備獨特的性格與性向，是命運之手塑造出你這個人，這便是你。有的人不曾眞正成爲自己，他們不信自己，向別人的品味臣服，最後戴上面具掩蓋住眞正的自己。如果你容許自己去聽和感受心底的聲音和原動力，就能認清自己是誰，活出命中注定的樣貌，是你，也是一個大師。

尋找生命任務的策略

> 壓著你的沉重悲愁並不是因為你的職業，而是因為你自己！假如並非內在的召喚便率然從事一種技藝、一門藝術，或者任何一行，世間哪個人不會因此覺得自己的處境難以消受？舉凡生來具有才華的人，或注定將有才華的人，必然會覺得工作令人愉快至極！萬事皆有困難的面向，只有來自內在的動力，諸如愉悅及愛，才能挺著我們克服難關，開闢蹊徑，也脫離像別人那種苦悶度日的狹隘生存！
>
> 歌德，德國劇作家

性向與人生使命是非常個人的私領域，知難行易，一旦體認到其重要，想與其接軌相較之下看似不難。然而你其實需要有周詳的策略規畫，否則可能出現的障礙實在太多。下文將介紹五種策略，並佐以大師們的故事進行解說，好幫你預先思考如何排除未來路上的主要障礙：旁人意見會喧賓奪主、會面對有限資源的爭奪、選錯路、深陷在過去、迷途。這些都必須留心，因爲或多或少，每一種障礙幾乎你都免不了會遇上。

一、回到初心：最初的性向

大師們的性向通常在童年時期便非常顯著。**有時是單單在第一次看見某樣東西時，便在心中勾起深深的共鳴**。愛因斯坦（一八七九～一九五五年）五歲時，父親送他一個指南針。小愛因斯坦立刻迷上了它，只要移動指南針，指針之後都會回歸到原來方向，因爲它是受到某種肉眼不能見的磁力所影響，這個新概念震懾了他。是不是世界上也還有其他肉眼看不到卻很強大的力量呢（只是尚未有人發現或沒人能理解）？他畢生的興趣和心心念念都繫於這類隱形的力量，而他也記得啓蒙他的這個指南針。

鐳的發現者居禮夫人（Marie Curie，一八六七～一九三四年）在四歲時，有一日閒晃到父親的書房裡，痴迷地站在玻璃櫃前欣賞裡頭的各種理化實驗器具。後來她一遍又一遍地回到那間書房觀看那些器具，想像自己也可以用那些試管、測量工具等進行各種實驗。多年後，她第一次進到貨眞價實的實驗室做實驗時，立刻憶起童年時期的這個夢想；她確定自己已找到了天命。

電影導演英格瑪．柏格曼（Igmar Berman，一九一八～二〇〇七年）九歲時，父母送他哥哥玩具電影放映機（簡易型的動畫放映設計，附帶幾捲有數格畫面的膠捲）當作聖誕禮物。柏格曼對它一見鍾情，無論如何都想據爲己有，便慫恿哥哥和他用玩具交換，一拿到手，他立刻躲進一個大壁櫥裡，欣賞投射在牆面的閃爍畫面。每次打開放映機就有影像鮮活地產生，簡直就像魔法一樣吸引人。於是製作這種魔法成爲他畢生的職志。

有時，**從事特定一項活動會令我們覺得自己活起來，因此讓我們明確知道，這就是自己的興趣**。美國舞蹈家瑪莎．葛蘭姆（一八九四～一九九一年）小時候因爲無法讓別人好好理解她的想法，深感挫敗，言語似乎不足以表達她的想法。有一天，她第一次看到一場舞蹈表演，領銜舞者以肢體動作演繹了想傳達的情緒；彷彿發自肺腑，那不是言語所能表達的境界。之後不久，她便開始去學習舞蹈，明白自己找到了所愛。唯獨在跳舞時，她才覺得自己眞正地活著、能夠盡情展現自我。許多年之後，她更創出了全新的舞蹈形式，做了劃時代的革新。

有時候，**披露出性向的不是一樣東西或一項活動，而是令人神往的文化因子**。現代人類語言學家丹尼爾．埃佛瑞特（生於一九五一年）成長於加州近墨西哥邊境的牛仔城鎮。幼年時，他便發現自己對周遭的墨西哥文化充滿好奇。墨西哥文化的林林總總都令他著迷：墨西哥外勞交談的聲音、他們的食物、與白人世界截然不同的舉止。他想法子浸淫在他們的語言和文化之中，這演變成他對所有「別人」（the Other）的終生興趣，想認識這世上多如繁星的文化，以及它們在人類演化上具有的意義。

有時候，**邂逅當代大師本人也能讓人窺探到自己真正的性向**。爵士樂演奏家約翰・柯川（一九二六～一九六七年）童年時住在北卡羅來納州，他自覺自己跟旁人不同，像個怪咖。他的個性比同學嚴肅許多，不知道如何用言語表達自己在情感及靈性上的追求。他很早就拿音樂當嗜好，學吹薩克斯風，並且在中學時加入學校的樂隊。幾年後，他有機會觀賞了一場爵士薩克斯風大師「大鳥」查利・帕克（Charlie "Bird" Parker）的現場演奏，帕克的音樂觸動了柯川心裡的那條弦。帕克用薩克斯風吹奏出一種原始的、獨一無二的情緒，那是出自肺腑的聲音。柯川當下立即明瞭，這是表達自我的絕妙管道，讓靈性的追尋得以發聲。他開始苦練薩克斯風，不出十年便成爲知名爵士樂手，後來更成爲當代的第一把交椅。

請務必明白以下這一點：想精通一個領域，你必須得對這個領域感到熱血沸騰、感到契合。你的興趣必須超越這個領域的所有知識，熱忱度逼近宗教信仰那般。愛因斯坦不是熱愛物理學的領域，而是對主宰宇宙的隱形力量著迷到不可自拔；柏格曼不是熱愛電影，他鍾愛的是創造生命的影像、喜歡那種讓生命鮮活起來的感覺；柯川不是熱愛音樂，而是讓熾熱的情感有一種聲音作爲出口。這些童年時就常出現的痴迷難以言傳，只能意會，那是由衷的讚嘆、是感官的愉悅、是敏銳的感知。辨識到這些非語言層次的性向很重要，因爲這能清楚揭露了沒有被別人欲望左右的愛好。這不是父母灌輸給你的志向，若是那種志向，它與你的關係會比較浮面，比較能用言語清楚描述，也比較刻意塑造。但如果是純粹來自心底的愛好，那必然就是你的性向，專屬你的獨特性。

人長大世故以後，常常會忽略來自內心深處的訊號，這些訊號被你所學習過的所有科目淹沒。

你要重新得到這個重大力量成就未來的關鍵，取決於你能不能與這個原始天性恢復連繫、回歸初心。你要去挖掘人生最初幾年的回憶，發掘性向的蹤影。你對尋常事物的本能反應，就存在關於天賦的蛛絲馬跡，像是，你第一回嘗試了一個新活動，迫不及待地想再做一遍，或是，你對某個主題的興趣出奇濃厚，或是做了某件事，讓你覺得自己很厲害。性向一直存在你內心之中，不必靠無中生有，只要向內挖掘，打開塵封已久的天生興趣。不論在任何年紀，當你與這個生命核心接上線，那原始的力量便會恢復生氣，推著你踏上你的命定之路。

二、占據最佳位置：達爾文策略

範例一

在五〇年代晚期，神經科學家拉瑪錢德朗（生於一九五一年）年紀尚小，居住在印度馬德拉斯，他知道自己與眾不同。對於運動及其他同齡男孩都熱衷的事物，他一概沒興趣，只愛閱讀科學讀物。他時常形單影隻地在沙灘漫步，被海浪沖上岸的千奇百怪貝殼，逐漸引起他的興趣。他開始蒐集貝殼，仔細鑽研。這給了他一種權力在握的感覺，這是一個專屬於他的領域，學校裡沒人比他更懂貝殼了。很快地，他迷上了其中最稀奇古怪的一些貝類，像是衣笠螺，這是一種會蒐集空貝殼來掩護自己的生物。或者可以說，他自己就像衣笠螺，是個奇怪的人。在自然界中，這種異常或突變，通常具有更大格局的演化目的：占有新的棲所、提高己身的生存機會。拉瑪錢德朗也是用同樣的角度看待自己的異於常人嗎？

之後幾年，這個嗜好轉移到類近的主題上：先天畸型的人體、奇特的化學現象等。他父親擔心他最後一發不可收拾，會研究起更莫名其妙的東西，於是勸他就讀醫學院，鼓勵說在醫學院不僅可以接觸到各樣的科學，最終還能帶著一身實用的本事畢業。拉瑪錢德朗一口答應。

他對醫學院的課業起初是感興趣，但一段時日後便感到不耐煩。他不愛死記硬背一堆資料，而是想要動手實驗與發掘，不單背誦了事。他開始閱讀起不在書單上的各類科學期刊與書籍，其中一本就是視覺神經科學家理查．葛雷戈里 (Richard Gregory) 的《視覺心理學》(*Eye and Brain*)，書中的視錯覺 (optical illusions)[1] 與盲點實驗特別引起他的興趣，這種視覺系統的異常可以透露一些大腦的運作方式。

他深受啓發，也開始做起實驗，而且在著名期刊發表實驗結果，劍橋大學因而延攬他就讀視神經學的研究所課程。拉瑪錢德朗見到有機會鑽研更符合興趣的領域，興奮地接受了，但才到劍橋幾個月，就察覺那個環境與自己格格不入。在他童年的想像中，科學應該會是一場精彩的探險，是以近乎宗教的狂熱追尋眞相。但他看到的劍橋師生，倒像是把科學視爲一份工作；照表操課，只求在一項統計分析中貢獻一份小小心力了事。

然而他堅持自己的信念，盡量從課程中找出自己的興趣，把學業完成。後來，加州大學聖地牙哥分校聘請他擔任視覺心理學的助理教授。但歷史再度重演，過了幾年，他的心思又轉向其他領域，這一回是研究大腦本身。他對幻肢現象 (phenomenon of phantom limbs) 極爲好奇，爲何人在截肢後仍

1 指藉由幾何排列、視覺規律圖像等手段，製作有視覺欺騙成分的圖像來混淆眼睛。

然覺得不復存在的肢體感覺到劇烈疼痛。他進行關於幻肢的實驗，從一連串實驗中，他有了令人振奮的新發現，同時找出幻肢患者的新療法。

頓時，那種與周遭格格不入、心情煩躁的感覺消散了。他決心把餘生奉獻給異常神經障礙的研究。這個領域觸及意識演化、語言起源等題目，在在令他著迷。彷彿在繞了這麼一大圈後，他又找回蒐集珍稀貝殼那段時日的感覺。是他的獨門領域，讓他可以長久稱霸的範疇，既符合他眞正的性向，對科學進展也做出了不起的大貢獻。

範例二

對機器人工程師兼環保科技設計師松岡容子來說，童年是段困惑的黑歷史。她在七〇年代的日本長大，人生路似乎都已被安排妥當。學校體制將她分到適合女孩的領域學習，而一般日本女孩能有的出路相當狹隘。她的父母認爲體育重要，從小就要她學習並參加游泳比賽，他們也規定她學鋼琴。對其他的日本孩子來說，由長輩決定自己的人生或許安穩，但容子卻感到被束縛得很痛苦。她喜歡各類學科，特別是數學和科學。她喜歡體育但不愛游泳，她不知道自己該怎麼走，更不知道如何才能適應這個凡事都受到控管的世界。

十一歲時，她終於開始替自己發聲。她受夠了游泳，想要改打網球，父母答應了。她的競爭心很強，懷抱成爲網球選手的抱負，但在這個年紀起步卻嫌遲了。爲了迎頭趕上，她的訓練計畫極其嚴苛。她必須到東京市外受訓，所以只能晚上返家時，在通勤電車上做功課。車上時常擠滿人，她就站著念數學和物理，把方程式搞懂。她熱愛解題，因此做功課時，她會專注沉浸在問題中，幾乎察覺不到時間的流逝。說來奇妙，她覺得那種感覺和在網球場上感受到的很類似，心神完全聚焦，彷彿天塌了也不能讓她分心。

容子利用在火車上難得的空暇思索未來，科學與體育是她生命中的兩大興趣，她可以在這兩個領域展現不同的自我，她熱愛比賽之類的競爭、運用雙手的靈巧、揮灑出優雅的動作，喜歡分析並破解難題。在日本，一般來說，一個人只會選擇一個職業，努力取得專精。但對容子而言，若是魚與熊掌無法兼得，她會非常苦惱。她有天發了個奇想，要是自己能發明可以對打網球的機器人，那該有多完美。創造出這樣的機器人，跟它練球，便能同時兼顧到她性格中的雙重層面，但那可能只是個白日夢。

她在日本網球界的排名不斷上升，成爲職手可熱的頂尖球員，但她很快便察覺這不是她應走的路。練球時她固然所向無敵，比賽時卻時常會卡卡的，因爲她會過度分析局勢，以致於輸給實力不如她的選手。爾後，她發生了或多或少的運動傷害，也漸漸削弱了她的實力，所以必須棄武從文。在佛羅里達就讀網球學校後，容子說服父母讓她留在美國，並申請了加州大學柏克萊分校。

她爲了選擇柏克萊的主修傷透腦筋，每個科系都不能一次滿足她廣泛的興趣。最後退而求其次，選擇了電機工程。她跟系上教授聊起以前夢想製作一種能跟她打網球的機器人，出乎意料的是，教授不但沒有取笑她，反而邀請她到他主持的機器人學研究室。她在那裡的研究表現極爲出色，後來還因而錄取了麻省理工學院的研究所，加入機器人先驅羅德尼．布魯克斯 (Rodney Brooks) 的人工智慧實驗室。他們在那開發人工智慧的機器人，而容子爭取負責設計手和手臂。

從小，在打網球、彈鋼琴或是寫數學算式時，她便感到雙手的萬能。人的手以設計觀點來看，是奇蹟無誤。儘管不是在搞體育，但她將運用自己雙手的打球動作來建構機械手。她總算找到能不犧牲她任何熱愛的領域，夜以繼日地打造夢想中的機械臂，希望能夠趨近於複製人類細膩的抓握能力。她的設計令布魯克斯讚嘆不已，認爲領先了世上任何同類的設計好幾年。

但容子覺得自己的知識有瓶頸，因此決定再多拿一個神經學的學位。如果她能夠更了解手與腦的神經傳導，就能設計出仿人類手、可以感覺與回應的義肢。她勤奮不輟，履歷上一再增加新的專業領域，逐漸形成了一個新的學門，她將它命名爲神經機器人學（neurobotics），設計具備模仿人類神經系統的機器人，機器人因此更顯得栩栩如生。打造出這個新學門令她在科學界聲名大噪，取得無上的發號權，而且可以自由組合她全部的興趣。

職場如同生態系統：人會進入某個領域，然後開始爭奪資源、求一己之生存。這個領域內的人愈多，就愈難取得較多的資源壯大自己。在人多的領域裡工作往往教人筋疲力竭，因爲你得忙著爭取目光、玩點權術、爲自己贏得稀少的好資源。一個人若把大把時間用在進行這些小動作上，就只剩少得可憐的心力去追求眞正的卓越。會加入人擠破頭的領域多半是因爲你迷失了，看到有個領域裡，有許多人正在享受優渥的生活，那就悶著頭，也學他們走那條路吧。你不知道其實選擇這條路的背後何等辛苦。

你要走別條路：**在那個生態系統裡找尋一個能稱霸的地盤**。要找出合適自己的地盤並不容易。你得要有點耐心，還要擬訂詳細策略。一開始，你可以選擇一個大致符合興趣的領域（醫學、電機工程）。接下來有兩個選擇，第一種是拉瑪錢德朗路線。**從你選定的領域中，尋找特別吸引你的岔路**（以他來說，是知覺與視覺的科學）。當你逮到機會，就轉移到這個更專精的領域。**重複這個步驟，直到你終於來到一個幾乎沒有別人走到的路徑，在這個領域中愈專精愈好**。從某個層面看來，這條路正反映出你獨一無二的天性，一如拉瑪錢德朗在獨門的神經學領域裡，照映出他認爲自己是一個特殊存在的感受。

第二種是松岡容子路線。**一旦精通第一個領域**（機器人學）**，便尋找其他能夠接著征服的新能力**（神經學），若有必要，甚至利用私下的時間進行這件事。接著，**你便能將新的知識疊加到原本的領域上，也許因此發展出一個全新領域，或是在這兩個領域之間建立起嶄新的關係**。重複這個步驟到你心滿意足爲止，以松岡容子來說，她不曾停止擴充自己的知識領域。最後，你就創出了自己專屬的領域。第二種路線很適合生活在各類資訊唾手可得的社會中的人，在這種文化中，誰有本事把各種資源串連起來，誰就得到優勢。

不論選擇上述哪一種路線，你都會找到沒有人滿爲患的立足點。你可以隨興漫遊，探索感興趣的任何主題。你訂立自己的目標，控管相關資源，不必應付殺紅眼的競爭對手，也不存在權術爭鬥，你的生命任務擁有了舒適的空間，可以開花結果。

三、避免走錯路：反叛策略

一七六〇年，四歲的莫札特開始接受父親的鋼琴訓練。這麼小就學習鋼琴是莫札特自己的要求；七歲大的姊姊也已經開始學琴了，莫札特之所以主動想學琴，或許一部分是出自於手足之間的競爭心理，因爲看到姊姊學琴而得到關注，所以也想要博取青睞。

莫札特練琴幾個月後，父親利奧波德 (Leopold) 因爲本身即是有天分的鋼琴家、作曲家、老師，立即看出他的超凡天分。以他這個年紀的孩子來說，熱愛練琴是非常罕見的；每天晚上，父母親必須把他從鋼琴上拖走。五歲時，莫札特開始作曲，不久，利奧波德便帶著這位音樂神童和他的姊姊走遍歐洲的首都進行演出。莫札特令王室的聽眾們讚嘆。他的演奏很有氣勢，可以即興奏出各種巧妙的旋律。他就如同一件稀奇的玩具，他父親因此能爲家庭賺取極優渥的收入，因爲有愈來愈多宮廷想要親眼目睹這位神童的表演。

利奧波德身爲一家之主，要求兒女完全服從，雖然到了這時，已經算是莫札特在養家活口。而莫札特起初心甘情願地順從父親，因爲認爲自己的一切都是拜父親所賜。但在進入青春期後，內心開始騷動。演奏是因爲熱愛彈琴，還是單純喜歡出風頭呢？他感到一絲疑惑。作曲多年後，他終於開始樹立自己的風格，但父親考量到家庭經濟，要求他只能繼續創作王室聽眾喜愛的那種通俗樂曲。他們家居住的薩爾茲堡，文化很是粗鄙庸俗。簡而言之，他渴求不同的追求，想獨立自主。隨著春去秋來，莫札特愈來愈苦悶。

一七七七年，父親終於允許二十一歲的莫札特前往巴黎，母親隨行。他在巴黎必須設法成爲著名的指揮家，才能繼續養家活口。但巴黎並不適合莫札特。他得到的工作機會全都辱沒了他的才華，接著母親染病，並在歸途中病歿。這趟巴黎行實在多災多難。莫札特重回到薩爾茲堡，不得不壓抑自己，再次向父親低頭。他接受了一份無趣的工作，成爲宮廷琴師，卻無法讓自己不再煩躁不安。他擔心自己一輩子都必須守著這份平庸的工作，寫音樂取悅俗人。後來，他提筆寫信給父親：「我是作曲家……仁慈的上帝慷慨賜予我的作曲才華，不是要拿來埋沒的。」

利奧波德對兒子愈來愈多的異議很不滿，叫莫札特別忘了自己虧欠父親浩瀚的親恩，而且那些眾多的旅費開銷也全由父親埋單。莫札特在一瞬間明白了：他喜愛的從來都不是鋼琴演奏，甚至不是音樂而已。他討厭像個傀儡一樣在眾人面前彈奏。他命中注定該做的是作曲；而且不只是作曲而已，他對戲劇也有強烈的喜愛，所以他要寫的是歌劇，那才是他眞正的心聲。假如他繼續留在薩爾茲堡，就別妄想寫出歌劇。他的父親是一個阻礙，不斷在摧毀他的人生、健康、自信。這不僅關乎莫札特是不是棵搖錢樹，他父親從骨子裡在忌妒他的才華，不論有無自覺，他在扼殺莫札特的發展。不管如何艱難，莫札特都必須趁著爲時未晚，跨越這道障礙。

一七八一年，莫札特前往維也納並做出重大決定，他要留在維也納，堅決不再回到薩爾茲堡。此舉彷彿觸犯天條，他的父親始終沒有原諒他，恨莫札特居然遺棄了家人，這嫌隙再也化解不了。莫札特覺得自己在父親的操控下浪費掉太多光陰，於是風馳電掣地作曲，他最著名的歌劇和樂曲傾瀉而出，彷彿魔法一般。

在人生道途上會走錯路，通常是爲了追尋錢財、名聲、別人的注目，所以迷失自我。如果追求的是萬眾矚目，通常表示內心空虛，希望得到所謂世人肯定的虛幻人氣來塡滿空虛。然而若選擇的領域沒有反映眞實天性，我們極少能得到內心渴求的滿足。工作表現因而打折扣，而原本得到的注目也開始減少，那是折磨人的過程。假如我們選擇職涯時著眼在金錢與安逸，通常是出於減少焦慮、或爲了取悅父母。父母親叮囑我們要變有錢，可能基於關愛與擔心，但或許有其他不足爲外人道的動機，也許是嫉妒我們可以擁有他們年輕時所沒有的自由。

你的策略必須分爲兩步驟：**第一，在信心被摧毀前，認清自己是基於錯誤理由選擇目前的職業。第二，挺身對抗將你從天命道路推開的那些人。**不妨承認自己竟需要關注與肯定，正是這種心理需求會害你偏離正軌。對於逼迫你仿效他人的長輩勢力，你要凝聚出一股不平之氣，這是成長的健康環節，你要脫離父母獨立，建立屬於自己的身分認同。讓你的反叛之心帶來精力與目標。假如擋住去路的是父親這樣的人物，如同莫札特的遭遇，請務必快刀斬亂麻，替自己清出一條明路。

四、放下過去：順應時勢策略

一九六〇年一出生，佛雷迪．羅區打出娘胎就接受成爲拳王的養成教育。他父親是職業拳擊手，母親是拳擊賽裁判。佛雷迪的哥哥從幼齡開始學拳擊，而佛雷迪到了六歲時，就被帶到波士頓南部的拳擊館，展開成爲拳擊學員的魔鬼訓練。每天由教練指導幾個小時，每週受訓六天。

到了十五歲時，他覺得自己的熱忱消失殆盡，愈來愈常找藉口不去練拳擊。母親察覺到此事，對他說：「你還打什麼打？老是挨揍，根本沒還擊之力。」這話他老早已聽慣，父親和兄弟們經常掛在嘴上批評，但聽到母親如此直言倒是頭一回，顯然，她認爲他哥哥才是注定成爲拳王的那一個。這下子，佛雷迪倒決心證明母親錯了。他發憤圖強，重新開始訓練計畫，內心湧現練拳的熱忱，也謹守紀律，他享受拳法不斷精進的快感，獎盃一個個手到擒來。最重要的是，現在換他可以打敗哥哥，他對拳擊之愛重新被點燃了。

這時的佛雷迪是兄弟中前景最被看好的一個，父親帶他到拉斯維加斯，準備讓他的事業更上一層樓。在那裡，十八歲的他遇見了赫赫有名的教練艾迪．法奇（Eddie Futch），開始接受他的指導。這時他似乎前途無量，雀屏中選，成爲美國國家拳擊隊的一員，排名開始攀升。但沒過多久，他再度卡關。雖然法奇傳授給他厲害的精妙拳術，他也練到無懈可擊，但實際上場比賽就完全是另一回事。對手一旦打擊到他，他就會憑著本能還擊，被情緒牽著鼻子走，最後演變成在跟對手幹架，還連打好幾個回合，幾乎都是落敗收場。

幾年後，法奇叫佛雷迪從拳擊生涯退休。但拳擊是佛雷迪人生中的一切，退休後要做什麼？所以他繼續打拳、繼續輸拳，直到認清大勢已去，這才從拳壇退休。他改行做電話行銷人員，開始酗酒。他開始痛恨起拳擊，他爲它付出所有，到頭來卻是一場空。有天，他按捺不住，又跑去法奇的拳擊館，觀看友人維吉爾．希爾（Virgil Hill）和一位準備爭奪冠軍頭銜的拳手對打。兩位拳手的教練同樣都是法奇，然而維吉爾回到擂台角落休息時並沒有人照料他，佛雷迪就幫忙遞水給他，還給他一些建議。第二天，他又回去幫希爾的忙，不久後就固定在法奇的拳擊館露臉。他沒有支薪做這件事，因此繼續打電話推銷，但他嗅到了一個機會，在他幾乎走投無路的這個時候。他準時到拳館，待得比誰都晚。法奇的指導技巧他全都瞭若指掌，幾乎可以指導所有的拳擊手。他扛起的責任開始變多。

他甩不掉自己心底對拳擊的怨恨，懷疑自己這回能夠撐多久。那畢竟是一個競爭激烈的職業，沒有幾個訓練師能夠長久做下去。他的日子會不會又開始一成不變，沒完沒了地重複法奇式的練習？他也有點渴望回到場上，至少打拳賽還比較有變化。

一天，維吉爾示範從古巴拳擊手學來的技巧：他們練拳時不用沙袋，通常是由戴著大拳擊手套的教練親自和他們對練。站在擂台上，由教練餵招，拳手練習出拳。佛雷迪和維吉爾試了一回，他眼神整個都亮了，這種訓練不僅讓他可以重回場上，他也立即體悟到，以往那些訓練方式太不夠看了。他知道如何善用那對拳擊手套來進行訓練，而不只侷限於練習拳法。訓練師可以藉此工具，發展出全套的對戰策略，即時示範給拳手瞧。這革新了拳擊運動，爲拳擊注入新的生機。佛雷迪與他當時訓練的拳手們開發了這種新的訓練方式，他的教學變得很靈活、很有章法。

他不久便離開法奇自立門戶，迅速打亮招牌，業界公認他比誰都懂得如何讓拳手做好萬全準備。

不出幾年，他成爲拳擊訓練界的一代宗師。

面對事業及避不掉的頹勢，請務必懷抱以下的想法：你不是一定得綑死在特定職務上；你不必對特定一項事業或一間公司效忠。你只獻身給自己的天命，要圓滿達成這件事。你得找出屬於你自己的生命任務，讓它引導你步上軌道。別人並沒有義務得幫助或保護你，你得自立自強。改變無法可免，更何況現在的世界瞬息萬變。既然人人得自強不息，預見你的業界即將發生的轉變就是你自己的責任。**履行生命任務要懂得順應局勢，死守過去的作法，保證就會落伍，是自討苦吃。你要有彈性，懂得變通**。

假如你被迫得改變，一如佛雷迪，務必克制自己，不要反應過度，或僅是自憐自艾。佛雷迪聽從本能回到拳擊擂台上，因爲他了解自己喜愛的不是拳擊活動本身，而是對體育競賽的運籌帷幄。憑著這樣革新的認知，他便在拳擊界之內找到適性的新方向。一如佛雷迪，**不用放棄你已經擁有的技能和經驗，而是找到運用這一身本事的新方法**。你要放眼未來，不要死守著過去。發揮創意、微調方向，通常能帶領我們更上一層樓，我們原本的自負被抖落，逼不得已要重新評估自己的下一步。記住：**你的天命是活的，若你只固執於青春年少時所做下的規畫，就是將自己鎖死在一個位置上，而時代會無情地與你擦身而過**。

五、迷途知返：破釜沉舟策略

發明家巴克敏斯特．富勒從小就知道自己看到的世界與眾不同，因爲天生重度近視，於是生活在一片朦朧之中。其他感官爲了彌補視力的缺憾而變得特別敏銳，尤其是他的觸覺和嗅覺。即使他在五歲時配戴了眼鏡矯正，他依然不光靠著眼睛來認識世界，而是具備了觸覺型的智能。

富勒從小足智多謀，有一次發明了一種新款的槳，以便他可划過緬因州的湖泊去送信，這是他每年夏天的例行活動。這種槳的設計來自於他對水母動作的觀察與研究所得，他不只用眼睛觀看水母的動作，也感覺到水母的動作。他的新船槳便是因爲複製這種動作，而運作極爲流暢。在那些年的夏天，他不斷夢想著其他有趣的發明，這便是他的終生志業，他的天命。

但與眾不同卻有其痛苦之處。他對常規的教育形式感到不耐，儘管他聰明絕頂，一直到進了哈佛大學都還適應不了嚴格的教學。蹺課、喝酒，過著放蕩不羈的生活，直到被哈佛退學兩次，第二次永久生效。

他之後不斷轉換工作，在肉品包裝廠上班，隨後遇到第一次世界大戰，他在海軍覓得一個好職位。他的機械很強，每個零件的作用都瞭如指掌。但他總是定不下心，無法忍受在同一個地方待太久。戰後，他有妻兒要養，因爲憂心自己不能給家人過好日子，便找了一份高薪的業務經理工作。他這回盡心盡力，表現也很優異，但這家公司竟在三個月後關門大吉。他始終覺得這類差事不是他想追求的，卻似乎只找得到這種工作。

幾個月後，天外飛來一個機會。他岳父發明了一種房屋建材的全新生產方法，建材不但更經久耐用，隔熱效果更佳，生產成本也大幅降低。唯獨岳父找不到金主，沒人肯幫他一起成立公司。富勒覺得岳父的發明很了不起，他對住宅及建築領域一向充滿興趣，便自告奮勇要幫岳父優化這項新發明。他全力以赴，甚至還改良了原料配方，富勒的岳父則是支援他，兩人共同成立了圍欄建築公司（Stockade Building System），投資者大多是家族成員。他們用這些原始的資金建蓋了工廠，但公司卻營運不良。這項科技太過新穎、太顛覆，加上富勒又堅守理念不讓步，下定決心要在土木工程業裡掀起革命。五年後，公司轉售給別人，身為總裁的富勒也遭到解職。

富勒的處境如今淒慘無比，他們一家子在芝加哥過著超過他所能負荷的舒適生活，然而在那五年間，他們並沒有半毛存款。眼看冬天即將來臨，富勒找新工作的可能微乎其微，因為他已名譽掃地。有天傍晚，他沿著密西根湖畔散步，回顧自己在那一刻之前的人生。他沒能讓妻子依靠，也害岳父與投資他們的眾親友賠錢。他不懂得經營，造成所有人的負擔，最後，他覺得乾脆自殺好了，他打算投湖。他有不錯的保單，太太回到娘家生活應可以得到妥善的照顧，比跟著他吃苦強得多。他走向湖水，做好赴死的準備。

這時突然發生一件事令他停下來，他後來描述說那是一個聲音，那聲音在他附近響起，也許是來自他腦海裡。那聲音說：「從今以後，切勿再期待自己的想法得到世人肯定，你想的就是事實。你沒有消滅自己的權力，你不屬於你，你屬於宇宙。你永遠不會知道自己的重要性，但只要你用心地把自己的經驗用於為世人創造最大福祉，就可以知道自己的確盡了本分。」富勒從來不曾有過幻聽，因此只能認定這個聲音確實出現過。這番話震醒了他，他離開湖畔，回到家中。

他在返家途中不斷思忖這番話，決定照著換上全新視角看待自己的人生。或許他稍早認定自己犯下的那些錯誤，根本就不是錯誤。他一直努力融入不適合自己的世界（經商）。只要仔細咀嚼，就會明白這正是那番話的意思。經營圍欄建築公司的經驗並非毫無價值，他從中學習到了人性，所以不該有憾恨。他也確實異於常人。他開始運用自己特有的感知，在心裡構思了各種發明：新型的汽車、房屋、建築結構。他看著回家路上那一排又一排的公寓建築，驚覺世人因為一成不變、不去破除陳舊作法所受的折騰，眞是活受罪，打破成規其實事半功倍。

他誓言從那一刻起，只聽從自己的經驗判斷、自己的聲音。他要開創做事的新方式，拓展世人的眼界，讓大家看見新的可能。財源遲早會自動出現。每次他把賺錢列爲優先考量，事情就會出差錯。他一定會養活家人，但他們得暫時先省吃儉用一些。

多年後，富勒仍信守著這個承諾。他追求自己的奇思怪想，設計出實惠又節能的運輸工具與建築（戴美西恩[2]汽車與戴美西恩住宅），並且發明了網格狀球頂 (geodesic dome) 這種全新的建築結構。他快速名利雙收。

偏離自己的天命準沒好事，你會飽受各種痛苦的糾纏。會誤入歧途通常是受到金錢的誘惑，或是妄想要一夕致富。但這並不符合你的天性，你會提不起興致，錢也沒那麼輕鬆到手，接著，你會另外再尋找其他賺錢的捷徑，與自己的天生能力漸行漸遠，若不認清未來的道路，最後就會困死在一份工作中。即使衣食無虞，也得靠著信仰、毒品、娛樂來塡補內心的洞。沒得商量，絕對逃不過這種命運，你的痛苦與挫敗有多少，偏離正途就有多遠。你必須聆聽挫敗的聲音，那是痛苦在對你訴說的話語，就讓它指點明燈，一如富勒那樣聽從內在聲音的指引。這攸關重大。

2 Dymaxion 是富勒自創的詞，由 dynamic（動力）、maximum（最大）、ion（原子）三字構成，意指以最少的能量做到最多事的方法。

要回歸正軌勢必有所犧牲，你暫時無法一下擁有一切，想走大師之路得要有耐心。你必須著眼於五年、十年後的前景，你的付出屆時就會有回報。抵達大師境界前的歷程既充滿挑戰，也富有喜悅，你可以將自己找回初衷的決心昭告天下，這樣一來，偏離正軌會讓你覺得可恥，沒有面子。說到底，眞正留得住財富與取得成功的不會是那些汲汲營營的人，而是那些追尋大師境界與實現天命的人。

反其道而行

有的人童年時期絲毫沒有察覺到自己的性向，對未來的職業方向全無概念，反倒痛苦地認定自己一無是處。別人覺得簡單或可以輕鬆應付的事，他們卻做得零零落落。天命的召喚似乎不在他們的字典裡。有時候，他們甚至會聽信師長貼的標籤，認爲自己就是少根筋或資質差。稍一不愼，這些會成爲自我實現的預言。

動物飼養家及工業設計師天寶．葛蘭汀對於這種描述肯定是點滴在心頭。在一九五〇年，天寶三歲，醫生診斷出她患有自閉症。她當時還沒學會說話，醫生則認爲她一輩子都不會有什麼進步，必須終生住在療養院裡。但她母親不想放棄，決定死馬當活馬醫：她送天寶去做語言治療。沒想到奇蹟發生了，治療師引導天寶慢慢學會開口說話，她於是得以接受教育，學習一般孩童修讀的科目。

雖然天寶已有長足的進步，但未來的出路依然不多。她的思維方式與眾不同，是以圖像而不是用文字思考。要認識一個字，她得在心裡先想像出畫面才行。因此她很難理解抽象的字句和數學。她也不擅長與其他小朋友互動，他們時常笑她是怪胎。有學習障礙，日後除了極簡單的工作以外，她這一生還能成就什麼？更糟的是，她的心智其實極爲活躍，沒有什麼事可專注時，她就會陷於極度焦慮。

每當心情煩躁，天寶便會不自主地去做兩種可以讓她平靜下來的活動：跟動物玩，以及動手做搭建式的工藝。對於動物，她可以敏銳地感知到牠們的感受與意圖，她尤其懂馬，所以也很會騎馬。因爲她擅長圖像思考，要用雙手製作東西時（像是縫紉或木工），她總是先在心裡勾勒成品的樣貌，之後就能依樣做出來。

十一歲時，天寶去在亞歷桑納經營牧場的姨媽家，她在那裡意外發現，比起懂馬自己更懂牛。她有一天興致盎然地觀察被安置在擠壓槽中的牛隻，牛隻在身體側面遭到擠壓後會放鬆，易於接受預防注射。天寶小時候一直渴望被緊緊擁抱，卻受不了大人抱她，一被抱住就會因爲自己被限制了，而陷入恐慌之中。她央求姨媽答應讓她進入擠壓槽。姨媽同意後，有整整三十分鐘時間，天寶沉浸在自己一直以來所渴求的擁抱裡，從擠壓槽中出來後，她感到無比的平靜。經由這次經驗，她迷上了擠壓槽，幾年後，她設法做出自己的擠壓機原型，置於家中使用。

現在，她迷上了牛隻、擠壓槽，以及擠壓式碰觸對自閉兒的功效，爲了滿足更多的好奇，她必須培養閱讀能力及研究技巧。學會後，她便發現自己的專注力高得出奇，她可以連續數小時研讀同一個主題，完全不會煩膩。她的研究範圍慢慢拓展到一般心理學、生物學、科學等的書籍。由於她發展出自己的才能，有所大學錄取了她，她可以進一步拓展視野。

幾年後，她在亞歷桑納州立大學攻讀畜牧學碩士。在那就讀時，她對牛隻的狂熱重新浮現。她想要好好分析圈養場，尤其是牛的擠壓槽，了解牛的行爲反應。教授覺得她這個想法莫名其妙，斷然打了回票。但她沒放棄，後來在另一個系所找到願意支持這項研究計畫的教授。她如願做成了研究，也從中窺見自己的天命。

學術研究不是她的生命任務，她喜歡的是親手建造東西的務實派，佐以不斷鑽研學問。她決定開闢自己奇特的事業路線，於是開始自己接案，爲牧場及圈養場提供服務，設計更適合牛隻、效果更佳的擠壓槽。漸漸地，她憑著自己對設計和工程的視覺解構能力，掌握到這一行的精髓。她擴充服務項目，也設計起更人道的屠宰場及管理農場動物的系統。

在這一行站穩腳跟後，她又進一步提升自己：她成爲作者、回到大學當教授、成爲動物題材專家，以及談論自閉症主題的優秀演講者。不知怎麼地，原本在她人生道路上那些看似無法跨越的障礙統統被掃除，出現了宛如量身打造的生命任務。

當你擁有的是缺陷，而不是特長與愛好，務必採用以下的策略：**忽視你的弱點，不要想把自己變得跟別人一樣**。要像天寶．葛蘭汀一樣，**讓自己做很會做的小事，別急著想像未來，或是把計畫弄得很盛大，而要專心地把簡單、可以上手的技能練到爐火純青**。這會幫助你建立自信，成爲你進步、繼續學會其他技能的基礎。不斷重複這個步驟，一回又一回，你終將發現自己的天命。

要明白：你不見得是從某種耀眼、充滿潛能的性向中得知自己的天職。你的生命任務有可能隱身在缺陷之中，逼迫你專注在自己很擅長的一、兩件事情上。只要好好琢磨這些技能，你會學會紀律的價值，看見付出的心血換回的成績。一如蓮花的形貌，你的技能地圖會是強項居於中心，再一層一層疊到外圍。不要嫉妒那些天之驕子，天生才華洋溢的人；通常那是一種逆向的祝福，這樣的人很難體悟到勤奮與專注的可貴，日後必定吃苦。**遇到任何挫折與難關時，都可以端出這個策略，在這種時候，聰明的作法通常就是專注在少數幾件我們很懂的事上頭，好好下功夫，重建信心。**

天寶．葛蘭汀誕生後就面臨種種障礙，若連她都能找出生命任務、進入大師境界，可見這必然是你我都能取用的力量。

遲早會有個什麼似乎在召喚我們踏上某一條路。你記憶中的這個「什麼」可能是童年時一件吸引你的事物、一個突如其來的衝動、一種痴迷、事態的一個意外轉折，簡直像是在宣告：這是我一定要做的事、這是我一定要擁有的東西。這就是我的本色……假如你沒有那麼鮮明的召喚，或許你的召喚就如同靜謐的溪水般推送著你，讓你在不知不覺中漂到某個岸邊。當你回顧過去，恍然大悟命運其實已替你牽了線……召喚可能被延誤、閃避、錯過。也可能完全占據你的心。無論如何，召喚遲早會來。向你招手……不凡的人受到召喚的表現特別明顯，或許就是因為他們特別著迷。也或許，他們表現不凡，是因為他們的召喚特別清楚，而他們也十分忠於召喚……不凡的人是較好的見證者，因為他們展現出凡夫俗子做不到的事。我們的動機似乎沒有他們那麼強烈，也比較容易分心。只是，我們的命運一樣都是由相同的驅動力所推動。不凡的人不是另一種人；只是普世的驅動力在他們身上的運作更一目瞭然……

詹姆斯．希爾曼 (James Hillman)，美國心理學家

第二章

向現實臣服：理想的學徒訓練階段

當你脫離常規教育，便進入人生最關鍵的時期，我稱之為學徒訓練階段的第二次教育，這是實務教育。你每次轉換職業或取得新技能，都要重啓這個生命時期。這種時期的風險很多，稍一不慎，你就會被不安感壓垮，因為盤據在腦海裡的各種衝突而心亂如麻；因而產生的恐懼與學習難關，在一生當中都會如影隨形。趁著來得及，務必趁早學會這些相關的教訓，遵循古今大師們所闢出的路徑，打造一種各領域都可以適用的理想學徒生涯。在此過程中，你會精通重要技能，建立自我紀律，蛻變成具備獨立思考能力的人，做好準備，迎接大師之路上層出不窮的挑戰。

第一次蛻變

達爾文（一八〇九～一八八二年）從很小就感覺到父親帶來的沉重壓力。他父親是地方上成功的醫生，生活優渥，對自己的兩個兒子期盼很高。然而身爲小兒子的達爾文似乎不太可能達成父親的期許。他的希臘文和拉丁文不強，代數也不厲害，其實是所有的學科統統都差。達爾文不是沒有抱負，只是沒興趣藉由書本來認識世界。他熱愛戶外生活，像是狩獵、在鄉間尋找各種稀奇的甲蟲，蒐集花朵和礦物標本等。他可以耗上幾個鐘頭觀察鳥類行爲，詳細記錄各種鳥類之間的諸多差異。他對這種事物別具慧眼，但這些嗜好不能拿來當飯吃，他年紀愈大，愈能感覺到父親的耐心在流失。他父親有一天說了重話，這番斥責令達爾文一生難忘：「你滿腦子只有射擊、玩狗、抓老鼠，你這可是在對不起你自己啊，你讓我們全家丟臉。」

達爾文十五歲時，他父親認定自己必須強勢主導兒子的人生，把他送到愛丁堡讀醫學院，但達爾文見血就害怕，最後不得不輟學。他父親並不死心，決定要幫兒子找到出路，於是替他爭取到將來派到地區教堂當牧師的機會。這是待遇優渥的好差，也會有許多工作之餘的閒暇時間，可以繼續他蒐集標本的狂熱。這份工作唯一的條件是必須先在某一所名校取得學歷，因此達爾文被送進劍橋。他再度陷入對常規教育提不起勁的困擾。但他盡了全力，就學期間也培養出對植物學的喜好，與韓斯洛（Henslow）教授關係很好。他努力讀書，終於在一八三一年五月取得學士學歷，令他父親鬆了一口氣。

達爾文希望自己的校園生涯就此告終，他到英格蘭鄉間旅遊，縱情在自己對野外事物的狂熱中，暫且拋卻對未來的忐忑。

在八月下旬返家時，很訝異地看到一封韓斯洛教授的來信，教授保薦達爾文到英國海軍艦艇小獵犬號 (HMS Beagle) 出任不支薪的博物學家，幾個月後，小獵犬號便要展開爲期好幾年的世界航程，勘查各處的海岸線。達爾文的任務之一是負責沿途蒐集生物及礦物標本，並寄回英國做研究。韓斯洛顯然對這個小伙子蒐集並辨識植物的本領刮目相看。

面對這個機會，達爾文有點難以招架，他從沒想過要浪跡天涯海角，更別說是邁向博物學家之路。他還來不及考慮好，父親便出手干預，嚴禁兒子接受這份邀約。達爾文不曾出海，絕對會適應不了海上生活，他並不是訓練有素的科學家，連科學教育都沒接受過。不只如此，出海好幾年將會斷送早已敲定的教堂職務。

父親如此強勢又講得頭頭是道，達爾文猜想老人言是對的，想回掉這個差事。但過個幾天，他想像著這一趟航程，猜測一路上會出現的情況，愈想是愈心動。或許是因爲從小就過著備受呵護的日子，所以很嚮往單飛冒險；或許是想試試自己適不適合走博物學者的生涯，最重要的是，這一路上幾乎能一網打盡，看遍世界上所有的生命形式呢；也或許是想掙脫父親的鐵腕，開始走自己的路。不論原因爲何，他很快便改變主意，打算接受這份工作。他徵得叔叔的聲援，總算讓父親勉強同意讓他出海。在出航前夕，達爾文寫信給小獵犬號的船長羅伯特．費茲羅伊 (Robert FitzRoy)：「上船便是我第二人生的第一天，在我有生之年，都會視這一天爲生日。」

小獵犬號在同年十二月啓航了，年紀輕輕的達爾文幾乎立刻後悔了。船很小，又因波浪而劇烈搖晃，他嚴重暈船，東西吃了就吐。他想到要那麼久見不到家人就覺得難受，而且還有好幾年時間得和船上這麼多的陌生人打交道。他開始出現心悸的症狀，覺得自己得了重病。水手們注意到他在船上幾乎派不上用場，於是對他很冷淡。費茲羅伊船長是個陰晴不定的人，即使雞毛蒜皮的小事都會令他暴怒，他還是個狂熱教徒，對《聖經》的內容深信不疑；費茲羅伊叫達爾文要負起責任，到南美洲時，要找到〈創世紀〉(Genesis) 章節那場洪水及生命起源的證據。[1]達爾文覺得自己眞是個蠢蛋，竟沒聽父親的決定，寂寞排山倒海而來。他怎麼有辦法連續幾年都窩在窄小的空間裡，跟一個半瘋的船長住在艙房內呢？

航行過了幾週後，他絕望地擬訂一套策略。在家裡的時候，每當他心緒混亂，只要到大自然裡走走、觀察觀察周遭的生命，總是能令他恢復平靜，甚至會渾然忘我。如今這艘船就是他的大自然，他要觀察船上的生命，仔細研究每位船員和這名船長的性格，就像在記錄各種蝴蝶斑紋一樣。比如，他注意到竟沒人埋怨伙食、天氣或手上的工作，原來水手很看重堅忍的特質，他也要試著採取這種態度。費茲羅伊似乎有點缺乏安全感，不時需要從海軍官兵身上證明自己的確位高權重，達爾文打算不斷滿足他這種需求。一點一滴地，他開始能夠融入船上的作息，言談舉止甚至沾上了一些海員的調調。這些都有助於排遣他的寂寞。

幾個月後，小獵犬號抵達巴西，達爾文這才明白當初爲何會對這趟航程感到熱血沸騰了。種類浩繁的各色動植物令他心醉神迷，這裡簡直是博物學者的天堂。所有物種都與他在英國觀察、採集過的東西截然不同。有天他走進森林裡，見識到他所見過最古怪也最殘忍的奇觀：有一隊不斷往前行進的小黑蟻，隊伍長度超過九〇公尺，沿途吞噬掉所有擋道的生物。森林裡的生物多如繁星，不論往哪裡看，都會看到激烈的生死存亡之爭。達爾文在履行他的職責時，很快便碰到一個大問題：能捕捉到的鳥類、蝶類、蟹類、蜘蛛等統統很奇特，但他的任務還包括得愼選要寄回英國的標本，到底要用何標準判斷哪些値得採集呢？

於是他必須擴充自身所知，不但要投注大量時間鑽研路上看見的一切，做筆記，還要設法建構起龐雜的資訊，將全部的標本製作目錄，將自己的觀察爬梳出條理來。這是極浩大的工程，但一點都不像他痛恨的學校作業，他做得可興奮極了。這些是活生生的物種，不是書本上模糊又抽象的概念。

小獵犬號順著海岸線南行，達爾文了解到從沒有博物學者深入過南美的內陸。他決定要盡可能見識到最多的生物，於是展開一連串進入阿根廷彭巴草原的徒步旅程，一路只由高卓人[2]隨行，蒐遍各種珍奇的動物及昆蟲標本。他按照在船上生活時悟出的那套策略，開始仔細觀察起高卓人及其行事作風，想辦法融入他們的文化，彷彿自己就是他們的一分子。在這次行程及之後的行程中，他勇敢面對來打劫的印第安人、毒蟲、在森林中潛行的美洲豹。不知不覺中，他愛上這類冒險，他的親友得知莫不跌破眼鏡。

航行一年之後，在布宜諾斯艾利斯南方約六百五十公里的海灘上，達爾文發現令他匪夷所思的東西。他在懸崖的岩石間發現一條一條的白色玩意兒，他可以辨識出那是某種巨大生物的骸骨，便鑿開岩壁，盡量把它挖出來瞧瞧。這些骨骼的尺寸和種類都是前所未見，貌似某種巨型犰狳的獸角和盔甲、乳齒象的巨牙，最教人驚奇的則是馬的牙齒。西班牙人和葡萄牙人初次來到南美洲時，當地並沒有馬匹，但那些牙齒太古老，比歐洲那些人抵達南美的時間更早。他不禁納悶，假如這個物種早已滅絕，那地球上所有的生物都是一舉創造完畢的神話便不吻合。更要緊的是，怎麼會有那麼

---

1 指的是諾亞方舟的故事。諾亞建造了大船，讓他們全家及世界上的生物能夠躲避上帝引發的一場大洪水。

2 印第安人與西班牙人的混血種族，居於南美大草原。

多物種遭到滅絕？會不會地球上的生物一直都是變動不定，不斷處於發展之中呢？

幾個月後，他換到安地斯高原徒步旅行，尋找能寄回英國的地質標本。在海拔約四千兩百公尺處，他竟發現貝殼化石及海洋堆積岩層，在這種海拔高度發現這些實在太令人意外了。他檢視這些遺跡及四周的植物群，推測這些山脈曾經位於大西洋底下，而且多半是數千年前的諸多火山活動讓這些山漸漸隆起。他沒有找到可以佐證《聖經》故事的遺跡，反而找到與世人所知的事實大相逕庭的物證。

出航時間一久，達爾文察覺自己發生了一些明顯的轉變。以前幾乎任何可以套上正經兩字的事情都讓他覺得無聊，但現在他可以日以繼夜地辛苦工作；更實在地說，他想要探索、學習的事物那麼多，航程中的每分每秒都捨不得浪費。他已鍛鍊出觀察南美動植物的驚人眼力，聽到鳥鳴就知道那是當地哪一種鳥在叫，牠們的鳥蛋上有什麼樣的花紋、飛行時又是哪種模樣。這些資訊他都一一記錄下來，整理成容易查閱的資料庫。更重要的是，他自身的思考模式已經煥然一新。他會先觀察一件事物，進行相關資料的閱讀、記錄，接著再繼續觀察，然後提出自己的推論，這些推論又再去與觀察印證，循循環環。他探索這個世界的眾多層面，每個層面裡都有無限豐富的細節，不知打哪來的想法不斷迸跳出來。

一八三五年九月，小獵犬號離開南美的太平洋海岸，朝西返航。歸程的第一站是幾乎無人居住的加拉巴哥群島。這些島嶼以野生動植物繁多而聞名，但達爾文事先完全沒料到自己會在那裡發現什麼。費茲羅伊船長給他一週時間走訪其中一座島，然後便要繼續航程。達爾文才剛上岸，便注意到那是非常與眾不同的地方：那一小方土地上滿是別處沒有的生物。他四周擠滿了幾千隻黑色的海生鬣蜥，有的待在岸上，有的浸在淺水區；兩百三十公斤重的陸龜在岸上緩步徐行；海豹、企鵝、不會飛的鸕鶿，都是一些棲息在這一座熱帶島嶼上的冷水生物。[3]

那一週，僅僅是在這一座島上，他就找到二十六種陸棲的特殊鳥類。他的罐子裡裝滿長相最奇特的植物、蛇、蜥蜴、魚、昆蟲。回到小獵犬號上，他開始造冊記錄，將採集到的數量驚人物種分門別類，他很驚訝這些幾乎都是前所未見的新物種。接著，還有了更驚人的發現：即使島嶼之間的距離不過短短八十公里左右，這些物種在每個島上的樣貌皆不相同。龜殼的花紋不同，鷽鳥也發展出不同的喙嘴，每一種喙嘴都是針對各自棲地的特殊食物種類發展而來。

突然間，四年來的航行與他的種種觀察觸動了他最深度的思考，一個激進的推論在他內心成形：他推測這些島嶼最初是因爲火山爆發而突出水面，就如同安地斯山脈一樣。起初，島上沒有生物。慢慢地，鳥類來到島上，留下種子。各種動物則從海路過來，蜥蜴或昆蟲則是隨著漂流木來的；陸龜原本是海龜，所以是游過來的。幾千年來，每一種生物都適應了島上特有的食物與掠食者，在這個過程中漸漸改變了外形樣貌。那些適應不良的動物則消亡殆盡，就像達爾文在阿根廷所掘出的巨大生物化石。這是求生的無情競爭，島上的生物不是某個神靈在一夕之間創造出來的，而是經由慢慢演化，成了現在的樣貌。這些島嶼一如地球的縮影。

返航時，達爾文開始進一步延展自己的推論，內容大大顛覆傳統思維。如今，證明自己這種推論成了終生志業。

3 居住在年平均溫度接近零度地區的生物。

最後，在一八三六年十月，小獵犬號在出海將近五年後返回到英國。達爾文連忙趕回去見家人，父親第一眼看到他時愣住了。他的相貌完全變了個樣，個頭似乎比較大，散發的氣質也截然不同，從他的眼神，可以看出充滿決心的嚴肅及銳利，與幾年前要出海時的迷惘神情大不相同。顯然，這趟航程徹底改變了他兒子的外表與心靈。

進入大師境界的關鍵

> 大師境界就是大師境界，沒有誰低誰高。
>
> 達文西，義大利文藝復興時期博學家

研究古往今來的大師生平，必然會發現他們的人生裡有一個密集培植日後所有能力的時期，就如同蝴蝶的蛹。這個人生階段多半是五到十年左右的自主學習期。因爲這時並沒有傑出的成就或發現可以宣告，世人便很少會關注這個階段。在他們的學徒訓練時期，仍與一般人相去不遠。但在表層底下，他們的心智出現旁人看不到的轉變，播下了日後建立豐功偉業的種子。

大師運用這個時期的方式，主要是憑直覺判斷，什麼是對他的發展最緊要、最根本的事，好好研究他們如何走出正確的一步，我們可以得到無價的資訊。事實上，只要仔細探究他們的人生，便能看出各領域大師共有的模式，就是有著一個在躋身大師境界前的理想學徒訓練時期。如果想了解這個模式，運用在自己身上，就必須清楚了解這個概念，以及必須有哪些條件才能順利度過學徒時期。

童年時，我們接受教育，受國族文化薰陶的依賴期很冗長，比其他動物要長很多。在這個時期，我們學習語文、書寫、數學、推理等，大多是在父母及師長的關愛督導下學成。年紀大一點後，就改爲著重於課本的學習，被敦促要盡全力吸收各個科目的資訊，然而關於歷史、科學、文學的知識都很抽象，而學習過程多半是被動吸收。在這個過程結束後（通常介於十八到二十五歲之間），我們便被扔進現實的職場，想辦法開始自立。

脫離了成長期的依賴時，我們其實並沒能一下子就準備好要完全獨立。我們仍舊習慣透過書籍及老師教授來學習知識，但這種習慣並不利於下一段該以實務主導的人生。我們初入社會時，通常還很天真無邪，尙未準備好置身於世上的權術技倆之中。我們不確定自己的定位，還以爲身在職場最重要的是引人注目及結交朋友。這些不成熟的觀念與純眞往往會被現實的世界狠狠修理。

假如我們後來成功調適過來，後頭或許能走出自己的路；但萬一我們犯下的錯太多，就會有無止盡的麻煩來糾纏。我們耗費許多心力去傷神這些事，一直無法從負面情緒中抽離，也就無法反芻這些經驗，從中學習。而學徒時期的本色，就是由每個人以自己的作法，自主地進行。亦步亦趨地遵從師父的指導或書本的建議是自取失敗，**這是我們終於獨立、建立個人特色的時期**。這是人生中的二度教育時期，決定我們未來能否成功，有一些基本原則，能在此時期嘉惠我們每個人，教我們避免犯下常有的錯誤，節省生命。

這些眞理根據的是人類心理及大腦的根本運作方式，其普世價值凌駕所有的領域及時空。這些道理可以濃縮成一個學徒階段的大原則，並可大致分爲三個步驟程序。

這個原則很簡單，必須深深謹記在心：**身為學徒時的目標不是追求金錢，也不是撈一個好的職務、**

頭銜或資歷，而是轉變你的心智與性格，這是邁向大師之路的第一次蛻變。你以外行人的狀態展開一份工作，對這個職業領域一無所知，滿腦子的錯誤臆測。你心裡懷抱許多對未來的夢想及幻想，對這個世界的認知很本位，而且是建立在情緒、恐懼及很有限的經驗之上。慢慢地，你在現實扎了根，進入必須憑著知識及技能獲勝的冷酷世界。你會從中學到如何與別人共事、如何面對批評。在這個過程中，你可以從沒耐心、散漫轉變成有紀律且專注，擁有可以應付許多複雜事務的好腦筋。最後，你成功駕馭自己，克服掉原本的弱點。

因此結論很簡單：**你必須選擇的是成長潛力最大的職場及職務**。實用知識是你極可靠的本錢，未來幾十年都能替你陸續賺進收益，遠遠勝過那些乍看是肥缺，但其實只是薪資高一些、並不具什麼學習機會的工作。這表示你要開心迎接能夠鍛鍊你、增益你的挑戰，無論是表現或進步狀況都可以從挑戰的表現中得到客觀回饋。學徒階段不要選擇只圖輕鬆愉快的職務。

從這一點看來，你務必把自己看成達爾文的傳人。你終於隻身一人，展開塑造自己未來的航程。這是洋溢著朝氣的探險時刻，用開放的心胸與靈魂盡情探索這個世界。事實上，每當你日後必須學習新技能或轉換職涯時，你就會重新串連到自己活力滿溢、愛冒險的那一面。達爾文當年大可只打安全牌，採集必要的標本足矣，多花點時間在船上做學問，用不著下船冒險犯難。但如果他那麼做，便不會成爲大師級的科學家，只會是普通的物種收藏家。達爾文時刻都在尋找新挑戰，毫不猶豫地踏出舒適圈，以危險與難題評量自己的進展。你務必用同樣的氣魄，將學徒時期視爲一種讓自己蛻變的旅程，而不是身在職場的必要之惡。

學徒階段：三個步驟或模式

參考前述的原則做選擇時，要記住學徒時期的三個基本步驟，每個步驟環環相扣。三個步驟分別爲：深入觀察（被動模式）、技能習得（操練模式）、實驗（積極模式）。要記住，當學徒的方式有很多種。也許你是在同一個職位待上好幾年，也可能是在不同公司擔任過好幾個不同職務，取得許多不同技能的複合型學徒訓練。也可能是就讀研究所，也可能直接吸取實務經驗。無論是哪一種情況，這些步驟都有助於你思考，只是視領域性質不同，你或許需要特別著重其中某個步驟。

步驟一：深入觀察（被動模式）

展開一份工作或進入新環境，你便進入了一個自成一套規矩、程序、社交動態的世界。幾十年乃至幾世紀以來，每個領域中的眾人都持續在累積如何把工作做得更好的知識，每一代都在改良上一代的作法。此外，每個職場也都有各自的習性、行事規則、共同標準。上班族的世界裡還有各種權力互動關係。這在在代表了，現實是凌駕於個人需求與欲望之上。當你打開這個世界的門，你的任務便是好好觀察並學習這個世界內的遊戲規則。

在學徒階段起初的幾個月，最大的錯誤，就是誤以爲自己得盡量爭取到別人的注意，要令人刮目相看，想證明自己的本事。這種想法會占據掉你的心思，以致對周遭的眞實情況視而不見。若眞的得到青睞可能反而會誤導你；那種青睞的緣故並不是你有實際的本事，長久來看，反而是造成阻礙。**你該做的是看清現況，向事實臣服，不要在意個人光彩，別想搶風頭，被動就好，留給自己可以靜心觀察的空間。**扔掉你以往對這個世界的認知，假如你想在最初幾個月就令人激賞，只能是因爲你認眞學習的態度，而不是因爲你在自己根本還沒準備好時就想一步登天。

在這個新世界中，你要觀察兩樣最根本的實況。**第一，觀察在這個圈子裡出人頭地的法則與程序，亦即「我們都是這樣做事的。」**有的法則會有人直接告訴你，通常是最粗淺的那些，多半與常識無異。留意這些法則，好好觀察，但更重要的是那些沒有明言的工作文化。這關係到眾人所看重的行事作風與價值觀。這些潛規則通常反映出上位者的特質。

多觀察那些爬到高位上的人、那些能呼風喚雨的人，就能曉得這些法則。更容易見到的觀察對象是在工作上手忙腳亂的人，他們因爲經常犯錯而遭到訓斥，甚至被請走路。這些眞人實例可以作爲負面教材：照他們那樣行事，就有你受的了。

第二種要觀察的現況是這群人之間的權力關係：眞正握權的人是誰、消息是透過誰在傳遞、誰往上爬而誰又在走下坡（社交能力的討論詳見第四章）。這些做事規矩或權術互動或許造成空轉、或者有弊無利，但去導正或去埋怨，都還不是你該管的事，你只需要去了解，並認清自己所處的這個環境。你就像正在研究陌生新文化的人類學家，要去體察此文化裡的細膩幽微處及其習俗。不是要你去大改別人的文化，小心可能會被宰掉，在職場中就是被開除的意思。等你將來能夠手攬大權，登上大師境界的時候，才會輪到你來改寫或摧毀這一套規矩。

不論是多麼低下的工作，你都能從中觀察某個圈子的實際運作。對於圈內人的認識再細瑣都不嫌多，你所看見或聽見的一切，皆是需要你來解讀的符碼。假以時日，你會看懂一開始沒能留意到的事實，例如，你原本以爲在呼風喚雨掌權的人，其實可能只是隻紙老虎。一點一滴，你開始認清表象之下的眞實。新圈子裡的法則與權勢動態的資訊你愈懂愈多，也就愈能知其所以然，也會明白這些與該業界的趨勢發展之間的關連。你開始從觀察轉爲分析，磨練推理的能力，但唯有先累積幾個月的專注觀察，才能達到這一步。

我們可以清楚看到達爾文如何進行這個步驟。他在航行的起初幾個月，認眞觀察船上生態，徹底認識潛規則，後來做起科學研究時就如魚得水了。他設法讓自己融入船員團體，減少未來發生不必要的紛爭，干擾到他的科學研究工作，更不必陷入紛爭會引發的痛苦情緒。後來，他也用同一套策略對待高卓人，以及在世界各地遇到的在地族群。養成這種能力，他可以探索的地區變大，能採集的標本變多。他慢慢令自己蛻變成敏銳的自然觀察者，而且大概是史上最厲害的一位。他放下自己對生命起源的所有成見，訓練自己看見事物的原本面貌，直到他累積充足的資訊後，才對自己曾目睹的一切做出歸納、提出重大的推論。他臣服於這趟航行的每一個層面並吸納全部資訊，終於洞察到一件最根本的實況：所有生物的演化。

要知道，這個步驟想徹底落實，關鍵因素有二。**一，徹底認識你所處的環境可以進退有據，避免犯下代價昂貴的錯誤**。就像獵人，當你對森林及其生態環境瞭如指掌，你在求生、求勝時便擁有更多選項。**第二，觀察陌生環境的能力是一輩子都受用的重要技能**。養成這個習慣後，你就自負不起來，因爲向外看時，眼中不再只有自己。在每次與別人的邂逅中，你會察覺到多數人會漏掉的細節，因爲別人一般也只想著自己。你會培養起洞悉人心的法眼，專注力也會增強。最後，你會習慣凡事先觀察，再依據眼見的情況建立想法與推論。在進入接下來的開創時期，這是舉足輕重的技能。

步驟二：技能習得（操練模式）

歷經最初幾個月的觀察，到了某個時間點，便會進入學徒時期最關鍵的時期：不斷練習，直到學會。人類的每一項活動、每一種努力，都和駕馭能力相關。在有些領域中，這點顯而易見，例如操作機器等工具製作物品的功力；在有些領域中，則是手藝或心智能力，例如達爾文是觀察及採集標本；在一些領域裡的技能比較籠統，諸如社交上應對進退的技巧，或是研究實力及組織資訊的能力。你要盡可能將這些技能去蕪存菁，減到剩最必要部分，那便是你必須精通的核心能力，是要一心修練的技術。

不論學習任何技能，經歷的學程，都會與大腦運作方式相符合。我們可以將這個學徒最後階段稱爲潛知識（tacit knowledge），亦即很難用言語清楚說明自己在做什麼，但若要實際示範卻易如反掌。要理解這點，最有效的一個辦法，便是回顧人類史上最強大的技能訓練，以及取得潛知識的作法：中世紀的學徒制度。

這套制度是爲了解決一個難題而出現：在中世紀時，各行業的大師在生意興隆以後，就算全家都到店裡工作，也開始照顧不了全部的生意，所以需要增添人手。但聘雇異動性高的人手幫不上什麼忙，他們需要穩定的人手，也需要花時間培養他們的技能。於是設計出了學徒制，讓年約十二到十七歲的青少年到店裡頭工作，簽訂爲期七年的合約。合約到期時，學徒必須要通過師父的鑑定，或拿出最上等的作品，以證明自己的技術水準。通過檢驗後，便能晉升爲熟手，可以派到有案子的地點出差，一邊精進手藝。

在那個時代，書籍、圖畫都很罕見，學徒學習手藝的方式就是看著師父做，再想盡辦法模仿。他們透過無止盡的重複實作來學習，極少得到授課式的指導（「apprentice」（學徒）一字來自拉丁文的 *prehendere*，意思是「用手抓」）。由於織物、木料、金屬類的物資昂貴，不能浪費來供學徒練習，學徒多半得直接拿要製作成品的原料實作，所以必須學會認眞專注在工作上，把犯錯降至最低。

如果把學徒在那些年內直接使用眞正原料做活的時間加總起來，肯定超過一萬小時，足以將一門手藝練到純熟。想看到這種潛知識的展現，就去看歐洲那些宏偉的哥德式大教堂，那是美感、工藝一次到位的傑作。沒有藍圖，不靠書本便能興建起來。這些大教堂乃是集結無數工匠與工程師技藝之大成。

這當中的意義很清楚：語言文字是相對新近的發明。早在語言出現之前，我們的祖先便必須學習各種技能，製造工具、狩獵等。學習主要是仰賴鏡像神經元的力量，也就是觀察別人、加以模仿，然後一遍又一遍地重複練習。我們的大腦很適合這種學習形式。

像是騎單車之類的活動，我們都知道怎麼看著別人做、再依樣畫葫蘆，會比聽別人講解或閱讀書面說明來得容易懂。愈是親自嘗試，學起來愈容易。即使是以心智能力爲主的技能，像是程式設計或講外國語言，學習效果最佳的方式仍然是反覆練習，這是很符合自然的學習過程。學外語的方法就是盡量開口講，而不是閱讀書本、學習文法。能愈常講、愈常練，就會講得愈流利。

學到某個程度時，你便會進入快速報償循環 (cycle of accelerated returns)，練習起來益發上手，覺得有趣起來，於是練習時間便會延長，技能水準因而提高，練習的樂趣再度跟著提升。務必將進入這個循環視爲你的學習目標，然而爲了要進入這個循環，你需要了解一些關於技能的基本原則。

一，從你可以精通的單一個技能開始學習，這是你往後繼續學習其他技能的起始點。切勿認爲自己有能力同時學習多項技能，專注力很重要，試圖一心多用會扼殺學習的幼苗。

二，學習一項技能的初步階段，枯燥無可避免。與其迴避注定的乏味，不如乾脆接受現實、大方擁抱單調。學習一項技能初期的痛苦與無趣，正好幫我們把心智鍛鍊得更強大，就跟運動一模一樣。很多人以爲生活中的每件事都應該充滿著樂趣，因此不斷尋覓娛樂及輕鬆的捷徑。學習的痛苦就像心智在向你下戰帖，你是能學會專注，捱過無聊？還是會像個孩子，立刻向想要尋找快樂的欲望低頭？這其實跟運動差不多，你可以苦中作樂，知道必然會有苦盡甘來的那一刻。無論如何，請務必直接挑戰索然無味，不閃不躲，不鎮壓。人生總有覺得煩膩的時刻，就養成紀律，挺過去。

在操練一項技能的初步階段，若知道大腦會出現什麼樣的神經變化很有幫助。我們在學習新的事物時，額葉皮質（層級較高、較能有意識地發號施令的大腦區域）會動員大量的神經元，它們會活躍起來協助你吸收。大腦必須處理眾多新資訊時，假如只仰賴少部分的大腦進行這項任務，壓力將會大到吃不消。在學習的初期階段，當聚精會神地學習時，額葉皮質甚至會擴大。反覆操練的次數夠多之後便會形成烙印，變成自動化作業，而這整項技能的神經路徑便會跑到大腦的其他部位，置於額葉皮質的下方。如此一來，在初步學習階段所需動用的額葉皮質神經元便能再次釋出，協助我們學習新的事物，額葉皮質又恢復平時的尺寸。

最後，用來記憶這項任務的一整個神經元網路會逐漸成形，正因如此，一旦學會騎單車，不管多少年後，我們照樣會騎。如果去檢視一個經由反覆練習而精通一項技能的人的大腦，便會看到他在執行這項專精技能時，他的額葉皮質出奇安靜，一點都不活躍。因爲這個大腦活動是出現在比較深層的部分，而且不太需要費力控制。

你如果老是心猿意馬，做做這項工作，又跳到另一項工作，便無法完成烙印的過程。如此一來，永遠無法建立專門執行這項技能的神經路徑；學習力道太薄弱的話，根本無法在大腦扎根。所以說，**寧可每天抽出兩、三小時聚精會神地學習一項技能，也不要散散漫漫地度過八小時。**盡量專心致意，投入眼下正在做的事情上。

當你的執行動作變成自動導航後，心智便有餘力觀察自己的練習情況。務必善用心智的餘裕發掘需要修正的弱點及瑕疵，好好分析自己。多方了解別人對你的評價也很有助益，建立評估自己進展的一套方法，判斷自己還得再下多少工夫。不練習、不學新技能的人永遠不懂什麼叫應有的努力程度，什麼叫自我評量。他們以爲不費吹灰之力便能坐享其成，實則與現實太過脫節。反覆在同一件事上努力，可以在現實中建立你的立足之地，讓你認清弱點，也明白繼續付出可以得到的成就。

累積夠多的努力後，定能進入快速報償循環：技能取得後，做起事來便能開始玩起花樣，能在工作中創造細膩的差異，工作樂趣無窮。當工作的每個環節逐漸變成反射動作，心智不再因爲必須高度集中精神而疲累，練習變得很有效率，技能水準因而快速提升，不斷有良性循環。你應該要不斷尋找挑戰，尋找要征服的新山頭，讓自己迫不及待，當這個周而復始的過程加速，便會抵達某種境界，也就是練習到渾然忘我、心無旁騖、行雲流水。你與自己的工具、儀器、鑽研的事物融爲一體，你的技藝已不能輕易以言語描述，因爲它已融入你的身體與神經系統，成爲一種潛知識。深入去鑽研任何技能，都能讓你邁向大師境界。**那種工作一氣呵成、與工具合為一體的感覺，就是通往大師境界的好預兆。**

基本上，練習與培養一項技能的時候，你會在過程中持續蛻變。你揭開原本處於休眠狀態的潛能，新本事隨著你的進展把潛能揭露出來。你變得熱血，重新定義什麼叫快活。那些唾手可得的感官享受變成小小的消遣，只是殺時間用的娛樂，帶著空虛的味兒。你已知眞正的愉悅來自挑戰的克服，來自於對自己的本事信心滿溢，知道自己的技能純熟，體驗它帶來的力量。你也養成了耐心等待，覺得厭煩時，不再覺得那是代表該找樂子的訊號，而是代表該再去克服新挑戰了。

精通必要的技能、磨練出專業水準所需的時間，看似會取決於不同的領域與個人才能，但研究人員一再得到同樣的結論，一萬個小時的理論。**要達到高超的技能水準，不論你是作曲家、棋士、作家或運動員，屬於三百六十五行的哪一行，所需的練習時間就是一萬個小時**。這個數字帶著神奇的謎樣色彩。它在說，練習一萬個小時以後（不論任何人、任何領域），人類大腦就會產生質變。心智已經學會將學習好的豐沛資訊分門別類放置好。有了這些潛知識，就能據此揮灑創意，大玩特玩。儘管一萬個小時看似很久，但了不起就是專注進行七到十年穩紮穩打的練習，大致相等於傳統的整個學徒生涯。長期潛心練習，必然會看到成績。

步驟三：實驗（積極模式）

這是此過程中最短的一個步驟，但很關鍵。當你的技能和自信漸趨穩固，一定要開始採取更積極的實驗模式。你或許會因此承擔較多責任和風險，像是發起某個專案、進行必須受到同儕乃至公眾評論的工作。此舉的重點在於評估自己的程度，看看知識是否仍有缺口。你要坦誠觀察自己執行的情況，看自己如何回應別人的評語。你能不能受得了批評，從中壯大自己？

達爾文在出海一段時日後，漸漸產生了一些想法，也就是日後演化論 (theory of evolution) 的前身，他決定開始和別人聊聊自己的意見。首先，在小獵犬號上，他和船長討論自己的觀點，耐心地聆聽船長的炮轟。達爾文告訴自己，一般民眾的反應大概就跟船長相去不遠，他要先有心理準備。

他也開始寫信給英國的諸多科學家及科學團體，他收到的回信證明他的確已有所斬獲，但還需要更深入的鑽研。至於達文西呢，當他在維羅基奧的畫室裡不斷增強實力後，便開始做實驗，由此樹立個人風格，他驚喜地發現師父對他的創新作法頗有好評。對達文西來說，這意味著他的學徒時期已接近尾聲。

很多人會觀望太久才開始跨出這一步，通常是因為害怕及恐懼。按著規矩、待在舒適圈日子總是比較好過。但你得在認為自己準備就緒之前，硬著頭皮踏出這一步、做實驗。你要考驗自己，穿越恐懼之幕，建立一種超然的態度，想法子從別人的視角來檢視自己的表現。當你進入這個階段，你會嘗到工作成果不時受到別人吹毛求疵的滋味。

當你在現階段的環境中似乎學不到其他東西，學徒時期便畫上句點。你該獨立自主的時刻到了，或是換個地方繼續延長學徒時期，擴充技能基礎。將來，每當你面臨職涯轉換或需要再學習新技能，由於你已經完整走過一趟學習之旅，學習將成為你的本能。你已經學會了如何學習。

很多人可能覺得當學徒、學習技能的概念，是工作等於製造物品的古老年代遺風。畢竟，如今是資訊電腦的年代，科技讓我們不必從事需要反覆練習的許多瑣碎事務，多少事物在現今生活中已經進入了虛擬世界，工匠模式應該也過時了吧。至少許多人都如此認為。

然而，這不但曲解了這個時代的本質，而且深具危險性。我們並非置身在科技讓一切都變得更方便簡單的年代，科技反而是令所謂的各行各業更加複雜。在工商業界，因為已走向全球化的競爭，廝殺較諸以往激烈。企業家必須考量的格局也比過往大很多，需要更多的知識和技能。未來趨勢並不是走向專精，而是要學會將各領域知識做跨界連結，互相提供養分。在藝術界，品味及風格的變異速度也加快，藝術家必須掌握這些趨勢，有能力創造出新穎的藝術形式，駕馭變局。通常，只專精一種藝術形式的知識是不夠的，還得懂他種藝術、甚至科學，以及世界的目前實況。

不論身在任何領域，人腦要處理的資訊量都超越過往。我們一併要處理不時與自己的本業攀上關係的數種知識，而現今能透過科技取得的資訊分量，更令這一切混亂的程度等比暴增。這表示人人都得具備不同的知識及不同的技能，還要有個能夠整合大量資訊的腦子。未來屬於那些技能多樣並能巧妙結合所長的人。然而，學習技能的過程不管有何等的數位科技輔助，本質仍然是一樣的。

在未來，能夠訓練好自己駕馭這類複雜情況的人，和那些被複雜情況一壓就垮的人，將會高下立辨，能夠學會技能並能優化心智的人勝出，老是因為周遭新科技媒體而被吸引到分心、注意力永遠無法專注到學習上的人，注定被甩在後頭。因此，這段養好實力的學徒時期，比起以往更切中現實所需，而且必要，輕忽這一點的人就跟不上時代了。

最後，我們的文化都重視智能及邏輯推理能力，認為肢體勞動、手藝是頭腦不靈光專屬的低階技能，這是非常錯誤的價值觀。人類大腦的演化與雙手其實息息相關，我們最早的求生技能多半都是仰賴精巧的手眼協調，至今，大腦仍有一大塊專責手眼協調的區域。當我們用雙手製作東西，就是在練習如何依序進行動作，以及如何思考。拆開東西修理時，就能學會解決問題的技能，而解決問題能力可應用範圍很廣泛。即使只是為了玩票，你也應該設法用雙手去做點什麼事，或去了解身邊小家電內部的運作方式，或更懂得科技產品的原理。

許多歷史上的大師憑直覺就懂得要這麼做。美國第三任總統湯瑪斯．傑佛遜(Thomas Jefferson)本身就是熱愛修補器具、搞小發明的人，他認為工匠都會是優秀公民，因為他們學習東西運作的原理，具常識，也很務實，這些令他們更能回應別人的需求。愛因斯坦喜歡拉小提琴。他感到經由用手拉琴來演奏音樂，也能夠刺激他的思考力。

一般而論，不論你從事任何領域的工作，請把自己當成一個運用眞實材料來製造東西的人。想成你在工作上建造的是有形的事物，且對人有產生直接、實質的影響。想打造優質的產物（像是一棟房屋、一個政治組織、一門生意、一部影片）就得精通打造的程序，並且具備必要的能力。你要期許自己是以最高標爲依歸的工匠，不論在任何行業中，你都必須有那一段認眞的學徒時期。除非先好好栽培自己，讓自己蛻變成材，否則你在世上留不下任何有價值的遺澤。

擁有理想學徒時期的策略

> 別因為自己很難駕馭好某一件事，便認為那是沒人可企及的事；即使那是人力不可企及的事，也要相信自己辦得到。
>
> 馬可．奧理略 (Marcus Aurelius)，羅馬皇帝兼哲學家

有史以來，各領域的大師用上各種策略，以期圓滿完成最理想的學徒階段。下文的八個經典策略，是從他們的生平故事提煉出來的精華，作爲範例來闡明。你或許覺得其中只有某些策略比較適合自己，但每個策略都具有學習過程的眞理，儘量內化成自己的一部分才是比較聰明的作法。

一、學習要緊，別斤斤計較錢

一七一八年，喬西亞 (Josiah Franklin) 決定讓十二歲的兒子班傑明・富蘭克林 (Benjamin Franklin)[4] 到家族經營的蠟燭工廠當學徒，工廠位於波士頓，十分賺錢。他的計畫是，等兒子當完七年的學徒，累積足經驗後，工廠就讓他接掌。但富蘭克林可不這麼想。他威脅父親說，假如不讓他自己決定到哪裡當學徒，就要逃家去當水手。富蘭克林曾有一個哥哥逃家後死在異鄉，父親經歷過那樣的打擊，所以完全不想再對富蘭克林施壓。父親很訝異他決定選擇到哥哥新開張的印刷廠裡工作。印刷工作很辛苦，得當上九年的學徒，還不是七年。而且，印刷工作是出了名的變遷迅速，將未來押在上頭，風險不小。但父親也想到，既然這是兒子自己選的，就吃吃苦吧。

富蘭克林瞞著沒告訴父親的是，他其實打定主意要成爲作家。印刷廠裡的活，大部分是由人工作業，或經由操作機器來完成，但卻不時得要校正、修改小冊子等文稿。那裡隨時都有新書！當了幾年學徒後，他發現自己最愛的文章好些都是來自印刷廠裡翻印的英國報紙。於是他自告奮勇，負責監督這些文章的印刷，如此便有機會鉅細靡遺地研讀這些文章，學會如何仿效他們的文字風格。在那幾年裡，他將這份差事改變成寫作學徒生涯，效果恢宏，至於學會印刷事務，那算是副作用。

一九○○年，二十一歲的愛因斯坦從蘇黎世聯邦理工學院 (Zurich Polytechnic) 畢業，發現就業的前景非常慘澹。他的畢業成績敬陪末座，幾乎可以肯定找不到教職。他樂得告別大學，打算開始獨自研究已經盤據在他腦海幾年的某些物理問題。這會是建構理論、進行思想實驗的自我訓練學徒時期，但還是必須維持生計。他父親在米蘭經營的發電機公司請他去當工程師，但這種工作會令他分身乏術。有個朋友可以替他在保險公司敲定一份高薪職務，但那會使他腦袋變鈍，消減思考的精力。

一年後，另一位朋友提到位於伯恩的瑞士專利局有個職缺，薪資微薄，職位是最低階的，工時漫長，而且做的是審閱專利申請書的乏味工作，但愛因斯坦卻一把抓住這個機會，這才是他夢寐以求的職務。他的任務是分析專利申請書內的技術是否可信，很多專利申請都和他感興趣的科學範疇相關。這些申請書就像小小的謎團或思想實驗；可以揣想點子如何變成一項發明，審核這些申請書將可磨練他的推理能力。到職短短幾個月，他就成了這項推理遊戲的高手，每天花不到兩、三小時便能完成當日的工作，其餘時間則做自己的思考實驗。一九〇五年，他首度發表相對論 (theory of relativity)，[5]內容大部分是在專利局的辦公桌上完成的。

瑪莎．葛蘭姆（她早年的經歷參見第46頁）原本在洛杉磯的丹尼蕭恩舞蹈學校 (Denishawn School) 接受舞者的訓練，但幾年後，她判斷自己已經學得差不多了，需要換個地方提升舞藝。於是去了紐約，一九二四年諷刺劇團 (Follies) 聘請她擔任舞者，爲期兩年，因爲薪水優渥，她便欣然接受了。她原本想，工作上的跳舞也是跳舞，自己想鑽研的舞藝利用公餘閒暇進行即可。但聘期接近尾聲時，她決定未來不再從事商業演出，因爲這樣會掏空她全部的創造力，令她即使在閒暇時間也

4 一七九六～一七九〇年。美國著名的政治家、發明家，同時也是出版商、印刷商等多重身分。曾出任美國駐法國大使，成功取得法國支持美國獨立，被視為美國國父之一。也曾進行多項關於電的實驗，並發明了避雷針。

5 是關於時空和引力的理論。相對論的提出給物理學帶來了革命性的變化，並奠定了現代物理學的基礎。

燃不起個人創作的欲望，還讓她覺得自己必須爲五斗米折腰。

她得出一個結論，趁著年輕，最重要的是要盡情善用青春的精力，錢只要夠糊口就行。之後幾年，她選擇當個舞蹈老師，教舞時數只要夠溫飽即可，其餘時間則用在訓練自己，以及創作她想要的新舞蹈。她明白若不這樣的話，自己便會淪爲商業演出的一個活道具，因此她善用閒暇的每一分鐘，果眞在幾年內完成了現代舞蹈劃時代的改革。

一如第一章所述（見第56頁），佛雷迪・羅區的拳擊手生涯在一九八六年告終後，他在洛杉磯當起了電話行銷人員。他有一天回到自己接受傳奇教練艾迪・法奇訓練的拳擊館，發現很多拳擊手得不到法奇的個別指導。即使法奇並沒有拜託他，他也開始每天下午到拳擊館幫忙。這是一份不支薪的工作，因此他繼續做他的電話行銷。做完兩份工後，剩餘時間只夠睡覺，這簡直教人撐不下去，但他挺了下來，因爲知道自己在學做注定該做的天職。不出幾年，就有一批對他的能耐刮目相看的年輕拳擊手，人數多到足以讓他自立門戶，不久他便成爲當代最成功的拳擊訓練師。

思緒繞著自己最重視的事打轉，是人類的通病。重視錢的人，會選擇薪資最高的學徒職位。在這種工作條件下，定會想證明自己值這個價碼，但你八成還不是眞的夠格，心理壓力自然會較大。這時，你會很敏感及不安，想著要取悅對的人、想給上司好印象，而不能專注在學習技能上。犯錯雖可以從中習得教訓，但代價太高昂，因此你做事安全至上，採取戒愼、保守的姿態。年歲漸長以後，再也放不掉優渥的待遇，待遇高低會決定你往哪走、怎麼想、怎麼做。最後，因爲時間很少用在學習技能上的事實會絆倒你，而這一跤摔得不會輕。

你的第一要務：學習必須凌駕一切。如此，你每次都會很容易做出正確選擇。就會挑選學習機會最多的環境，特別是那些必須親手實做的地方。你會選擇有前輩、有師父可以啓發、教導你的地方。薪資普通的工作也有個額外效益，那就是訓練你用較少的金錢維持生計，這可是寶貴的人生技能。假如你的學徒生涯大部分必須用私人時間進行，你就選擇一份夠付帳單的工作，以及一份能讓頭腦保持靈光的工作，同時能給你充裕的閒暇及腦力進行自我學習。絕不要看輕不支薪的學徒職位。其實，向良師主動提議擔任免費助理，是最高段的智慧。師父會樂於善用你的協助，願意對你透露的祕訣也會特別。所以，讓學習作爲凌駕一切的要務，奠定了你充實自我的大平台，你很快就會發達。

二、持續拓展你的眼界

對作家柔拉・尼爾・赫斯頓（Zora Neale Hurston，一八九一～一九六〇年）來說，童年是她的黃金時代。她在佛羅里達的伊頓維 (Eatonville) 長大，當地與一般的美國南方極爲不同，是一座八〇年代建立的黑人市鎮，由當地居民自治。那兒即使有出現什麼苦難，也是由當地居民自己造成的。對柔拉來說，種族歧視並不存在，她是活潑好強的女孩，常常獨自一人在市鎮裡遊蕩。

她童年時熱愛兩件事。一，喜愛書本和閱讀。所有拿得到手的讀物都會看，尤其是希臘、羅馬、挪威神話最吸引她，她最崇拜的強者，包括海克力士 (Hercules)、奧德修斯 (Odysseus) 及奧丁 (Odin)。二，她花了很多時間聽當地的人們站在門廊邊聊聊八卦，或講述一些鄉野間的故事，很多都發生在黑人還受奴役的時代。她喜愛他們講故事的方式：豐富的譬喻、簡單的寓意。在她心中，希臘神話和伊頓維居民的故事都隸屬於同一種現實，也都揭露出赤裸的人性。獨自走在路上時，她的想像力會飛馳著，自顧自地編起怪奇的故事。有朝一日，她一定要把這一切都寫下來，成為伊頓維的荷馬（Homer）。[6]

一九〇四年，她母親過世，她的黃金時代戛然而止。向來都是她母親在父親面前保護著柔拉。她父親認為女兒怪裡怪氣，不討人喜歡。他急於擺脫女兒，便把她送到一所位於傑克森維（Jacksonville）的學校。幾年後，他停止付學費，任女兒自生自滅。有五年的時間，她流浪在各個親戚家之間，接下各種工作來支付開銷，大部分都是打掃工作。

回憶童年，她當時有一種遼闊的感覺，時時在學習別人的文化與歷史，也一邊在反芻自身的文化，能夠探索的範圍彷彿沒有界限。而今恰恰相反，工作與抑鬱壓抑住她，令她疲累，令她覺得受限，滿腦子只能思考自己的狹小世界及悲慘日子。不久後，除了做不完的清掃之外，她很難再顧及其他。然而矛盾的是，心智基本上是自由的。人的頭腦可以神遊到任何地方，也可以跨越時空，若她只將心智禁錮在自己狹小的天地，那也是自己的錯罷了。儘管覺得自己不可能再成為作家，她依然無法捨棄這個夢想。為了實現夢想，她必須教育自己，不計一切手段，也得持續拓展心靈的視野。作家需要擁有對這個大世界的知識，柔拉因為有了這個想法，著手為自己擬訂了史上最了不得的自學式學徒計畫。

她當時只找得到打掃住宅的工作，條件如此，於是她設法到鎮上最富裕的白人家裡頭工作，那裡的書本可多了。她不時偷個閒，就能偷看一點書，迅速記住內容，以便在工作之餘在心裡回味。她有一天在垃圾桶發現一本被丟棄的米爾頓（John Milton）著作《失樂園》（*Paradise Lost*），這對她來說如獲至寶。她隨身攜帶它，看了一遍又一遍。就這樣，她的心智不再停滯不前，雖然曲折，但她成功爲自己變出了文學教育。

一九一五年，她在一個純粹是白人的巡迴劇團裡找到工作，負責伺候女主角。對大多數人來說，這不過是另一個低下的工作，但對柔拉來說，這可是天賜良機。劇團的許多成員都受過良好教育，在那裡隨處有可看的書籍，還有趣味橫生的對談可偷聽。她貼身觀察，得知了在白人世界裡什麼叫有教養，也摸索出如何運用自己的家鄉故事及文學素養，讓團員覺得她有個人魅力。他們也讓她學習美甲，這是女僕的工作職責之一。後來，她就善用美甲技能在華盛頓特區國會大廈附近的髮廊裡找到工作，那裡的客源包括了當時呼風喚雨的政治人物，他們常隨意大聊八卦，活像她不在場似的。對她來說，這簡直就跟閱讀一樣美好，她第一手獲得對人性、權勢、白人世界檯面下的運作方式深刻的認識。

她的世界漸次擴展，但她能選擇的工作地點、能找到的書、能結識與深交的人都還太有限。她雖然有學習，但心智缺乏架構，思路沒有章法。她猜測自己還是需要再受一些正規教育，教育能帶給她紀律及系統化的學習。雖然也可以選擇用夜校課程拼湊一張文憑，但她眞心想要的是重拾被父親剝奪的正規教育。她當時二十五歲，但外表比實際年齡小很多，她就在申請書上短報十歲，在馬利蘭 (Maryland) 一所免學費的公立高中錄取就讀一年級。

她一定得好好把握這回的教育機會，未來就繫於此。她閱讀的書籍數量遠超過課程所需，對於

6 約生於西元前九世紀的古希臘遊吟詩人，著有《伊利亞德》、《奧德塞》。

書面作業也特別用心。她運用這些年磨練出來的迷人個性，與老師們建立像朋友一樣的關係，打造起強大的社交網絡。就這樣，她在幾年後申請到霍華德大學 (Howard University)，是當時首屈一指的黑人最高學府，她在那結識黑人文壇的重要人物。她開始運用學校課程的訓練寫起短篇故事。這時，因爲有一位友人居中牽線，哈林區 (Harlem) 一份著名文學刊物刊登了她的一則短篇故事。打鐵趁熱，她從霍華德搬到哈林區住，因爲頂尖的黑人作家和藝術家都住在哈林區。這個明智之舉讓她能夠將視野往上提升到另一個層次。

在從前那段日子裡，柔拉已經仔細研究過那些有權有勢的人物（黑人、白人皆有），懂得如何讓他們對自己有好印象。這會兒到了紐約，她更充分發揮這項本領，好幾位有在贊助藝術的白人富翁都對她讚譽有加。經由其中一位贊助人的協助，她得到柏納德學院 (Barnard College) 的入學許可，可以在那裡完成大學教育。她是該校有史以來第一位黑人學生，也是唯一的一位。她的人生策略一向是不斷前進、不斷擴展，假如安於現狀停滯不前，世界很快就會把你壓垮。於是她欣然前去就讀，但也對柏納德的白人學生形成很大的威脅，因爲她對眾多領域的知識豐富，狠狠地把他們甩在後頭。有幾位人類學系教授也很青睞她，派她到美國南方蒐集鄉野傳奇故事。她利用這趟行程，徹底探索胡毒教 (hoodoo)，那是南方黑人版的巫毒教，也多知道不少其他的文化儀式。她想好好認識豐富多元的黑人文化。

一九三二年，經濟大蕭條重創紐約，工作機會少之又少，她決定回到伊頓維。當地的生活費低廉，文化氛圍也能令人愉悅。她向朋友借了些錢，開始創作第一部小說。從她內心深處的某個地方，往日的經驗、漫長豐富的學徒訓練全都一湧而出。她童年的故事、那些年中在這兒那兒看的書、對人性黑暗面的種種經歷及見解、校內的人類學研究、用心經營的每一次人際邂逅等。這部小說《約拿的蓖麻》(*Jonah's Gourd Vine*) 描寫的是她父母之間的關係，其實是她一輩子苦心孤詣的結晶。她振筆疾書，不到幾個月，小說便完成了。

小說在完稿後第二年出版，一炮而紅。隨後幾年，她以驚人的速度又寫了好幾部小說。不久，她便成爲當代最著名的黑人作家，也是第一位能靠寫作糊口的黑人女性作家。

柔拉的故事赤裸裸地揭露學徒時期的實情，沒有人會眞的在幫助你，指點你方向。說白了，就是現實對你並不利。如果你眞心渴望要得到完整的學徒訓練，如果想藉由學習登上大師境界，只能自立自強，還要拼勁十足。學徒訓練通常是得從最低階的職位開始。由於位階低，所能接觸的知識與人脈都極有限。一不小心，你便會對這個位階認同、認命，尤其如果你原本就出身低微的話。切記，你要效法柔拉，掙脫侷限，努力地擴展眼界。（在每一個學習情境中都要認清現實，但認清現實並不等於你只能待在原地不動。）**閱讀超過現職所需的書本是絕佳的起點，你可以接受到遼闊世界裡的各種點子，對知識的胃口就會愈養愈大，愈來愈難滿足於守著一個小角落，這就是重點**。

身處在你的專業裡的人、周遭的人，就像一個個不同的小世界，他們擁有的故事與世界觀會自然而然拓展你的視野，助長你的社交技能。若能與不同類型的人多交流，你的世界也會慢慢擴大。任何進修課程皆會助長你的能量。提升自己需要百折不撓，當你注意到自己安於一直待在相同的舒適圈，就強迫自己振作，尋覓新挑戰，一如柔拉當年離開霍華德，搬遷到哈林區。隨著你的心持續擴展，你將會一再而再推倒眼前世界的限制，不久，點子與機會便會上門，你的學徒訓練期於是漂亮告終。

三、回歸謙卑

在六〇年代末期，正在就讀高中的丹尼爾．埃佛瑞特覺得有點茫然。他自幼成長於加州的邊境城鎮荷特維（Holtville），然而他覺得自己被困在土生土長的荷特維，且對當地的牛仔生活形態提不起興趣。如同第一章所述（見第46頁），丹尼爾一直很喜歡屬於外勞的墨西哥文化，這些勞工住在城區外圍。他對他們的文化儀式與生活方式、語言的發音、歌曲無一不感興趣。丹尼爾似乎很有學習外語的天分，西班牙語一下子就學得有模有樣，等於得到進入他們世界的入場券。對他來說，墨西哥文化讓他一窺荷特維以外的廣天闊地，但他很擔心自己或許永遠不能逃離家鄉。他開始嗑藥，因爲這讓他得以暫時不必面對現實。

他在十七歲時邂逅了同校的學生凱倫．葛雷姆（Keren Graham）之後，整個人彷彿脫胎換骨。凱倫在巴西東北部度過大半的童年，她父母在那裡擔任基督教的宣教士。他喜愛與她在一起消磨時間，聽她說說在巴西的生活往事。他去認識她的家人，成爲他們家晚餐桌上的常客。他很羨慕他們擁有明確的生命目標，一生致力於宣教。認識凱倫幾個月後，他受洗成爲基督徒，一年後兩人結婚了，共同的目標是養兒育女，並且也想成爲宣教士。

丹尼爾從芝加哥穆迪聖經學院（Moody Bible Institute of Chicago）海外宣教系畢業，一九七六年，他與妻子就讀暑期語言學學院（Summer Institute of Linguistics），這是一個基督教組織，教授準宣教士必備的語言能力，日後好將《聖經》譯爲各種原著民語，宣揚福音。結業後，他與妻兒（這時已育有兩個孩子）到暑期語言學學院位於墨西哥南部嘉帕斯（Chiapas）地區的叢林營地受訓，準備迎接艱辛的宣教生涯。他們一家人住在村莊裡頭一個月，努力學習當地人使用的馬雅方言。丹尼爾以高分通過全部的考試，鑑於他學業表現如此優異，暑期語言學學院決定給這一家人最艱鉅的挑戰：遷居到亞馬遜河流域深處的皮拉哈 (Pirahã) 村莊。

皮拉哈族是亞馬遜流域歷史極爲悠久的一支住民。當葡萄牙人在十八世紀初抵達該地，大部分部落民族便開始學習葡萄牙語，採納許多葡萄牙文化，但皮拉哈族堅決抗拒這種潮流，選擇撤往叢林更深的地區。他們與世隔絕，極少與外界往來。當傳教士在五〇年代造訪他們的村莊時，只剩下大約三百五十位皮拉哈人散居在當地。傳教士發現根本不可能學會他們的語言，皮拉哈人不說葡萄牙語，沒有自己的文字，而他們的口語在西方人耳朵裡聽來每個發音都差不多。暑期語言學學院曾在一九六七年指派一對夫妻前往該地學習他們的語言，好不容易才將一小部分的《聖經》譯成皮拉哈語，但進度極爲緩慢，這對夫妻被皮拉哈語折騰了超過十年，都快發瘋了，於是要求離開該地。丹尼爾聽到這個情況，歡天喜地地接下挑戰，他和妻子決心成爲破解皮拉哈語奧祕的先鋒。

丹尼爾和妻小在一九七七年十二月抵達皮拉哈族的村莊。最初幾日，丹尼爾祭出學過的全部招數，例如，舉起一根棍子問要怎麼講，再扔掉棍子，問他們如何描述剛才的動作。隨後幾個月，他順利學會不少基本詞彙。暑期語言學學院教的方法很管用，他認眞學習皮拉哈語。每聽到一個新詞，便記在三乘五吋的卡片上。他在卡片角落打洞，將幾十張卡片掛在褲子的皮帶環上，抓到機會便與村民反覆練習。他嘗試將這些字彙與詞句應用在不同的情境，有時會令皮拉哈人聽到哈哈大笑。當他感到氣餒時，就望著自然而然就學會說皮拉哈語的孩童。他不斷告訴自己，既然小孩都學得會，他沒道理不行。但每次他覺得自己又多學了不少句子時，卻同時感到自己其實進展極微。他開始理解在他們之前來的那一對宣教夫妻的挫敗心情了。

比如，他時常聽到一個意思似乎是「剛剛」的字彙，就是「那個人剛剛才離開」的「剛剛」，但後來在不同情境聽到同一個詞語時，才驚覺它其實是指某件事物出現或消失的那一刻，也許是對一個人、一個聲音，或萬事萬物皆適用。他判定這個詞的正確意思是指發生在那一瞬間的經歷，皮拉哈人似乎很重視那種瞬間。「剛剛」實在無法涵蓋那一個詞彙的豐富意義。漸漸地，相同情況不斷發生在他自以為已學會的各種詞彙上。他也逐漸發現很多概念都無法用他們的語言表達，那牴觸了他學過的所有語言學理論。他們既沒有數字、左右的概念，也沒有描述顏色的字彙。這代表了什麼意義？

經過一年多，他心血來潮，決定與幾位皮拉哈族的男人深入叢林之中，他驚訝地發現他們除了生活與語言的另一面。在叢林之中，他們的言談舉止都變了一個樣；會切換溝通形式，吹起繁複的口哨，顯然以口哨音取代口語可令他們的狩獵突襲更神出鬼沒。他們在這種危險四伏的環境裡，來去自如的本領教人刮目相看。

丹尼爾赫然醒悟一件事：只待在村莊裡想學會他們的語言，正是他會一籌莫展的根源。皮拉哈族的語言無法跟他們的狩獵方法、文化、日常習慣切割開來。他之前對這些人及他們的生活方式隱隱懷抱著優越感，像科學家研究螞蟻似地住在他們的村莊裡。既然他無力破解他們的語言奧祕，可見他的作法不對。假如他想要像孩童一般學習這個語言，他就得像個小孩般仰賴這些人為生、積極參與他們的日常活動、進入他們的社交圈、真心承認自己的卑微，並且尋求他們的扶助。（徹底拋棄這種優越感，後來令丹尼爾陷入另一種危機，令他喪失擔任宣教士的信念，永久脫離教會。）

於是，他將這項心得落實在所有層面，參與他原本不曾涉入的原住民生活領域。不用多久，他對這個奇特的語言就有了各種理解。皮哈拉語反常的語言學特色，反映出他們長期與世隔絕的結果。他一旦像個皮哈拉族孩童般融入這個社群，皮哈拉語便從他內心活了起來，他研究皮哈拉語的成就開始超越所有前人。

丹尼爾・埃佛瑞特在亞馬遜叢林的學徒訓練，後來開啓了他成爲語言學時代巨擘的契機。那段期間，他邂逅了一個道理，其應用範圍不限於語言學。即使是像皮哈拉語這麼棘手的題材，造成我們學習的阻礙並不在於題材本身（人類的心智能力可是沒有止境的），而是隨著年齡增長，在我們內心潰爛、擴散的學習毒瘤。**這些毒瘤包括用自命不凡的態度、以優越感面對陌生事物，對於何謂真理存有僵固想法，而那些框架通常是學校或家人灌輸給我們的**。一旦我們自認摸透了一件事物，心智便會封閉，不接受其他可能性。我們只看得到自己認定的事實的各種投影。這種優越感通常是無意識的，卻是源於對新事物或未知事物的恐懼。我們極少會察覺此事，經常以爲自己很公平公正。

孩童通常沒有這些障礙。他們仰賴成年人來求生存，自然會感到微小。微小的心態令他們渴求學習。經由學習，可以填補與成年人的差距，不再那麼無助。他們的心智是全然開放的、比較專注，所以可以學得既迅速又深入。人類不像其他動物，我們即使成年了仍然保有「幼態延續」（neoteny，身體與心智不成熟的狀態）的本事。我們有回歸童眞的驚人能力，尤其是在必須學習新事物的時候。即使年過五十、甚至更年長，我們照樣可以重拾充滿好奇的模樣，心態回春，來接受學徒訓練。

要明白：**每當到一個新環境，你的任務就是卯足全力多方學習與吸收。為此，務必重拾孩童時期的微小感，你要覺得別人了解的事物比你多太多，必須仰賴他們來學習，成功度過學徒訓練期**。捐棄自己對一個環境或領域的主觀成見，卸除自負。丟掉恐懼，與人互動，盡全力深度參與圈內的文化。充滿好奇，抱持這種微小感，心智將會打開，你自然會對學習感到飢渴。這當然只是一段時間裡的姿態，你回歸得仰賴別人的心態，以期在五到十年內學到足夠的技能，終至獨立，正式進入成年期。

四、信任你的歷程

西薩．羅德里格斯的父親在美國陸軍當了一輩子軍官，但西薩（生於一九五九年）選擇就讀南卡羅來納州的色岱爾軍校 (the Citadel) 倒不是要追隨父親的腳步。他想朝商業界發展，但覺得有必要培養生活紀律，色岱爾軍校正是最嚴格的訓練環境。

一九七八年，西薩讀大二的時候，某日上午他的室友說要去參加一場考試，及格者可進入海、陸、空軍的航空部門。西薩當下決定和他一塊前往，純粹是考著玩的。出乎意料的是，幾天後空軍通知他錄取其飛行員訓練課程。初期訓練會在他就讀色岱爾期間進行，要學習駕駛賽斯納 (Cessna) 飛機。他覺得這事應該很有趣，於是加入了，只是說不準自己到底能夠撐多久。沒想到他輕鬆通過結訓考試，他喜歡上這樣的心智挑戰及飛行所需的全神貫注，猜想第二階段的訓練或許也會很有意思。因此，一九八一年在色岱爾畢業後，他到奧克拉荷馬的凡斯空軍基地 (Vance Air Force) 就讀了十個月的飛行訓練學校。

然而到了凡斯，他卻發現自己突然很難理解課程。他們用 T－三七型次音速噴射機受訓，頭上要戴四公斤半重的頭盔，背上要揹十八公斤重的降落傘。駕駛艙小到令人難受，又十分悶熱。教官就坐在他旁邊的座位上，監看每個動作，那麼近的距離教人很不舒服。得拿出優良表現的心理負擔、高溫、高速飛行的生理壓力在在令他揮汗如雨，甚至全身發抖。飛行的感覺活像這架噴射機正在狠狠揍他，駕駛噴射機需要注意的事項也因此大幅增加。

在模擬器上飛行時，他相對有信心，覺得自己能全盤掌控。然而一旦上了噴射機，繫上安全帶，他卻壓不住自己的驚慌與猶疑，頭腦跟不上他必須處理的所有資訊，很難判斷繁雜事項的輕重緩急。果然，受訓幾個月後，連續兩次飛行都不及格，受到禁飛足足一週的處分。

他這一生從來沒嘗過敗績，一路都過關斬將，這可攸關他的自尊心。萬一被踢出訓練計畫，他定難承受。訓練課程開始時共有七十位學員，但幾乎每週都有一位學員被退訓。那是去蕪存菁的無情過程，下一個大概就輪到他了，一旦被除名者就永不錄用。等到復飛之後，他只剩幾次證明自己有本領的機會。他已經使出渾身解數了，究竟還有哪裡做錯了？是不是他下意識感到不安，害怕飛行的過程。這麼一擔憂，他更怕不及格了。

他回想起高中歲月。儘管個子相對較矮，他依然成爲校內美式足球隊的四分衛。當時他也曾自我懷疑，甚至有點驚慌起來。但他發現，進行身心雙管齊下的嚴格訓練可以幫他克服恐懼，而習藝不精之處就幾乎都能獲得改善。練球時，他刻意讓自己面對會令他猶疑不決的情境，只要逼自己習慣了，就不會再那麼害怕。他必須信任這個經驗，加緊這種練習一定就能見效，這會是突破現狀的出路。

他把操作模擬機的時間增長爲三倍，讓頭腦經由大量的模擬飛行適應那種感覺。課餘，他想像自己身在駕駛艙，重複演練他最弱的環節。當他獲准回到噴射機上時，他可以聚精會神，讓自己把握每一次寶貴的飛行操演。假如有多飛一次的機會出現（例如其他學員掛病號），他絕不放過。漸漸地，他找到在駕駛座上保持鎮定的方法，對於繁複的操作也更加得心應手。復飛兩週後，他暫時保住了學籍，這時在同梯學員排名中，大致落在中段。

課程只剩十週時，西薩自己評估一下處境。他已經付出那麼多心血，豈可不追求最後的成功。

他享受挑戰，喜愛飛行，如今的人生中，最想達成的目標就是成爲戰鬥機飛行員。這意味著他結訓的成績必須數一數二。同梯的學員裡有幾位是「天之驕子」，天生的飛行高手。他們不但能應付好沉重的壓力，甚至壓力愈大表現愈好。他與這些天之驕子恰恰相反，一輩子都不是這種人。但他曾經憑著堅毅的個性成功過，這回也會一樣。最後幾週訓練是使用 T－三八型超音速噴射機，他請新訓練他的教官惠爾斯．惠勒 (Wheels Wheeler) 儘量操別客氣，他一心想拉高自己的排名，不計任何代價。

惠勒照辦了，他讓西薩比同儕們多練習十遍相同的飛行技巧，直到西薩身體出現不適才停止。他逼西薩練習最弱也最麻煩的飛行技巧，並不留情地對他毒舌。終於有一天，西薩在駕駛 T－三八時，突然湧現一種奇異美妙的感覺，彷彿他可以從指尖感覺到整架飛機。他心想，那些天之驕子的感受就是如此吧，只不過他是在將近十個月的魔鬼訓練後才達到同樣的境界。他不再覺得頭腦被繁複的細節淹沒，隱約感覺到或許有一種比較高階的思考模式，可以一邊駕馭駕駛艙中複雜的操作程序，一邊綜觀編隊飛行的整體狀況。這種感覺時隱時現，但有嘗到那滋味，就讓所有的辛苦不白費了。

最後，西薩以全梯次第三名畢業，可升級到接受先導戰鬥教練機訓練。接著，相同的學徒過程，要在競爭更激烈的環境中再來一遍。他必須憑著勤練和堅毅決心超越飛行天才。就這樣，他的軍階慢慢爬升，最後成爲美國空軍上校。九〇年代，他在服役出勤時擊落三架敵機，是越戰以降成就最高的美國飛行員，因而得到「最後的美國王牌」美稱。

大師從普通人脫穎而出的理由通常出奇簡單。學習技能時，經常令人滿心挫敗，我們的能力似乎不足以學會這個技能。我們因而感到灰心，在正式放棄前，心裡早已不自覺舉了白旗。西薩同梯中沒能通過篩選的幾十位飛行員，程度大概都與他伯仲之間。他們之間的差別不只在於決心，更在於對於結果的信任，以及自己的信心。許多成就卓越的人，年輕時多半都擁有精通的技能（一項運動或競賽、樂器、外語等），曾經成功克服挫敗、曾經進入快速報償循環，因而意志力深植在他們內心。當他們面臨信心危機時，往日的戰勝經驗便會浮現心頭，於是他們能夠信任眼前的歷程可以帶來的果實，於是繼續闖關，依然勇往直前，而別人卻早已把腳步放慢，或在內心放棄了。

時間是精通技能的魔法。照表操課一段時日，技能的片斷便會變成本能。慢慢地，整個技能都會化成神經系統的一部分。心智不再被那麼多的細節淹沒，你可以抽身看見大局。那種滋味妙不可言，不論天生資質高低，只要勤練就能辦到。唯一能夠阻止你抵達那個境界的障礙，就是你自己的情緒，那些煩悶、驚慌、挫敗、不安的感覺。你不能光壓抑情緒，情緒是這個歷程中的正常產物，人皆有之，連大師也不例外。你所能做的就是信任這個過程，相信一旦進入快速報償循環，煩悶會一掃而空；相信反覆練習，驚慌便會漸漸消失；挫折往往是有所進展時的徵兆，是頭腦已在處理繁複細節、正需要多練習的徵兆；一旦練到爐火純青時，不安感便會完全逆轉。當你信任這一切都會成真，便能放手讓學習過程向前演進，其餘自然水到渠成。

五、朝阻力與痛苦挺進

範例一

比爾・布萊德利（Bill Bradley，生於一九四三年）大約十歲時愛上打籃球。他有一個比同儕占便宜的地方，就是他長得特別高大。但除了高大之外，他對籃球實在沒有什麼天分。他動作又慢又笨拙，跳也跳不高。打籃球的每個環節對他來說統統都很困難，只能憑苦練來彌補不足。因此，他爲自己擬定了史上最嚴苛、卻最有效率的訓練計畫。

他設法取得高中體育館的鑰匙，訂下自己的練習時間表：每天放學後及週日練習三個半小時，週六練習八小時，暑假期間每天練三小時。幾年下來，他嚴格遵守自己的訓練計畫。在體育館時，他會在鞋子裡擺四公斤半的重物以強化雙腿，讓自己跳躍時更有彈性。他判定自己最大的弱點是運球，手腳動作整體來說也太緩慢。他必須改善這兩者，同時把自己變成傳球高手，以彌補速度上的不足。

爲此，他設計了各種練習。他戴上鏡片替換成厚紙板的眼鏡，讓自己練習運球時看不到球。這能訓練他時時眼觀四面，而不是只會盯著球，這是傳球時的關鍵技能。他在球場上擺幾張椅子充當對方球員，在這些椅子之間來來回回運球，一練就是好幾個鐘頭，直到能來去自如、敏捷地變換方向。這兩項練習時間動輒幾個鐘頭，早已不知無聊、疼痛爲何物。

走在家鄉密蘇里的大街上時，他會直視前方，練習不轉頭就能辨識出街道兩旁櫥窗裡的商品。他不停做這項練習以鍛鍊周邊視覺，在球場上時才能看見更大的視野。他在自己的臥房裡練習轉身及假動作直到深夜，這些技能有助於彌補敏捷度不足的缺點。

比爾發揮所有的創意，設計更新奇、有效的練習方法。有一次，他們一家人搭乘橫渡大西洋的輪船到歐洲旅遊。他的家人以爲這下子他總得休息，暫停一下訓練了吧，船上並沒有可供練習的場地。但在甲板下方，有兩條與船身等長的走廊，大約三百一十公尺長，寬度只夠兩位乘客併肩行走，這正是練習高速運球同時完美控球的理想場地。爲了提高難度，他還戴上限制視野的特製眼鏡，每天都抽出幾小時從走廊這頭運球到那頭，直到航程結束。

比爾長年如此練習，慢慢變成籃球界的大人物，先是在普林斯頓大學成爲全美明星隊球員，後來則入選紐約尼克隊，成爲職業球員。球迷讚嘆他的傳球神技，簡直像是在腦袋背面長了眼睛，更別提出神入化的運球、招式多到驚人的假動作、轉身動作，以及在場上時的優雅身段。他們不知道的是，他那看似不費勁的神技可是長年累月苦練的成果。

範例二

英國浪漫派詩人濟慈（John Keats，一七九五～一八二一年）八歲時，父親因騎馬意外而身亡，母親不曾走出亡夫之痛，在七年後殞命，這讓濟慈、他的兩個弟弟、一個妹妹成了孤兒，在倫敦已無家可歸。濟慈身爲長子，他們家的受託管理者兼監護人便要求他輟學，到一位外科醫師兼藥師那裡當學徒。他有賺取生活費的急迫壓力，而這似乎是賺錢的最佳管道。

濟慈在校就讀時的最後幾個學期，愛上了文學與閱讀。爲了延續自己的教育，他在當學徒之餘回到學校裡，在圖書館拼命看書。一段時間後，他萌生寫詩的念頭，但既沒有人會教他，也沒有他能夠擠進去的文藝圈子。就他的想像，自己學寫詩的唯一方法就是拜讀十七、十八世紀所有偉大詩人的作品，之後再實際提筆練習，看自己想要效法哪一位詩人，就套用他的詩文形式與風格。他頗擅長模仿，不久他就寫得出幾十種風格，並以自己的風格稍加改變。

如此過了幾年後，濟慈做了扭轉命運的決定：他決心要爲寫詩的志向鞠躬盡瘁。這是他的天命，他要以寫詩爲生。他認爲自己應該寫一首極長的詩，四千行，一行不多，一行不少，如此才算完成他嚴格的詩文學徒訓練。這首詩將以古希臘神話中的恩狄米翁（Endymion）[7]爲寫作主題。他寫信給一位友人：「《恩狄米翁》是我對自己想像能力的一次測試，重點是要看看我的創作本事。為此，我必須以四千行描述情景，讓詩意盡情揮灑。」他給自己一個近乎不可能完成的期限，七個月，要以每天五十行的進度完成初稿。

然而，當這場試驗進行到四分之三時，他開始對這首詩深惡痛絕，但他並不放棄，堅決要撐到終點，在自訂的期限內完成這首詩。他並不滿意《恩狄米翁》的詩文，太華麗又冗贅。但唯有透過這樣的習作，他才能發掘自己適合的文字風格。他後來寫道：「在創作《恩狄米翁》時，我莽莽撞撞地躍進大海，因此熟悉了那些聲音、流沙、岩石，但假如我留在綠草如茵的岸上……啜著茶、聽順耳的意見，就看不透那一切了。」

濟慈判定《恩狄米翁》是平庸之作，事後他審視自己從中得到的寶貴教訓。他再也沒有寫作瓶頸，他已磨練出能應付任何障礙的一枝健筆；他養成了專心振筆疾書的寫作習慣，寫作都會濃縮在幾小時內完成，修潤稿子的速度也一樣快；他學會如何評判自己，調整自己過度浪漫的傾向，可以冷眼審視自己的作品；他察覺最棒的靈感通常是在實際動筆寫時迸出來的，因此他必須勇敢地、持續地寫下去，以免錯失靈感。最重要的是，他發現最適合自己的風格其實與《恩狄米翁》恰恰相反，他適合寫意象翩翩的凝練文字，而非冗句。

濟慈謹記教訓，在尚未染上重病的一八一八年至一八一九年之間，寫出了最教人難忘的英詩，包括他全部的傑出頌歌。西方文學史上最多產的年份或許因此多增了兩年，這全都歸功於他自發式的嚴格學徒訓練。

對看似辛苦或難度太高的事物怯步是人類天性，在我們練習技能時，這種人性的缺點也展露無遺。學藝時，我們往往挑容易上手的部分開始操練，較熟練後，情願反覆練習這些部分，也始終不去強化弱點，於是把一個功夫學得殘缺不全。我們在練習時會放下戒心，畢竟沒人在觀察，沒有壓力必須端出最佳表現，所以不會去留這個心。我們習慣的練習方式相當老套，就是照著別人的老路依樣畫葫蘆，按大家公認的練習法來培養同樣的能力。

這是業餘之路。要躋身大師之林，該採用的方式或可稱之爲抗力練習。原則是這樣的：**在練習時，專挑違反天性的方向走。首先，你要抗拒對自己寬容的誘惑**。你要成爲對自己最刁鑽的評論家；要以別人的角度審視自己的表現。要辨識出自己的弱點，弱點當然就是所有你不擅長的部分，這便是要優先練習的項目。咬牙撐過隨此類練習而來的痛苦會帶來快感，雖然這聽起來有點異常，但會是事實。**第二，你要抗拒令注意力分散的誘惑**。把訓練的強度加倍，至少變成實際所需難度的兩倍，如此可訓練自己極專注在練習上。開始量身打造自己的練習活動後，你會變得創意無限。開發砥礪弱點的練習，設定要達到的標準，規定自己在明確期限內達成，不斷逼自己跨越原本認定的極限。如此一來，你對怎樣才算卓越就有了自己的主意，標準通常會比一般人高許多。

7 古希臘神話中，月之女神所愛上的英俊牧童。

最後，**你雖只進行五小時的高強度、高專注力操練，就已相當於大部分人做十小時的練習**。要不了多久，你就會看到如此苦心操練的成果，別人會讚嘆說，爲什麼你做起來這麼一派輕鬆。

六、以失敗為師

一八八五年某天，二十三歲的亨利．福特 (Henry Ford) 第一次看到燃氣引擎，一見鍾情。福特當過機械師的學徒，任何想得到的機械裝置他都學過，但什麼都比不上這一款新型引擎，他對它十分痴迷，這可是會自動產生動力的引擎呢。他於是想像起一種不必靠馬匹拉的全新載具，革新人類的交通運輸方式。他決心成爲研發自動車的先驅，這將是他的生命任務。

他在愛迪生照明公司 (Edison Illuminating Company) 擔任夜班工程師，只利用白天研發這一款新型內燃機。他在住家後面搭了一間棚舍，用自己四處撿來的廢鐵打造引擎。到了一八九六年，他與一群朋友合力打造一種載具，完成第一輛原型車，命名爲四輪車 (Quadricycle)，在底特律的街道上讓它初次登場亮相。

當時很多人也都在研發使用燃氣引擎的自動車，市場競爭極爲激烈，天天都有新公司陣亡。福特的四輪車外型美觀，性能也優異，但車型太小，設計尚不夠完善，還不能大規模生產。於是，他著手打造第二款自動車，這回將日後如何生產的細節也預先納入考量。一年後，他完成第二個車款，設計令人嘆爲觀止，一切都以簡約、精巧爲依歸，無論駕駛與維修都很容易。現在，他只缺金主，缺進行量產的充足資金。

在一八九〇年代末期生產自動車是令人膽寒的冒險。不但資金龐大，而且生產過程所需的零件眾多，企業結構會很複雜。福特很快便找到完美的金主：威廉．墨菲 (William H. Murphy)，他是底特律當地十分傑出的商人。新公司命名爲底特律自動車公司 (Detroit Automobile Company)，墨菲對它寄予厚望，但問題旋即浮現。福特設計的原型車需要進行重新整頓：零件都來自不同供應商，有的零件性能欠佳、也過重，不符合福特的理想。他持續調整設計，試圖打造出最理想的汽車。但他的進度實在緩慢，墨菲和股東們開始失去耐性。在一九〇一年，公司開業一年半之後，董事會便宣布解散公司，他們對亨利．福特喪失信心。

福特事後分析這個挫敗，認爲是自己試圖讓自動車滿足太多消費者的需求所致。他得要重新來過，這回從重量輕的小型車開始。他說服墨菲再給一次機會，這在逐漸上軌道的自動車業界中極爲罕見，墨菲依然相信福特的才華，便答應了。兩人創立亨利．福特公司 (Henry Ford Company)，但從一開始，福特便感覺到墨菲太緊迫盯人，不斷催促他端出自動車的成品，以免重蹈上一家公司的覆轍。福特很討厭這樣的干擾，這個人不懂設計、不懂他想爲自動車業界樹立高標的企圖心。

墨菲的人馬聘請外人來監督福特的設計過程，兩人因此分道揚鑣，公司成立不到一年，福特便決定離開。福特與墨菲在這次決裂後就不再復合了。在汽車業，人人都瞧不起亨利．福特，他搞砸了兩次機會，從來沒人可以得到第三次機會，因爲對金主而言，可能賠掉巨額資金，這種風險太高了。但在親朋好友看來，福特本人似乎完全不以爲意。他總是跟別人說，這些全是無價的教訓。**他鄭重看待一路走來的挫敗，像拆解手錶或引擎一樣，也在心裡仔細研究失敗的經驗，並揪出問題的根源：**沒人給予他充足的時間排解問題。出資者不斷介入機械與設計事宜，用自己平庸的想法來干預汽車設計，讓設計整個變調。他憎惡金主的態度，以爲有錢就能凡事掌控，其實完美的設計才應該是最得重視的一環。

所以答案在於，他必須找到完全不受金主干預的合作方式。然而日趨官僚性格的美國企業通常不這麼做生意，所以他必須設計自己的組織結構、自己的企業模型。一個符合他個性與需求的營運模式：一支他能信賴的高效率團隊，以及每項決策的最終裁決權。

他已經聲名狼藉，幾乎沒有金主肯點頭，但幾個月後，他還是找到理想的合夥人亞歷山大·馬爾科森（Alexander Malcomson），此人流亡自蘇格蘭，以煤礦業致富。他的性格和福特一樣不因循守舊，不畏承擔風險。他答應爲福特再一次的商業冒險提供資金，而且不干預生產過程。福特潛心打造新型的裝配工廠，方便製造他設計的汽車，亦即後來的A型車（Model A）。A型車是史上最輕的汽車，簡約耐用，是集福特反覆修改、辛苦設計之大成，並且將由可以保障生產效率的裝配線進行製造。

裝配廠完工後，福特下了一番苦工，把工人訓練到一天能生產十五輛汽車（在當時算是相當高的產量）。他監督每一個生產環節（這輛車完全出自他的設計），他甚至到裝配線上工作，與工人打成一片。訂單蜂擁而來，訂購這款製作精良，價格實惠的A型車。到了一九〇四年，福特汽車公司便必須擴廠，不久，更成爲少數沒在草創初期就陣亡的公司，晉身爲汽車製造業的龍頭。

亨利·福特的頭腦天生與機械契合。他具備多數偉大發明家的本事：能觀想每個零件的模樣，以及各零件之間如何共同運作。要說明一件事情的運作方式，福特總是會在紙巾上畫圖解說，而不光用口語解釋。憑著這樣的智能模式，他在當機械工學徒時，學起東西來輕鬆又快速。但在要量產自己的發明時，就面臨了自己尚不具備必要知識的難關。他需要成爲商人及企業家的學徒訓練，幸好，鑽研機械令他培養出務實的能力，他已深深具備耐心，以及能套用在任何事務上的解決問題技巧。

機械故障時，你不會認爲機械是故意衝著你來的，因此覺得不開心。這其實是個優勢，機械會故障通常意味著有瑕疵，埋藏著改良的契機。只要持續整修，直到問題消失即可。同樣的道理也可以套用在企業經營之上，錯誤與失敗正是教育你的工具，可以指出你不足之處。別人很少會想指正你，無論他們是美言或批評，通常背後都有權謀的考量。另外，你還能從敗績中看見自己想法上的漏洞，若不是因爲執行出來，那些破綻就無從顯露。由此，你可以得知目標客群的期望，明白你的想法得到何種反應，而這些反饋與你原本的想法之間又有何落差。仔細留意你的組織結構：團隊如何組成、在出資的金主面前有多大的自主權。這些是一個事業中的重要元素，這些管理議題常會是潛在的問題根源。

請這樣想：失敗有兩種。一種是你因爲害怕或在等待所謂的完美時機，而遲遲不把自己的想法付諸實行。從這種失敗裡，你無法有任何學習，只是被畏首畏尾的個性害慘。第二種失敗來自於勇敢冒險。如果你的失敗屬於這一種，你暫時的丟臉與能得到的心得相比，根本微不足道。一再失敗甚至可以強化你的韌性，一清二楚地指導你下一回該如何做。**每次一出手就成功，其實是另類詛咒，讓你不去質疑成功是否純屬僥倖，誤以為自己真能點石成金。一旦每個人都會碰上的失敗降臨，你會感到困惑不解，無法提起鬥志從中學習。**無論如何，如果想展開成爲企業家的學徒訓練，務必趁早開始實驗自己的想法，讓世人好好瞧瞧你的本事，你甚至會希望來點失敗作爲鍛鍊。這事穩賺不賠。

七、結合「如何」(how)與「什麼」(what)

建築工程師聖地牙哥．卡拉特拉瓦（生於一九五一年）從小就愛畫畫，隨身都會攜帶鉛筆。繪畫的奇妙令他深深著迷。在他土生土長的西班牙瓦倫西亞 (Valencia)，刺眼的地中海陽光將他喜愛描繪的岩石、樹木、建築、人物等襯托得格外鮮明，這些事物的輪廓會隨著白日的流逝而漸漸變柔和。他畫的東西一向都不是純然的靜態；一切都在改變、移動著，流轉不定正是生命的本質。他要如何在紙張上，以看似完全靜止的畫面捕捉這種似水動態？

上課時學習各種讓畫面呈現出動態的錯覺技巧，卻無法令他滿意。在追尋這個不可能的任務期間，他開始鑽研數學的不同層面，諸如畫法幾何學 (descriptive geometry)，協助自己理解如何在平面上呈現他所描繪的物體。他的技法提升了，於是對這個主題的興趣更加濃厚。他似乎命中注定成爲畫家，因而，他在一九六九年到瓦倫西亞的藝術學校註冊。

就讀幾個月後，發生一件看似微不足道的小事，他的人生後來卻因此大轉彎：他在文具店瀏覽繪畫耗材時，看到介紹偉大建築師柯比意 (Le Corbusier)[8]作品的精美小冊子。這位建築師能創造出奇巧的形狀，令人納悶究竟是怎麼辦到的，他甚至把樓梯這種簡單的東西變成一組動態雕塑。他設計的建築似乎違反重力原理，在靜定不動中也會予人正在移動的錯覺。卡拉特拉瓦仔細研讀這本小冊子，一股新的狂熱油然而生：他要研究這種建築是如何建造而成、其中有何奧祕。他一逮到機會便迫不及待地轉學到瓦倫西亞唯一的建築學校。

卡拉特拉瓦在一九七三年畢業時，已受過扎實的建築教育訓練。最重要的設計規則與原理他統統學過，憑他當時的能耐，到建築事務所謀職，再一步步提升成建築師絕對沒有問題。但他卻覺得自己的知識有一個缺口。羅馬的萬神殿、高第 (Antoni Gaudi)[9]在巴塞隆納的那些作品、羅伯特・馬亞爾 (Robert Maillart)[10]設計的那些瑞士橋樑，都是他最欣賞的建築傑作，但他對這些建築如何建成卻沒有明確的概念。這些建築的外觀、美學成就、作爲公共場所的功能性他都知之甚詳，但他對這些建築如何興建、各部分如何搭在一起卻一無所悉。還有，柯比意又是如何令建築產生動態的錯覺。

那就像畫得出美麗的飛鳥卻不懂鳥爲何能飛。一如當年學習繪畫時一樣，他不想停留在事物的表層，光懂得設計元素就好，他還要親炙藝術的核心。他覺得世界不斷在改變；似乎有什麼潮流即將發生。憑著科技的進展與新的建材出現，建築有機會出現革命性的新進展，若真心想要深度探索這個領域的話，他必須學習工程學。有鑑於此，卡拉特拉瓦做了扭轉命運的決定：他讓自己歸零再重來，前去就讀瑞士蘇黎世聯邦理工學院，取得土木工程的學位。儘管課業繁重，但他仍訓練自己從工程師的角度思考與繪圖。學習建築的興建方式可以讓他釋懷、給他扎實想法，讓他知道如何慢慢拓展建築的新疆界。

最初幾年，他鑽研土木工程中最艱難的科目（工程領域所需的全部數學及物理學知識）。研讀到後來，他發現自己又遇到了童年時期最著迷的謎題：如何呈現動態與改變。以建築來說，大原則似乎是建築物必須穩固不動，卡拉特拉瓦渴望打破這項僵固的傳統。在他撰寫博士論文時，他決定探索讓建築眞正移動的可能性。美國太空總署對太空旅行的設計、達文西設計的折疊鳥翼[11]給了卡拉特拉瓦靈感，他選擇的論文主題就是建築的折疊性：建築如何能透過精良的工程結構移動並改變形狀。

---

8 法國建築師、室內設計師、雕塑家、畫家，是功能主義建築界的泰斗，被譽為「功能主義之父」。
9 西班牙「加泰羅尼亞現代主義」建築師，為新藝術運動的代表性人物之一。代表作品包括位於巴塞隆納的聖家堂、米拉公寓、奎爾公園等。
10 瑞士的橋樑工程師，對於混凝土拱橋結構和美學上的革新，影響全世界的橋樑工程師和建築師甚鉅。
11 達文西以飛鳥為藍圖，模擬鳥拍翅動作，所想像出來的夢想飛行器。

他在一九八一年完成論文，終於要進入職場了，前後歷經了在大學藝術系、建築系、土木工程系的十四年學徒訓練。隨後的歲月裡，他實驗、設計可折疊的新型門窗，還有可變換開啓方式的活動屋頂，讓建築因而能夠活了起來。他設計了布宜諾斯艾利斯 (Buenos Aires) 的一座吊橋，吊臂是向外移動而不是傳統那樣向上伸出。一九九六年，他更上一層樓，爲密爾瓦基美術館 (Milwaukee Art Museum) 設計擴建的部分，包括由玻璃及鋼材建造的迎賓長廊，天花板有二十八公尺高，由屋頂上活動式的巨大遮陽板覆蓋。遮陽板由兩塊肋板控制，可像隻大海鷗般開闔翅膀，讓整棟建築活靈活現起來，彷彿可以展翅飛翔。

人類活在兩個世界之中。一個是由表相構成的外在世界，亦即吸引我們視線的一切事物形態。但還有另外一個肉眼看不見的世界，亦即事物的內部運作方式、事物的構造或組成成分（共同運作並構成一個整體的零組件們）。後者的世界乍看之下並不吸引人，又比較難以理解。肉眼既不能辨識，唯有能洞悉眞相的心靈才能看見。但一旦理解事物「如何」運作之道，就會明白那其實富含詩意：裡頭包含生命的奧祕，以及事物如何移動與改變之謎。

「如何運作」與「是什麼」兩者幾乎可套在我們身旁的萬事萬物上頭：我們只能看見機器，而不是機器的運作原理；看見一群人組成了公司來生產商品，而不是這一群人的組織結構方式，也不見產品後頭的製作與銷售網。（同樣地，我們往往只看見別人的外在，而不是其言行舉止背後的心理狀態。）一如卡拉特拉瓦發現的，當他跨越兩者的界線，結合起關於建築的「如何運作」與「是什麼」，他對整個領域的了解就更深入、更周全許多。他掌握了興建建築物相關的許多道理，創作的建築作品因而平添起無限詩意，且進一步拓展了疆界，打破建築的傳統、締造新可能。

要明白：藝術與科學是在五百年前左右分了家，而我們才開始生活在兩相分裂的悲慘世界之中。科學家與技術人員活在自己的世界，通常只管事物的「如何運作」。其他人則生活在表相的世界裡，使用各種物品，卻不懂得這些物品到底如何運作。在藝術與科學分道揚鑣之前，文藝復興時期追尋的理想，是兼具這兩種類型知識的狀態。正因如此，達文西的成就至今依然令我們敬佩不已；也因爲這樣，文藝復興依然象徵著一種典範。這種全面的知識其實正是未來的趨勢，尤其是如今每個人都能輕易取得豐沛的知識。卡拉特拉瓦憑著直覺，了解到跨領域學習應該納入他的學徒訓練。我們也應效法，自動自發地深入學習我們所使用的科技、認識工作團體中的成員如何分工合作、了解專業領域中的錢流及其命脈所繫。我們要不時問問自己：這事如何運作？決策該如何擬訂？群體在如何互動？以這種方式讓自己的知識愈拓愈全面，才能好好掌握現實，提高自己對世界的影響力。

八、反覆試驗求進步

在賓州匹茲堡郊區長大的電腦工程師兼科技創業才子保羅．葛藍（生於一九六四年），在七〇年代初期迷上電視及電影中刻畫的電腦。電腦就像能力無限的電子大腦，要不了多久，只要對電腦說說話，電腦就會完成你交代的所有事務，至少感覺似乎如此。

葛藍國中時是資優班學生，可以自訂創意報告的題目，他決定要以學校裡的電腦爲主題，那種電腦是用來列印成績單和班級課表的ＩＢＭ主機。這是他第一回眞正接觸電腦，雖然這時的電腦還很陽春，必須以打孔的卡片設定程式，感覺上卻已經很神奇，像是一道能通往未來的傳送門。

葛藍在隨後幾年自己摸索如何寫程式，雖然有參考當年寥寥無幾的電腦程式書籍，但主要靠的是反覆試驗來學習。那就像在畫布上作畫，可以立刻看見試驗成果：假如程式跑得動，就會展現出正確的成果。經由試驗來學習的過程非常令他喜愛，如此，他可以自己發掘事物，不必一味遵循別人訂立下來的死方法（這恰好是「駭客」本色）。他寫程式的功力愈高明，就愈能寫出更多不同用途的程式來。

爲了能更深入鑽研，他選擇就讀康乃爾大學 (Cornell University)，當年康乃爾大學的計算機科學系在全美名列前茅。進了大學後，他終於接觸到程式設計的基本原則，戒除他在自學時期養成的諸多駭客惡習。他對新興的人工智慧領域興趣濃厚，因爲它正是設計童年夢想中那種超級電腦的關鍵。爲了成爲此新興領域的開路先鋒，他申請哈佛大學的計算機科學研究所，並順利錄取。

在哈佛研究所時，保羅不得不誠實面對自己：他不適合學術圈。他討厭寫研究報告，學院派的教法扼殺了他寫程式的趣味與興奮感，他向來偏愛以試驗來發掘新知的過程。他天生具備駭客精神，喜歡自己摸索出答案。他在哈佛結識另一位駭客羅伯特・莫里斯 (Robert Morris)，兩人開始探索複雜的 LISP（列表處理）語言。這似乎是潛力最大、最靈巧的程式語言。認識 LISP 語言，也能讓人理解程式設計的核心概念。它非常適合高階駭客，是專門爲調查與發掘功能而打造的語言。

葛藍對哈佛研究所的幻想破滅了，決心設計自己的研究所課程：他要修習廣泛的學科，努力發掘自己的興趣。他意外發現自己喜歡藝術，包括繪畫及藝術史。對他來說，這表示他應該放手追尋自己的興趣，瞧瞧最後會如何。在哈佛取得計算機科學博士學位後，他到羅德島設計學院 (Rhode Island School of Design) 就讀，然後前往義大利佛羅倫斯美術學院 (Accademia delle Belle Arti di Firenze) 上繪畫課程。當他返回美國時，他身無分文，這時，他決定嘗試繪畫。他斷斷續續地從事程式設計的諮詢工作，以維持生計。

幾年後，他開始反省自己的人生。文藝復興時期的藝術家多半都有一段明確的學徒訓練，反觀他自己呢？他的人生似乎沒有明確的計畫及方向，就像他高中時代寫的那些蹩腳程式，感覺是東拼西湊的，在不斷試誤中摸索，經由實作確認程式能不能跑。從如此漫無計畫的人生過下來，他是發現了一些他要避開的事物：學術圈、替大公司工作、任何形式的政治環境。他喜歡製作東西的過程，到頭來，他眞正在乎的是擁有各種可能性：可自由往這邊或那邊前進，全視當下的情況而定。假如說他在那些年已接受了學徒訓練，那也算是無意間成就的。

一九九五年某天下午，他在廣播上聽到有關網景 (Netscape) 公司的報導。網景公司在兜售自己的未來，並討論有朝一日，多數公司都會在網路販售自家商品，而網景便是開路先鋒。葛藍的銀行存款又再度瀕臨赤字，但他極不甘願回頭做諮詢工作，於是找了老搭檔羅伯特・莫里斯幫忙寫電子商務軟體。葛藍的構想是設計一個能在網路主機直接執行的程式，用戶不必下載，這是前所未有的新點子。他們用 LISP 語言寫好程式，善用其本身快速的優勢進行修改。他們將公司命名爲經網 (Viaweb)，這是首開先河的公司形態，也是電子商務的先驅。僅僅三年後，他們就以四千五百萬美金將公司賣給雅虎。

之後那些年，葛藍延續自己在二十來歲訂立的原則，興趣與技能往哪兒走，他就往哪兒去，移往他看得到各種可能性的地方。他二〇〇五年在哈佛舉辦演講，分享他主持經網公司的經驗。學生聽了他的建言，熱血地央求他創辦一間諮詢公司。他被學生們的熱情激起興致，創辦了Y型組合者公司 (Y Combinator)，這是科技業年輕企業家專屬的學徒系統，待他們成功創業後再抽取酬庸。多年來，他持續調整這套作法，從做中學。到頭來，Y型組合者公司成爲他投注光陰的終極所在：他誤打誤撞成立這家公司，並在試誤過程中不斷改良公司。如今這家公司的身價直逼五億美元。

每個世代大多會順應當時盛行的生產體系，開創出適當的學徒模式。中世紀時，現代資本主義剛剛萌芽，品管的需求出現，第一個學徒制度便應運而生，且規定嚴明。到了工業革命時期，這套學徒制度大致已經過時，但其精神流傳至今，變成人們自發進行的學徒訓練：在某個特定領域中栽培自己，就如同達爾文自行鑽研生物領域。這符合當代愈來愈重視的個人化精神。如今正值電腦資訊時代，商業行爲的各個層面幾乎都被電腦主宰。儘管學徒訓練的概念或許會因此受到衝擊，但在這個時代最可能成功的學徒模式，就是類似駭客撰寫程式的作法。

這個模式的作法如下：**順應當下的情況，多方學習技能，但只限自己感到濃厚興趣的**。如同駭客，你重視自我發現的過程，拿出最優異的成果；避免遵循既定的圈內路線，那是陷阱。你不會知道自己最終會落腳何處，但善用開放的資訊，如今各種學問我們都能隨意擷取。你認清自己適合怎樣的工作，又該對哪些活敬而遠之。你邊試誤邊前進，這便是你度過二字頭年紀的方式。以個人興趣作爲寬鬆的準繩，宛如程式設計師一樣，規畫一套廣博的學徒訓練。

你四處漂泊不是因爲害怕定下來，而是在擴大基礎技能及未來可能性。日後當你準備好潛心朝某個目標發展，各種點子及機會必定會自動浮現。屆時，你累積的十八般武藝便能派上用場。你是綜合應用各式技能的大師，那將是洋溢你個人風格的獨門功夫。你或許會接連幾年都待在同一家公司，或潛心實現同一個點子，而從中累積更上一層的技能，但會在時機成熟後，再轉往其他方向提升。在當今的時代，若死守年輕時一腳踏上的同一條路，當四十來歲來臨時，通常會發現那個職涯通往死巷，不然就是被日復一日的枯燥無聊給壓垮。二十多歲時如果經歷過廣泛的學徒訓練，未來的命運就會左右逢源：年紀愈大愈值錢，各種可能性愈多。

反其道而行

有人誤認為一些歷史上的著名天才並不曾經歷學徒階段，不然就是天資聰穎，學徒時期非常短暫，他們搬出來充當證據的，就是最經典的莫札特和愛因斯坦，兩人的創意天賦一定是上天垂愛。以莫札特來說，古典樂評家普遍認爲他是在作曲足足十年以後，才寫出有模有樣的創作。尤有甚者，一份研究七十多位優秀古典作曲家的報告指出，他們幾乎都是在十年後才寫出第一首傑作，當中有三位例外，他們是在第九年就辦到。

愛因斯坦從十六歲開始認眞做實驗。十年後，他首度提出劃時代的相對論。我們無法精算他在那十年砸下多少時間磨練推理能力，但不難想像他如果每天花三小時鑽研，累積十年就會超過一萬小時。**莫札特與愛因斯坦異於常人之處，在於他們小小年紀就展開學徒訓練，整顆心沉浸其中，練習時非常專注**。通常人的年紀愈小，學東西愈快，吸收力愈強，腦袋裡也更充滿創意；年紀大了以後，腦筋就會較僵化。

省略掉學徒訓練的捷徑並不存在。人類大腦需要長年浸淫在同一個領域，才能將複雜的技能深深銘刻上去，並解放心靈去揮灑創意，這是天性。想找捷徑的欲望與大師境界十分牴觸，根本不存在省略學徒訓練期的反例。

這就像砍伐一棵極粗壯的大樹。掄起斧頭砍那麼一下是砍不倒的，但如果你繼續砍，不要放棄，不論樹願不願意倒下，它遲早都會突然傾倒。到時候，即使把你找得到的人全都找來，付錢請他們把樹再立回去，他們也辦不到，樹仍然倒到地上……但如果有個樵夫用斧頭砍了一、兩下，就問張三：「這樹怎麼不倒啊？」又多砍了三、四下，再停下來問李四：「這樹怎麼還是不倒？」那他就永遠別想砍倒這棵樹了。修道也是一樣的。

白隱禪師

第二章 汲取大師的功力：拜師

人生短暫，能夠投入學習、發揮創意的時間有限。若是無人指引，你可能會浪費寶貴的歲月，隨意從各種管道找找知識、做做操練。因此，你要學習各時代大師那樣，找到明師。師徒關係是最快、最有效的學習保證。稱職的師父看得出你該注意什麼，以及如何敦促你。他的知識與經驗早晚會變成你的。他能針對你的表現給予即時又具體的回饋，因此你進步的速度會很快。經由你們之間的密切互動，你吸收了他蘊藏威力的思考方式，融入你自身的氣質之內。要慎選師父，師父必須符合你的需求，也要與你的生命任務有關。當你內化了他們的學問以後務必繼續前進，千萬不要停駐在他們的陰影底下。你的目標是要不斷超越師父，比他們更強大、更傑出。

知識的點金術

科學家麥克．法拉第（一七九一～一八六七年）原本是倫敦的貧寒子弟，命運似乎打一出生就注定了：可以追隨父親的腳步當鐵匠，或從事其他勞動工作。他的出路因爲出身低微而極爲受限。他父母得養活十個兒女，父親又因爲身體不好，只能打打零工，他們一家需要更多的收入。父母恨不得麥克趕緊變成十二歲，才好找份差事，或是去當學徒。

然而，法拉第有一個與眾不同的個性，一個可能會招來麻煩的特質：他的心思極爲靈活，並不適合只做粗活。他的腦子完全閒不下來，部分原因可能是因爲他們一家人屬於一個奇特教派：基督教桑德曼教派（Sandemanians）。教徒深信一切生物與自然現象都是上帝的示現。只要天天與上帝交流、在內心好好地親近神，便能在世上任何地方看見神、感受到祂的存在。

法拉第浸淫在這種神學思想中，當不用替母親跑腿、做家務時，他就在倫敦市中心的街道上漫遊，聚精會神地觀察周遭世界。在他眼中，大自然充滿著他想要思索、解開的奧祕。他所受的教養是神無所不在，因此他對萬事萬物都充滿興趣，好奇心彷彿沒有止境。他會糾纏父母或任何找得到的人，沒完沒了地追問關於植物、礦物或莫名其妙的自然現象問題。他求知若渴，但因爲缺乏求知的管道而十分苦惱。

他有一天閒晃到一家裝訂並販售書籍的店鋪，看到那麼多閃亮的書籍陳列在架上的景象，令他震撼不已。他所接受的學校教育很有限，唯一熟悉的書就是《聖經》。桑德曼教友相信《聖經》活生生地描述著上主的意志，而且蘊含上主的力量。對法拉第來說，這代表《聖經》的印刷文字就具有某種神力。他想像書店裡的每一本書都可開啓不同的知識世界，這事本身就是一種神力的展現。

他對書籍畢恭畢敬的態度立刻贏得店主喬治．瑞鮑（George Riebau）的讚賞。喬治先生沒見過年紀這麼小就會爲書本痴迷的人，他鼓勵法拉第常去，法拉第便時常往書店裡跑。喬治先生有心幫助法拉第一家人，因此就雇用了他當送貨員，由於工作十分勤勉，喬治先生就請他到店裡當裝訂書籍的學徒。法拉第開心極了，就這麼從一八〇五年展開七年的書店學徒時期。

最初幾個月，被書海環繞的法拉第簡直不敢相信自己交到的好運，新書在那個年代很稀罕，是屬於富裕人家的奢侈品，連公共圖書館都買不下喬治先生店裡的書。喬治先生鼓勵他在下班後盡情閱讀，於是法拉第幾乎讀遍了每一本他經手的書。一天傍晚，他在百科全書看到關於電學的最新發現，突然覺得自己找到了人生使命。電是肉眼看不見的現象，卻能在實驗中現形、被測量。以實驗方式揭發自然奧祕的過程令他著迷不已。在他看來，科學是揭開奧祕的偉大追尋，他要當科學家。

這對他來說是不太切實際的目標，他心裡有數。在當時的英格蘭，想踏進實驗室、以科學爲業的先決條件是得接受大學教育，唯有上流階級才辦得到。一個裝訂書本的學徒怎能幻想自己克服這一道關卡？他空有做實驗的精力和欲望，卻沒有老師、乏人指引，以致缺少治學的架構及章法。一八〇九年，店裡來了一本給他些許希望的書。書名是《心智的提升》(*Improvement of the Mind*)，這是由埃薩克．瓦茲（Isaac Watts）牧師所著的勵志書，於一七四一年首度發行。書裡介紹一套可供出身不高者彌補缺憾的學習系統，社會各階層人士皆適用，書中傳授的辦法人人都可遵循，且保證見效。法拉第反覆閱讀這本書，隨身攜帶。

他對書上的建議言聽計從。瓦茲主張做學問一定要積極，建議不要只閱讀科學新知，還要親自重建當初發現那一項科學新知的實驗。因此，在喬治先生的鼓勵下，法拉第開始在店鋪後面的房間進行電學及化學的一連串基本實驗。瓦茲強調老師的重要性，別光靠書本學習。法拉第就老老實實地去聽當時倫敦盛行的諸多科學課程。瓦茲倡導不要光是聽課，還要做詳盡筆記，然後修訂筆記，這樣能讓知識更深地烙印在大腦中。法拉第照辦並精益求精。

他去聽炙手可熱的科學家約翰・塔圖 (John Tatum) 主持的講堂，塔圖每週都講不同主題，法拉第會記錄最重要的關鍵字和概念，迅速畫出塔圖使用的各種儀器，描繪出那些實驗。在隨後幾天，他會將關鍵字擴充成文句，將當週的主題寫成一個完整章節，而且圖文並茂。一年後，這些章節便累積成自製的大部頭科學百科。他的科學知識飛快成長，並且從筆記脫胎成一種知識架構。

喬治先生有一天向店裡的來客展示這份教人嘆爲觀止的筆記。這位客人是威廉・丹斯 (William Dance)，他是著名的皇家研究院 (Royal Institution) 成員，研究院的宗旨是將科學的最新進展發揚光大。丹斯迅速翻閱法拉第所寫的章節，很驚訝他能將複雜的主題濃縮得那麼簡明曉暢。他決定邀請年紀尚輕的法拉第到皇家研究院去聽化學實驗室主持人漢弗瑞・戴維 (Humphry Davy) 的系列課程，戴維是剛剛冊封爲爵士的知名化學家。

課程的名額早已售罄，以法拉第的出身，受邀上課是非常難得的殊榮，對他來說，這眞是不得了的大事。戴維是那個年代領先群倫的化學家，在新興的電化學領域中，許多知識及新發現皆是由他提出。他用許多氣體及化學物質進行危險度極高的實驗，釀成過不少意外，爲他平添大無畏科學鬥士的美稱。他的講座是轟動一時的盛事，他這個人唱作俱佳，喜歡在已經看得眼花撩亂的聽眾面前做精妙的實驗。他出身貧寒，一路奮發始登上科學殿堂，博得幾位貴人師父的青睞。戴維本身沒有受過扎實的正式教育，因此對法拉第而言，戴維是當代最值得他效法的科學家。

法拉第總是提前進到教室，坐在離戴維最近的座位，浸淫在戴維講述的所有內容中，筆記更是無人能及的詳盡。然而戴維的課程給了法拉第一個非典型的影響，儘管深受啓發，法拉第卻不禁覺得自己被排除在這門學問之外。在年深月久的自學之後，他是擴充了自己對科學及自然界的知識。然而科學並不只是知識的累積，更是思考的方法，解決問題的態度。科學充滿創新的精神，法拉第從戴維身上就可以感覺得出來。身爲一個站在科學的大門外往內窺看的業餘者，法拉第的知識缺乏深度和廣度，終究難成氣候。他必須走入大門之內，才能取得實際的經驗，成爲科學界的一員，學會科學家眞正的思考方式。爲了親炙科學精神、吸收科學神髓，他得拜師了。

這似乎是不可能的任務，眼看學徒生涯即將結束，法拉第面臨是否要做一輩子書籍裝訂員的前途，陷入了絕望之中。他寫了幾封求職信給皇家協會 (Royal Society) 會長，申請每一間實驗室裡最卑微的職務。他鍥而不捨，但幾個月過去，工作仍舊沒有著落。有一天，漢弗瑞・戴維的辦公室突然發了一封信給他，戴維在皇家研究院實驗室的實驗又爆炸了，以致這位化學家有幾天眼睛看不見東西。在這段期間，他需要一位私人助理幫忙做筆記、整理資料。丹斯先生是戴維的好友，他推薦法拉第來做這份工作。

這彷彿就像冥冥之中的定數，也可說是太神奇了。法拉第必須把握這個良機，盡一切努力令這位偉大的化學家刮目相看。法拉第在戴維面前充滿敬畏之情，仔細聆聽他的每一道指示，執行任務時也都會盡心盡力。戴維重拾視力之後，謝謝法拉第前來救急，但卻聲明皇家研究院已有一位實驗室助理，實在沒有任何能提供給他的職缺。

法拉第固然大失所望，但他仍不想放棄；絕不能就此放棄。僅僅是待在戴維身邊數日，就給了法拉第許多學習的新點子。戴維喜歡隨口說出腦海裡浮現的想法，然後聽聽身邊的人怎麼看。他曾和法拉第討論一項打算做的實驗，法拉第從中窺看到他的思維方式，實在大開眼界。戴維是他最理想的師父人選，他決心要實現這個夢想。他重拾在戴維的講堂上所做的筆記，整理成條理分明的小冊子，精心謄寫，還安插了許多繪製的圖畫及圖表。他將小冊子寄給戴維，當作一份禮物。幾週後又寫信給戴維，以防戴維忘了他曾和法拉第提過的實驗，戴維的健忘可是出了名的。法拉第的信石沉大海，但在一八一三年二月的某一天，皇家研究院突然邀請他過去一趟。

就在那天早上，研究院的實驗室助理因違抗命令被開除，他們需要立即找到遞補人選，而戴維推薦了法拉第。這份工作主要是清理瓶瓶罐罐和設備、打掃、點燃壁爐。薪資低廉，比當書籍裝訂員還要低很多，但法拉第不敢相信自己的好運，二話不說就接下這份工作。

他的學習進度快到連自己都嚇一跳，跟自學時期完全不可同日而語。他在師父的督導下，學會如何準備化學混合物，包括一些容易爆炸的化學物品。戴維堪稱當時化學分析的第一把交椅，而他親自教給法拉第這門學問的基礎知識。法拉第的職責開始變重，也獲准使用實驗室做自己的實驗。他日夜工作，把迫切需要秩序的實驗室及實驗室架子都整頓得井井有條。師徒倆的關係日漸深厚，戴維顯然把法拉第視為年輕時的自己。

戴維準備在那年夏天到歐洲長途旅行，他請法拉第以實驗室助理兼貼身僕人的身分隨行。法拉第雖然不想當僕人，但此行不僅能夠親炙幾位歐洲最卓越的科學家，還能與戴維一起做實驗（他會帶旅行實驗器材上路），他才不會放棄這個大好機會。能多待在戴維身邊，吸收他的知識，學習他的整套思維模式，是法拉第最希望的。

在這趟歐洲之旅中，法拉第協助戴維進行一項令他名留青史的實驗。鑽石的化學成分一向沒有定論。鑽石似乎是由碳組成，但如此美麗的東西，它的成分怎麼會跟煤炭一樣？鑽石的化學成分必然另有玄機，但在當時已知的方法中，沒有哪一種可以將鑽石分解。許多科學家都為此傷透腦筋。

戴維長久以來都抱持較激進的想法，認爲一件東西的特性並不是由其構成的元素所決定。或許煤炭和鑽石確實有相同的化學成分，只是其基本的分子結構決定了兩者的不同樣貌。這是對自然界深具彈性的觀點，但戴維一直沒有證明的辦法，直到人到法國時，對於此實驗的完美點子才突然冒出頭來。

有人提醒戴維，當時功率最高的鏡片存放在佛羅倫斯的實驗學院（Accademia del Cimento），戴維便特地更動行程前往。他取得使用該鏡片的許可，把一顆鑽石放在一顆內含純氧的小玻璃球中，以鏡片聚集強烈的陽光來照射玻璃球，直到鑽石完全蒸發。在玻璃球中，原本的鑽石已變成二氧化碳氣體，證明鑽石確實由純碳構成沒錯。因此，令碳元素變成煤炭或鑽石的原因必然涉及分子結構的變化。沒有其他原因可以解釋這項實驗結果，這場實驗令法拉第驚奇的地方，在於整個思維過程。戴維從簡單的推論出發，就設計出一場實驗來實際展現他的主張，並排除掉其他可能解釋的存在。這是極具創意的思維，也正是戴維身爲化學家的力量。

返回皇家研究院後，法拉第加薪了，職銜也換了，升任助理暨儀器及礦藏管理員。不久，他們建立起穩固的關係，戴維喜歡將大半時間花在旅行上頭，他信任法拉第不斷精進的技能，會將各種礦物標本寄回去給他分析。戴維漸漸依賴起他的協助；他在寫給法拉第的信件中，時常稱讚法拉第是個頂尖化學分析家了，戴維把法拉第訓練得很優秀。但到了一八二一年，法拉第不得不正視一個令人煩惱的現實：戴維習慣把他踩在腳底下。經過八年的密集學徒訓練，法拉第已是卓然有成的化學家，對其他科學領域的知識也不斷擴增。他雖然也進行獨立研究，但戴維仍將他視爲助理，要他郵寄一包包的死蒼蠅去給他當魚餌，老派他去做些瑣事。

當初是戴維讓他能夠脫離書籍裝訂的苦差，他的一切可說是拜戴維之賜。但法拉第此時已三十歲，若不趕緊自立門戶，人生創造力最強的時期就會浪擲在實驗室助理的繁雜工作中。但他要是與戴維撕破臉，在科學界的名聲也會跟著陪葬，尤其是他原本就還寂寂無名。好不容易，法拉第終於發現一個與這個高壓師父分家的機會，他將這個機會利用到極致。

當時歐洲各地都紛紛有科學家發現電力與磁力的關係，但兩者彼此間的影響力很詭異：造成的移動方式不是筆直的直線，而是比較接近圓形。自然界並沒有這種現象。如何能透過實驗精確地呈現這種影響力（或者說移動方式），成爲熱門的研究主題，戴維旋即加入這股浪潮。他與科學家威廉・海德・沃拉斯頓 (William Hyde Wollaston) 合作，主張電磁造成的運動方式比較接近螺旋形。他們讓法拉第參與實驗，把電磁運動切割成幾個可測量的小區塊，一一測量，最後再合併起來，便會顯示出呈螺旋狀的運動方式。

大約此時，有位好友請法拉第替一本頗有份量的期刊撰寫一篇關於電磁學科的文章，於是法拉第開始認眞研究起這個領域。他和師父一樣，認爲可以用連續動作來展示電磁造成的運動，如此就沒人能質疑研究結果。一八二一年九月的某天晚上，他想出一個可行的實驗。他將一根磁鐵豎立在一杯液態水銀中（可導電的金屬），再把一根鐵絲固定在軟木塞上，然後放進水銀杯中。鐵絲通電後，軟木塞便繞著磁鐵，呈圓錐狀路線地轉動。逆向實驗（把鐵絲固定在水銀中）也呈現相同的運動模式。

這是史上第一次將電力用在產生連續運動，這是所有電動馬達的先驅。這項實驗說穿了如此簡單，卻唯有法拉第清楚地看出可以這樣做。當中的思維模式顯然是受益於戴維的教導。法拉第覺得一直以來的貧寒、期望的幻滅、勞役的重擔全都一掃而空，不禁在實驗室裡手舞足蹈起來。這項科學發現將可讓他得到自由，他對自己的實驗感到振奮不已，連忙將他的研究結果發表。

法拉第急著發表研究報告，忘了提及沃拉斯頓與戴維的研究。不久，便出現法拉第剽竊他們研究成果的傳言，法拉第察覺到自己的疏忽，便去見沃拉斯頓，澄清自己如何取得研究結果，並沒有盜用他們的研究等等。沃拉斯頓接受他的說法，不打算再追究。但謠言還是持續流竄，後來竟發現造謠的人顯然就是戴維。他拒絕接受法拉第的解釋，沒人知道眞正原因。法拉第因爲這項發現獲得皇家協會提名，而戴維身爲會長，試圖阻撓他變成會員。一年後，法拉第又有了另一項重要發現，而戴維宣稱自己對其也有功勞。他似乎認爲既是自己一手栽培了法拉第，所以法拉第的一切成就都得歸功於他。

法拉第終於受夠了，他跟戴維的關係基本上已經破裂。他不再跟戴維通信，從此也斷絕往來。如今，法拉第在科學界已是權威人物，可以隨心所欲。他隨後的那些實驗也爲電學史上所有的重大突破鋪路，爲日後革新二十世紀科學的場論奠定基礎。他成爲史上極偉大的實驗科學家，名聲遠遠超過他的師父戴維。

進入大師境界的關鍵

桌前的女士們稱讚一幅某年輕畫家繪製的肖像。「最教人驚奇的是，」她們說，「他完全是自學的。」這點由肖像的雙手觀之最一目瞭然，畫得既不正確也不美麗。「這位年輕人的確有才華，」歌德說，「但妳們不應該稱讚他，反倒該斥責他，居然統統靠自己摸索。有才華的人不該就這樣自生自滅，應該為藝術獻身，由優秀的師父把他調教成材。」

德國詩人約翰・彼得・艾克曼(Johann Peter Eckermann)，出自《歌德對話錄》(*Conversations with Goethe*)

昔日裡有權有勢的人很具權威，部分是因爲他們的成就，部分則是因爲他們的地位（身爲上流社會或宗教高層的一員）。這種氣勢有實質的影響力，也能被感受到；世人自然而然尊敬、崇拜具有這種影響力的人。但幾個世紀下來，民主化的緩慢進程漸漸拆穿這件國王的新衣，威權文化幾乎消失殆盡。

我們認爲，誰都不該只居高位就受到禮敬或崇拜，尤其是利用人脈或身世背景所取得的高位，這是正確的。然而，我們對憑著個人成就取得崇高地位的人也抱持相同態度。我們現今所處的文化喜歡批判，拆穿任何形式的權威，戳破掌權者的弱點。如果說我們還能感受到任何權威的存在，那可能會是在身處名人面前，爲他們迷人風采傾倒的時候。質疑權威可以是健康的態度，特別是跟政治有關的議題上，但這對於學習及學徒訓練階段卻會造成一個問題。

學習新事物需要謙卑。我們必須先承認自己對某專業領域的認識，落後某些人十萬八千里。他們今日的卓越不是來自天生的才氣或特權，而是時間與經驗的淬鍊與積累。他們在業界的權威地位不是靠耍權謀或奸巧而來，那是有扎實的根底。但如果不能接受事實如此，如果什麼權威都信不過，我們便會誤以爲靠自己摸索易如反掌，無師自通才叫天才。我們或許會辯解說，這麼想才能獨當一面，但說到底是因爲沒有安全感。或許下意識認爲向一個大師學習、臣服於他的權威，等於招認自己能力不足。即使現實生活裡，有老師這號人物在一旁，通常也不認眞聽取他的建言，情願用自己的那一套把事情做掉。很多人反而相信，要去質疑老師才是自己有料的表現，只當個聽話的學生太懦弱了。

要明白一件事：發展職涯初期，唯一該關心的是，如何以最快速度取得最好的知識。因此，在學徒訓練時期，你得找能認同其權威、令你心悅誠服的對象來當師父。**承認自己有所不足無損你任何**

事，只意味你暫時還不到位，而師父會協助你往前邁進。

需要師父的原因很簡單：人生短暫，能運用的時間與精力有限。人一生創造力最強的時期通常落在三、四十歲。你可以經由書本、練習、別人偶爾提點來學習，但這種學法漫無章法。書本並不是依據你的個人狀況及需求量身寫成的，往往有點籠統。當你年紀尚輕又沒什麼經驗時，很難實際應用太籠統的知識。你可以從經驗中學習，但那十分緩慢，通常要經年累月下來，才能徹底領悟箇中意義。你是隨時都能自己練習，很方便沒錯，但這樣得不到可貴的意見回饋。你能獨力執行自己在某個領域的學徒訓練計畫，但這可能得耗掉你十年，甚至更久。

師父無法給你捷徑，卻能縮短過程。他一定也曾經拜請厲害的師父把豐厚的業界知識傳授給他，隨後再有過數年的經驗給予他寶貴的教訓及學習策略。他分享知識與經驗爲你所用；指引你避免太常誤入歧途或犯錯。他觀察你的工作狀態，即時回饋，提高你操練的效率。他針對你個別的狀況及需求提供建言。與師父密切合作，吸收他功力的精華，然後活用。**自己摸索要十年才能磨出來的功夫，在良師的調教下也許五年就能辦到。**

這不僅僅只是節省時間。密集學習原本就會帶來附加效益：比較不會分心。專心的學習及練習，效果會烙印得更深，不只學習時間縮短，我們的創意與進展也會更加蓬勃。在高效完成學徒訓練後，便能好好揮灑青春的精力與創造的潛力。

師徒互動之所以能如此密切、效益如此宏大，就在於師徒關係還帶有情感成分。基於人類天性，師父會對栽培你這事投入感情，原因有幾個：或許他欣賞你，或許從你身上看見自己的影子，透過你重溫逝去的青春年華；或許他看見你的可貴才華，樂於栽培；或許你能展現出他所在乎的事物，通常是青春活力與勤奮向上的意圖。當你能被師父派上用場，久了便能建立深厚的師徒情誼。而你也會對師父產生感情，你崇拜他的成就、想要見賢思齊，師父會覺得這是最佳恭維。

當師徒之間互相喜愛，彼此的關係便會超越普通的師生互動。與欣賞的對象在一起時，更容易受到潛移默化，你吸收並模仿起他的一舉一動，會更關注他，你的鏡像神經元更加活躍，**讓學習不侷限在知識傳遞的層次，還會學習到師父的風格及優異的思維方式**。另一方面，念在師徒情誼上，師父比較願意透露平日不外傳的祕訣。千萬不要害怕師徒關係中醞釀起的情感，這正是讓你學得更深、更快的催化劑。

請這樣想：學習歷程就像中世紀的鍊金術。鍊金術是找出把卑金屬或石頭變成黃金的方法。鍊金術士四處尋找可以把石頭變出黃金的所謂點金石，理論上是一種能讓石材或金屬活躍起來、把其化學成分變成黃金的觸發物質。儘管從來沒人能找到點金石，若作爲譬喻來看，卻有其深遠寓意。助你登上大師殿堂的知識都在世界上的各處，目前就像卑金屬或石頭一樣。這種知識需要被點化，在你內心變成爲黃金，全然提升你的境界。師父宛如點金石，與像他這般經驗如此豐富的人直接互動，你吸收的知識將迅速改變形貌，蛻變爲如同黃金一般的寶物。

麥克．法拉第的故事正是鍊金譬喻的絕好範例。他的人生經歷像是一場魔法演出：恰巧得到唯一一份能允許他看書的工作，讓他學習科學知識，以筆記功力讓最適當的人選對他刮目相看，並且連繫到命中注定的良師戴維。然而，這一連串不可思議的好運，背後自有一番道理。他當時年輕力壯又求知若渴，某種心靈雷達引導他來到當地唯一的書店。儘管《心智的提升》一書落入他手純屬巧合，但也得是塊料才能當場慧眼識出這本書的價值，並善加利用。在該書作者埃薩克．瓦茲牧師的指引下，他的知識扎根更深。但指引他到書店並獲得寶書的同一個雷達，接著又引導他往別處去。他累積的知識太過繁雜無章，他憑直覺就判斷出，要把這些知識轉變爲有用，就得找到一位活生生的師父。

當他相中戴維來擔任他的師父時，他便以一貫專注的待人處世態度投入這個師徒關係中。為戴維工作期間，法拉第學會師父累積了一輩子的化學及電學功夫，他在實驗室裡實際操練這些觀念，為戴維調配化學物品及做自己的實驗。在這個過程中，他對戴維的思考模式、化學分析及實驗方法知之甚詳，融會貫通之後，他累積的學問日漸派上用場。

八年後，他們的師徒關係締造了一項偉大的科學發現：揭發電磁學的奧祕。法拉第的個人研究及他向戴維學到的一切蛻變成一股創造力，創出了電磁學史上的黃金。假如他因為恐懼而滯留在自我學徒訓練階段，最終只能成為書籍裝訂師，可能一輩子鬱鬱寡歡，感到有志難伸。經由師父的魔鬼訓練所激發的點金石效果，他果然蛻變成史上創造力超強的科學家。

當然，宗教對法拉第的教育也占有一席之地。他相信宇宙萬物都是上帝活生生的顯現，他傾向將自己遇到的一切事物看成活的，包括他閱讀的書籍及電力現象皆然。既然萬物都是活的，他與萬物的連結自然更深，因而強化了他的學習精神。只不過他這種世界觀超越了宗教性，蘊含一種強大力量，事實上每一位在學徒訓練階段的人都應該效尤。我們也能將自己的學習主題視為有生命力的，必須與它互動，徹底認識。一如法拉第，這種態度會讓人更投入自己的學習內容。

想說服優秀人選來當你的師父，得好好強調出收你為徒對他的益處。除了青春與活力，你還有能帶給他的實質效益。戴維在見到法拉第之前，就知道法拉第工作很勤快，組織能力一流。單憑這一點，法拉第就是個令人想網羅的助理人才。有鑑於此，在你擁有能討師父歡心的本領與紀律之前，先別急著要拜師。

大師幾乎都苦於時間不足，而要吸收的資訊卻太多。如果你能證明自己比別人更有本事助他解決這類困擾，就較容易吸引他注意、並點頭願意收你爲徒。別因職缺乏味或要先當私人祕書就怯步，你的目標應是不計一切代價先接近師父再說。成爲師徒後，你要照顧他的需求，藉此讓他青睞有加。試著站在他的立場，問自己一個簡單的問題：他最需要的是什麼？維護好他的利益，絕對會增進他對你的好感。

假如你和法拉第一樣，先下功夫自我磨練，培養了良好的職場道德與組織技巧，合適的老師人選遲早會浮現。你的工作能力及強烈求知欲會透過適當管道傳播出去，機會接著就會上門。不管這位大師多麼地位崇高，千萬不要畏縮到不敢跟他取得連繫。在條件合適，且你能提供實質協助的前提下，大師收徒的意願經常會高到嚇你一跳。能將自己的經驗與知識傳承下去，可以帶給他近似於爲人父母的喜悅。

一流的師父通常知識淵博、經驗豐富，而且涉獵的範圍不會過度侷限在自己的專業範疇，他能訓練你提高思考層次，串連到其他領域的知識。古希臘哲學家亞里斯多德 (Aristotle) 與亞歷山大大帝 (Alexander the Great) 的師生關係便是一例。馬其頓國王菲力浦二世 (Philip II) 挑選亞里斯多德擔任十三歲大的兒子亞歷山大的老師，是看上這位哲學家很廣博的涉獵，並且能融會貫通各種領域的知識。亞里斯多德培養亞歷山大對學習的熱愛，教導他在不同情況下如何思考及運用推理，這些是最強大的能力。亞歷山大的學習效果趨近完美，他將亞里斯多德教的推理技能應用在政治及戰事上，終其一生，都對各知識領域興趣高昂，總是讓專家群跟隨在側，以便隨時就教。亞里斯多德傳授的智慧，正是亞歷山大功成名就的關鍵。

你要多多和師父進行交流，虛有名義上的關係是不夠的，有些眉眉角角必須在面對面互動時才能觀察到，例如從豐富經驗中萃取成的做事策略，這些具體行動模式難以用言語完全傳達，唯有透過大量的實際接觸才學得到。這在工藝界或體壇最爲明顯。例如，網球教練唯有在學生眼前示範，才能展示許多技巧的細膩處，教練其實未必完全清楚自己的反拍爲何那麼強，但學生觀摩教練的動作就能發揮鏡像神經元的力量，掌握動作的細微模式。這種學習過程也能應用在非肢體活動的技能上，就像法拉第時常觀察戴維的思維過程，學會如何設計好一個乾淨俐落的實驗來證明想法。這種功夫十分了不得，法拉第後來也把這種思考技能應用得出神入化。

隨著師徒關係愈走愈近，你可以更刻意主導這種吸收經驗的過程，直接詢問師父工作方式背後的思維。如果夠機伶，你可以像協助生產的助產士一般，引導他分析自己的創意，從中發掘寶貴的觀念見地。他通常樂得有機會闡述個人技藝的理念，尤其是對一個他認爲對自身不構成威脅的人。

一次拜一位師父是最理想的，但你未必每次都幸運找到完美人選。這時，替代方案是就近多找幾位師父，每個師父都能灌輸關鍵知識，塡補你的能力缺口。同時拜幾位師父也有好處，他們日後就是你的可靠人脈及重要盟友。同樣地，如果現實情況不允許你接觸到良師，書籍可暫時充當你的老師，一如《心智的提升》一書曾經指導過法拉第。這時，你得盡力把書籍及作者變成私淑的老師。你賦予他們聲音，與內容活絡地互動，做筆記或記心得在書頁邊上。你分析他們所寫，讓內容躍然紙上，重點也在他們著書背後的精神，而不光是看看書中文字了事。

假如再放寬點標準，古往今來的人物都能當你的偶像，可以去模仿他們。你只要對他們做完充分的研究，再發揮一點想像力，就能把他們變成有血有肉的人物。你可以常常問自己：他們在這種或那種情況下會怎麼做？不計其數的將軍，就是憑這套辦法以拿破崙爲師。

師父有自己的強弱項，是良師的話，會允許你發展出個人風格，待你羽翼已豐便會放手，這種師父會成爲一生的朋友兼盟友。但有的師父不是這樣，他很習慣依賴你的服務，想要束縛住你，嫉妒你比他年輕有未來，不自覺地想阻礙你或對你吹毛求疵。這時要有自覺，你的目標是向他多學習，但學到一定程度後，繼續再待下來或許就利小弊大了，等著自信被慢慢壓垮。你並不是無條件向他俯首稱臣，你的目標是將來要內化並活用他的智慧，然後自立門戶。

從這一點來看，師徒關係常會讓我們彷彿再度擁有一次童年生活。雖然師父男女皆可，但通常比較貼近父親的形象：指引、提攜我們，有時愛管東管西，擅自替我們的人生作主。當你想單飛了，即使你們長期有著溫馨的師徒關係，師父照樣可能認爲你在挑戰他的權威。該堅持個人立場的時刻就堅持，千萬不要被內疚拖累。就像法拉第，師父想扯他後腿的欲望令人反感、憤怒，正好利用這股情緒徹底脫離師父的掌控。通常最好爲分道揚鑣預做準備，以便整頓好情感。隨著師徒關係的進程，你可以開始稍微疏遠師父，或許找出他的弱點、性格上的瑕疵，甚至從他的信念中挑出錯誤。

確立自己與師父的差異是促進個人成長的重要環節，不論師父算是個好家長或壞家長。

有句西班牙文是這麼說的 *al maestro cuchillada*（劍指師父），這是劍術用語，意思是年輕弟子的身手矯捷，技術精良到可以回頭傷到師父。這句話同時也意味著，當人家師父免不了遇到徒弟反叛，就像被劍所傷。在我們的文化中，往往崇拜叛逆或貌似叛逆的人，但如果這些喜歡唱反調的人並沒有眞材實料，光耍帥其實沒有意義，沒有力量。師父，或者說父親形象，正好提供你脫離保護並建立自我的座標基準點。師父傳授給你的知識中，重要的就收歸己用，沒有助益的部分就一刀砍掉。這就是處世之道，有時候必須消滅父親的影響，兒女才有自我發掘的空間。

無論如何，你一生中大概會經歷幾位師父，他們就像邁向大師境界的階梯。你在人生的每個階段都必須找到良師，向他們學習知識，然後繼續前行，不必感到不好意思求教。你的師父們當年大概也是這麼走過來的，世道就是如此。

促進師徒互動的策略

始終只當徒弟的人，愧對師父。

尼采，德國哲學家、詩人

你得禮敬師父，才能學習他的本事，盡全力消化吸收，但這不表示你要全程採取被動。在某些關鍵點上，你可以設定彼此的互動方式，依據目的做適合你的調整。以下四種策略的目標，是協助你讓師徒關係發揮最大功能，將得到的知識轉變爲創造能量。

一、視個人需求與愛好來挑選師父

一八八八年，二十歲的法蘭克・勞埃德・萊特 (Frank Lloyd Wright)[1]在喬瑟夫・萊曼・席爾斯比 (Joseph Lyman Silsbee) 著名的芝加哥公司當製圖學徒。他已經待了一年，學到許多業界知識，但愈來愈焦躁不安。他已預見一種可以革新建築業的全新風格，但自己缺乏開設建築事務所的經驗。席

1 美國建築師、室內設計師、作家及教育家。著名作品為落水山莊，曾被稱許為「美國史上最偉大的建築物」。

爾斯比是精明的生意人，他認爲繼續設計客戶喜愛的純正維多利亞式建築風格，公司才有前途。萊特對公司要他繪製的設計圖很反感，他無法苟同席爾斯比，認爲那是陳舊老派的設計理念。

偶然，他聽說傑出的芝加哥建築師路易斯．蘇利文 (Louis Sullivan) 需要繪圖員協助完成某棟建築的圖樣。雖然在席爾斯比的公司待那麼短暫的時間就辭職，形同自斷後路，但若爲蘇利文工作，絕對能給他更多成長的刺激，幫助他踏上建築師之路。蘇利文的公司是設計摩天大樓的先鋒，很會善用最先進的材料及科技。

萊特用個人魅力展開攻勢，終於取得職位。他爭取到面試機會的方法，是從自己私下繪製的圖樣中挑出有趣的作品送給蘇利文評鑑；他與蘇利文談論藝術與哲學，投合蘇利文的美學嗜好。蘇利文於是雇用他，幾個月後讓萊特在他的公司當製圖學徒。萊特與蘇利文建立私交，蘇利文自己沒有兒子，現在，萊特倒像是他兒子一般。萊特憑著自身才華與蘇利文的引領，很快便成爲公司裡的首席製圖師。據萊特形容，他簡直就像「蘇利文手中的那枝鉛筆」。一八九三年，蘇利文因爲萊特私下兼差而將他開除，但這時萊特已經把能學的東西都學完了，早已準備單飛。蘇利文在那五年給他的現代建築教育，是沒有別人可以提供的學習課程。

一九〇六年，榮格 (Carl Jung)[2]三十一歲，是個前途無量的精神科醫師，以其實驗心理學的研究而著名，在有名的蘇黎世伯格霍茲里精神專科醫院 (Burghölzli Psychiatric Hospital) 擔任要職。他的人生看似春風得意，但他缺乏安全感。他熱衷於玄祕的超自然現象，但他認爲這是自己必須克服掉的弱點。他對病患的治療經常無效，令他深感挫敗。他擔心自己的作法缺少正確的理論，對工作漸漸失去熱忱。他開始與當時五十一歲的精神分析領域創始人佛洛伊德 (Sigmund Freud)[3]通信。榮格對佛洛伊德又愛又恨，他欣賞佛洛伊德，因爲他是這個領域的先驅，甚至到了崇拜地步，但他不認同佛洛伊德老是強調性慾是神經官能症的決定因素。或許佛洛伊德心理學這一點令他反感，是源自他個人的偏見或無知，他需要與佛洛伊德詳談來解除這個疑惑。他們之間的信件往返很快就熱絡起來，榮格向大師請教許多艱深的心理學問題。

一年後，他們終於在維也納見面，大聊了十三小時。榮格很得佛洛伊德的賞識，他的創意比佛洛伊德的其他弟子強得多，他甚至可以當精神分析運動的接班人；對榮格來說，他一直很嚮往有一個父親角色或師父的帶領，會讓他感覺踏實許多，佛洛伊德正好可以幫到這個忙。他們一起到了美國，經常互相走動，通信不輟。如此過了大約五年後，榮格先前的矛盾情結捲土重來，開始覺得佛洛伊德爲人獨裁，必須遵循佛洛伊德的教條令他惱怒。他現在清楚知道當年爲何無法苟同佛洛伊德強調性慾是一切精神疾病根源的理論。

一九一三年，他們正式決裂了，榮格被踢出佛洛伊德的核心交遊圈。但在他們這段往來關係中，榮格已解決全部疑惑，也把他對人類心理學的一些中心想法琢磨得更精確。還有，他在經歷內心掙扎後反而增強了他對自我的認同。倘若不是經歷這一段師徒史，他絕不會有那麼堅定的決心，甚至開創了心理分析門派，與佛洛伊德學派互別苗頭。

2　一八七五～一九六一年，瑞士心理學家、精神科醫師，分析心理學的創始者。
3　一八五六～一九三九年，奧地利心理學家及精神分析學家，猶太人。生於奧地利弗萊堡（現屬捷克），後因躲避納粹，遷居英國倫敦。為精神分析學的創始人。

在一九六〇年代晚期，拉瑪錢德朗在馬德拉斯就讀醫學院，偶然看到傑出神經心理學教授理查．葛雷戈里撰寫的《視覺心理學》。（拉瑪錢德朗的早年經歷詳見第48頁。）書中的寫作風格、趣味橫生的內容、刺激的實驗在在吸引著他，拉瑪錢德朗因而大受啓發，自己做了視覺實驗，很快便醒悟到研究視覺比醫學更適合自己。一九七四年，他錄取劍橋大學博士課程，專攻視覺研究。

拉瑪錢德朗從小接觸英國十九世紀偉大科學家的故事，認爲科學對眞理的追尋近乎浪漫。他很欣賞法拉第、達爾文之流能憑推論而提出重要理論。他想像劍橋的求學環境大概也會相去不遠，卻意外發現該校師生多半只把研究科學視爲朝九晚五的工作；那是一種競爭激烈、殘酷現實、儼然像企業界的環境。獨在異邦的他開始覺得憂鬱起來。

一天，在布里斯托大學 (Bristol University) 當教授的理查．葛雷戈里到劍橋講課。拉瑪錢德朗聽得如痴如醉，葛雷戈里宛如從書頁間走出來的漢弗瑞．戴維。他在講臺上闡述他的想法時，頗能激發台下的聽眾思考，可說唱作俱佳，詼諧幽默。拉瑪錢德朗心想，這才是科學家應有的樣子。那一堂課結束後，他上前自我介紹，他們一拍即合。他向葛雷戈里提起自己正在思考的視覺實驗，引起這位名教授的興趣。他邀請拉瑪錢德朗前來布里斯托大學一趟，就先住到他家，以便兩人一起試驗拉瑪錢德朗的實驗想法。他歡喜地接受邀請，打從他看見葛雷戈里住家的那一刻，他便知道自己已經找到了師父。他家裡簡直就像《福爾摩斯》的場景，滿是維多利亞時代的儀器、化石、骨骼標本，葛雷戈里正是拉瑪錢德朗會認同的那種怪咖。不久，他便定期到布里斯托做實驗。他找到了一輩子的師父來啓發、引導他，在那些年裡面，葛雷戈里的推理及實驗風格大致上都被拉瑪錢德朗收爲己用了。

七〇年代末期成長於日本的松岡容子覺得自己和這個社會格格不入。一如第一章的敘述（第50頁），她喜歡我行我素，日本這個國家卻最重視社會向心力及一致性。當她十一歲時，決定要認真打網球，效法的榜樣是約翰·馬克安諾 (John McEnroe) 和安卓·阿格西 (Andre Agassi)，這兩位網球選手都是這項運動的終極叛逆分子。後來，她移居到美國就讀大學，也保持凡事特立獨行的特質。只要遇到尚無人研究的領域，她就來勁了。順從這項天性的引導，一頭栽進當時只有一小撮人在研究的機器人領域，並且得到麻省理工學院博士課程的入學許可。

在那裡，她生平第一次遇到臭味相投的羅德尼·布魯克斯，他是麻省理工學院的機器人學教授，部門裡的叛逆王。他膽大包天，敢挑戰部門裡的高層，反駁人工智慧領域裡一些深受認同的主張。他建立一套全新的機器人學研究法。居然讓她碰上一位不遵循傳統還能屹立不搖的教授，容子興奮極了。她開始盡量多待在他身邊，吸收他的思考風格，令他成爲她的師父。他不是會告訴你該怎麼做的老師；而是讓你自己摸索出方向，包括犯錯，但當你需要支援時，他就會在你身邊挺你。這種風格滿足了她對獨立的需求。一直到後來，她才察覺師父的許多觀念都已深植在她的內心。她不知不覺地追隨師父的領路，最後建立起自己鑽研機器人學的手法，創出了一個名爲神經機器人學的嶄新領域。

選擇好師父的重要性超乎想像。師父可能在不知不覺間對你的未來產生重大影響，拜錯師父可能會令你的大師之路崎嶇不平，也許學到不適合你的作法與風格，徒增迷惘。假如師父爲人專橫，你最後可能會模仿他一輩子，無法進入你應該抵達的境界。許多人在這個階段犯的錯，就是挑選看似最博學、性格最有魅力的人選，或業界地位最崇高的人來擔任師父，這些理由都太膚淺。別遇到一個或許能當你師父的人就連忙拜師，要經過深思熟慮。

選擇師父時，謹記你的性向、生命任務以及日後希望登上什麼樣的位置。你挑選的師父應該要能具有戰略效果，符合你的走向。如果你想走革新的路線，就需要心胸開闊、改革型的人物，謝絕專橫類型；如果你的志向較古怪，你找的師父就要能讓你安心展現自我，幫你把自己的奇才冶煉成器，而不會試圖抹平你的特色；如果你像榮格一樣對未來方向有結打不開，一個能協助你釐清自己心意的師父就非常理想，他或許不太符合你個人喜好，卻是業界的重量級人物。有時候，師父展現的會是我們要避免甚至反抗的東西，若屬於後者，你與師父的距離或許就要保持得更遠些，尤其是遇到專制型師父時。時日一久，你便會知道何者要吸收，何者該揚棄。

記住：師徒互動近似於親子互動。雖然出生的家庭無法選擇是老生常談，但挑師父你可是有絕對自由。選擇師父時，正確人選能給你父母不能給你的幫助，諸如支持、建立自信、覓得方向、發掘事物的空間。要尋找能協助你得到這些的師父，小心別落入相反的深淵：若選擇與父母相似度高的師父，他具有你父母的負面特質，你嘗到過的侷限感將會再次上演。

二、深深凝視師父的鏡子

白隱禪師（一六八五～一七六九年）生於日本原宿附近的村莊，父系是代代相傳的傑出武士。白隱童年時總是靜不下來，精力旺盛，因此似乎適合獻身武術。但在十一歲左右，他聽到一位師父講述道理，說不謹言慎行者會墜入地獄受苦，那番話在這男孩心裡激起了強烈焦慮，再也澆熄不了。

他充沛的活力現在全部轉向來質疑自我價值，到了十四歲，他相信只有走進宗教之中、成爲僧侶才能平息這股焦慮。他閱讀中國及日本禪宗大師們克服痛苦、排除萬難的開悟故事，其中尤其心儀禪宗。大師們捱過痛苦時期的經歷令自我質疑的白隱心有戚戚焉。

十八歲時，他到寺院接受訓練，打算一輩子當僧侶，但對寺方教學方式感到頗失望。他以爲要二十四小時打坐，並進行其他很艱苦的磨練，結果，卻是被逼著研讀各種中日文典籍。閱讀的典籍和師父的教導絲毫沒能點化他，那都是與日常生活不相干的知識，他的焦慮感反而更重了，只好離開寺院雲遊，到處尋找能指引他的師父。

他走遍日本各地，拜訪一間又一間禪宗學院，對當時的禪宗教導現狀逐漸有了清楚的輪廓。禪修通常是單純靜坐，鮮少有言語教導，當大鐘響起，僧侶們便連忙起身去用餐或就寢。閒暇時則念經祈求幸福與平靜，禪宗已經變成極度沉悶的一派修習，指引禪宗弟子遁入閒散、昏沉沉的狀態，認爲給弟子任何指引都太刻意、都太自大；弟子必須獨力達到開悟。在這麼自由不羈的狀態下，弟子們當然會選擇最好走的路，那就是什麼都不做。這股潮流傳遍日本；各地僧侶都說服自己禪宗這法門輕鬆愜意，只要你覺得是對的，那就是對的。

當白隱偶然聽說哪一座禪宗學院或哪一位師父在哪造成轟動，他就親自前去瞧瞧。一七〇八年，他聽說在一座濱海城鎮的寺院有一位很能啓迪思想的師父，便花了幾週工夫去見識，但才聽了師父講了幾句，白隱又感覺到那股撲天蓋地的失望之情。師父引用精彩經文、講述奇妙故事，只是爲了掩飾自己言談底下的暮氣沉沉。他開始懷疑是否應該乾脆放棄，開悟這事是否眞的不復存在。他在這座寺院遇到另一位也對這師父感到幻滅的年輕僧侶，他們交上朋友。那位僧侶有天提起自己曾在正受老人門下待過幾天，正受老人是一位古怪又徹底避世隱居的大師，絲毫不像他見過的其他師父。

正受老人住在一座很難抵達的村莊，門下只收幾名弟子，而且門規十分嚴格。這些都正合白隱的心意，他立刻請那位僧侶指引他如何前往。

當他見到正受老人，他一看到禪師的眼神，就知道他完全不同於其他師父。他散發出一股沉著的力量與自持；從他的神情就知道是承受過多少苦修才有那種道行。這個老師肯定經歷過不少滄桑。當正受表示願意收他爲門徒時，白隱高興極了，但欣喜隨即轉爲恐懼。他們第一次談話時，正受問他：「你對狗子佛性的公案（常用於指導學生的禪宗故事）[4]有什麼見解？」「那是用手或腳絕對碰不到的東西。」白隱回答，自以爲答得很聰明。這時正受伸手一把抓住他的鼻子，用力一扭，對著他的臉大喊：「這不就用手抓得牢牢的嘛！」他連著幾分鐘都沒鬆手，白隱覺得自己快癱了。

隨後幾天，他不斷受到凌辱。正受令白隱覺得，他不曾從苦讀與行腳學到任何東西，他無論說什麼、做什麼都是錯的，隨時會突然挨揍或被吐口水到臉上。他開始懷疑昔日吸收的所有知識，並對正受下一步會作何行動感到害怕。

正受給白隱一連串聞所未聞的艱深公案進行思考，並討論，把白隱搞得一頭霧水。他覺得遭到排斥，情緒瀕臨崩潰，但他知道恆心很重要，於是仍日夜堅持不懈地鑽研。不久之後，他對正受這個人開始感到懷疑，考慮是不是要在短期內離開。

白隱有天心情特別浮躁，便到附近村莊閒晃，莫名其妙地思忖起一則正受給他的公案。他陷入深思之中，踱進私人住宅的花園，一名住在裡頭的婦人叱喝，要他離開，但白隱卻充耳不聞。婦人當他是個瘋子或土匪，就拿棍子打他，他狼狽地摔倒在地上。幾分鐘後，當他甦醒過來時，突然覺得眼前一切都不同了，他終於參透正受的公案，頓悟了！公案在他心裡活了過來，有如水到渠成，他很篤定自己總算開悟了，眼前世界展現出全新的樣貌。他拍著手，暢快地叫，生平第一次覺得沉重的焦慮消散無蹤。

他跑回去找正受，正受當場看出這個徒弟是怎麼回事。師父這次對他慈眉善目了，用扇子輕拍白隱的背。他向白隱揭露他的心思，從他們初次見面起，他就識出白隱具備學禪的必要條件：熱忱，意志堅定，並且一心渴求開悟。他說，所有學生的問題都在於他們總在某個時間點舉步不前，聽到一個觀念就緊抓著不放，直到觀念變成死的知識；他們想往自己臉上貼金，以爲知道了眞理。但眞正的禪宗從不靜止，從不停駐在這種形式的眞理上頭。所以，每個人都必須不斷被推落深淵，從頭來過，感受身爲學生的毫無價值。**若不經歷痛苦與懷疑，心智會安於陳腔濫調之中，停止前進，最後連靈魂也一塊死去**。即使開悟了，這也還不夠，必須一再重來，不斷挑戰自己。

正受相信白隱夠頑強，必會勤學不輟。禪宗在日本形同苟延殘喘，他要白隱待在他身邊，成爲他的接班人。他相信這個年輕人有朝一日能扛起重責，振興禪宗。但後來，白隱仍克制不住閒不下來的性子，在八個月後告別正受，確信自己會盡快再回去找師父。但幾年後，他又一次產生新的懷疑與焦慮，從一間寺院轉往另一間寺院，心境不斷經歷高低起伏。

到了四十一歲時，他終於達到終極的開悟，隨之而來的境界終其一生伴隨著他。這時，正受傳授給他的所有觀念與教誨浮現心頭，一切恍如昨日，他這才察覺到，正受是他這輩子認識的唯一一位大師。他想回去拜謝恩師，但正受已經圓寂大約五年，他報答正受的方法是自己也成爲老師，將

4 趙州從諗禪師對於狗是否有佛性的答辯，經常用來作為佛性不可用「有無」界定的討論。

師父的教誨延續下去。到頭來，白隱確實逆轉了當時衰頹的禪宗，一如正受老人當年的預料。

要抵達大師境界需要強悍一點，並隨時掌握到現實情況。身為學徒，我們很難認清自己的弱點、給予自己適切的挑戰。在現今的年代，要做到這一點難上加難，經由困境磨練出紀律乃至不斷吃苦，不再是現代文化注重的價值觀。世人愈來愈不願彼此透露真話：對方的弱點、對方的不足之處、工作表現有何瑕疵。即使是以幫助我們認清現實為宗旨的勵志書籍，也不忘客客氣氣地做許多恭維，淨挑好聽的話說，說什麼你基本上很棒啦，只要再遵循一些很簡單的小撇步，就能神奇地達成目標。若給人恰如其分的嚴厲批評、分派能讓人認清自己實力不足的任務，反而像是一種侮辱，因為損了別人的自尊。其實，這種縱容與過度呵護的作法，長期下來反而糟蹋了別人的潛力。對方很難客觀評估自己，不易培養出強健的自我紀律。他們因此無法消受邁向大師境界的嚴苛歷程，意志日益薄弱。

基本上，不經一番寒徹骨，焉得梅花撲鼻香哪。成為大師之前，他們的工作表現承受過無數的批評，一路上不斷懷疑自己，強忍挫敗。深知需要付出多少心血才能抵達創造的彼岸，所以很有毅力地長久堅持。身為師父，他們可以評估我們的進展程度、看出我們性格上的弱點、預見我們得要再磨練什麼才會進步。如今這個年代，你必須從師父身上多多認清現實，必須尋找真相，擁抱真相。如果可能的話，選擇一位嚴厲出名的師父，如果他不願對你太強求，就敦促他舉起明鏡，照出你最真實的面目，逼他以適合你進行的挑戰，來證實你的強項與弱點，並盡可能多給你些回饋。不論真話多刺耳，讓自己習慣接受批評。自信固然很重要，但若不是建立在對自己的真實評估之上，那就只能叫妄自尊大。從師父給你的實際回饋中，你終將建立有憑有據的自信。

三、改造師父的想法

一九四三年，卓越的鋼琴家兼教師亞伯托．格雷羅 (Alberto Guerrero) 收了名叫格連．顧爾德 (Glenn Gould) 的新學生，他才十一歲，卻很早熟，與格雷羅教導過的學生很不一樣。顧爾德從四歲起開始跟著母親學琴，母親本身的琴藝也很高超。學琴幾年後，顧爾德的琴藝在各方面都已凌駕他母親，開始會反駁母親的教導，甚至糾正母親；他也想提高學習的難度。顧爾德家住在加拿大多倫多，格雷羅在當地頗富盛名，以富耐心卻嚴格而出名，應該很適合來調教小顧爾德，這正是他父母選擇這名老師的原因。從第一堂課起，格雷羅就察覺顧爾德異常的專注力，以他的年紀來說相當難得。顧爾德會全神貫注聽課，仿效格雷羅的風格，彈出其他學生從不曾達到的水準。他是一流的模仿者。

但不久之後，格雷羅開始察覺這個學生的怪癖。有一次，他決定擴大顧爾德能演奏的風格，讓他接觸奧地利音樂家阿諾．荀白克 (Arnold Schoenberg) 的作品，荀白克是無調性音樂[5]的優秀作曲家，深受格雷羅喜愛。格雷羅以爲所有的學生聽到新鮮的樂風都會感到興奮，卻看到顧爾德流露出反感至極的表情，這點令格雷羅很詫異。顧爾德雖將新樂譜帶回家，但顯然在家從不練習，格雷羅倒也不過問。幾週後，顧爾德向老師彈奏自己最近的作品，靈感顯然是來自荀白克。又過不久後，

5 又稱為「無調音樂」；是現代音樂的一支重要流派與表現形式之一，其構成方式與有調性的古典音樂具有互補意義。

他還帶來想和格雷羅一起練習的樂譜，當中全是不同作曲家的無調性樂曲，裡頭包括荀白克，但統統不是格雷羅原本交給他的樂譜。小顧爾德顯然私下做了一番研究，發覺自己其實是喜歡無調性音樂的。

格雷羅總是猜不到顧爾德會如何回應他的教學。例如，他建議學生先研究樂譜，等記熟了才開始試彈，如此一來，樂曲會先在心裡鮮活起來，便能想像出整支樂曲，而不只是單單彈奏音符而已。顧爾德老老實實照著老師的建言，熟記某一首巴哈的樂曲，但當討論那支作品的結構及背後的概念時，這年輕小子卻自有一套奇怪的想法，提出與格雷羅截然不同的意見，認為此樂曲其實是浪漫的。還有一回，格雷羅說他認為彈奏巴哈的鋼琴曲時，最好把鋼琴想像成大鍵琴。顧爾德對這個點子興味盎然，但幾個月後卻說，他比較喜歡想像用別的樂器演奏巴哈。

格雷羅最重要的核心教學，是注重彈琴的技術層面。他長年研究人類的生理，尤其是關於手指的知識。他的目標是教導學生練成既舒放又有力的風格，以靈快的指法來完全駕馭鍵盤。他花幾小時教導顧爾德指法，用自創的怪異姿勢操練學生：在鍵盤上方駝著背，所有動作皆來自下背部及手部，肩膀和手臂則完全保持靜止。他不斷向學生示範這種技巧，他教顧爾德做各種培養手指力量的奇特練習，全是由他自行開發的訓練方法。顧爾德起初似乎展現出濃厚興趣，但一如往常，他很快便扔下那一切，自行其是。

幾年下來，顧爾德愈來愈常和老師爭辯，批評格雷羅對音樂的主張與作法太拉丁、太受困於另一個時代。最後，顧爾德在十九歲時宣告要獨自練琴了，他已經不再需要師父，格雷羅很有風度地接受這事。顯然，這位年輕人現在必須開始探究自己對音樂及演奏的想法。

時光悠悠，顧爾德一步步成為史上極偉大的鋼琴家，格雷羅才逐漸明白這位昔日門生的確吸收了他全部的教導。他在樂評看到評論家說，顧爾德演奏巴哈時就像是在彈奏大鍵琴般，不久後又發生類似事件，他的姿勢，他那彎腰靠向琴鍵的方式與格雷羅所教導的根本如出一轍；他的指法出奇有力量，顯然是長年操練格雷羅傳授的手指技巧。顧爾德接受訪問，侃侃而談演奏前先鑽研好樂譜的重要，彷彿那是出自他個人的主張。最妙的是當顧爾德演奏某些樂曲時，會精準地彈出格雷羅向來要求那些樂曲應有的呈現，但同時呈現出格羅雷絕對比不上的熱情與風格。彷彿格雷羅昔日的門徒融會貫通了他風格的精髓，並轉化成更高明的藝術。

顧爾德在童年時深受自己的才能所苦。他的音感極佳；敏銳到可以辨識別人彈琴時最細微的差異，只要聽過一遍的音樂，就能分毫不差地彈奏出來。但同時，他也知道自己的品味特殊。他懷抱成爲大師級鋼琴家的雄心壯志，但假如他對老師或其他鋼琴家太過言聽計從，全盤接收其主張或風格，他的本色就會逐漸黯淡。然而，他也需要有師父教他知識。這種苦惱在對象是格雷羅時更加嚴重，因爲格雷羅是魅力十足的老師。拜如此傑出人士爲師常會有這種困擾：**在你吃力地遵循師父的精湛主張時，自信隨之粉碎。許多鋼琴家就在名師的陰影裡永遠被埋沒，成不了氣候。**

顧爾德是胸懷大志的人，他找到突破這道難關的唯一出路。**他要聽取格雷羅對音樂所有的見解，然後親自試驗。但在彈奏時，他要依據個人喜好微調，這會讓他覺得有發出自己的聲音。**在那些年裡，他讓自己與師父的差異變得明顯。由於他太容易受人影響，拜師學藝期間不知不覺吸收了師父所有的主張，但他卻積極地在裡頭注入個人色彩。如此一來，他既能學習新知，又能培養創造力，讓自己在脫離格雷羅之後，能夠開創出與眾不同的風格。

身爲學徒，我們都有相同的難處。既然要向師父學習，就得敞開心胸，完全接收他們的主張才對，必須沉浸在師父的風采之中。但若是太過沉迷，讓師父的教誨烙印得太深，以致內心不再有培植自我聲音的空間，我們將會一輩子擁抱來自別人的想法。如同顧爾德的發現，解決之道很不明顯：**即使我們想讓師父的教誨完全內化，仍要緩緩堅定地拉開與師父的距離**。我們先實際應用師父的教導，再根據自己的風格喜好調整作法。當我們逐漸進步，就能再大膽一點，甚至認眞抓出他們主張中的漏洞及瑕疵。我們一步步將他們的主張揉塑成自己的版本。當我們的自信提高，展翅高飛時，甚至可以回頭與昔日崇拜的恩師一較長短。達文西說得好：「沒能青出於藍的學徒，是最糟的學徒。」

四、建立你來我往的互動

一九七八年，前途看似一片光明的輕量級拳擊手佛雷迪・羅區與父親到拉斯維加斯，尋找能幫他更上層樓的教練。如同第一章所述（見第56頁），佛雷迪與父親很快便找上拳擊界的傳奇教練艾迪・法奇。

法奇的資歷很耀眼，年輕時曾與喬・路易斯（Joe Louis）[6]對戰，後來因爲心雜音[7]的毛病，不能繼續打職業賽，於是改行當教練，後來更與幾位一流的重量級拳擊手合作，包括喬・佛雷澤（Joe Frazier）。[8]他個性安靜而有耐心，指導學生時一針見血；他很能協助拳手提升技巧。佛雷迪在他的調教下突飛猛進，最初的十場比賽全贏了。

但佛雷迪很快便察覺一個問題：練拳時他認眞聽從法奇的指導，相當氣定神閒，然而實際上場與對手開打時，便突然把學到的技巧統統拋諸腦後，只憑血氣之勇來對戰。有時候這樣也能贏，但多半是屢屢挨打，終至事業無以爲繼。幾年後回想起來，他很驚訝法奇當年似乎沒能察覺到他的毛病，應該是法奇要督導的拳手太多，且通常都與拳手保持一段距離，不太關注到拳手的個別表現。

最後，佛雷迪在一九八六年告別拳壇，待在維加斯，換了一份又一份的低薪工作，在下班後回到當年受訓的拳擊館。不久，他開始提供拳手建議，在拳擊館裡義務幫忙。他成爲法奇實際上的助理，甚至直接幫忙指導訓練幾位拳擊手。他熟知法奇的操練系統，法奇傳授的技巧他也都駕馭自如。後來，他在這些訓練中融入個人色彩，戴著教練用的大拳擊手套，到擂台陪拳手練習各種拳法及戰術，提升餵招的層次，延長餵招的時間，讓練習過程更加流暢。這樣也讓佛雷迪有機會再度回到場上跟拳手對打，這是他深深懷念的滋味。幾年後，他發現自己已經很擅長訓練拳手，便離開法奇，自立門戶當起教練。

佛雷迪認爲拳擊運動正在轉型。拳手的動作得更敏捷才行，但像法奇那樣的訓練師依舊採用比較死板的拳法，沒有順應潮流。慢慢地，佛雷迪開始試驗整套訓練的互動機制。他擴大餵招練習的格局，把它變成是連續幾回合的對戰模擬，以便密切觀察受訓的拳手，實際感受他們在長時間對戰後的每一次出拳，看他們如何在場上移動。他開始研究對手們的錄影帶，尋找他們出拳的模式與弱

6 綽號為「褐色轟炸機」，美國職業重量級拳擊手，被認為是歷史上最偉大的重量級拳擊手之一，維持拳王頭銜超過十一年，並成功衛冕頭銜二十五次之多。

7 心臟內血流所產生的聲音，依照雜音的強弱通常分為六級（I～VI），第VI級最強。通常是血液在心臟內流動產生亂流而引起，也可能是個人心臟或血管方面異常所造成。

8 綽號為「冒煙喬」，美國前世界重量級拳王，與拳王阿里曾經進行過三場著名的比賽。

點，並針對這些弱點設計戰術，在餵招練習時與拳手實戰演練過。如此密切的互動方式與法奇當年訓練他的模式很不同，直捷了當的多，師徒關係會更緊密。但不論是哪一位拳手，再密切的關係也免不了會終結。拳手們在技藝精進後便開始疏離，覺得自己懂得夠多了，受害於自大，因此終止學習。

二〇〇一年，一位很特別的拳擊手來到佛雷迪在好萊塢經營的拳擊館，他的名字是曼尼·帕奎奧（Manny Pacquiao），體重五五公斤的左撇子，是個輕量級拳手，他在祖國菲律賓小有成績，來美國是爲了尋訪一位能提升拳藝的教練。許多教練拒收帕奎奧，他們看了他的身材及出拳的狀況，表現雖然算出色，但訓練體重這麼輕的拳擊手似乎沒什麼搞頭。

佛雷迪是個想法與眾不同的人，他立刻餵招給帕奎奧，才第一拳他就知道帕奎奧有特殊才能。帕奎奧那一拳很有爆發力，極猛烈，有著其他拳擊手所沒有的俐落感。其他教練只是從旁觀看，體會不到他那當下的感受。打過一回合後，佛雷迪很確定這就是他一直以來想要訓練的拳擊手，一位能協助他實現目標、建立拳擊新形態的拳擊手。帕奎奧對他也一樣欣賞。

對佛雷迪來說，帕奎奧擁有所向無敵的資質，只是能力不太均衡：除了左拳強勁，缺乏其他的長處。帕奎奧不斷尋找一拳打敗對手的機會，甚至到了不顧一切的地步。佛雷迪的目標是將帕奎奧訓練成能在場上全方位攻防的強將。他先密集餵招，磨練他右手的強度，也增進他走步的流暢度。帕奎奧專注地聽從他的指導，常是一點就通，令佛雷迪驚喜不已，因爲非常受教，進步速度比佛雷迪訓練過的任何拳擊手要快很多。帕奎奧似乎對訓練永不厭煩，從不擔心訓練過度。佛雷迪一直等著看他幾時會要求離去，畢竟這是師徒關係的必然，但那一刻始終沒有到來。這是他可以不斷加強訓練的拳擊手。不久，帕奎奧終於磨練出威力驚人的右拳，腳步也跟得上手的動作。他開始連番獲勝，表現教人驚豔。

幾年下來，他們的互動方式一直轉變。餵招時，帕奎奧會調整或改善佛雷迪爲下一場比賽設計的戰術。他會對佛雷迪的策略提出意見，有時也會建言要改變戰術。帕奎奧直覺就知道佛雷迪設計某戰術的用意，甚至考慮得比佛雷迪更周詳。有一次，佛雷迪看著帕奎奧在場上臨機應變，閃過攻擊，然後改從側邊向對手出拳，避掉正面交鋒。佛雷迪一眼就看出這一招背後的絕妙道理，他要再接再厲，繼續把這種招式發展成全新拳法。如此一來，他的收穫幾乎不亞於帕奎奧，兩人先前是教練與拳手的關係，現在則是有來有往、變化無窮的關係。對佛雷迪來說，這表示他們可以順利度過拳擊手免不了會遭遇到的高原期，也就是覺得一切像在原地踏步、對手最容易趁虛擊潰自己的時期。

這樣的合作關係，讓佛雷迪把這位原本能力不均衡、沒什麼名氣的拳擊手，改造成那個世代最偉大的拳擊手。

理論上，大師能傳授給我們的東西應該沒有極限，但在現實中很少如此。有幾個原因：師徒關係走到後來會變得太理所當然，很難維持剛開始學習時的認眞熱忱，我們也可能會討厭起師父的特權，尤其是當技能開始精進，師徒功力的差距縮小以後；還有，師父屬於上一個世代，世界觀與我們不會一樣，當學習到某個程度後，師父強調的原則或許就稍嫌跟不上時代，我們便不自覺地鄙視這點。唯一的解決之道，你要與師父發展出能彼此交流的關係，師父如果能採納你的一些想法，你們的關係會朝向正面發展。見到師父愈來愈能聽進你的意見，比較不會在心裡積怨。你回饋想法給師父，或許能教學相長，不致於讓他們的學問僵化。

這樣的互動模式比較符合民主精神，比較理想，但不能因反對而反對，或不尊重起師父。本章前面描繪的師徒互動模式依然值得效法，一如帕奎奧，你要打從心底欣賞自己的師父，潛心學習，完全敞開心胸，接受師父的指導，證明自己是可造之材來贏得師父的欣賞，他就會漸漸感受到你的魅力，一如佛雷迪對帕奎奧那樣。專心致志，你的技藝便會提升，更有展現自我風格的本錢。你對師父的指點提出自己的建議，或許因而調整他原本的一些想法。這必須由你主動踏出第一步，以自己的求知欲設定互動的基調。一旦建立起雙向的交流，從師徒關係學習本事的潛力將幾乎沒有止境。

反其道而行

在人生的道途上拒絕拜師、放棄從中受益的機會，絕非明智之舉。你得浪費寶貴時間摸索需要的知識，以及確立方向。但你有時候別無他法，真的沒找到適合的人當你的師父，也只能自立自強。遇上這種狀況，頑強向前、見招拆招是唯一的方法。這便是愛迪生（Thomas Alva Edison，一八四七～一九三一年）的作法，他大概是歷來獨力自學成大師的人物中最厲害的一位。

愛迪生從小就習慣凡事自己來，他不得不然。家境貧苦，十二歲就得開始賺錢貼補家計。他在火車上賣報紙，搭著火車在家鄉密西根州四處跑的時候，養成看到什麼都好奇不已的個性。他想認識事物運作的道理，凡是機器、小器具，任何有可活動部位的東西他都挺感興趣。他沒上學，沒有老師，所以他就看書，尤其科學讀物更是從不放過。他在家裡地下室做實驗，憑著自行摸索，什麼手錶他都有辦法拆開修理。十五歲時，他成為電報員學徒，隨後幾年在美國各地跑來跑去工作。他沒有受正式學校教育的機會，碰到的人都不足以當他的師父。因此，當他落腳到每個城市，就會進到公共圖書館裡，用書本代替老師。

他偶然看到的一本書對他的人生起了關鍵作用：麥克．法拉第的兩冊《電的實驗研究》(*Experimental Researches in Electricity*)。這部著作對愛迪生來說，就如同《心智的提升》之於法拉第的意義。愛迪生從書裡學到科學研究的系統，以及如何在自己醉心的領域教育自己。他遵循這位電學大師所做的實驗，同時吸收他對科學的理性態度。終其一生，法拉第都是愛迪生的偶像。

愛迪生藉由書本、實驗及各種實務經驗，給了自己大約十年的扎實教育，終於成爲發明家。他的成功關鍵在於對遇到的事物都有強烈的學習欲，而且自律甚嚴。他習慣保持堅定的決心與毅力，克服了自己沒有接受系統化教育的缺憾，比誰都認眞。而因爲他身在體制外，心智沒有被灌輸任何思想流派，他屢屢能從新鮮的觀點解決碰到的問題，把缺乏正規教育的事實轉變成優勢。

如果你不得不走上這一條路，務必追隨愛迪生的腳步，自立自強。如此一來，你就能成爲自己的師父，你逼自己由各種可能的管道學習。你要比接受正規教育的人更勤於閱讀，把這變成一生的習慣。設法以實驗或演練來應用你吸收到的知識。著名人物可當成你間接的榜樣，好好選擇想要效法的對象，閱讀他們的人生經歷，進行反思，從中得到指引。你要活用他們的思想，把他們的聲音變成你的。身爲自學專家，你會維持很純粹的個人觀點，那是你從所有的經歷去蕪存菁後的精華，這會給你不一樣的光彩，讓你踏上專屬的大師之路。

學習榜樣是向權威臣服。你追隨大師的腳步是因為你信任他做事的方法，即使無法分析他那麼做的原因，不能詳細解釋那些作法的好處。但凝視著大師、模仿他的努力……學徒會不自覺地領略到當中的奧妙，包括大師本人都說不上來的原則。

麥克．波拉尼（Michael Polanyi），匈牙利物理化學家及哲學家

第四章
看穿別人的真面目：社交智能

追尋大師境界的路途中，身邊那些人的操縱欲經常令我們心力交瘁，以致構成路上最大的障礙。稍一不慎，我們的心思會困在沒完沒了的權術與爭鬥中。我們在社交方面的主要問題，在於天真地將自己的感情與渴望投射在別人身上。我們誤判他們真正的意圖，以致做出的回應在事後引發了衝突。社交智能就是盡力看穿別人真面目的能力。跨越自我天地的侷限，學會深入觀察別人，判斷他人當下行為的目的，看穿背後動機，判斷他們是否是為了擺布你。能夠自由地應對進退的話，就能把更多時間與精力用在學習技能。在掌握社交智能之前建立的成就，還不是貨真價實的大師境界，既使成功也不會持久。

從別人的内在角度思考

一七一八年，富蘭克林（一七〇六～九〇年）到哥哥詹姆斯在波士頓經營的印刷廠當學徒（見第88頁），夢想成爲大作家。在印刷廠工作不但能學習操作印刷機器，還能學會編輯文稿。在書刊報章環繞下，他有大量的優秀篇章可供研讀與效法。對他來說，那是個好職務。

在當學徒的年月中，他盼望中的文學教育得以實現，寫作技巧大有長進。一七二一年，他總算等到了證明自己寫作能力的完美機會。哥哥辦的《新英格蘭新聞報》(*New England Courant*) 即將盛大出刊，富蘭克林向兄長提出幾個有趣的文章點子，全是他能執筆完成的，結果被澆冷水，哥哥根本不肯讓他爲報紙撰稿，認爲太冒險，富蘭克林的文章對《新英格蘭新聞報》來說不夠老練。

富蘭克林知道沒必要跟他爭辯，哥哥生性非常固執。他思考過處境後，突然心生一計：假如他以假名投稿給《新英格蘭新聞報》呢？只要寫得夠好，哥哥絕對猜不到作者其實是他，稿件就有機會刊登。如此一來，他也可以暗地裡贏得這場角力。他左思右想，選定一個最適當的虛構人物：是一位名爲賽倫斯．杜古德 (Silence Dogood) 的年輕寡婦，她對波士頓的生活形態極有意見，認爲很多層面都太荒唐。爲了更逼真，富蘭克林耗費大量時間爲她描繪出詳細的歷史。他深入思考這個角色，讓她在自己心裡鮮活起來。他可以看見她的思維邏輯，不久便發展出她所專屬的文字風格。

他把第一封篇幅頗長的文章寄給《新英格蘭新聞報》，然後等著看好戲，果然哥哥刊出了那篇文稿，並在報上公開邀請她繼續寄文章過來。那篇文章極盡機巧挖苦之能事，哥哥大概以爲是波士頓哪位知名作家化名投稿，顯然沒料到作者近在眼前。哥哥又刊登了後續的來稿，不多時，這些文章便成爲《新英格蘭新聞報》最熱門的內容。

富蘭克林在印刷廠裡的職責開始加重，也證明了自己是報紙編輯的料。他很得意自己有此傑作，有天再也按捺不住，向哥哥坦承自己就是杜古德文章的眞正作者，等著聽哥哥誇獎他，不料哥哥惱羞成怒，說自己最不喜歡被騙。更糟的是隨後幾個月，哥哥的態度愈來愈壞，甚至開始羞辱富蘭克林。不久就鬧到他再也無法在那待下去了。到了一七二三年秋，富蘭克林絕望了，決定逃離波士頓，離開哥哥和家人。

他在流浪幾週後抵達費城，決心在那裡落腳。當時年僅十七，既沒錢也沒人脈，但卻莫名地滿懷希望。他在爲哥哥工作的五年裡累積了豐富的印務知識，連年紀比他大一倍的人都還比不上他。他自律甚嚴又有抱負，而且寫作的才華洋溢。如今沒人能限制他的自由，費城將是他的囊中之物。他在新來乍到的頭幾天仔細觀察費城的環境，愈來愈有自信。當時城裡的兩家印刷廠的水準遠遠落後波士頓，而當地報紙的文字水平更是不值一提。這表示他有機會趁虛而入、一展身手。

果然如他所料，他只花了幾週工夫便在城裡的一家印刷廠找到差事，老闆是山謬·凱莫 (Samuel Keimer)。當時的費城相對來說比較偏僻、比較鄙俗無文，從大城市來了一位能舞文弄墨的新面孔的消息不脛而走。

費城殖民地的總督威廉·凱斯 (William Keith) 有心將費城打造成文化之都，對城裡的兩家印刷廠向來頗有微詞。當他聽說城裡來了頗具文才的富蘭克林，便去探探他的底。他顯然對這名年輕人的聰明伶俐刮目相看，鼓勵他乾脆自己開一間印刷廠，還允諾提供創業資金。由於機器與原料必須從倫敦訂購，凱斯建議他親自前往採購。凱斯在倫敦當地有人脈，還會全額資助他。

富蘭克林簡直不敢相信自己的好運。僅僅幾個月前，他還在哥哥手下當卑微的學徒。現在，拜慷慨又敢冒險的總督之賜，他即將開設自己的印刷廠，之後便能創辦報紙，成爲城裡的意見領袖，而當時他尚未滿二十歲呢。他著手規畫倫敦的行程，卻始終沒收到凱斯答應出借的資金，寫了幾封信後，總督辦公室總算回信要他稍安勿躁，當他抵達英格蘭時，信用狀便會在那裡等他。因此，他沒有向凱莫解釋自己的計畫，便辭去工作，買了橫渡大西洋的船票。

抵達英格蘭時，並沒有所謂在等他領取的信用狀。他覺得一定是哪裡出了差錯了，驚慌地在倫敦尋找總督在當地的代表，想說明他和總督達成的協議。在尋人期間，他遇到一位同樣來自費城的富商，富商聽了他的故事，告訴他殘酷的事實：凱斯總督是出了名的愛畫大餅，他總是輕易允諾，可能是想讓別人覺得他能夠呼風喚雨，但他對一項計畫的熱度鮮少撐過一週。他沒有資金能借人，而他的人品跟其諾言一樣一文不值。

富蘭克林聽到這個青天霹靂的消息，忖度起眼前的困境該如何度過，他最懊惱的不是如今的處境：隻身一人、囊空如洗、又遠離家鄉。對當時的年輕人來說，沒有比倫敦更令人著迷的地方了，想方設法總是能找到一條生路。但他懊惱的是自己對凱斯嚴重看走眼，以及自己居然如此天眞好騙。

幸好，倫敦不缺大印刷廠，沒幾週他便在其中一家敲定了差事。爲了將悲慘的凱斯事件拋諸腦後，他忘情於工作之中，操作各種機器的精湛技術及編輯技能三兩下便給了老闆良好印象。他與同事相處愉快，但很快就遇上了文化震撼。他的英國印刷同事每天要休息五次，喝杯啤酒。據他們說，這樣才有做事的力氣。他們要富蘭克林每週一道捐錢當啤酒基金，裡頭也包括付他自己的酒錢，但他拒付。他並不喜歡在工作時間裡喝酒，而要他貢獻一部分的辛苦錢，只爲了喝會損害健康的啤酒，他不想買單。他誠實說出自己的原則，他們也看似平心靜氣地接受他的說法。

但隨後幾週不斷出怪事。他校對過的文稿會一直冒出錯字，幾乎每天都會鬧出一些可以怪罪到他頭上的紕漏。他覺得自己簡直要瘋了，長此以往，工作八成會不保。顯然是有人在扯他後腿，當他向其他印刷工發牢騷，他們就扯說工廠裡有一隻愛作怪的鬼，一切全是那隻搗蛋鬼的傑作。他終於明白了，立刻投降，開始贊助啤酒基金；那些紕漏便連同鬼魂一起消失了。

在倫敦經歷了這場人際風波及幾次因言行白目而招惹麻煩後，富蘭克林開始對自己有點不放心。他似乎天眞到有點無可救藥，一再誤解周遭人士的意圖。當他思考這個問題，注意到一個顯而易見的矛盾，且令他百思不解：他在工作上極度理性，實事求是，一直可以精益求精。比如，他可以清楚看見自己寫作上的弱點，然後藉由努力練習來補強。對人卻摸不著頭緒：他老是心血來潮就做一些舉動，無法洞明世事。像對他哥哥，他以爲透露自己就是報上文章的眞正作者，哥哥會從此對他刮目相看，壓根兒沒料到哥哥會因爲嫉妒他，開始惡言相向；對凱斯，他一股腦兒沉浸在美夢中，絲毫沒警覺到總督也許只會空口說白話；對印刷同僚，他被原則蒙蔽雙眼，完全沒想到自己勸別人戒酒，只是白白惹得同事不高興而已。最糟的是，他似乎戒不掉凡事只從自己的角度想的習慣。

他決心要打破慣性，改造自己。他想到的解決方法如下：日後與人互動時，一概強迫自己先觀望情況，避免被情緒左右，然後用比較超然的立場，將注意力集中在對方身上，這樣便不會因自己的不安與欲望而分心。如此操練心智一久，便能習慣成自然。在他想像這事要如何進行時，心裡浮現出似曾相似的奇異感覺。他回想起自己創造杜古德的過程：他走進這號虛擬人物的內心思考，進入她的世界，在心裡讓她變得栩栩如生。基本上，他可以將這種文學技巧活用在日常生活中。設法走進別人的內心，就能窺見如何化解對方的抗拒，或破解他的詭計。

爲了避免這套作法出差錯，他斷定自己必須同時採用一條新守則：徹底接受人性。人皆有根深蒂固的特質與個性，有的人像凱斯一樣輕諾無信，有的像他哥哥一樣容易嫉妒，或像印刷同僚一樣冥頑不靈。這樣的人隨處都有一大把，從人類建立文明以來便是如此。爲此氣惱或一直想糾正別人只會落得徒勞無功，只會令人生更苦澀、更充滿怨憎。最好的方法是接受每個人的原本面貌，如同接受玫瑰的棘刺一般。我們最好都能觀察並累積對人性的認識，一如累積科學知識那樣。富蘭克林假設在生活中遵循這套新方法，應能平衡自己過度的天眞，對人情也會練達許多。

在倫敦工作一年半之後，富蘭克林好不容易存夠返回美國殖民地的旅費，於是在一七二七年返回費城，開始找工作。工作還沒著落，舊老闆山謬·凱莫倒是自己找上門來了，出乎意料的是，他想聘請富蘭克林回到他的印刷廠，還給他一個肥缺：除了管理員工，還要訓練幾名凱莫最近雇用的新人，他的年薪十分豐厚。富蘭克林雖然接下這份工作，但從一開始就察覺情況有異。然而，一如他對自己許下的承諾，採取觀望態度，全面檢討現況。

他要訓練五名新人，而這項任務一旦完成，就沒有太多需要他處理的事務。凱莫本人的言行也不太對勁，對他比往日親切得多，凱莫生性缺乏安全感又暴躁易怒，和顏悅色跟他很難畫上等號。於是他設法站在凱莫的立場思考整件事，得到的結論是，凱莫當年必然相當憤慨富蘭克林突然跑去倫敦，留下爛攤子給他收拾。他一定是想要懲罰這個傲慢小子，他不是會誠懇把事情談開的人，但他會暗地很憤怒，想使出陰招。這麼一想，凱莫心頭的算計便昭然若揭：他打算讓富蘭克林把豐富的印務知識傳授給新人，事成後就開除他。這就是凱莫的復仇計畫。

他很篤定自己沒有猜錯，決定悄悄翻轉局面。他利用自己這個新的管理職務與客戶們締造良好關係，並結識當地有頭有臉的商人。他試驗一些在英格蘭學會的新技術。凱莫不在印刷廠裡時，他就自己學習鑄版和調配油墨。他密切觀察受訓的新人，細心栽培其中一個拔尖的人作爲他的助手。當他察覺到凱莫差不多要開除他了，就自行離職，也開了一間印刷廠。這時的他，對業界的知識更廣博、又有財力後盾、有一群會追隨他到天涯海角的死忠客戶、還有他親自調教出的優秀助理。執行這個反復仇計畫時，富蘭克林發現自己對凱莫沒有絲毫的歉意或憤怒。一切都像是在下棋，藉由從凱莫的立場思考，他下了一盤完美的棋，腦筋一直保持高度清醒。

隨後那些年，富蘭克林的印刷廠生意十分興隆。他也成為非常成功的報人、暢銷作家、以電力實驗著名的科學家、發明富蘭克林火爐等物品的發明家（後來還發明避雷針、雙焦眼鏡等）。他在費城裡的地位節節高升，在一七三六年，他認為進一步擴張事業的時機到了，於是走入政壇，成為賓夕法尼亞殖民地議會的代表。幾個月後，立法機關人員一致通過由他擔任議會書記，這是有點影響力的職位。但到了延聘的時候，新科議員埃撒克．諾里斯 (Isaac Norris) 突然猛烈反對，要支持另一位人選。經過激烈的舌戰後，富蘭克林還是勝出，但他審度當時的情況，認為這會留下後患。

諾里斯是一位富商，受過良好教育，極具個人魅力，他的抱負不小，日後必然會竄起。在書記職位的風波過後，如果富蘭克林選擇與他為敵，可以想見便會坐實諾里斯對他所有的負面指控，並鐵定會使得諾里斯變成他的死對頭。然而，如果他對諾里斯開始敬而遠之，諾里斯可能會更討厭他，認為他目中無人。或許有人認為採取攻勢、好好還以顏色才是有氣概的表現，可以證明自己不好惹。但如果讓諾里斯出其不意，巧妙地把他轉變成忠實的盟友，富蘭克林不是能如虎添翼嗎？

富蘭克林於是展開了計畫。他在議會密切觀察著諾里斯，蒐集情報，照樣鑽進諾里斯的內心思考。他下了結論，諾里斯是一個驕傲的人，是個性情中人，但有點缺乏安全感。他急欲攫取別人的注意，希望別人喜歡、欣賞他；或許他是因為嫉妒富蘭克林的好人緣及成就，才執意和他唱反調。富蘭克林透過線報得知諾里斯有一項相當奇特的嗜好：數量繁多的珍本書籍收藏，其中一本尤其罕見，可說是他最重視的寶貝。對他來說，這些罕見的藏書代表他品味卓然出眾。

獲知這事，富蘭克林擬定了以下行動：他給諾里斯寫了一封文情並茂的信，表示極爲欣羨他的藏書，他本身也很愛書，常常聽人說起諾里斯有一本極爲珍貴稀罕的書，若能有機會拜讀，他會十分感謝。如果諾里斯肯出借給他幾天，他必定細心照顧，並且很快歸還。

諾里斯顯然很高興自己的珍藏受到此等關注，立刻就把書借給富蘭克林，富蘭克林也履行承諾按時歸還，並附上一封短箋，鄭重感謝他。下次議會開會時，諾里斯開始和善地跟富蘭克林攀談，這還是有史以來頭一遭，一如富蘭克林所料，他令諾里斯開始立場混淆。諾里斯當初對富蘭克林的疑慮不但沒有被印證，富蘭克林反而展現不折不扣的紳士風範，和他同樣喜愛珍本書籍，而且言出必行。他怎有法子繼續討厭富蘭克林，而不懷疑自己當初的判斷？關於借書一事，是富蘭克林善用了諾里斯性情中人的一面，瓦解了諾里斯的敵對心態，兩人還結爲至交，在政治生涯中始終是彼此堅定的盟友。（富蘭克林後來對許多政治敵人也都施展了類似的魔法。）

在費城，富蘭克林在大眾心目中是最值得信賴的商人與公民。如同其他費城人，他的衣著樸實；沒有誰比富蘭克林更勤奮工作；他不上酒吧和賭場；平易近人，爲人謙卑。幾乎沒有人不喜歡他。但在他爲公眾服務的最後一段時期，他表現出的行爲似乎讓人覺得性格大變，不再是那個隨和至極的人。

一七七六年，在獨立戰爭開打一年後，當時已是傑出政治家的富蘭克林銜命前往法國，以特使的身分去爭取武器、金援與盟友。不久，殖民地便盛傳他數度與法國女人及高級妓女一起現身，並時常出席奢華的派對及晚宴，多數是確有其事。約翰·亞當斯 (John Adams) 等政壇大佬指稱巴黎令他墮落，這使得他在美國的人氣爆跌。但評論者與大眾並沒有意識到，富蘭克林不論到哪裡，都會依據身邊的文化發揮變色龍的本領，仿效當地人的打扮、習氣與行爲，爲的是做起事來容易左右逢源。他一心想要把法國拉攏進美國的陣營，而他又深諳法國人的性格，於是他將自己轉變成法國人想看到的樣貌：帶著美國風味的法式精神與生活形態。他利用的是法國人著名的自戀心態。

結果完美極了：富蘭克林成爲法國人喜愛的人物，在法國政府有了影響力。最後，在他斡旋下，美國得到重要的軍事盟友，而吝嗇的法國國王肯提供的金援數字，更是換個人沒有辦法促成的。他這一生最後一次在公共舞臺上的表現並不是失心瘋，而是將人情練達發揮到最高檔次。

進入大師境界的關鍵

你必須接受，人人都有權力以自身的性情存活於天地之間，不論那是怎樣的性情：唯一要做的是運用這種性情的自然力道，不要指望去改造它，也不隨便出聲指責哪種性情不妥。這便是「寬以待人」這句話的真義……對（人的）行為憤憤不平，就如同對一顆偶然滾到你前面地上的石頭生氣一樣，十分愚蠢。對於面對的那許多人，最聰明的作法是好好善用你所不能改變的那一切。

叔本華（Arthur Schopenhauer），德國哲學家

人類是卓越的社交動物。千百萬年前，我們的原始人祖先發展出複雜的社交族群。爲了適應社交生活，他們演化出比其他靈長目更精細、敏銳的鏡像神經元（見簡介，第21頁）。這表示他們不但

能將鏡像神經元用在模仿周遭的人，也能想像別人可能會有的想法及感受，可說是不言而喻。這種同理心能夠提高合作的深度。

當我們的祖先發明了語言，加上隨著語言而來的推理能力，便能更進一步發展設身處地的能力：看見別人的行爲模式，並推測動機。久而久之，這些推理技能磨練得無比強大且細膩。理論上，同理心及理性思考是每個人與生俱來的能力，對人類同胞應該極爲了解才是。但實際上，這些能力多半還在休眠，可能原因則在於人類特殊的童年狀況（以下詳述），以及必須長期仰賴別人的養育。

與其他動物相比，人類剛誕生時的狀態極爲脆弱無助。在有能力獨立之前，我們都處於相對脆弱的狀態。爲期十二到十八年的冗長歲月有一個重要功能：有機會專心發展腦力，這是人類最強大的武器。但漫長的童稚時期有代價得付，在依賴別人的脆弱階段，我們心理上需要將父母美化。必須仰仗父母的強大能力與可靠性來存活，若知道他們也有弱點，我們會焦慮到無以復加。因此，我們免不了把他們想成強悍、有能力、無私，但他們並非我們想像中那麼完美。我們從自己的需求來看待他們的行爲，他們只是我們自身幻想的延伸。

在漫長的成長期間，我們也常把這種扭曲觀點放到老師和朋友身上，將我們想要看見、需要看見的特質投射在他們身上，因而也將他們美化。我們看待別人的眼光因而盛滿各種情緒：崇拜、欣賞、愛、需求、憤怒。然而遲早，會在父母及其他衆人身上窺見並不美好的一面，個人幻想與現實之間的落差造成氣惱，這通常發生在青春期。失望之餘，又反過來誇大他們的缺點，一如當初過度放大他們的優點。假如被迫早點獨立，現實的需求便會占據我們的思維，不得不客觀、務實一點。**但事實是，長年依據自身的情感需求來看待他人，這成了不自覺的習性**。

姑且將這稱爲純眞觀點 (Naïve Perspective)。由於人類童年階段的特殊性，會自然抱持純眞觀點，得付出的代價就是把人包覆在幻想之內，扭曲對他人的眞實看法。我們也帶著這種觀點進入成人世界，展開學徒訓練。在職場，賭注突然提高，我們的努力不再只是爭取好成績或認同，而是求生。在生存壓力下，別人平時不明顯的個人特質全都赤裸裸展現，擺布別人、冷血競爭、凡事以自己利益爲優先。這種行爲令人震驚，我們的情緒於是翻騰不已，純眞觀點引發困境。

抱持純眞觀點使我們敏感及脆弱，在內心檢討自己爲何直接或間接捲入是非，卻持續誤判他人的意圖。我們將自己的感覺投射在他人身上，卻無法辨明他們表面作爲背後的眞正動機。對職場上的同事，我們沒有搞懂他們在嫉妒什麼，不懂竟有人喜歡操縱別人；老是假設別人與自己想要的事物並無二致，據此決定該如何與之互動。對師父或老闆，我們直接把類似對父母的幻想照射在他們身上，對其權威萌生崇敬或恐懼實在過了頭，若不幸因而造成劇烈衝突，就會想要疏遠。我們以爲懂得人心，其實是透過扭曲的鏡片在看。這種狀態下，所有的同理心都派不上用場了。

人免不了犯錯，但若心思全得花在抵抗爭端與內耗事件上，我們就無心學習了。我們容易誤判了重點，容易把心思過度放在社交與權術鬥爭上，因爲是極不擅長的挑戰。稍一不愼，就會把這種生活模式帶進下一個階段：積極創造期。屆時，雖然位居比較檯面上的位子，不擅長社交會顯得沒面子，甚至扼殺掉職涯。維持純眞心態的人很少保住自己憑眞才實料掙得的成功。

社交能力說穿了就是拋棄純眞觀點，轉而接受現實的過程。注意力要轉向外界，而非仍放在內在，並且不斷強化自己的觀察力與同理心，那是與生俱來的。**這表示我們要擺脫一廂情願美化或醜化別人的習慣，看清並接受別人的如實面孔**。這是在學徒訓練階段必須盡快培養成的思維方式。但在建立社交能力之前，得先了解純眞觀點究竟是什麼。

以富蘭克林爲例，他的社交能力之強令人讚嘆，也是把社交藝術發揮到極致的範例。他生於人丁眾多的大家庭，排行倒數第二，從小仗著自己討人喜歡就爲所欲爲。等年紀稍大一些，就和許多年輕人一樣，以爲只要繼續討人喜歡，對人友善，就能籠絡別人、廣結善緣。當他走進大人世界，卻驚覺自己的魅力反而變成困擾。基於幼稚的心理需求，他以展現魅力作爲人際策略，反映出自戀，也反映出他以自己的機智言談爲傲，既不體貼，也沒顧及別人。別人不會因爲看他討喜就不去剝削或攻擊他。然而，要成功迷倒眾生、人情練達，你就得先去了解別人；要洞悉他人，只有走出自己的象牙塔一途，將心思沉浸入對方的世界中。

唯有當他醒悟到自己純眞到近乎白目，才能採取積極作爲來擺脫純眞觀點。潛心琢磨社交能力是他事業的轉捩點，他也因而成爲人性的卓越觀察者，握有看透人心的魔法。這令他成爲社交上最完美的伙伴，不論身處何處，不論對象是男是女，他都有辦法摸清對方的脾性，讓人傾倒。有了圓融又綿密的社交關係支撐，他就有更多時間專注在寫作、研究科學問題、無止盡的發明上頭，盡情邁向大師境界。

富蘭克林的故事或許會令你覺得，看來培養社交智慧需要立場超然，與別人往來不能帶有情緒，這樣活著也太悶了吧，但其實不然。富蘭克林恰恰就是個性情中人，他並沒有壓抑本性，而是把情感導到相對的方向，他不再只對自己心心念念、滿腦子怨別人不善待他，而是換邊站，深入去思考別人眞實的體驗、感受及欠缺。看穿別人的心態便能自然發揮同理心，洞悉別人在乎何事。對富蘭克林來說，把專注力導向外界，反而讓他鬆了一口氣，由衷地感受到愉快；他的生活和了無生趣完全沾不上邊，反倒減掉了不少閒氣和爭端。

要了解：在你意識到自己其實還是以純眞觀點看待世界之前，都無法建立社交智慧。遵循富蘭克林的腳步，你可從檢討往事來追尋這種領悟，仔細回顧你遇過的爭端、錯失、挫折或失望。要是你戴著純眞觀點的眼鏡在回顧，只會在別人怎麼對待你上鑽牛角尖：你遭到的虧待、藐視、傷痛爾爾。然而你一定要逆向思考，先檢討自己：你如何把別人明明沒有的性格貼到他身上去，在他們露出負面特質的蛛絲馬跡時，你如何故意視而不見。這麼一來，你會認清自己的幻想與他人的面目之間的距離，知道是自己應該扛起製造這些落差的責任。如果檢討得夠深入，你通常會發現自己與上司的關係，其實重演了你童年時期與家人之間的關係，總是習慣性美化或醜化對方。

認識到因純眞觀點而扭曲眞相的過程，你會開始想摒除它。你發現自己是因此摸黑行事，不認眞看懂別人的動機與意圖，你不想重蹈覆轍。你會覺得原來只是因爲沒有看清別人的眞面目，想修正的欲望會從心底升起：**你開始向外看，不再只關注自己的感受，在回應別人之前會先察其言觀其色。**

當你建立起這種新觀點，別忘了得一併調整態度。切記別矯枉過正，走向另一個極端，變得憤世嫉俗。最佳的策略就是坦然接受現實。這個世界就是充滿著性格各異、氣質各異的人。每個人都有黑暗面，有想操縱別人的傾向，還有無盡的欲望。最危險的類型反而是那些壓抑欲望，甚至否定自己有欲望的人，以最不正大光明的手段抒解欲望的反倒是他們。有些人的確特別陰沉，你別想改變他們的本性，只能避免爲其所害。把人世視爲一齣喜劇，身爲觀眾的你要盡量寬容，如此可大幅提高對人性的理解、必要時也有能力影響別人的行爲。

有了這一番新的認知，你關於社交能力的學徒訓練便能突飛猛進。社交能力包含兩部分，兩者同等重要，皆得精通。第一部分可稱爲人性的專門知識，亦即看人的能力，大致摸清楚人是如何看待世界，還有了解個體的不同。第二部分是人性的一般知識，也就是多多認識人類整體模式，那是超越個人的，包括常遭到忽視的黑暗面。人類兼有品性與特質，唯有兼具這兩類知識，你才能對身邊的人有完整認識。操練這兩種知識，會從中得到寶貴技能，襄助你追求大師境界。

專門知識：判讀人心

多數人在人生某個時間點都會體驗到一件事，就是與另一個人產生不可思議的投契。在那種時候，雙方會有難以言喻的默契，甚至覺得很容易猜得到另一人的心思。這種交流通常出現在密友或伴侶之間，對方是你可信賴的人，在各方面都很相似。因為信任，你會敞開心胸接受他，對方也會如此。人通常處於緊張、防衛、關注自己的狀態，封閉自我。但在與另一人心靈相通的時刻，內在的獨白沒戲唱了，會從對方身上接收到很多線索與訊號。

這表示當我們的心思不是朝內，而是在關注另一個人的話，便能啓動另一種溝通形式。這類溝通大致上不太靠言語，而且效率奇高。不妨想想原始祖先，他們需要高度合作求生，卻沒有伴隨語言而來的內心獨白，能以驚人的敏銳度察覺整個群體的心理狀態，宛如心電感應。這與其他社交型動物的能力類似，但人類祖先因為能將心比心，所以這種敏銳度相對高得多。

與親近伙伴之間進行非語言的交流，顯然不適用於現今職場，但當你敞開自我、把注意力轉向外界其他人身上，多少能取用祖先遺傳下來的敏銳度，看人的精準度會超高。

要利用這點優勢，你得讓自己降低對別人言語層面的關注，轉而注意他的語調、眼神、肢體語言，這些全是可用的訊號，會揭露對方沒有說出口的緊張或興奮。如果你能挑動對方的情緒，他會流露更多線索。關閉你的內心獨白，極度關注對方，你會從他洩露的線索察覺他的心情感受。這些訊息難以言喻，信任這些資訊，它們會拆穿假象。之後，試著歸納訊號，找到模式，分析其背後意義。

從非言語的層次觀察別人在權威人士面前如何自處，十分有意思。他通常會暴露出焦慮、怨憎，或違背心意阿諛奉承，這些皆可回溯到他的童年遭遇，而且可以輕易從肢體語言判讀。

當你卸下防衛，凝神關注他人，也會因爲減少心防，而接受到他人的影響。但只要你的心是導向外界，就能在必要時抽離自己，以較超然客觀的角度，分析蒐集到的訊息。你可能會眞心認爲別人是故意暗中衝著你來，要克制這種激動，這會讓你又轉向自己的內在，關閉即時連結。

在認識一個人一段時日後，可以練習想像從他的觀點看世界，把自己放進他的處境中，體會他的心情。不妨尋找你與他共有的經驗，比如，對方的處境可能類似你經歷過某種傷痛或困難。重溫那種滋味可以幫助你開始辨識他現在的心情。練習的目的不是要你眞正住在他的內心，那是不可能的，你只是在操練同理心的肌肉，以期能更準確評估他的世界觀。我們通常都以固定的觀點看事情，因此當多少換成從別人心境來出發，可以活絡自己的思路。感同身受的能力，也能強化你在自己領域中摸索方向的創意。

這種識人方式愈常使用就會愈上手，但最好同時有意識地進行觀察。比如，你應該特別留意別人採取的行動與所做出的決定，目標是找出他沒有明說的動機，那些動機通常會跟爭權奪利有關。人在交代自己的動機或意圖時，慣於天花亂墜，用言詞包裝粉飾；但他的行動與檯面下的小動作會清楚洩露其品格。如果他看似好人一個，卻會突然數度咄咄逼人，就要格外留意什麼事引發他的怒氣，千萬別把他在人前的客氣面具當眞了。同樣地，**你得特別留意別人在壓力下的表現，通常壓力一來，平常戴得好好的假面具就會掉落下來。**

在尋找關鍵小細節時，不妨觀察對方是否有走任何極端。例如，在人前總是大吼大叫、和藹到不像個人、老會狂開玩笑。你會發現這些行爲其實是他們的假面具，用來隱藏的眞實面目可能會讓你嚇一跳，他們想愚人耳目。大肆吵鬧的人是因爲內心極度缺乏安全感；表面和氣的人是因爲想掩飾其野心；狂開玩笑的人可能是爲了粉飾自己的刻薄。

一般來說，你需要判讀每個可能的線索，包括他的衣著、工作環境整齊或凌亂。從他選擇怎樣的人來當工作伙伴或人生伴侶也能看出許多端倪，尤其是與他試圖營造的形象不太相符的話。他挑選的對象可能洩露童年時期沒獲得滿足的需求、或對掌權的欲望、或自我形象低落、平時遮掩住的個人特質。那些乍看之下微不足道的小事（像是習慣遲到、對細節馬虎、從不還你人情）都是暴露其眞實性格的跡象，是你務必留意的點。沒有細微到不值得關注的事。

憑第一印象就論斷一個人是人常犯的錯誤，你可別犯。第一印象有時的確能透露一些資訊，但往往會誤導，原因有幾個。初次見面，人通常比較內向、緊張、放不開，也無法認眞觀察對方。除此之外，人會訓練自己表現出某種形象，在人前就披上這個面具來僞裝或保護自己。除非你極度敏銳，否則很可能把別人的面具當眞。例如，一個你認爲有權有勢、看似果斷男子，說不定只是在掩飾自己的不安，而且他也沒什麼重要性。那些安安靜靜、乍看不起眼的人，通常才是深藏不露、實際握有大權的人。

你該做的是投資一段時間去摸索一個人的性格，這種精準度會遙遙領先第一印象。因此，克制自己不要立即論斷一個人，花幾個月時間觀察他，你的判斷才會比較精確。

最後，你的目標是要辨識出別人獨一無二的個性，了解其性格以及抱持的價値觀。你把別人的過去及思維方式看得愈透徹，愈能深入他的心靈。如此，你便能了解他的動機、預見他的行爲、察覺能拉攏他的方式。你不必繼續瞎矇。

人生在世會遇到的人不知凡幾，具備讀心術彌足珍貴。但要記著，人隨時都在改變，不要讓對方沒有翻身的機會，要持續觀察、持續更新對他的判讀。

一般知識：七大要命特質

從古今的史料之中，我們可以清楚發掘跨越文化與時間的人類共同行爲模式，可見人性具有一些普世特質。有些特質很正向，例如群體合作的能力；有些則是負面的，只會造成破壞。嫉妒、墨守成規、冥頑不靈、自我中心、怠惰、反覆無常、消極式攻擊，這些負面特質人多多少少都有，只是程度不同。在群體中，難免遇到極負面的人物，破壞力強大。我們姑且就把這些負面性格稱爲七大要命特質。

問題是，世人公認這些特質很醜陋、很不討喜，所以這樣的人會掩飾自己，我們不會對其有所防備，要等到受到他們的突襲，才看出他們的眞面目。在錯愕之餘，我們受到的傷害會更深，有時反應過度，以致終生都走不出這種陰影。若能好好研究、學會觀察，認清七大要命特質，就能及早偵測到，從一開始就先避免惹禍上身。請將以下的說明視爲擁有社交智能的必備知識。

嫉妒：人類的天性就是不斷跟別人比較，比較財富、相貌、酷不酷、才智、人緣等等。如果因爲認識的人比你成功而氣餒，嫉妒之情便會油然而生，但你通常會設法安撫這種情緒，因爲滋味不好受。你跟自己說，別人純粹是僥倖或是有靠山，或說服自己他的成功不會持久。但有些人的嫉妒心很強烈，通常是因爲嚴重缺乏安全感，一直妒火中燒，唯一平息的方法是去中傷或去攪局。如果他眞的付諸行動，絕對不會承認自己是出於嫉妒，而會狡辯，說出一般社會上比較能接受的藉口。如果人連向自己坦承妒意都做不到，所以要偵測到他人的嫉妒心並不容易。但有幾個可以注意的指標。初識時就過度讚美你或過度友善的人，往往就是嫉妒心重的人，他會親近你再中傷你，要小心提防。

還有，**如果你察覺到有誰的不安全感高到異常，他絕對很容易嫉妒別人**。

一般而言，嫉妒不太容易辨識，謹慎的作法是別讓自己的言行在無意間引發別人的嫉妒。如果你對某種技能特別有天賦，應該偶爾刻意在其他方面展露缺點，否則太完美、才華過人的形象很容易遭忌。如果你必須和缺乏安全感的人打交道，可以對他的表現展露濃厚興趣，甚至向他尋求建言。千萬不要說嘴自己的成就，要說的話，就說自己純粹是交好運。偶爾提提自己的煩惱永遠是明智之舉，別人會覺得你也是個普通人，自嘲的效果也很棒。務必留意的是，別讓他人在你面前覺得自己很蠢很笨，**聰慧是最容易觸發嫉妒的點**。就是表現太突出才會招致強烈的嫉妒，因此，最好維持不對任何人造成威脅的表相，好好融入群體，至少先忍著，直到你的成就大到不必擔心有人想再和你較量。

墨守成規：組成群體，就會出現群體精神。群體的成員可能很自豪，以為自己能夠包容異己，心胸開闊，事實是當遇到異類時，多少會感到彆扭不安，對群體內的價值觀產生疑慮。群體文化會隨著時間產生不成文規範，像是有些會很注重外表。但大致說來，群體恪守的規則比較隱而不顯。成員通常會不自覺地向上位者看齊，抱持對道德或政治相同的價值觀。要看出這一點，只要觀察成員是否時常覺得必須表達出忠於群體的見解或想法就行了，團體內總會有幾個人專愛監督成員是否遵守規矩，這些人可能是極危險的人物。

立志追求卓越境界的人，通常個性都會叛逆或特立獨行，如果你也是這種人，切記不要明目張膽地展露自己的與眾不同，特別是在學徒訓練時期。你的天性就低調地留在工作上發揮就好了，遇到關於政治、道德、價值觀的事情時，就妥協一下，表態支持大家都認同的觀點。把職場視為你必須視情況戴上面具的舞台。（你那些最精彩的想法還是留著對好朋友及業外的好對象說吧。）說話要謹慎，恣意表達個人哲學並不划算。若冒犯到這類糾察隊，他不會承認爲何會針對你，因爲他不想承認自己一板一眼，而會用其他藉口來排擠你或扯你後腿。別給他玩這套無聊把戲的毛線頭。等你日後成爲大師時，多的是揮灑個人理念的機會，到時就能大刺刺表現你的與眾不同。

冥頑不靈：世界在日趨複雜沒錯，人類一旦遇到看似複雜的情況，本能反應便是刻意將事情簡化，藉由習慣與慣例來營造一切皆在掌控之中的錯覺。我們喜歡熟悉的事物，包括想法、面孔、流程，因爲那樣才教人心安。一般來說，群體也是如此。我們不明究理地遵循公司向來的工作流程，只因爲在過去似乎行得通，假如有人竟然質疑這些作法，就會有人強力辯駁。人習慣安於某個想法，信守不渝，即使那些觀念已經漸漸不再適用了。看看科學史：每當有人提出關於世界的新主張，儘管新的鐵證如山，擁抱舊思維的人即使豁出性命，也要捍衛傳統。考慮改弦易轍通常有違人類的天性，特別是上了年紀的人愈難改變。

人不會說自己冥頑不靈。你只有在引進新想法或作法時才會見識到這股反動。有些成員（極度冥頑不靈者）光是想到改變二字就會暴跳如雷，驚慌失措。如果你以邏輯和理性強調自己是正確的，大概只會令他們更是誓死捍衛、拒絕改變。如果你是屬於冒險犯難、心胸開放的類型，你本來就容易攪動一池春水、惹惱群體中的部分成員，然而與害怕新事物的人爲敵會招來危險，如果你對這種事不知不覺，也許早有許多人在暗中與你爲敵了，那些人會不計一切想恢復舊秩序。批評別人守舊，或辯贏他們站不住腳的想法，皆是對牛彈琴，白白浪費時間罷了，並且無形中也令自己沾染冥頑不靈的習性。**最好的策略是乾脆接受別人的冥頑不靈，公開地順從其對維持秩序的要求；但私底下維持**

開放的胸襟，拋下不夠好的舊習慣，認真培養新思維。

自我中心：在職場上，我們一定會優先替自己設想。這是個競爭激烈的世界，我們必須有自己的利益得照顧。即使我們會追求公眾利益，那也常是因爲下意識裡想討人喜歡，提升個人形象，這都不可恥。然而，不論從個人感受或予人的觀感來看，照顧私利都與高貴沾不上邊，因此才會有那麼多人會挖空心思掩飾。最自私自利的人往往會替自己的行爲添加道德或聖人光環，或刻意強調自己是在支持公理。你若誤信了這些表相，當需要有人幫忙時，你就會以爲可以遊說得了他，畢竟他看起來對人心懷感恩、有溫暖的性格、也與人爲善。當他竟會婉拒，或一再藉故拖延到你願放棄爲止，你就會感到挫折、失望。當然，他絕不會分享拒絕你的眞正原因：向人伸出援手，他並撈不到好處。

不要陷入那種悲慘，好好了解並接受有人就是這種性格。**當你需要別人賣你一個人情或對你伸出援手，務必遊說他說可以從中得到什麼樣的好處。（不論對方是否自私自利，你都應該這麼做。）**你必須站在對方的立場思考，感受他的需求。你要別人幫你，就要提出對他有價值的好處：以一件能替他節省時間的事情作爲回報、提供他需要的人脈等。有時候，衝著是幫你忙或支持公義所帶來的光環，他就會首肯，但一般而言，最好提供更實質的回報：對方日後一定用得上的好處。同理，與人交談的話題要圍繞在他及其感興趣的事物上，這對拉攏他大有助益。

怠惰：我們都有以抄捷徑完成目標的意願，但通常可以克制住自己的衝動；因爲明白透過辛苦耕耘實現目標才珍貴。但有些人的怠惰性格過於強大，想到要耗上幾個月乃至幾年才能做出一番成績，他們就氣餒，不斷想尋找出捷徑。他們偷懶的點子很多，可謂花招百出。例如，要是你口無遮攔，他們會不客氣地竊取你最了不起的點子，宣稱那其實是他們的構想，替自己節省動腦筋的力氣；他們會插手你做了一半的活，宣稱自己也出了很多力，搶走你的功勞；他們會找你「合作」，把苦差事全推給你，卻跟你分享事成之後的報償。

把嘴巴閉緊就是你的最佳防線，別隨便透露點子，至少要保留足夠的細節，讓別人無法據為己有。替上司做事要有心理準備，他有可能搶走全部功勞，不提你有貢獻（每個人的學徒訓練期都可能經歷這種事，你得準備接招）。同事間更是萬萬不能如此，先名正言順再跟他合作。如果別人要你替他做事，那就是「合作」，永遠都要評估那能不能讓你提升技能，從過往紀錄掂量他是否具有工作倫理。一般而言，要提防想要找你合作的人，那通常是想要找人負責做苦差。

反覆無常：我們喜歡炫耀自己做決定多麼理性，其實大多是受情緒左右，情緒隨時在影響我們的看法。也就是說，別人也是無時無刻不受到情緒影響，凡事都要看心情而定，甚至每天或每小時就改變一次心意。千萬別認定某人在某時某刻所說所做的，就是他們恆常不變的立場。他昨天很愛你的點子，今天可能就興趣缺缺，如果不當心，你可能就會被搞得滿頭霧水，浪費心力苦思背後原因。受制於他一時的感受、心情、及變化不定的動機。

人的情緒千變萬化，你最好跟情緒保持距離，超然一些，才不致於被耍得團團轉。看別人的行動，行動通常不會前後太不一致，而不要管別人嘴巴上怎麼講。如果別人給你承諾，熱情地伸出援手，千萬都不要太當眞。如果他眞的履行諾言，那是你賺到，但要有心理準備，對方也可能是個反覆無常的人。你就做好你該做的事，就不會對別人抱希望，隨後又幻滅。

消極式攻擊：消極式攻擊的根由是每個人都討厭跟別人起正面衝突，害怕隨著衝突而產生的激動情緒，以及失控。因此，有些人想達成目的卻拐彎抹角，以細微的手段令人摸不清狀況，待在暗中想主掌情勢。每個人多少都會用一些消極式攻擊的手段。故意延誤、遲點到、隨意說明知會讓別人不舒服的評語，都是消極式攻擊常見的微手段。對採取微手段的人，你大可直接戳破他，讓他清楚意識到自己的行爲，這樣通常就能奏效。如果他的作爲無傷大雅，也可選擇不理會就算了。但有些極度缺乏安全感的人，是貨眞價實的消極式攻擊戰將，他可有本事毀壞你的人生。

最佳防範是趁著還沒惹上一身腥，就先辨識出這種人，像躲瘟神一樣避開他。這種人的過往紀錄就能讓他無所遁形，他惡名昭彰，你會聽聞他曾經如何跟別人爭鬥不休。觀察他周遭的人，例如助理，助理在他面前是不是特別戒愼恐懼？有時候，你會感到大惑不解，明明察覺到有人在暗中作梗、耍陰險，但這人看來又很親切和藹。別理會他的表面功夫，專注在他的行爲上，你就很容易看穿實情。如果他閃避你，在你請託他做某件要事時一直延宕；或故意激出你的愧疚，你卻有點不明所以；或他做出傷害你的事，卻佯裝那是意外，你八成就遇到了消極式攻擊能手。你有兩個選擇：一是不要擋他的路，退避三舍；一是以同樣間接的手段反擊，用不明顯的方式暗示他惹你是得付出代價的。這通常足以讓他打消念頭，改找其他受害者。無論如何，別被他起的鬧劇與爭鬥撩撥起情緒。這種人是操控局面的高手，和他鬥，你十之八九是最終的輸家。

擁有社交能力不僅能幫助你駕馭人際關係，對你的思考力、整體的創造力也大有助益。看看富蘭克林的例子。對人，他養成精準判斷的慧眼，能夠理解別人的經驗與動機。他對細膩的人心敏銳到極點，不像一般人那樣把別人一概而論。他磨練出驚人的耐力，跟不同文化背景及出身的人交際時都保持開放的胸懷。他的社交智慧徹底融入他的心智，令他進行科學研究時能夠洞察細節，面對問題時思維靈活又有耐心，寫作時則能鑽進虛構人物的內心深處，恰如其分地替他們發聲。

要明白：人腦是一個連結得錯綜複雜的器官，又與身體其他部位瞬間溝通著。隨著我們靈長目的社交能力拓展，大腦也變得更大。爲了促進人際溝通精確度而出現的鏡像神經元，一樣能應用在其他方面。從各種現象的內在角度思考是科學創造不可切割的一環，從法拉第對電力的假設，到愛因斯坦的實驗皆然。

大致說來，達文西、莫札特、達爾文等史上最傑出的大師，其靈敏思維皆伴隨社交智能更進一步提升。謹守理智、內向的人是可以在自己鑽研的領域內有所成就，但到頭來的表現創意不足、不能大開大闔、對細節也不夠敏銳，日子一久，差距會愈來愈顯著。最後，從別人內心思考起的能力，就與大師在鑽研專業領域時的設想力毫無差別。只忙著栽培智力而犧牲社交互動，那足以妨礙你邁向大師之路，會限縮你的創造力。

建立社交智能的策略

但我們必須承認……儘管人類稟性高貴，對最不堪的人心懷憐憫，不只仁慈待人，也對最卑微的生物慈悲，以神明一般的智慧洞悉太陽系的運行與結構。儘管人類具備這一切尊貴的能力，人類低下起源的印記仍然烙印在身體結構上，無法抹除。

達爾文

與人打交道時，經常會遇到令你血脈賁張、困在純真觀點中走不出來的議題，包括莫名其妙的政治爭鬥、別人看表象就隨意論斷你，或挑三揀四地批評你的工作。底下是歷來大師開發出的四個基本策略，可以幫助你度過這些一定會遇上的關卡，他們的觀點很理智，有助你開發自己的社交智慧。

一、讓工作充當你的喉舌

範例一

一八四六年，一名叫做伊格納茲．塞麥維斯（Ignaz Semmelweis）的二十八歲匈牙利醫師開始在維也納大學產科當助理，他立刻就得面對日以繼夜的醫療任務，幾乎無法脫身。當時橫掃歐洲產科病房的疾病是產褥熱（childbed fever）。在塞麥維斯任職的醫院，每六位剛生產完的婦女就會有一位死於產褥熱。當醫師解剖她們的遺體時，都會發現她們身上滿是惡臭的白膿及不尋常的大量腐肉。

塞麥維斯幾乎天天目睹產褥熱對產婦的危害，腦子裡已裝不下任何其他東西。他決心把全部時間用在找出產褥熱謎樣的根源。

當時，醫學界普遍認為產褥熱來自空氣散播的物質，從肺部吸入人體，因而造成產褥熱。但塞麥維斯認為那根本說不通，不同季節、氣候條件及空氣似乎不會影響產褥熱的疫情變化。他和一些同僚歸納後發現，由醫師接生的產婦罹患產褥熱的比例，遠遠高出由產婆接生的產婦。沒人能解釋造成這項差異的成因，也很少人為此事思索。

塞麥維斯為這個問題傷神不已，他鑽研相關文獻，最後得出的驚人結論是：產褥熱是醫師以手直接碰觸病人所造成的，這在當時是十分驚世駭俗的主張。他在進行這項推論時，發生了一件能徹底證明他想法很正確的事件：產科裡有位地位崇高的醫師，在解剖產褥熱患者遺體時，不慎被刀子刺傷手指，幾天後就因為嚴重的感染而死亡。解剖他的遺體，發現了跟產褥熱死者相同的白膿和腐肉。

塞麥維斯認為眞相已經大白，醫師的手在解剖室受到感染了，當他們再去檢查婦女、接生寶寶時，產褥熱便透過產婦身上的各種傷口造成血液感染。殘酷的事實是，醫師們親手傳染給產婦產褥熱。如果這就是成因，解決之道也很簡單：醫師們在接觸病患之前要洗淨雙手並且徹底消毒，當時沒有任何醫院這麼做。他在自己的病房執行這個步驟後，死亡率立即下降一半。

塞麥維斯眼看即將有重大的醫學發現：破解細菌與傳染病之間的關係，前途似乎一片大好。但有一個問題。產科主任約翰．克萊因 (Johann Klein) 是個保守派，他要求手下醫師恪守前人所建立的正統作法，他認為塞麥維斯從菜鳥醫師變成激進分子，一心想推翻正統醫學，藉此揚名立萬。

塞麥維斯不斷跟他爭辯產褥熱議題，當這位年輕醫師終於發布了自己的推論，克萊因簡直憤怒到了極點。這個的推論等於在責難醫師們，其中當然也包括克萊因，等於是他們不斷在謀殺病人，這罪名未免太沉重。（克萊因主張塞麥維斯病房的低死亡率，要歸功於安裝了新的通風設備。）到了一八四九年，塞麥維斯擔任助理醫師的契約到期，克萊因拒絕續聘他，基本上就是要讓年輕的塞麥維斯滾出這個行當。

然而，塞麥維斯後來在醫學院得到幾位重要盟友，特別是年輕一輩。他們催促他進行對照實驗來驗證主張，把研究結果記錄下來，最好把這個理論傳遍歐洲。但塞麥維斯放不下他與克萊因的鬥爭，怒火一天高漲過一天。他覺得克萊因簡直愚不可及，堅信這個還未經驗證的產褥熱成因是謬論，克萊因對眞相如此盲目排斥，令塞麥維斯相當氣憤。這種人怎麼還能在醫院坐攬大權？眞相明明已經昭然若揭了，爲何塞麥維斯還得投資大把時間做實驗、或寫書？他決定開課講述這個主題，如此還能同時順道表達他對醫學界許多老古板的不屑。

歐洲各地有不少醫師前來參加塞麥維斯的講座，有些仍然對他的主張存疑，但願意支持他的人有增加了。他在大學的盟友敦促他要打鐵趁熱，繼續研究自己的理論，將之付梓成書。但講座開始幾個月後，出於沒人能理解的緣由，塞麥維斯突然離開維也納，回到故鄉布達佩斯，獲得沒有機會在維也納拿到的大學工作及醫療職務，似乎也是因爲無法忍受再與克萊因待在同一座城市，他需要能自由工作的環境，儘管布達佩斯當時的醫療水準比較低落。他的盟友覺得遭到他的背叛，他們賭上自己的名聲來支援他，他卻說走就走，棄他們於不顧，讓他們陷入困境。

塞麥維斯回到布達佩斯後，在他工作的醫院裡立下嚴苛的規定，強制醫師做好消毒工作，死亡率有因此下降，但一起工作的醫護人員幾乎個個都疏遠他。不滿他的人愈來愈多。他逼迫每個人要執行新的消毒程序，但沒有任何能替這項作法背書的書籍或相關實驗研究，以致他活像是在自說自話，對自己的想像著了魔。他拚命堅持消毒的必要，徒然令大家意識到，根本沒有學術研究可以爲這事背書。醫師們猜測，他之所以成功降低產褥熱的發生，或許原因有他。

到了一八六〇年，他承受同仁的施壓，終於決定寫一本書來完整闡釋他的理論。當他完成書稿，原本不應過長的篇幅，卻暴增到幾乎令人讀不下去的六百頁謾罵。內容不斷重複迂迴，他列舉出反對他的醫師，宣稱他們是殺人犯，才會對他的論點有疑議。那些氣沖沖的文句簡直就是恣意的謾罵。

這時，反對他的人全一股腦兒冒出來了。他努力寫書，卻寫得一塌糊塗，反對他的人可以從他的論述挑出無數毛病，或質疑他的激烈言詞，光是這點就夠要命了。昔日盟友並沒有挺身支援他，他們對他已經放棄了。他的行爲愈來愈荒唐，後來醫院不得不解雇他。一貧如洗又幾乎遭到所有人背棄，他在一八六五年病逝，得年才四十七。

範例二

一六〇二年，英國人威廉．哈維（William Harvey，一五七八～一六五七年）在義大利帕多瓦大學 (University of Padua) 就讀醫科，他對所有關於心臟的醫學概念及心臟的本身功能開始產生懷疑。學校的教學內容乃源自西元二世紀的希臘醫師加倫 (Galen) 的主張，認爲肝臟製造一部分血液，心臟也製造一部分血液，血管將血液輸送給身體吸收，供應身體養分。根據這項理論，血液從肝臟和心臟慢慢流到各個需要血液的身體部位，但並不會回流，血液只會被消耗掉。哈維疑惑的是，身體裡究竟有多少血液，怎麼可能製造並消耗掉那麼多液體？

隨後幾年，他的事業蒸蒸日上，終至成爲詹姆斯一世國王 (King James I) 的御醫。在那些年裡，他持續思索血液與心臟功能的議題。到了一六一八年，他想出一個理論：血液流過身體的速度並不慢，可說是飛快，心臟的運作應該就如同幫浦，並不是製造出來後又消耗光，而是持續循環不息。

這項理論的問題在於沒有能直接證實的方法。當時，剖開心臟來研究會使人當場死亡。唯一的研究方式是解剖活體動物及人類屍體。但一旦剖開活著的動物的心臟，心跳會變得不規律，而且會跳得太快。心臟的運作機制很複雜，對哈維來說，他只能從控制條件的實驗，推論心臟的作用（例如在人體血管上使用精巧的止血帶），而且不能親眼觀察。

做過許多這樣的控制條件實驗後，哈維很確信自己是對的，但他明白必須謹慎策畫下一步。他的理論太激進，將會顛覆好幾世紀以來醫界公認為事實的眾多解剖學觀念。他深知發表此研究成果會很惹人厭，立即替自己樹立大批敵人。因此，有鑑於人類不喜歡新觀念的天性，他決定採取以下行動：延後發表研究結果的時間，先持續鞏固自己的理論，並累積更多證據。同時，他開始找同行參與實驗及解剖，並多多徵詢他們的看法。愈來愈多醫生被他的新理論說服，表態要支持他。他慢慢將大部分的同行拉攏到自己的陣營，在一六二七年，他雀屏中選，獲得內科醫學院（College of Physicians）的最高職務，這等於保障了他後半輩子的生活，不必擔心自己的激進理論會危及生計。

哈維以御醫身分服務詹姆斯一世及在一六二五年繼位的查爾斯一世（Charles I），他的勤奮認眞贏得王室青睞。他在宮廷裡為人機敏，不向任何派系靠攏，不參與任何權謀。他待人謙虛，維持低調。他早已向國王透露自己的發現，也取得國王的信賴與支持。有一位青年在鄉間重創了左側胸腔，留下一個可以看見並觸摸心臟的傷口。他把這名青年帶進宮廷，讓查爾斯一世親眼看見心臟收縮的實況，以及說明心臟為何是輸送血液的幫浦。

最後，他在一六二八年發表自己長年研究的成果，他最聰明之處是，扉頁一翻開就能看見給查爾斯一世的獻詞：「至高無上的國王！動物的心臟宛如動物生命的根基、最主要的構造、小宇宙的太陽；動物的一切活動均仰賴其心臟，為所有精神與力量的源頭。同樣地，國王乃是一國的根基、小宇宙的太陽、一國的核心；國王是所有權力與慈悲的源頭。」

這本書理所當然引發騷動，尤其是在哈維沒什麼名氣的歐陸。反對人士主要是老一輩的內科醫師，他們無法接受徹底推翻解剖概念的理論。對於質疑反對的眾多文章，哈維不予置評。偶爾遇到知名的內科醫師抨擊他，他會私下撰寫信件，極其客氣又詳盡地糾正他們的說法。

一如他所料，憑著他在醫學界及宮廷掌握的地位、長年積累的豐富證據、簡明扼要撰寫成的書，世人終究慢慢接受了他的理論。當哈維在一六五七年過世，他的著作已是醫學界遵奉的圭臬。誠如他的朋友湯瑪斯．霍布斯（Thomas Hobbes）所寫：「我只認識他（哈維）一個，能在有生之年克服眾人的嫉妒，建立起新規章。」

從塞麥維斯與哈維的歷史評價，就能看出經常被輕忽的社交智慧的關鍵角色，在科學界和所有的領域裡都占一席重要地位。例如，講述塞麥維斯生平的眾多書籍，喜歡說目光如豆的克萊因之流，逼瘋了一位心性高貴的匈牙利年輕人。至於關於哈維的生平故事呢，則強調他成功的唯一理由在於高明的推理能力。然而，在他們兩人的故事裡，是社交智慧高低造成的天堂和地獄。塞麥維斯完全忽略社交能力，覺得社交無意義，他只在乎眞相。但在滿腔熱血之餘，他其實沒必要跟克萊因硬幹，克萊因也曾跟學生起過衝突，但從來沒鬧到如此不可收拾。塞麥維斯不斷跟克萊因爭理，逼得克萊因只好開除他，他因此丟了大學裡的好職務，要不然，他還能留在那裡宣揚自己的理念呢。他被與克萊因的恩怨沖昏了頭，沒能以清晰、理性的方式闡述自己的理論，完全漠視說服其他人的手腕。或者他肯耐心爲文好好闡釋自己的理論，長久下來，可以拯救的性命就會增加許多。

反觀哈維，他靈活的社交手腕則是他成功的一大原因。他明白連科學家也得扮演國王的良臣。他友善地邀請別人參與他的研究，讓別人對他的理論產生認同。他思慮周詳，著書闡述研究成果時，不但寫得頭頭是道，而且深入淺出，之後就讓書籍漸漸地自行發聲。他知道在書出版後若大肆宣揚主張，別人只會注意到他，而不是他的著作內容。他不與人正面爭辯，避免令別人顯得言行愚昧，於是反對他的聲浪便無處著力，自行消散了。

要明白：工作表現是你最強大的工具，可任你使用。工作時有效率、講細節，等於展現你替整個群體著想的用心，在認眞爲目標貢獻一己之力。撰文或報告時力求簡單易懂，是展現你對聽眾的貼心。請別人參與你的工作、有風度地聽取回饋，是表示你和群體成員互動很自在。優異的工作表現也能保護你，較不易受到別人的權謀傷害，因爲別人很難挑剔你的成果。但如果你不幸遇到權術操弄，不要喪失你的理智，切勿被小人擊潰。要繼續保持專注，讓工作表現替你在社交上提升優勢，你持續讓技能進步，自然會在那些光說不練的眾人中脫穎而出。

二、塑造適當的個人形象

泰芮絲塔．費南德茲（生於一九六八年）從很小時就覺得自己彷彿是隔著一段距離在觀看周遭，就像個偷窺狂。她小時候住在佛羅里達州邁阿密，她會觀察身邊的大人，偷聽對話，試圖理解成年世界的千奇百怪。年紀大到上學後，她便將觀察技巧用到同學身上。中學時期，每個人都得融入一個小圈圈，她能清楚看出融入小圈圈的規則，也明白別人怎麼做才能成功被接納。但她卻無法也融入，因此一直都待在圈圈之外。

她待在邁阿密這個地方也有類似經驗，她是第一代的古巴裔美國人，古巴文化是她的背景，對她影響頗深，但當地盛行的歡樂海灘生活無法引起她的興趣。她的性格偏陰鬱不安，在在皆使她自覺像個局外人，一個在哪裡都與周遭格格不入的邊緣人。學校裡也有其他邊緣人，他們通常會投身到戲劇或藝術類的活動中，因爲通常在那可以安心地特立獨行。泰芮絲塔一向喜歡手工藝，於是開始去上美術課，但她中學時的藝術作品似乎與她的剛毅性情不搭嘎，稍嫌簡易、膚淺、嘩眾取寵，總之就是少了點什麼。

一九八六年，仍不確定人生方向的她，選擇就讀邁阿密的佛羅里達國際大學 (Florida International University)。她根據中學時的性向去上雕塑課，但軟軟又容易塑形的黏土予她的感覺，就像中學那些造作的美麗玩意兒。有天她在製作雕像時，注意到有人使用金屬材料來製作大型雕塑。那些鋼板立刻撼動了她，那是其他藝術作品不曾給過她的感覺，她卻莫名直覺地認定這才是一直以來應該使用的塑材。鋼材灰暗、沉重、強硬，得費不少工夫才能雕塑成形。儘管她身材嬌小，鋼材的特質卻呼應了始終存在於她內心的反叛力，這才是她一直想要展現的那一面。

她開始狂熱地投入研究新發現的塑材，製作金屬雕塑必須點燃鑄爐，使用乙炔噴槍。邁阿密屬於熱帶氣候，在燠熱的白天雕塑金屬令人非常難熬，所以她開始只在夜晚進行。她的作息因而異於常人，晚上九點開工，工作到半夜兩、三點，白天大半時間都在睡覺。在夜晚工作除了比較涼爽，還有其他優點，工作坊裡沒有旁人，非常清靜，適合認眞工作。她可以聚精會神，可以試驗作品，犯錯也不怕有人看到。她可以無畏無懼、完全冒險。

慢慢地，泰芮絲塔開始成功駕馭金屬。製作雕塑時，她覺得自己像在鍛造、轉換自己。她想製作引人注目的大型作品；但要做大型作品，得構思出自己的一套辦法。她先是在紙上描繪出設計，把作品拆解成她能獨力完成的小塊，然後在工作室組裝成雕像。不久，她的作品開始得以在系上及校園內展出。

幾乎每個人都對她的作品感到驚豔。她的巨型鋼材雕塑屹立在明亮的邁阿密陽光下，傳遞存在於她內心的那股強大力量。別人對她的作品卻有一個出乎她意料的反應，因爲很少人曾目睹她的工作實況，她的雕塑活像是不費吹灰之力就完成，彷彿她有什麼不尋常的異稟。這不禁讓人注意起她的性格，雕塑一般是男性稱霸的圈子，投入其中的藝術家通常是最陽剛的男性，她是少數的特例，別人自然會把各種成見、幻想丟往她身上。嬌小柔弱的外表與大型壯觀作品之間的落差實在令人玩味，眾人很納悶她究竟是怎麼辦到的，甚至在猜她到底是怎樣的一個人。她的性格與幾乎像是憑空迸出的精美雕像都挑起大眾的興趣，人們把她視爲一個吸引人的謎團：剛與柔的綜合、奇特的藝術家、金屬的魔法師。

在世人的嚴密眼光下，泰芮絲塔突然察覺自己不再是偷窺狂，不再從遠處看著別人，自己儼然變成眾所矚目的焦點。藝壇很適合她，她有生以來第一次有了歸屬感，於是她想要維繫別人對自己作品的興趣。既然知名度打開了，自然會有人想聽她談論及介紹自己，她憑直覺意識到，若是老實昭告世人她其實花了多少的時間製作，投下了九牛二虎之力，是靠嚴格的紀律所完成，那麼作品給人的震撼便會暴跌，這麼做會是鑄下大錯。她下結論：此時三緘其口勝過到處嚷嚷，決定保持別人所賦予她及其作品的形象，營造神祕感，絕口不談創作過程，也隱瞞自己的生活細節，任由別人幻想。

但隨著事業起飛，她在大學時期的形象不再適合延續。她察覺到自己的形象有一個不利之處：稍一不慎，別人就因她外表的美麗而批判她，不把她當成認眞創作的藝術家。認爲她刻意裝神祕，好掩飾自己沒有才氣的事實，彷彿她只是瞎矇出來的，絲毫不能和此領域裡其他的重量級人物混爲一談。這是女性藝術家必須應付的大眾偏見。當她談論自己的作品時，只要稍稍猶豫或一時語塞，都可能助長別人坐實先入爲主的成見，認定她膚淺，對藝術只是玩票。因此，她慢慢重新塑造適合她的新風格：她談論作品的內涵要果斷而威嚴，製作過程則繼續罩上神祕面紗。她的藝術成就並非不堪一擊，事實上她完全游刃有餘。如果男性藝術家都得正襟危坐、能言善道，身爲女性便更需要如此。她說話的口吻頗爲端莊而具威嚴，明確表現出自己並非無名小卒。

後來，泰芮絲塔・費南德茲成爲舉世聞名的觀念藝術家，善於運用各種媒材創作，她持續微調自己的形象，符合她不斷轉變的境況。世人對藝術家的刻板印象是他們比較沒有做事的條理，只關注藝術圈內的事。泰芮絲塔跌破眾人的眼鏡，她將自己的口齒訓練得極伶俐，變成一個講師，向大眾介紹她的作品和想法。聽眾會細細玩味她迷人、穩健的外表與複雜、艱深的論述之間的落差，因而興味盎然。許多藝術之外的領域她也都能信手拈來地運用，將廣泛的興趣與自己的作品結合，從而接觸藝術圈外形形色色的各路人馬。她自己摸索出如何跟任何人打成一片的本事，不論對方是開採石墨的工人，或藝廊經紀人皆然，這種有如政治人物一般的彈性手腕，讓她的藝術家生涯如虎添翼，也令她不可能被輕易定型。基本上，她的公眾形象變成了另一系列的藝術創作，是可視己身需求與心意而鑄造、扭轉的媒材。

我們展現在世人面前的形象，對我們的成功及能否晉升大師境界極爲重要，只是一般不會承認或探討這個事實。看看泰芮絲塔的例子。如果她一直獨來獨往，只專注在創作上頭，無法察覺別人對她的看法會構成自己生涯發展的障礙。假如她不通人情，初嚐成功滋味便大肆訴說自己花了多少時間苦練，終於學會如何駕馭金屬材質爾爾，別人會當她只是一名工匠。認定她是一個利用金屬這種較少見的創作媒材來標新立異，妄想出名的藝術界新人，他們會挑盡她性格上的弱點來貶抑她。世人看待藝術家或任何人的努力，眼光有可能極爲挑剔，然而，泰芮絲塔從超然客觀的立場審視自己與藝術圈，於是她知道，若能妥善打造自己的形象、布置好外在表相，自己將握有強大的力量。

要了解：別人常會以你在人前的模樣評斷你。倘若不謹慎，天真地以爲做自己就好，他們便會替你貼上標籤，那些標籤其實與你的本性無關，而是他們想看見、投射到你身上的東西。這種情況可能會令你暈頭轉向，喪失自信，反而占據你的全部心思。如果你把這些批評放在心上，很難專心投入工作。你唯一的防護方法是反轉這種發生歷程，先自行塑造自己的形象，打造適合的樣貌，來操控別人的評斷。你會發現，有時候最好的策略是保持距離，營造神祕氣息，反而容易令人感受到你的存在；有時候可以直接一點，展露比較鮮明的性格。一般而言，切勿安住於一個固定的形象裡，也不要容許別人完全看清摸透你。你永遠都要搶先眾人一步布局。

務必把建立形象視爲社交智慧的關鍵要素，別對此嗤之以鼻。我們在社交場合本來就都會戴上面具，根據不同場合扮演不同角色，你要做的只是在這個過程中保持更多自覺罷了。把這世界看成是舞台，當你創造神祕、迷人、老練的自我形象，你只是在演戲供世人觀賞，讓他們見識生動、討喜的演出。你可以容許他們將幻想投射在你身上，或引導他們去注意你特意營造出的特質。在私生活裡，你就可以摘下面具。身處在多彩多姿又多元的世界裡，你最好學會如何在各種場合自在與人交誼，融入人群，讓自己擁有最大的彈性。你必須樂於精雕自己的形象，這樣當你須粉墨登場時，演出才會迷倒眾生。

三、看見別人眼中的自己

自閉症患者天寶·葛蘭汀（詳見第一章第62頁）從小到大有數不盡的困難得克服，但在中學生活接近尾聲時，卻已經憑著強烈的渴望與紀律將自己打造成資優生，具備駛往科學界發展的潛力。她明白社交是自己最大的弱項。她能夠讀懂動物的情緒與需求，活像有心電感應的超能力，但她對人類卻一籌莫展。識人對她來說太難了，得透過很細微、非口語的線索來理解，例如一群人突然就會迸發大笑的狀況，他們依據的互動節奏似乎是她所沒有掌握到的，那讓她覺得像是在觀察一群外星人。

她認為無法改善自己拙於應對進退的事實，但她可以駕馭好自己的工作。她決定把凡事都做到盡善盡美，要讓自己優異到即使有社交障礙也無妨的程度。在大學取得動物行為學位後，她進入職場，在設計圈養場及處理牛隻的公司當顧問。但在犯下一連串的錯誤之後，她總算了解到原本想得太美了。

有一回，有間工廠的經理雇用天寶改良全廠的設計。她的成果絕佳，不久後機器卻頻頻故障，彷彿是肇因於她的設計不佳。她很清楚機器故障不可能是因為設計有瑕疵，進一步調查後，發現只有當某位員工在場時，機器才會出狀況。唯一合理的推論是那名員工刻意搞破壞，想讓她難看。這簡直莫名其妙，員工怎麼會刻意做出不利自己公司的事呢？如果單純是設計出問題，天寶可以動腦筋解決，但這回她只能豎白旗，放棄這份工作。

後來，有家工廠的工程師請她去解決一個問題，忙了幾週後，她留意到這間工廠有嚴重設計不良的問題，相當危險。她寫信給公司總裁指出問題所在。她的用字遣詞很刺耳，她很憤慨其他人竟看不出如此誇張又明顯的設計瑕疵。幾天後，她被開除，對方沒有說明理由，但顯然是她寫給總裁的信闖了禍。

她回顧這些往事，思索自己在職涯上一再遇到的類似情況，認為問題癥結必然就是自己。她很早以前就知道自己的言行經常會讓別人生氣，讓別人對她退避三舍。以前，她我行我素地過日子，不去管這令人煩惱的事實；但現在，她的社交障礙已經威脅到她維持生計的能力。

天寶從小就有從外界角度觀察自己的特別能力，彷彿她在看的是別人。那是一種忽有忽無的感覺，但長大成人後，她醒悟到，這個本領可以派上用場。她檢視起自己一路犯下的錯誤，就像在觀察別人的行為一樣。

例如，在機器遭到員工破壞的那起事件中中，她清楚記得自己跟那名員工，以及其餘工程師幾乎零互動，因為她堅持一手包辦全部的工作。她在心裡回顧自己和他們開會時，她總以嚴密的邏輯說明設計理念，不給予他們討價還價的空間。而寫信給總裁那回，她記得自己當著眾人的面，直言不諱地批評他們工廠的同仁，而且不曾與雇用她的人有過任何互動。那些時刻歷歷在目，她終於看見問題所在：她令共事的人沒有價值感，覺得比不上她。她傷害了男性們的自尊，因而付出代價。

她不像一般人那樣利用同理心機制察覺問題癥結，而是將解謎轉變成一種類心智活動，就像在做設計一樣。正因為她對那些事沒有產生太多情緒，她很容易客觀檢討，做出修正的決定。於是，她便開始會和工程師討論想法，盡量拉他們進來參與工作，而且絕不會為了任何事直言批評別人。她在之後的每一份差事中都不斷練習這麼做，直到習慣成自然。

慢慢地，天寶以自己的專屬方法培養起社交智慧，以往應對進退時的彆扭幾乎消失無蹤，事業蒸蒸日上。在九〇年代，她漸漸有了名氣，演講邀約變多，初期主要在分享如何克服自閉症、成為專業人士的經驗，後來則是以動物行爲專家的身分演講。

演講時，她自認表現很出色。演講內容極豐富，還備有協助闡述的精彩幻燈片。但上台幾次後，她收到聽眾填寫的問卷調查表，結果卻出乎她的意料。聽眾抱怨她跟聽講的人沒有視線接觸，只是呆板地唸稿，對聽眾不理不睬，很沒有禮貌。聽眾的觀感是，她像是講了很多遍相同主題，固定使用相同的幻燈片，活像一部讀稿機。

怪的是天寶一點都不因此難過。相反地，這些評量令她精神一振，因爲她可以從中清楚看到自己在別人眼中的眞實樣貌，得到進行自我修正所需的珍貴資料。她熱忱十足地改造自己，決心成爲老練的講者。蒐集到夠多的問卷調查表後，她細細鑽研內容，尋找共通的合理批評。她根據聽眾的回饋，學會在演講中穿插些軼事趣聞，甚至講講笑話，幻燈片的內容也更清楚簡明。她縮短演講的長度，訓練自己不用看稿，演講後也必定耐心回答聽眾的提問。

對於聽過她早期講座且幾年後又再度聽講的人，他們簡直不敢相信那是同一人的演說，她成了一個談笑風生的講者，比大部分演說家更具魅力。他們想不通她是怎麼辦到的，她的蛻變宛如奇蹟。

幾乎人人在社交上多少都會有些缺點，有的無傷大雅，有的卻會惹禍上身。有人嘴巴太碎，有些人批評別人不留情面，或從不輕易認同別人點子，讓別人顏面無光。如果一個人頻頻出現會冒犯別人的行徑，自己卻不明所以，原因可能有二。一，我們能一眼挑出別人的毛病與短處，面對自己卻容易帶著情緒、缺乏安全感，害怕公正地檢視自己。二，別人鮮少願意坦白指出我們的錯誤，就怕衝突，或被當作壞人。於是，人很少能察覺自己的短處也是剛好而已，更遑論修正。

有時候，我們自認表現很完美，卻無意得知別人的評價跟自己相差十萬八千里，因此感到錯愕。在這種時刻，便可察覺自己對工作品質的感情用事，與客觀的評價相去甚遠，這個段差便揭發了很難自己看見的缺點。這種差異也會出現在社交互動上。別人看待我們的行爲，跟我們自己看到的絕對不一樣。**擁有透過別人眼光看自己行為的本領，能大幅提升社交智能**。我們可以從修正做起，先改掉會冒犯別人的毛病，看看自己在關係不良中扮演的角色，對自己的評估才會正確。

想要客觀地檢視自己，務必參酌天寶的範例。可以從回顧過往的不快著手：扯我們後腿的工作伙伴、無故炒我們魷魚的老闆、與同事之間的戰爭。最好在事過境遷至少已經幾個月的事件開始回顧，情緒才不會又上來。**剖析這些事情時，專注在我們做了什麼才引發什麼，或讓情況惡化**。同時回顧幾起事情，或許就能較易發現當中的共通模式爲何，從而看見性格上的某個缺點。從事件其他關係人的角度看事情，將會鬆動我們對自我形象的執著，協助了解自己在這些不幸中扮演的角色。或許也能聽聽最信任的人如何看待我們的行爲，先讓他們相信我們眞的勇於聽取批評。如此，便能緩緩提升自我抽離的能力，這有助於取得社交智能的另一種能力：原原本本地看見自己。

四、樂於忍受傻瓜

一七七五年，十八歲的卡爾·奧古斯特 (Karl August) 公爵邀請二十六歲的德國詩人兼小說家歌德到位居韋瑪 (Weimar) 的宮廷待一陣子。公爵一家人致力將地點孤立且名氣較小的韋瑪轄地打造成一個文藝重鎮，若是歌德願加入他們，將會如虎添翼。歌德抵達不久後，公爵便請他在內閣擔任重要職務，也兼任公爵的私人顧問，歌德決定留下。對詩人來說，這是拓展閱歷的良機，或許還能爲韋瑪政府提供一些好點子。

歌德是貨眞價實的中產階級，缺乏與貴族相處的經驗。現在既然成爲公爵宮廷裡的一員，他得展開貴族生活的學徒訓練。但僅僅幾個月後，他便覺得宮廷生活直教人吃不消。朝臣的生活重心是牌戲、狩獵集會、無止無休地聊八卦。某某先生隨口說的一句話，或某某夫人沒出席一場社交聚會爾爾，皆是被賦予無比重要性的談資，且朝臣們會拚命解讀其中的含意。看完戲，他們沒完沒了地談論誰陪著誰來看戲，或剖析某個新進女演員的扮相，但幾乎不討論戲劇本身。

假如歌德在言談中大膽提起他考慮進行的改革，就會有哪個朝臣突然惱火起來，說此舉對某個大臣造成什麼影響，並且會危及歌德在宮廷的地位，而歌德的理念便在接下來的激動對話中被淹沒。即使當時最著名的小說《少年維特的煩惱》(*The Sorrows of Young Werther*) 出自他筆下，似乎宮廷裡並沒有人對他的看法感興趣，他們比較喜歡跟這位赫赫有名的小說家談論自己的想法，然後瞧瞧他的反應。說到底，他們的興趣似乎侷限在宮廷及各種爾虞我詐之中。

歌德覺得身陷泥沼，他接受公爵提議的職務並把此鄭重當一回事，但現在他被困在繁瑣的社交中脫不了身，這教他消受不了。然而，他是個堅定務實的人，認爲一味埋怨自己無力改變的事沒有意義。他在接下來那些年就接受自己必須與其他朝臣爲伍的事實，但同時也擬了一項策略，即借力使力，去善用無法改變的大環境：他要少開口，幾乎凡事都不要表達意見。他讓跟他對話的人暢談他們想聊的主題，表面上愉快地聆聽，但會暗自觀察，好像那些是舞台上的演員一樣。他們不斷向他告白私密、瑣碎的苦惱、膚淺的想法，而他只是笑咪咪地聆聽著，永遠跟他們站在同一邊。

朝臣們沒有察覺自己是在源源不絕地供應他創作的素材：這些人物、對話、愚蠢行徑湧進他日後創作的戲劇及小說之中。如此，他把教人灰心的社交生活，轉變成最有益的遊戲。

奧地利裔美國籍的電影大導演約瑟夫．馮．史坦伯格（Josef von Sternberg，一八九四～一九六九年）在二〇到三〇年代期間，從製片廠小弟竄起成爲好萊塢重量級名導演。他在那段日子裡磨練出一條信念：唯有最終的成品才算數，這條信念讓他的導演生涯璀璨非凡。他致力於讓片場上的每個人建立起共識，根據願景來指導拍攝，使出渾身解數得到想要的效果。在他實現願景的過程中，最大的障礙自然來自演員，演員第一優先考量的是自己的事業。對演員來說，電影整體的重要性遠不如他飾演的角色所能引起的關注，因此，有些演員會設法搶戲，導致影響電影的品質。遇上這種演員，史坦伯格就得設法哄他，誘導他遵從指示演出。

一九三〇年時，史坦伯格受邀到柏林執導一部電影，那日後成了他的代表作，名字叫《藍天使》(*The Blue Angel*)，由巨星埃米爾．傑寧斯 (Emil Jannings)[1] 主演。史坦伯格在尋找女主角時，發掘一位還不是那麼紅的德國女演員瑪琳．黛德麗 (Marlene Dietrich)，[2] 他後來一共和她合作過七部電影，獨力捧紅了她。史坦伯格之前就曾和傑寧斯合作過，知道他是非常愚魯的人，很能干擾導演拍片。只要導演試著指導他如何演出，他一律將它視爲對個人的侮辱，全部的抗爭招式就是無理取鬧損上導演，鬧到導演讓步，任他自由發揮。

史坦伯格做好心理準備，要以自己的一套迎戰。他在傑寧斯要出幼稚手段時堅定立場。傑寧斯要求導演每天早上到他的化妝室報到，要導演重申對傑寧斯永遠的熱愛及對其演出作品的欣賞，史坦伯格二話不說照辦。他要導演每天和他共進午餐，聽取傑寧斯對片子的看法，史坦伯格也順了他的意，耐心聆聽傑寧斯天花亂墜的建言。假如史坦伯格稍微把關注放到別的演員身上，傑寧斯就會打翻醋罈子，史坦伯格這時就得裝得像是個懊悔偷吃的老公似的。藉由滿足傑寧斯各種的瑣碎要求，傑寧斯式伎倆的威力便消弭大半。在片場時，史坦伯格不會捲入任何爭鬥內耗。然而畢竟時間寶貴，他為了要所有演員執行他心目中的理想演出，免不了要耍點心機。

不知何故，傑寧斯會拒絕從某個門走出場，史坦伯格便將溫度最高的燈架設在那裡，每回傑寧斯站在那裡，就會感受到炙熱的燈光，不得不被逼著走過那道門。當傑寧斯在片子的第一幕，以高亢得離譜的音調朗誦出德文，史坦伯格誇讚他的語調精妙，由於整部電影裡只有他會那樣講話，一定會很引人注意，雖然會被笑，但史坦伯格自己是無所謂啦，傑寧斯便立刻放棄那種造作的語調。每次傑寧斯關在房內耍少爺脾氣，史坦伯格便會讓人故意傳遞消息給他，說導演現在把全副心神都放在瑪琳·黛德麗身上，妒火中燒的傑寧斯便會連忙奔回到片場，搶回導演的關注。在一幕又一幕拍戲過程中，史坦伯格善用計謀讓傑寧斯不聽話不行，終於榨出最精彩的演出，那可說是傑寧斯演藝生涯中最出色的演出。

如同第二章所述（見第96頁），丹尼爾·埃佛瑞特舉家在一九七七年搬到亞馬遜盆地，與皮拉哈人共同生活。丹尼爾與妻子是宣教士，兩人的任務是學習當時舉世公認最難破解的皮拉哈語，然後將《聖經》譯成這種土著的語言。丹尼爾運用在接受語言學訓練時學過的各種辦法，工作漸漸有了進展。

1 瑞士出生的德國演員。他是首位奧斯卡金像獎最佳男主角獎得主，亦是一九三七年的威尼斯影展影帝。

2 德裔美國演員兼歌手。一九九九年，她被美國電影學會選為百年來最偉大的女演員第九名，她是少數發跡於柏林卻在好萊塢發展成功的女演員。

他曾經深入研究傑出的麻省理工學院語言學家諾姆・杭士基（Noam Chomsky）的論述，杭士基聲稱所有語言的本質皆有共通性，因爲文法本身就直接銘印在人腦中，是基因碼的一部分。這表示所有語言基本上都相同。丹尼爾相信杭士基是正確的，辛苦地想在皮拉哈語裡找出語言的共通處。但學習皮拉哈語幾年後，他發現杭士基理論碰到了諸多例外的情況，因而很困擾。

丹尼爾苦思後的結論是，皮拉哈語反映了他們在叢林生活的特殊經驗。比如，他推斷出皮拉哈文化極度重視「即時的經驗」，所以凡是不在眼前的事物，一律被視爲不存在，因此，凡是當下感知不到的事物，幾乎就沒有對應的字彙或概念存在。他推敲這個現象的成因，推論所有語言的基礎並非單純來自基因，不是普世共通，而是每種語言都具備反映其文化特色的元素。文化對我們思考與溝通的影響可能超乎想像。

在二〇〇五年，他終於覺得準備好公開這些研究成果，就在一份人類學期刊發表一篇文章，闡述這種革命性的想法。他料到自己的發現會引發熱烈討論，但沒料到事態會演變到何等嚴重。

麻省理工學院杭士基派系的人馬（語言學學者與研究生）開始騷擾丹尼爾。每次他在劍橋大學的重要研討會上發表自己的發現，這些語言學學者就會專程搭機去參加。他們準備大量問題轟炸他，決心炸出他論述的破綻，害他在公開場合上出糗。丹尼爾沒準備好如何應付這種情況，於是支支吾吾，處理得完全不漂亮。後續的幾次演講也一樣，他們挑剔他講稿或文稿裡前言不對後語之處，利用這些不一致否決他的整體主張。有時還會做人身攻擊，公然指責他吹牛，質疑他的動機。連杭士基本人都曾影射說，丹尼爾只是想紅。

丹尼爾・埃佛瑞特的第一本著作《別睡，有蛇》(*Don't Sleep, There are Snakes*) 出版時，這些語言學家中還有人寫信給書評家，要說服他們根本不要評論他的著作，宣稱此書根本達不到學術標準。

當全國公共廣播電台（National Public Radio）準備做一大段丹尼爾的專訪，他們居然施壓，專訪於是取消。

一開始，丹尼爾很難嚥下這口氣，誹謗者提出的爭議點其實並不能瓦解他的理論，只是一些立論薄弱的攻詰。他們對眞相如何不感興趣，只想要他顏面掃地。但他很快便回復情緒，索性利用起這些攻詰，他們迫使他確認自己的論述是否滴水不漏，令他再重新思考，將論點強化。他可以在腦海裡聽見他們可能作何批評，隨後撰稿一條一條地攻破。這使他更強化寫作與思考，而抗議者掀起的風波只助長了《別睡，有蛇》的銷售量，更多人因而有機會被他的論點說服。最後，敵人的攻詰反而品管了他的工作成果，令他變得更堅強，他開始歡迎起攻詰了。

走在人生路途上，你會不斷遇到愚昧之人。愚人多到你躲都躲不過，符合以下條件者就可以歸類爲愚人：在現實生活中，長期效益最重要，做事要力求又快又好。這應該是一個人採取行動時的最高指導原則。但愚人卻奉行另一套價值觀。他們比較重視眼前的事物，求取一時的財富、博取公眾或媒體的青睞、想要看起來風光。他們受制於玻璃心與不安感，喜歡興風作浪，爲了一己之私用盡心機。他們出口批評的都無關大局、與重點無涉。他們只看重自己的私利與權位，枉顧事實。當你看到一個人，每次不是做不了什麼事，就是別人要費力幫他善後才能完工，就曉得這個人是愚人無誤。愚人缺乏常識，對於根本無關緊要的事一頭熱，那些置之不理日後必然會出亂子的事他們反倒無動於衷。

愚人的天性是想將你拉低到他們的水平。來煩你，來惹惱你，跟你吵架爭執，你在過程中感到茫然挫折，突然搞不清什麼才是眞正要緊的事了。你吵也吵不贏他們，想讓他們了解你的想法也是徒然，你根本改變不了他們的行爲，因爲他們不在乎理性和事情的後果。跟他們鬥，你只是白白浪費可貴的時間與能量。

跟愚人打交道務必利用以下原則：把他們視爲生活的必要之惡，當成身邊的岩石或家具。人都有愚昧的一面，有時會一時昏了頭，只顧自己的顏面或短視，這是人性。**若能看見自己內心中的愚昧之處，就較能接受別人的愚蠢。於是，你可以對他們的可笑一笑置之，像包容傻孩子一樣，包容他們的存在，不再痴人說夢地要改造別人。**這一切都是人世喜劇的一部分，沒什麼值得懊惱不已，不用爲此輾轉反側。「樂於忍受傻瓜」的心態應該在學徒訓練期奠定，這也是你絕對會碰上愚人的階段。如果他們給你添麻煩，你務必專注在自己的目標，記住什麼才是最終重要的事，有可能的話，不要太當一回事，如此便可消滅他們的殺傷力。然而，最智慧的高招是反過來利用他們的愚行，不只把他們充當錯誤示範的教材，進而發揮創意由他們的行動中受惠。如此一來，他們的愚行愈多對你愈有益，能幫助你達成他們不屑一顧的實績。

反其道而行

在哈佛大學就讀計算機科學博士學位期間，保羅．葛藍對自己有個新的認識：他對任何一種權術或操縱都深惡痛極。（葛藍的故事詳見第115頁。）他很不擅長此道，若被捲進別人的爾虞我詐之中，只會令他極度抓狂。他曾短暫經歷過系所裡的權力鬥爭，從此認定自己不適合學術圈。幾年後，他到一家軟體公司任職，這個想法更堅定了。他們做的每件事幾乎都沒道理可言：解雇有功的技術員工、讓業務人員來領導公司、發表新產品的進度一再延宕。這些愚不可及的決策之所以屢屢出現，是因爲在一個大群體中，權術與個人自尊通常凌駕了一切，阻撓擬定健全決策的力量。

他忍受不了這些事，想出了解決之道：他要盡可能閃避鉤心鬥角的環境。這表示他必須進行微型創業，這種格局夠激發他的紀律與創意。然而，他後來創辦出了形同科技類創業學徒制度的Y型組合者公司，卻阻擋不了公司的規模變大，因爲公司經營得太成功了。他的解決辦法有二：一，他讓妻子兼合夥人潔西卡．李文斯頓(Jessica Livingston)在公司處理所有棘手的人事，因爲她的社交智慧高超。二，他設法維持公司極度寬鬆、低官僚化的結構。

如果你跟葛藍一樣，實在缺乏耐心去駕馭晦澀不明的人心、累人的明爭暗鬥，你只好盡量遠離那些是是非非。這樣一來，想替大型組織工作就免談了，只能選擇去小一點的群體。組織人數超過一定數字，權謀活動必然蠢蠢欲動。所以，你可以選擇自己當老闆，或在小公司裡任職。

儘管如此，培養起必備的社交智慧往往是明智之舉：能辨識誰爲人奸巧，能搞定難纏的人，卸下其心防。然而不論你再怎麼努力閃避需要社交智慧的場合，這個世界就如同一個充滿權謀心計的宮廷，總有被捲入是非的時候。刻意不跟別人打交道，只會阻礙你自身在社交智能方面的學徒訓練，導致你始終無可救藥地天眞易騙，各種環伺著的災難都可能伺機撲向你。

希望別人與我們交好是愚昧至極之事；我從不有此指望。我一向將每個人視為獨立的個體，致力於認識別人的各種怪癖，但我不期待別人對我好。如此，我便能與每個人往來，僅僅是這樣，便能累積對各種性格的知識，養成待人處事不可或缺的靈活手腕。

歌德

第五章

喚醒多重心智：積極創造階段

當你累積的技能變多了，也消化了業界的各種規則，心智便會想要施展身手，以更符合性向的方式加以運用。**才氣不夠高並不會阻礙這種天生創造力的蓬勃發展，你的態度才會。**焦慮不安的人在運用這些知識時會過於保守，情願安全地融入群體，謹守學過的做事方法。但你硬著頭皮也該走上恰恰相反的路途。結束學徒訓練階段後，開始把膽子養大一點。不要安於已知，一定要將知識拓展到其他相關領域，為心智串連到可激發新點子的燃料。絕對要實驗新作法，從各種可能的角度檢視面對的問題。當思維日趨靈活，心智也會更豐富，愈來愈能看出以往看不到的現實層次。最後，你會背離你養成的規矩，按照自己的風格雕琢出自己的一套。這樣的原創力可以帶你登上權力的高峰。

第二次蛻變

莫札特（一七五六～一七九一年）從誕生的那一刻起便沉浸在音樂聲中（見第53頁）。父親利奧波德是奧地利薩爾茲堡的宮廷小提琴家及作曲家，同時也是音樂教師。整個白天，莫札特在家裡都聽得見利奧波德教琴的聲音。一七五九年，七歲的姊姊瑪麗雅．安娜（Maria Anna）開始跟著父親學鋼琴，她極具潛力，並且日夜不斷練習。莫札特迷上了她彈奏的那些簡單曲子，跟著哼唱；有時候甚至會坐在家裡的大鍵琴前，模仿姊姊彈奏。利奧波德很快就發現兒子天賦異稟。以三歲小孩來說，他對樂曲的記憶力驚人，音感更是絕對，重點是那時還沒有人教過他。

利奧波德不曾教過這麼小的孩子，決定等莫札特一滿四歲再教他彈琴。才上了幾節課，他果然發現莫札特的奇異特質，他比其他學生認眞不知凡幾，簡直全然沉浸在音樂當中。在如此高度專注下，他學習速度大幅超前其他小孩。五歲時，他偷偷練習瑪麗雅．安娜正在學習的艱澀樂曲，卻不出半小時就能輕鬆彈奏，因爲他聽姊姊練習時就牢記於心，所以看到紙頁上的音符時三兩下就上手。

利奧波德完全看出這種驚人的專注力源自何處：莫札特對音樂的熱愛。每當利奧波德拿出要莫札特挑戰的艱深樂譜，他的眼睛會發亮。如果是難以駕馭的新曲目，他會日以繼夜地鑽研，過不了多久便能彈奏自如。晚上，父母還得逼迫他停止練習、乖乖上床就寢。他的學習熱忱年年遞增，就算必須跟其他小朋友一起玩耍時，他也會設法把遊戲變成納入音樂的活動。但他最愛的，是即興改編已經彈奏一段時日的樂曲，爲曲子添上迷人又新鮮的個人色彩。

莫札特小小年紀就異常多愁善感，情緒時常大起大落，一會兒鬧脾氣，一會兒又熱情洋溢。他臉上經常掛著焦慮，唯有在鋼琴前坐定時才能放鬆下來，接著便行雲流水、在音樂中渾然忘我。

一七六二年某天，利奧波德聽到自己的一對兒女共彈了一首雙鋼琴樂曲，於是靈光一閃。女兒瑪麗雅・安娜是才華洋溢的鋼琴演奏家，莫札特則是名符其實的音樂天才。姊弟倆就像一雙珍寶，散發天生的迷人風采，莫札特甚至具有明星潛質。利奧波德身爲一介宮廷樂師，收入頗低微，但他嗅到了靠兒女發財的機會了。幾番考量後，他決定舉家前往歐洲各地的首都作巡迴，在王室及民衆面前表演並收取費用。爲了增加噱頭，他替孩子們盛裝打扮，瑪麗雅・安娜扮成公主，莫札特則是戴上假髮、穿著華麗背心，打扮成大臣，腰間還佩掛一把寶劍。

他們的第一站是維也納，姊弟倆立刻迷倒了奧地利皇帝和皇后。之後前往巴黎停留數月，進宮爲王室演出，路易十五世國王 (King Louis XV) 甚至開心地讓莫札特坐到他的大腿上。他們接著在倫敦一待就是一年多，爲形形色色的廣大觀衆演出。兩個盛裝打扮的小孩看來十分討喜，但莫札特的演奏更教觀衆驚豔不已。他學會父親設計出的許多小把戲，像是坐在鋼琴前用一塊布遮蔽視線，然後光憑一根手指彈奏小步舞曲；或機靈地即興演奏知名作曲家新推出的曲目；他也會演奏自己的作品，不論曲子多陽春，一個七歲小孩能彈奏自己創作的奏鳴曲已足以教人刮目相看。最神乎其技的是，莫札特的小小手指可以用驚人速度在琴鍵上輕快飛舞。

巡迴表演久了，一個有趣的模式漸漸成形。莫札特一家人受邀前去觀光，在鄉間遊歷或出席各種社交聚會，莫札特則是裝病或喊累找藉口推拖邀約，然後把時間省下來投注在音樂上。他慣用的招數是跟造訪的宮廷裡最傑出的作曲家搭上線，在倫敦期間，莫札特就讓巴哈 (Johann Sebastian Bach)[1] 的兒子，也是優異的作曲家約翰・克利斯提安・巴哈 (Johann Christian Bach) 留下良好印象。當全家受邀到別處作短途旅行時，他便有了最佳的託辭：已經請約翰・克利斯提安指導他作曲。

莫札特按此策略，接受邂逅的每一位作曲家指導，所受的音樂薰陶遙遙領先任何其他小孩。有人認爲他從小就如此專心致志，豈不是失落了童年，但莫札特熱愛音樂，樂於不斷接受音樂上的挑戰，從中獲致的喜悅萬萬不是任何娛樂或遊戲能相比擬。

巡迴表演雖賺進豐厚收入，卻差點以悲劇收場。一七六六年，開始踏上歸程的一家人來到荷蘭，莫札特染上嚴重的熱病，迅速消瘦，時而清醒時而昏迷，甚至一度瀕臨死亡。後來，高燒神奇地退了，他花了幾個月漸漸恢復健康，但這一場重病徹底改變了他。他從那一刻起老是感到悶悶不樂，覺得自己逃不過早逝的命運。

如今，莫札特一家人全仰賴兩小巡迴表演的收入，但邀約隨著時間過去漸漸減少。其一是新鮮感消退，其二是孩子們長大了也不若年幼時可愛討喜。利奧波德急著另闢財源，於是又構思了另一個計畫。莫札特逐漸成爲有模有樣的作曲家，具備譜寫各類型樂曲的能力，他決定爲兒子敲定宮廷作曲家這個鐵飯碗，同時爲他招攬譜寫協奏曲及交響樂曲的生意。擬定這個目標後，父子倆便在一七七〇年展開一連串的義大利行程，當代一切與音樂有關的事物皆是由義大利發跡。

義大利之行相當順利。莫札特在所有的重要宮廷施展超群琴藝，交響樂和音樂會作品皆獲得許多好評，以一名青少年來說，表現已是可圈可點。他再度得以與當時最著名的作曲家們往來，強化了早年在旅行中學到的音樂知識。不只如此，他重新邂逅了自己最熱愛的音樂類型：歌劇，他從小就認定自己的生命任務是要譜寫出雋永的歌劇。莫札特在義大利見識到製作最精良的歌劇，才意識到自己這份狂熱的根源：歌劇是以純音樂形式演繹的戲劇，用具有無限潛能的人聲表達七情六欲，支撐起整體氣勢。儘管莫札特得到許多關注與啓發，但在花了將近三年走訪義大利各地宮廷後，都沒有得到能與他才華相匹配的宮廷職務或生意。於是，父子倆在一七七三年返回薩爾茲堡。

利奧波德與薩爾茲堡大主教在棘手的談判後，總算爲兒子敲定宮廷樂師兼作曲家的職位，酬勞相對還算優渥。從各方面來看，這是一項不錯的安排：莫札特不必再爲金錢煩惱，能將大把時間拿來作曲。但幾乎從一開始，莫札特心裡就不是滋味，整個人不禁心浮氣躁起來。他大半的年少時光都花在歐洲巡迴表演，與傑出的樂壇菁英往來，聆聽名氣最響亮的管弦樂隊表演，如今淪落到在鄙俗的薩爾茲堡落腳，孤立於歐洲的音樂勝地之外，在沒有劇院、也沒有歌劇的城市裡討生活。

更惱人的是作曲這事愈來愈令他氣餒。自從有記憶以來，他的腦子裡總是充滿音樂，但幾乎都是別人的作品，他知道自己的作品說穿了，就是以其他作曲家的樂曲爲基礎，然後用高明的手法加以模仿、改編。他如同一株幼苗，把各種相互交融的音樂風格當作周遭環境所供給的養分，照單全收。他感覺到內心深處在騷動，他想發表自己的音樂，停止模仿。這片土壤如今已蘊含飽滿的養分。在青少年時期，他承受各種矛盾的強烈情緒侵襲：興高采烈、抑鬱沮喪、渴望性愛。他最大的願望就是把那些滋味全數移植到作品裡。

他沒有意識到自己其實已經開始嘗試這樣做了。他爲弦樂四重奏撰寫一連串悠長的慢樂章，以各種怪異的情緒組合作爲鋪陳，並不時用大幅度的漸強音表現焦慮。他向父親展示這些慢樂章，可把利奧波德嚇壞了。莫札特爲宮廷譜寫逗人開心的樂曲，作爲一家人的主要收入來源，要是宮廷或

1 一六八五～一七五〇年，巴洛克時期的德國作曲家，傑出的管風琴、小提琴、大鍵琴演奏家。巴哈被公認為是音樂史上最重要的作曲家之一，被尊奉為音樂之父。

大主教聽到這些新作品，肯定會認爲莫札特瘋了。更何況這些作品對薩爾茲堡的宮廷樂師來說太複雜，根本無力演奏，他要求兒子別繼續沉迷在怪誕的音樂當中，或至少等找到其他能餬口的工作再說。

莫札特勉爲其難地答應，但隨著時間流逝卻愈來愈抑鬱。他被迫譜寫的音樂毫無生氣，平凡無奇，完全無法反映他的內心世界。他創作的曲目因此銳減，也鮮少公開表演，這是他有生以來第一次喪失對音樂的熱情。他覺得自己宛如囚徒，所以脾氣漸趨暴躁。當他在公眾場合聽到歌劇的詠歎調，會想起自己原本可以譜寫出怎樣的樂曲，意志便消沉起來。他與父親爭執不斷，從憤怒轉爲哀求父親原諒他的叛逆。慢慢地，他想認命了：他會身陷在薩爾茲堡英年早逝，他知道自己有本事創作的那種音樂，世人將永遠無緣得見了。

一七八一年，薩爾茲堡大主教邀莫札特陪他前往維也納，打算在當地讓旗下才華洋溢的宮廷樂師亮相。在維也納期間，宮廷樂師一職的本分突然變得鮮明起來，大主教把他當成私人助理一般呼來喝去，原來他充其量只是名僕役。這下子，莫札特過去累積了七年的怨憤一下子全都浮了上來。他已經二十五歲，寶貴的光陰正在流逝，父親和大主教還這般拖累他的腳步。他愛父親，也仰賴家人的親情，但再也無法忍受自己的處境了。一行人準備啓程返回薩爾茲堡時，他做出驚人之舉：拒絕離開。他請求解除宮廷樂師一職，大主教一開始對他極盡侮辱之能事，最後終於不得不讓步。父親與大主教站在同一陣線，苦勸兒子回家，並表明會饒恕他這次的任性。但莫札特心意已定：留在維也納。結果，他後半輩子再也沒離開這個地方。

與父親的決裂是難以挽回又極度痛苦的，但他自覺時日不多，想創作的東西卻多到彷彿無法全數完成。他懷抱比童年時期更甚的滿腔熱血投入音樂，無數的靈感彷彿被壓抑得太久而瞬間傾巢而出，締造了音樂史上前所未見的創意大爆發。

過去二十年的學徒訓練爲這一刻做足了準備。他培養出強大的記憶力，多年來融會貫通的和聲、曲調全都牢記於心，他思考的不是個別音符或和弦，而是整段音樂，他會把在腦海裡聽見的旋律立即寫下來。曾經目睹他作曲的人無不震懾於其神速，就拿他的歌劇《唐．喬凡尼》(*Don Giovanni*)來說，[2]莫札特在布拉格首演前夕出門飲酒作樂，聽到朋友提醒他序曲尚未完工才急忙趕回家，太太在一旁唱歌爲他提神，他則在幾個鐘頭內寫就史上極其受歡迎、精妙的序曲。

更重要的是，他長年學習作曲之故，任何你想像得到的音樂類型他都如數家珍，累積下來的超凡功夫讓他能用現有音樂類型表達新的東西，可以拓展音樂的疆界，甚至憑藉自己的創造力來改造。他感受到內心騷亂，積極尋找讓音樂變得既強大又具張力的表現方式，而不僅僅是充當裝飾的配角。

鋼琴協奏曲和交響樂在當時已成爲輕鬆、膚淺的音樂類型，樂章簡短、旋律冗贅，通常是由小型管弦樂隊在演奏。莫札特從內在結構全面改寫形式，譜寫的樂曲適合規模更大的管弦樂團，擴增了小提琴手的陣容，這樣的管弦樂團可以演奏出當時前所未聞的震撼樂音。他的慢樂章遠遠超越一般曲目的篇幅，在開場時巧妙地建立緊繃氛圍與運用不協和音，在第二慢樂章繼續增強，最後以壯闊、充滿戲劇效果的終曲收尾。他賦予作品多元表達懼怕、悲傷、示警、憤怒、歡悅、狂喜的力量，排山倒海而來的嶄新樂音涵蓋如此眾多的層面，聽眾聽得如痴如醉。如此創新的作品問世後，所有

2 由莫札特譜曲，洛倫佐．達．彭特作詞的兩幕義大利語歌劇，首演於一七八七年十月二九日的布拉格城邦劇院，由莫札特本人親自指揮。

的作曲家幾乎都無法回歸原本大行其道的空洞宮廷音樂。歐洲音樂從此翻了個樣貌。

莫札特不是出於挑釁或反叛才從事創新，他的創造欲不由自主地浮現，正如蜜蜂分泌蜂蠟一般自然。他是身懷卓越才華的音樂奇才，情不自禁想把每一種音樂類型滲透入自己的風格。

他在一七八六年聽到某個版本的唐璜(Don Juan)傳奇，[3]整個人頓時渾身一震。他高度認同於這位風流的情場高手，兩人一樣爲女性醉心痴迷，對權威人物不屑一顧。更重要的是，莫札特認爲他身爲一名作曲家，擁有魅惑聽眾的高超能力，音樂本身是一種終極的誘惑，挑動人心的力量大到令人難以抗拒。把唐璜傳奇改編成歌劇就能傳達這一切，於是他在隔年著手譜寫《唐．喬凡尼》（義大利文的唐璜），爲了讓故事能依照自己的想像鮮活起來，他必須再次使出創造的本領，這次要改造的將是歌劇的形式。

這個時期的歌劇通常偏靜態，有著固定公式。歌劇包含朗誦調（以大鍵琴伴奏的口白交代故事與動作）、詠嘆調（演唱者以歌唱回應朗誦調傳達的訊息），還有由一大群人共同進行的合唱。但莫札特打造的是一氣呵成的歌劇，不單用言語描繪唐．喬凡尼，更用音樂伴隨這位風流才子站上舞台，小提琴不斷以顫抖的震音傳達他緊繃、充滿肉欲的能量。他賦予這部作品快到近乎狂亂的節奏，那是在劇院裡前所未見的創舉。爲了進一步增強音樂表達的張力，他發明了重奏，由幾位角色獻唱的激昂、高潮時刻，有時候以精巧的對位疊唱方式呈現，賦予歌劇恍如幻夢般的感覺與流瀉度。

從頭到尾，《唐．喬凡尼》表達出對這位惡魔般的風流才子的憐惜。儘管其他角色不斷譴責他，即使唐．喬凡尼直到臨終依然冥頑不靈，笑著入地獄，拒絕向權威低頭到底，但你就是無法不欣賞起他來。不論從故事或音樂層面來說，那時代的人都不曾見識過像《唐．喬凡尼》那樣的歌劇。這齣歌劇遙遙領先那時代的作品太多，許多觀眾批評它太上不了檯面，音樂太刺耳，敘事步調太狂野，模稜兩可的道德觀更教人不敢恭維。

莫札特持續其狂暴的創作步調，終至耗盡心力。他在一七九一年最後一齣歌劇《魔笛》(*The Magic Flute*) 首演兩個月後離世，得年三十五。在他過世幾年後，世人才懂得欣賞他在《唐・喬凡尼》等作品中開創的先進音樂，《唐・喬凡尼》後來成爲史上演出頻率最高的五大歌劇之一。

進入大師境界的關鍵

> ……好幾件事在我內心兜攏了，我隨即恍然大悟是什麼特質讓一個人卓然有成，特別是在文學成就上，莎士比亞便是一個成就斐然的例證。這特質就是容受力 (Negative Capability)，這能力讓人能安處於不篤定、玄祕、疑惑之中，不會急急躁躁地探究事實與理由。
>
> 濟慈

3 西班牙家喻戶曉的一名傳說人物，以英俊瀟灑及風流著稱，一生周旋於無數貴族婦女之間，在文學作品中多被當成「情聖」的代名詞。

如果深入一點回顧童年，不只回憶往事，也回顧感受，便會察覺我們在童年時期看待世界的眼光和現在截然不同。當時的心胸徹底開放，懷抱各種天馬行空的原創想法。如今視爲理所當然的事，諸如夜晚的星空或鏡中的倒影等最尋常的事物，在童年時都能令我們反覆思量。大腦塞滿了對周遭世界的提問，因爲語言能力尚未精通，我們會以非語言的圖像與感受直接進行思考。當觀賞馬戲團、運動競賽及電影，眼睛與耳朵會竭力接收整個場景，於是形色極爲鮮活。當時滿心想把一切變爲一場遊戲，在各種情境下恣意玩耍。

我們可以將這種特色稱爲原始心智 (Original Mind)。原始心智看待外界的眼光較直觀，不是透過言語及被灌輸的觀念。原始心智靈活有彈性，開放地接收新資訊。對原始心智的記憶令我們不禁懷念起童年對世界那般強烈的感受。隨著年歲增長，感受的強度跟著消退。透過言語與成見的濾網看世界；昔日的經驗持續覆蓋在現在的生活上頭，左右我們對外界事物的所有看法。於是再也看不見事物的如實樣貌，不再關注細節，不再納悶這些事物爲何存在。我們的心靈漸漸緊縮，對視爲理所當然的世界充滿著防衛，一旦信念或想法遭到他人抨擊，就會發火。

這種思維方式或可稱爲傳統心智 (Conventional Mind)。在謀生、融入社會的壓力下，我們硬是把心智塞進愈來愈狹隘的慣性中，只在小地方維持些童心，像是去玩樂或參與能暫拋傳統心智的活動。就像身在國外旅行時，我們較難仰賴熟悉的慣常，於是容易重拾起童心，對眼前的新鮮事物不斷感到驚奇。但心智無法長期、全然投入這類活動，曇花一現的返童現象無法帶來長遠的益處。其中並無創造力可言。

說穿了，**大師與創造力旺盛的人就是能在成年生活的壓力與條件之下，依然維持赤子之心**。童心展現在他們的工作及思維中。小孩天生創意無限，能玩味各種想法與情境，隨時都想改造周遭一切，脫口而出的觀點或無心之舉皆有可能令人眼睛一亮。但孩童的創造力有其侷限，無法帶來新發現、產生新發明或有模有樣的藝術作品。

大師不但保有原始心智，更把它運用在多年的學徒訓練中，融進他們可以深度聚焦問題及想法的能力，這才催生出了高超的創造力。儘管對某個領域的學識淵博，一旦面臨問題時，他們的心智會敞開，可以納入不同的觀點與作法。大師會問眾人不留心的簡單問題，有熱忱與紀律追根究柢。他們在專業上保有孩童般的興奮，做起事來像在遊戲，即使長時辛勤工作也能夠充滿幹勁且愉快。**一如孩童，他們善用言語以外的思考方式：視覺、空間、直覺，比一般人更懂得使用非語言、無意識的心智活動，令人驚嘆的點子與創造力都要歸功於此。**

有些人雖保有赤子之心隨興之至，但創造力卻易分散到一千個地方，缺乏的是耐心與紀律去忍受長期的學徒訓練。有些人則是自律良好，累積了大量知識成了業界專家，心智卻缺乏彈性，想法從不須臾偏離傳統思維，於是無法發揮任何創造力。**所謂的大師得是兼容並蓄，既能自律又有童心，這可稱為多重心智** (Dimensional Mind)。多重心智不會受制於有限的經驗習慣，可以開枝散葉到各個方向，深度理解現況，也因此能探索世界的不同層次。傳統心智採守勢：接收資訊，再依照慣性生搬硬套；多重心智採攻勢：把消化吸收的一切改造成具新意的原創品。所以，重點在於創造，而不是一味接收。

很難具體言明大師為何能維持著赤子之心，同時累積對現世的知識，這對多數人來說難度頗高，即使辦得到也很吃力。或許大師比較無法割捨童年，也或許在人生某個時刻，他們曾憑直覺認知到保持童心、把童心運用在工作上能發揮無比的力量。無論如何，擁有多重心智並非易事。大師的童心在學徒訓練階段通常處於休眠，要耐著性子吸收業界的各種細節。當他們自由了，有機會靈活運用所累積的知識時，童心才會跟著甦醒。當別人要求他們也融入群體、固守傳統，大師會面臨危機。他們或許會在社會壓力下稍稍抑制創造力，但它終究會再度恣意迸發，強度甚至以倍計。

要知道：任何人都有亟欲展現的創造力，這是屬於原始心智的天賦，潛力無窮。人類心智充滿創意，會不斷設法串連不同事物與想法，想探索、發掘世界的新層面，並懷抱發明的渴望。想展現創造力可說是人類最強大的欲望，若將它澆熄會產生抑鬱的情緒。扼殺創造力的元凶不會是年紀太大或才氣太少，而是自己所持的心境和態度。我們過度安於在學徒訓練階段累積知識的狀態，對新想法有點怯步，也怯於竭盡心力去構思新點子。這樣會有風險，說不定會失敗，遭受譏笑，於是情願死守熟悉的觀念及思考習慣，但會為此付出昂貴的代價：**心智一旦缺乏挑戰就會枯竭、落得死氣沉沉；於是在往後的專業發展上碰到瓶頸，成了可以被輕易取代的小螺絲釘，對自己的命運難以置喙。**

但這也表示，我們不論年紀多大都仍具備點燃創造力的潛力。重拾創造力對我們的精氣神極具好處、對事業也大有助益。只要了解多重心智如何運作及如何灌溉它，便能主動喚醒心智的活潑彈性，逆轉衰頹的走勢。多重心智的創造力可說是沒有邊界的，而且幾乎任何人都唾手可得。

看看莫札特的例子。他是舉世公認的音樂神童、曠世奇葩，一個天生的怪才。否則如何解釋他年紀輕輕就才華洋溢，在人生最後十年更是創造力大迸發，締造了眾多音樂史上的革新，譜寫出普世喜愛的作品？事實上，他的才華與創造力絕對其來有自，但這無損他的成就。

他一出生就沉浸在令他痴迷的音樂中，一開始學習音樂便極度專注及用功。他四歲的心智比大他幾歲的小孩更開放、更容易形塑。高度的專注力主要源自於熱愛音樂，練琴不是例行公事或責任，而是擴展知識、探索更多的音樂可能性。到了六歲，他累積的練習時數已是一般十二歲小孩的兩倍之多。在巡迴表演期間，他見識了當代所有的音樂潮流及創新，心智滿載著關於音樂的豐沛知識。

到了青少年時期，莫札特經歷典型的創意危機，不夠堅強的人往往就此滅頂或開始走偏。長達八年的時間，莫札特承受來自父親、大主教、薩爾茲堡宮廷的龐大壓力，同時肩負養家的責任，不得不抑制自己強烈的創作衝動。在這個關鍵時刻，他也可能會因意志消沉而低頭，繼續爲宮廷譜寫老式樂曲就好了。如此一來，他最終會淪爲十八世紀小有名氣的作曲家。但他起身反抗這個命運，決定重拾童心，堅持讓音樂爲自己發聲的初心，實現對歌劇的熱愛。憑著累積已久的能量、長期的學徒訓練及深厚的學識，當他脫離家人獨立後，創造力的爆發宛如水到渠成。他能快速譜寫出曠世經典並非只因天生才氣，而是他極擅長以音樂思考，所以能輕鬆將之轉譯成紙頁上的音符。他不是絕無僅有的怪才，而是人類創造潛能的高標。

多重心智有兩項基本要件：一，對某個領域或主題學問廣博；二，能夠敞開心胸，以嶄新、原創方式靈活運用專門的學問。創造所需的知識扎根於學徒時期，那時努力精通所有的基礎學問。等心智不必再爲打基礎忙碌時，才能專注在較高層次、較具創意的活動上。問題是，學徒訓練階段累積的知識（包含數不清的規則和程序）也可能緩緩造成毒害，將人禁錮在千篇一律的制式作法與思維之中。心智必須掙脫守舊心態，才能活躍、才能探索。

要喚醒多重心智，開始創造，必須完成三個步驟：一，選擇適當的任務，亦即一個可以把技能與學問拓展到極限的活動；二，運用策略爲心智鬆綁、敞開胸懷；三，營造最適合突破或頓悟的精神狀態。最後，全程都要防範自滿、厭煩、浮誇等情緒絆腳石令我們偏離正軌，或阻礙前進。如果能順利走完這三個步驟並避開情緒陷阱，我們必然能夠釋放內心的強大創造力。

步驟一：具有創造性的任務

首先，你對創造力的定義必須重來，換個全新角度。我們通常認爲創造要聰明以及想法特別，但創造其實是自我的全面動員，要具情感、有活力，個性及心理也要調整好。要發掘新洞見、發明造福公眾的事物或創作寓意深遠的藝術作品，勢必要付出許多時間及心力。經常得耗上幾年反覆試驗，經歷無數的挫折與失敗，並得同時維持住定力。必須持之以恆，相信自己的努力終究會達成重大建樹。但若是一開始就挑錯目標來挑戰，即使你擁有最優秀的腦袋，學問淵博、點子源源不絕，照樣會精力耗盡，如此一來，便端不出像樣的成績。

決定要投身的工作領域時，務必挑選會令你著迷的工作。呼應生命任務，這份工作要能激發你深深的共鳴。（對莫札特來說，眞正讓他傾注全情的是歌劇，而不是其他音樂類型。）你要像梅爾維爾 (Herman Melville) 筆下的《白鯨記》(*Moby-Dick*)[4]亞哈船長，一心一意只想捕獲大白鯨。憑藉這份深植在心的渴望，日後你才能承受必經的挫敗與打擊，捱過單調乏味的操練，甘心創作時的任勞任怨，無視周遭對你打問號、批判你的人；你才會把解題視爲己任，不達成功絕不罷休。

要了解：一個人能否登上大師境界，全看他決定把創造力導向何處。當愛迪生第一次看見弧光燈，當下便知道自己找到了發揮創造力的終極挑戰。他摸索著，如何讓電燈不再只是一個譁眾的噱頭，而能實際取代煤油燈，儘管必須投注多年的苦心孤詣，卻能帶給世界空前重大的改變。這是他必須破解的謎團，他找到了能與他的創造力匹配的挑戰。對於畫家林布蘭 (Rembrandt)[5]來說，一直要到遇見令他著迷的主題（刻畫人生的黑暗面、悲劇，包含張力十足的《聖經》場景），他才挺身而出，發明全新畫法，捕捉光線並呈現在畫作中。作家普魯斯特 (Marcel Proust)[6]遍尋不著小說題材而多年苦惱，最後赫然醒悟自己的人生及屢次嘗試寫出名作均告失敗的經歷，正是尋覓已久的主題，接著小說書寫便流瀉而出，《追憶似水年華》(*In Search of Lost Time*) 成了史上極經典的著作。

底下說的是創造力的基礎動力法則，不妨深深烙印在你的腦海，不可或忘：**你對工作投注多少情感，將會如實呈現在工作成果上**。如果做事百無聊賴，從你的平庸表現及工作日益懶散便能一眼看穿。如果做事的首要動力是金錢，毫無熱情，工作成果將缺少亮點、跟你幾乎不相干。你自己或許看不出來，但絕對難逃旁人的法眼，光從你的成果就能感受到執行時的心不在焉。如果你在工作過程中興奮洋溢，做到忘我，必然會顯現在作品的細微處。如果工作出於赤忱，成果便會傳達出這分誠意。不只是藝術作品如此，科學研究、商業領域也無一不然。你從事創意任務或許不如愛迪生來得狂熱，但仍必須具備一定程度以上的熱忱，否則做了也是白費工夫。切勿在領域裡隨隨便便挑個目標就定下來，以爲自己一定能搞定；相反地，你得依據自己的天賦性向，物色一個正確目標。

爲了添加創造過程的柴火，挑個能顛覆傳統、喚醒叛逆精神的題材通常是聰明的選擇。也許你想發明或發掘的，別人會不屑一顧或嘲笑；也許構思的作品會掀起爭議，惹怒一些人。當你選擇令自己著迷的題材，自然會朝著非正統的方向挺進。就用顛覆傳統的欲望好好助自己一臂之力，四面楚歌或不受青睞的感受正是足以強力鞭策你的動機，催生出更多的創造力及專注力。

4 美國小說家、散文家和詩人赫爾曼·梅爾維爾最著名的作品，講述一名意志堅定的船長，在一次捕鯨過程中被一隻名叫莫比·迪克的抹香鯨咬斷一條腿，從此決心要捕殺牠。

5 一六〇六～一六六九年，歐洲巴洛克藝術的代表畫家之一，也是十七世紀荷蘭黃金時代繪畫的主要人物，被稱為荷蘭歷史上最偉大的畫家。

6 一八七一～一九二二年，法國意識流作家，寫作核心是把「客觀世界」反映在「主觀意念」中，敘述時常中斷，夾雜大量的議論、聯想與心理分析。

有兩件事必須謹記在心：**第一，選擇的任務要切實**。你累積的學問與技能必須能讓你游刃有餘地達成目標。在過程中或許需要額外學習幾樣新東西，但你必須已經精通基礎知識，並對業界有充足認識，心智才能專注在比較高的層次。也就是說，**你選擇的題材最好永遠稍微超出能力一些**，一個對你來說具有挑戰性的目標。創造力的法則是：**目標愈高，動用的內在能量愈多**。你雖因而得挺身迎接挑戰，但從中體驗到的創造力將會超乎想像。

第二，放下對舒適與安全感的需求。創造的本質就是一切都沒有定數。你或許知道自己的任務爲何，但永遠不知道努力的回報是什麼。如果你希望人生單純、安穩即可，創造性生涯不可知的本質會令你焦慮。如果在意別人的看法、擔心在群體裡的地位動搖，就絕不可能會有實質的建樹。你會不自覺把心智限縮在常規內，想法就會流於老套和呆板。如果害怕失敗，懼怕身心遭受煎熬、擔心財務不穩定，便違反了創造力蘊釀的法則，且這種擔憂會反映在工作成果上。把自己視爲探險家，若是不肯遠離岸邊，就絕不可能有任何斬獲。

步驟二：創造的策略

將心智想成一條肌肉，不刻意鍛鍊，久了就會變僵硬。原因有二：一，人會偏愛維持差不多的想法與思路，這能帶來安穩、熟悉的感覺。謹守老路也相對省力，所以喜歡墨守成規。二，當努力鑽研一個問題或構想時，頭腦自然會縮小關注範疇，然而要維持專注力既費心又耗力。**所以當具創造性的任務進行得愈長久，就愈不容易採納其他的可能性或觀點**。

這種限縮現象會對每個人都造成干擾，你不妨坦承自己也會犯同樣的毛病。唯一的反制策略是記得這時要放鬆心智，讓其他思路也能夠擠得進來。這不但對創造過程不可或缺，甚至對心理狀態也極具療效。底下是五個鍛鍊心智彈性的策略，取材自古今創造力最旺盛的大師。日後不妨全部採用，有助於全方位拓展並放鬆腦袋。

Ⓐ 培養容受力

一八一七年，二十二歲的詩人濟慈寫信向弟弟說明自己對創造過程的最新想法（其經歷見第105頁）。他寫道，我們的周遭世界遠超乎想像地錯綜複雜，若以我們有限的感官與意識，只能窺見一小部分的現況。尤有甚者，宇宙的萬事萬物隨時都處於變動之中，簡單的言語與思維無法捕捉此變動的複雜度。對智慧已開的人來說，唯一的解決辦法是允許心智盡量吸收當下的體驗，而去不批判其所代表的意義。允許心智去品味那些猶疑不定，時間則愈長愈好。當心智處於這種狀態時，可深入探究宇宙的奧祕，不要驟下結論、不宜過早下批判，那麼所得的洞見將會極其豐厚。

他在信中寫道，而這些唯有放下我執才能辦到。人天生是容易恐懼不安的生物，討厭不熟悉或未知。爲了補救這一點，我們喜歡提出貌似篤定、有力的見解與想法。這些觀點多數不是出自於深切的省思，往往是立論自別人的想法。更糟的是，一旦接受這些想法，日後要承認其謬誤就會損及自尊及虛榮心。在任何領域中，真正具有創造力的人都能暫且放下我執，單純地體驗所目睹的事物，而不急於下結論，並且盡可能將這段時間延長。萬一發現自己珍視的見解牴觸了現實，也早已做好心理建設。**有本事忍受，乃至於擁抱神祕、不確定的事物，就是濟慈所說的容受力**。

所有大師都具備容受力，這是其創造力泉源。容受力讓他們能夠從各種角度思考、試驗新鮮的想法，表現得傑出且令人感到耳目一新。莫札特在音樂生涯中從未堅持對音樂的某些特定見解，他像海綿一般吸收從周遭聽到的風格，再融入自己的聲音。到了音樂生涯晚期，他頭一次聽到巴哈與自己截然不同的音樂風格，巴哈的音樂在某些方面來說比較複雜。大部分藝術家對於異於自己風格的作品總會有點排斥，甚至不屑一顧。但莫札特敞開心胸接納別人的獨到之處，耗費將近一年的時間研究巴哈如何運用對位法，[7]並吸收成爲自己的音樂手法。這賦予他的音樂一種奇特的新鮮感。

愛因斯坦年紀輕輕就對一個明顯的悖論百思不解，這個悖論講的是兩個人觀察同一道光束，一人以光速追著光跑，另一個待在地球不動，而這道光束在兩人眼中皆相同。他沒有引用現成的理論來粉飾或解釋，而是發揮他的容受力，思考了漫長的十年時間。如此一來，他便能兼顧到每一種可能性，直到最後提出相對論的前身。（詳見第六章，第329頁。）

或許看來異想天開，**但要讓自己在思考時創意十足，培養出容受力是最重要的關鍵**。科學界人士往往會緊抱與自我認知一脈相承的觀點，以及自己想要相信的觀點。於是在選擇實驗證明的方式時，不自覺地受到影響，這便是所謂的驗證性偏誤(confirmation bias)。在這樣的偏誤下，會鎖定能夠替自己觀點背書的實驗與數據。大部分科學家都無法忍受事前不知道答案的不確定感。藝術界和文學界人士對政治信條、對世事的觀點都有定見，以致他們經常只是一再重述一個觀點，而不是對現況進行觀察後，再眞誠地提出見解。濟慈認爲莎士比亞堪稱典範，因爲莎士比亞不批判筆下的角色，他不帶成見進入他們的世界，並如實呈現，即使對那些被公認爲十惡不赦的角色也不例外。追求安全感可謂最嚴重的心病。

要實踐容受力，就要練習不急於滿足評斷每件事的心理需求，直到變成習慣。你不妨刻意去思考與自己對立的論述，玩味一番看看有何心得。你可以花點時間觀察一個人或一件事，刻意避免太快下定論。嘗試接觸你不熟悉的事物，例如，從不相干的領域或不同的流派中，挑選自己不熟悉的作家的著作來閱讀。用盡一切方法去干擾自己慣常的思考模式，打破自己自以爲知道眞相的感覺。

爲了放低自尊，你要對知識抱持謙卑的態度。卓越的科學家麥克・法拉第如此解釋謙卑：科學知識與時俱進，當代最偉大的理論日後皆有可能被推翻或修正。人類實在太渺小，無法對眞實情況擁有清晰且完美的觀點。你覺得自己正在醞釀的想法或理論非常新穎、鮮活、眞實，但數十、數百年後幾乎都會遭到否決或遭後人嘲笑。（我們不就經常取笑二十世紀前的人竟不肯相信演化論，竟然認爲世界只有六千年歷史，想想未來的人會如何恥笑二十一世紀人類的天眞想法。）所以謹記在心：別固執己見，別相信自己一定對。

容受力並非要時時保持的心境狀態。不論做任何事，我們都要設定思考的範圍；用相對聚焦的模式把想法歸納起來，努力得出結論。不論如何，我們最後還是得做出論斷。容受力是在接觸各種可能的過程中，協助我們敞開心胸的工具。當激發出許多創新思維後，我們的想法就有了一個相對明確的方向，屆時就可暫時擱置容受力了。等將來再度陷入停滯不前的狀態時，再回歸這個心理狀態。

B 讓機緣巧合有機會發生

大腦可以辨識事物之間的關聯性。它使用雙重處理系統，每接收一條資訊，便同時與其他資訊做比對，隨時都在尋找相似、相異處，以及訊息之間的關連。你要餵養這種天性，營造讓大腦在想

7 在音樂創作中，使兩條或更多條相互獨立的旋律同時發聲並彼此融洽的技術。

法與體驗之間建立巧妙連結的好環境。有個妙法可以協助你做到這點：放下掌控的欲望，讓機緣巧合能有機會發生。

原因很簡單。當我們全心投入一項工作，由於專注聚焦，注意力通常會收縮到極小的範圍內，令我們緊繃起來。這時，頭腦的反應便是減少必須處理的外在刺激，把世界封堵在外，以便專心處理眼前事務。如此一來，就會令我們更難察覺其他的可能性，忘了維持心態的開放、忘了靈活運用知識。然而唯有處於放鬆狀態之中，注意力才有辦法自然開展、接收更多資訊的刺激。

很多最有趣、最深奧難解的科學洞見都不是在專注做研究時發掘，而是在昏昏欲睡、搭公車或聽到笑話時突然迸現，**就在這些注意力鬆懈下來的時刻，出人意表的點子進入心智空隙，觸發了新連結，進而帶來豐饒成果**。偶然的聯想與發現就是所謂的機緣巧合（突如其來的事件），儘管機緣巧合在本質上無法刻意強求，但有兩個簡單步驟可供運用，將機緣巧合納入創意發想的一環。

第一步是盡可能多方搜查。在初期的研究階段，你搜查的範圍要放大，比基本所需的更爲廣泛。把觸角伸展到其他領域，閱讀、吸收一切相關資訊。如果你對一個現象已有明確的推論或假設，記得從不同角度檢視相關的例證，並尋找可能存在的反例。這看來或許既耗工又沒效率，但一定要相信這個步驟所能帶來的效益。經過這番搜查，因爲接收到了形形色色的資訊刺激，大腦會更加活躍。套用威廉．詹姆斯（William James）[8] 的說法，心智「從一個點子轉換到另一個點子……各項元素之間前所未有的組合、巧妙地做類比式的聯想；簡單來說，就是我們突然進入各種點子正在翻騰的大鍋中，一切都在嘶嘶、啵啵地響，處於極爲混亂卻活躍的狀態。」心智的動能就由此產生，只要簡單的機緣就能觸發絕妙點子的迸現。

第二步是維持敞開、放鬆的精神狀態。在極其緊繃的期間，你要給自己一些放鬆的時刻。去散個步，做做與工作無關的活動（愛因斯坦是去拉小提琴），或想想別的事，再怎麼細瑣的事都無所謂。如此一來，當出人意表的好點子浮現時，你才不會因爲它不符常理或有違原本的框架而忽略掉它。你會全心探索它，看看最後能導出什麼結果。

最能演繹這一點的範例，要算是路易．巴斯德（Louis Pasteur）[9]在免疫學上的突破，他發現接種疫苗可以預防傳染病。巴斯德耗費數年證明各種疾病是由微生物及細菌引起，這在當時是很先進的觀念。他在發展細菌理論期間，將自己的知識拓展到醫學及化學的分支領域。他在一八七九年研究雞霍亂，從事病菌培養，但因突發事件打斷了他的研究，培養皿就原封不動在實驗室擺了幾個月。當他重新回來做雞霍亂的研究時，爲雞隻注射培養皿中的病菌，訝異地發現雞隻三兩下就恢復健康。他猜想可能是因爲細菌擺放太久而喪失毒性，於是另外訂購菌種立刻爲同一批雞注射，也替其他幾隻雞注射。其他幾隻雞如他所料全死了，但原本那一批全都存活下來。

其實有很多醫生都見識過類似的情況，但沒人當它一回事，或沒去深思當中的意義。因爲巴斯德對此領域的知識夠淵博，雞隻倖存現象立刻引發他的好奇。他深入思考雞隻爲何能存活的原因，發現自己誤打誤撞，發掘了一種全新的醫療方法：接種微量的病菌讓身體產生對抗疾病的能力。他一直以來多方搜查資料，心胸保持開放，因此才能「湊巧」迸出如此洞見，得到這樣的「隨機」發現。

8 一八四二～一九一〇年，美國哲學家與心理學家。
9 一八二二～一八九五年，法國微生物學家、化學家。以倡導疾病細菌學說（菌原論）和發明預防接種方法而聞名，是第一個創造狂犬病和炭疽疫苗的科學家。

巴斯特本人說得很好：「機會只留給準備好的人。」

機緣巧合的發現在科學界及科技發明中極爲普遍，例證不勝枚舉，像是威廉・倫琴（Wilhelm Röntgen）[10] 發現X光、亞力山大・弗萊明（Alexander Fleming）[11] 發現盤尼西林、約翰尼斯・谷騰堡（Johannes Gutenberg）[12] 發明活字印刷術。大發明家愛迪生或許是所有例證中最能啓發人的一位。他長時間辛苦改良電報機記錄那些小點和橫槓時的紙張遞送方式，進展並不順利，他尤其討厭聽到紙張通過機器的聲音，它會發出「帶有音樂節奏般的細響，類似含糊不清的人類交談聲」。

他千方百計要去除這個聲音，但幾個月後不得不放棄，嗡嗚聲持續在他腦海中縈繞不去。有一天，嗡嗚聲再度響起時，他突然冒出一個驚人的念頭：他或許在無意間發現了記錄聲音與人聲的方法。他接連幾個月沉浸在聲音的科學中，後來運用跟電報極爲類似的技術開始做實驗，嘗試去製造能夠記錄人聲的留聲機。

我們從這項科學發明可以一窺具創意的人如何在思考。他們的大腦會處理接收到的每一個刺激，反覆思量，再重新評估。凡事都不會只是看表象，嗡嗚聲代表的不僅是一個聲音而已，它是一個需要被解讀的可能、一個徵兆。幾十個可能性最後可能都陷入死胡同，但對於心胸開放、頭腦靈敏的人來說，這些不但值得深思，鑽研於其中更是快樂無比。其實在進行思考時，智能活動本身就挺爲激勵人心。

機緣巧合在科學發明上扮演如此重的角色，其中一個原因在於人類心智有其侷限。人無法探索一切，兼顧到每個可能性，在愛迪生的時代，誰都沒辦法憑邏輯推理想像出紙捲可以記錄聲音，更遑論發明叫留聲機的東西。偶發的外在刺激觸發了原本憑一己之力無法產出的聯想。就如同在空氣中漂浮的種子，它們尋覓做好準備、開放的土壤以利其生根發芽，一個有意義的想法也是以類似的過程長成。

機緣巧合在藝文界也是常見的功臣。例如，作家安東尼·伯吉斯（Anthony Burgess）[13] 爲了從千篇一律的陳腐點子中解脫，幾度決定從參考書裡隨機選出字詞，依據字詞的順序與關聯鋪設小說的主軸。一旦湊足了完全隨機得來的起點，便由理智接手，編織出峰迴路轉的架構，寫成別開生面的小說。超現實藝術家馬克斯·恩斯特（Max Ernst）[14] 也做過類似的事，他從刷洗過很多遍的木地板上出現的深刻凹痕得到靈感，然後創作了一連串作品。他將紙張放在木地板上，用石墨以各種奇怪的角度畫出線條，然後拿去印製。他依據印製的圖像創作出超脫現實、有如幻覺一般的畫作。在這幾個例子當中，加工產生的隨機點子皆是用來激發心智，產生新聯想，促使創意湧現。把隨機的迸發與心智的演繹合併使用，常能創造出令人驚豔的成果。

想要掌握到機緣巧合，最好隨身攜帶著筆記本，任何時刻有任何點子或觀察心得都可立即記錄

---

10 一八四五～一九二三年，德國物理學家。他在進行陰極射線的實驗時，觀察到放在射線管附近塗有氰亞鉑酸鋇的屏上發出的微光，確信這是一種尚未為人所知的新射線，也就是「X射線」。

11 一八八一～一九五五年，蘇格蘭生物學家、藥學家、植物學家。於一九二八年發現盤尼西林（又名青黴素），這一發現開創了抗生素領域，使他聞名於世。

12 一三九八～一四六八年，德國人。發明活字印刷術，他的發明引發了一次媒介革命，並被公認為是現代史上最重要的事件之一。

13 一九一七～一九九三年，英國小說家、評論家及作曲家。其小說《發條橘子》由史丹利·庫柏力克拍成同名電影。

14 一八九一～一九七六年，德國畫家、雕塑家、圖像藝術家及詩人。他是一名多產的藝術家，也是超現實主義運動的主要領軍人物。

下來。放個筆記本在床邊，仔細記錄在意識朦朧之際（即將入眠或剛睡醒）浮現的點子。任何零碎的想法都不要放過，可能是某個圖像或書籍中的摘文。如此一來，你便能自由組構看似荒誕的點子，成堆的隨機資訊湊在一塊就足以激發許多新的聯想。

總括來說，請採取類比式思考，進一步善用心智的聯想能力。運用類比（和譬喻）進行思考對創意發想極有幫助。例如，十六、十七世紀的人用來證明地球恆定不動的論證，就是從塔樓扔一顆石頭，石頭會筆直掉落到塔底。他們主張，假如地球會動，石頭會掉偏到別處。伽利略十分擅長類比式思考，他把地球想像成一艘在太空中航行的帆船。他向懷疑地動說的人解釋：在航行的船隻上爬到桅杆頂端丟一顆石頭，石頭照樣會掉落到桅杆底部。

類比可以是嚴密且符合邏輯的，就像牛頓（Isaac Newton）[15]把院子裡從蘋果樹上掉落的蘋果，類比為月亮沉落。類比也可以是寬鬆而不符邏輯的，例如爵士樂手約翰．柯川將自己的作品想像成自己建蓋的聲音教堂。無論如何，務必訓練自己隨時都在做類比，因而重塑並拓展想法。

Ⓒ 讓心智在「思潮」中流轉

一八三二年，達爾文沿著南美海岸線航行並進入內陸（見第70頁），他漸漸留意到一些怪異現象：絕種已久的動物骸骨；在祕魯山區接近峰頂處發現海洋生物化石；有些島嶼動物雖然與內陸的同類有點像，卻又十分不像，他在筆記本裡仔細推敲這一切的含意。顯然，地球應該比《聖經》記載的還要古老很多，他愈來愈難想像所有生物是在一夕之間被創造出來的。在持續不斷推敲下，他仔細審視自己正在觀察的動植物，結果發現自然界許多異常之處，於是試圖歸納出一個模式。他在航程尾聲抵達加拉巴哥群島，在如此小的地區看到種類如此多的生物時，他才終於看出模式：生物的演化。

隨後二十年，達爾文繼續耕耘自己從年輕時就已展開的探索。他思考同一個物種出現不同變異種究竟是如何發生，爲了試驗自己的假設，他開始飼養並繁殖不同種類的鴿子。他逐步建構起演化論，奠基於動植物在廣大地球上的遷移。然而動物的遷移要比植物來得容易理解的多，比方說，火山島的歷史相對短暫，但上頭哪來那麼豐富的植物種類？多數人深信是上帝的傑作。達爾文於是進行一連串的實驗，把各類種子浸泡在鹽水中，觀察它們在這種環境下能存活多久、能否發芽成長。結果證明，種子存活的時間遠比他想的還長。若將洋流納入考量，他計算出多種植物的種子都可在四十天左右遷移超過一千六百公里，最後還能發芽成長。

構想有了雛形之後，他決定強化自己的研究，投注八年時間研究同一種甲殼類的諸多品種，以證明或推翻自己的假設。這項研究最後是證實了他的假設，卻也增添了一些新難題。耗費了這麼多的工夫，他確信自己的發現極具價值，於是發表了對演化的研究成果，稱之爲天擇說 (natural selection)。

達爾文建構出演化論，是人類的創意思想中極驚人的成就，也證明了人類心智的強大力量。演化並非肉眼可見，必須仰賴強大的想像力才得以窺見究竟，得推演地球幾千、幾百萬年來的可能情況，時間久遠到令人咋舌，根本很難有確切概念。同時，要構思一個可以獨力運作、不受神力引導

15 一六四三～一七二七年，英格蘭物理學家、數學家、天文學家。他於一六八七年發表《自然哲學的數學原理》，闡述了萬有引力和三大運動定律，奠定了此後三個世紀裡力學和天文學的基礎，並成為現代工程學的基礎。

的完整理論，需要具備的本事不同一般。達爾文的理論只能靠檢視證據進行推敲，種種發現代表的意義也只能在心裡推演。他依此方式建立的演化論通過了時間考驗，幾乎日後各類型的科學都受其影響。藉由我們稱爲思潮(the Current)的思維過程，達爾文讓每個人都清楚看見肉眼無法看見的眞相。

思潮可以看成是經由不斷修改而取得能量的心智電荷。我們先是注意到某個事物，納悶起當中的意義，便開始進行觀察。思索時，推想出幾種可能的解釋。當再次遇到相同事物，看待它的眼光便會改變，並在心裡逐一檢視曾思考過的各種可能解釋，甚至會做實驗來驗證、修正假設。幾週或幾個月後，當我們再度看到相同事物，對隱蔽在後的眞相就會擁有愈多的新認識。

如果不去推敲某個事物的背後有何意義，那就只能算是無關痛癢的觀察；但如果做了推敲卻不持續觀察、進行驗證，這樣的推敲只算是在腦子裡飄蕩的零星想法。**只有在推測與觀察、實驗之間不斷往返，我們對現實世界的認識才會逐漸深入，就像一顆鑽頭要透過鑽動才能穿透一塊木板**。思潮就是人類思緒與現實世界之間的不斷對話。如果夠深入，便能觸及一個眞理，有辦法解釋有限感官完全觸碰不到的事物。

思潮只是將人類意識的基本能力予以強化。我們最原始的祖先會觀察環境中的異常事物：斷裂的樹枝、被啃食的葉片、蹄印或掌印。憑著想像力，他們便能推論出，這種種跡象顯示曾有動物經過當地，只要追蹤足跡便能驗證是否猜測屬實。經由這個過程，肉眼無法在當下看見的事物（一頭路過的動物）便彷彿看見了。從遠古時候開始，這種能力便不斷在拓展，人類能應付的事物愈來愈艱澀、抽象，像是那些終究被我們破解的自然法則：演化論、相對論。

我們經常在社會上看見阻斷思潮的人。他們光是觀察到一些文化或自然現象，便激動地四處宣揚他們幼稚的猜測，其實只要肯花時間推敲可能的解釋，再加以觀察、驗證就可以得到十分可靠的結論，但他們不肯，於是與現實脫節，想法十分跳躍。話說回來，也有很多人累積了滿坑滿谷的研究資料和統計數據，卻不願放膽推測這些資訊在較重要的層面上可有被利用的潛力，也怯於提出新理論，這種人在學術界和科學界尤其常見。他們不敢進行推測，是因爲不夠科學又過於主觀，不懂推測力是人類心智的核心功能，人就是透過推測與現實產生關聯，進而辨識出肉眼看不見的事物。那樣的人情願恪守以往的事實與研究，謹小愼微，不願提出任何可能會犯錯的觀察，就怕貽笑大方。

有時候，對推測的恐懼會被扭曲成凡事猜疑。我們可以看到這種人得意洋洋地在任何理論尚未有具體進展前，就予以強烈批判。凡事質疑，希望別人誤以爲那象徵他才智超群，但他們其實是採行安全路線，不費吹灰之力就能找到現成論點來否定一切新主張。你務必要朝反方向挺進，追隨那些創意無限的思想家。不僅要推測，更要大無畏地提出自己的主張，這會迫使你認眞驗證或否決自己的推論，進而從中認識眞理。一如偉大的物理學家馬克斯．普朗克 (Max Planck)[16]所言，科學家「務必要有鮮活直接的想像，因爲新點子不只來自推論，也來自充滿美感的想像力。」

思潮的用途絕不僅限於科學領域。大發明家巴克敏斯特．富勒隨時都有新點子迸出來，且皆有望轉變成他的發明或新科技。在生涯初期，富勒注意到許多人都有一流點子，卻害怕採取行動，情願跟別人討論東討論西，寫成自己的幻想，就是不肯在現實世界付諸行動。他不願落入這些夢想家的悲哀，擬定的對策就是製作他稱爲「手工藝品」的東西。僅管有些點子頗爲瘋狂，他還是儘量落

16 一八五八～一九四七年，德國物理學家，為量子力學的創始人。

實想法，將之製作出模型，若覺得很可行，就進一步發明出它的原型，實際把點子轉變成有形的物品，他就能看出它是否真的具有發展潛力，或純粹只是妄想。原本看似古怪的點子不再只是空想，而有了實體，他還會把原型進一步提升，製作可以向大眾公開展示的手工藝品，以試水溫。

他製作的其中一項手工藝品是戴美西恩汽車(Dymaxion car)，在一九三三年公開展示。戴美西恩汽車的設計宗旨是大幅超越當年世上任何車輛的性能，易於駕駛，更符合空氣動力學，只有三個車輪，外觀則是奇特的水滴形狀；另外，這款汽車組裝快速，成本也很低廉。公開展示這項手工藝品後，讓他察覺到一些設計瑕疵，重新進行調整。儘管最後沒有成功，尤其是汽車業給他設下了重重障礙，但戴美西恩汽車深深影響了後來的設計師，許多人也開始質疑起車輛設計爲何老是千篇一律。富勒將這種手工藝品策略套用在他的所有點子上，包括他最著名的作品：網格狀球頂。

富勒製作手工藝品的策略是非常值得你仿效的優異模式，適合套用到任何形式的新發明或點子上。假設你有了一個新產品構想，就自行設計，然後將它發表出來，你通常會發現，對此產品感到興奮不已的往往只有你自己，大眾的反應會十分冷淡。你缺乏的是與現實世界進行對話，這便是思潮的重要。**最好的策略是先製作出原型，將點子化為實體來試水溫，再依據得到的評價進行修正，接著再次發表作品。數度重複這個步驟直到成品變得完美。**眾人的回饋能讓你深入思考自己的產品，把你的盲點赤裸攤在眼前，得知它在大眾眼中的評價及瑕疵。在點子與手工藝品之間來回反覆調整，將可助你創造出受人喜愛、功能性絕佳的產品。

D 改變你的觀點

把思考視爲幫助我們看見更廣大世界的眼力；把創造力視爲讓視野突破傳統藩籬的一把刀。

當我們看物體時，眼睛其實只把物體的一部分或輪廓傳輸至大腦，剩餘部分則由心智填滿，並對眼前的物體進行快速的大致評估。眼睛不會深究所有細節，但會留意當中的模式。我們的思維是仿照視覺在處理資訊，採取類似的簡化方式。遇到新狀況或初次邂逅一個人，我們不會停下來打量所有面向及細節，而是辨識出符合預期心理或過去經驗的輪廓或模式。我們把事件或人物歸類到原有的分類項目之下。如同視覺，如果必須細究每個新事件或新東西，大腦將疲於奔命。但糟糕的是，我們把心智的簡化手段套用到幾乎每件事情上，而這正是傳統心智的特質。我們在排除問題或理解觀念時，自以爲極度理性且考慮周全，渾然不覺自己深陷在狹隘的思路、同一套簡化的分類方法中。

創造力強的人可以抗拒這種傾向，從幾個不同角度檢視同一事物，把一般人顧不到的細節也瞧個清楚。有時候，在他們公開其發現或發明後，我們才恍然大悟這一切一向都如此昭然若揭，納悶起以前怎麼沒有人能想到。**這是因為創造力強的人會好好觀察到無法一眼就看穿的細節，並且不急著妄下定論、貼標籤**。這種能力是來自天賦或後天努力都無所謂：心智可以學會放鬆，跳脫原本的框架。要做到這一點，就要了解典型的心智窠臼及如何突破，然後刻意重塑自己的觀點。一旦這麼做，保證你對隨之而來的靈感和創造力感到驚訝。底下是幾種最普遍的心智窠臼及其反制法。

⊘ 只問「哪裡錯了」而不管「怎麼會這樣」：

假設某個計畫出了狀況，一般人的反應是找出單一原因或簡單的解釋，然後就斷定問題應該如何解決。如果出版的書籍賣不好，我們可能指稱是翻譯得不好或書中的觀念有偏頗。如果任職的公司業績不好，我們會檢討產品的設計或行銷不好。我們認爲這樣思考很理性啊，但問題往往更複雜、更全面；**我們之所以簡化問題，只因為頭腦隨時都在化繁為簡**。

去檢視「怎麼會這樣」而非「哪裡錯了」，代表你專注在結構：出錯的部分與整體之間的關係。以書籍來說，一本書賣不動或許是因它的架構不夠嚴謹，破綻百出的架構反映此書的觀點並未做好整合。一個人如果腦筋一團亂，就會反映在工作品質上。我們必須深入到細節內容，了解細部與主題之間的關係；也就是說，改善架構就能大幅提升書的價值。而在工商企業中，我們應該深入檢視整個公司組織，員工是否溝通良好、資訊傳遞是否快又暢通？如果工作伙伴缺少互動，無法凝聚起共識，再怎麼改良產品或行銷都挽救不了公司的績效。

自然界的萬物之間存在一種架構，即個體之間的關係，而且經常流動不定，不易辨識。心智的自然傾向是挑出單一事物，以名詞來進行思考，而不是用動詞。然而，你要花工夫觀察事物之間的關係，才能看清楚大局。就像藉由觀察電力、磁力及兩者之間的效應影響，科學家們才能革新科學思維。從麥克．法拉第到愛因斯坦的精密場論皆是如此。也才能將這場革新拓展到世俗的層次，落實在日常的思考當中。

⊘ 急著一概而論，忽略細節：

心智傾向於依據最少資訊驟下結論。我們喜歡快速得到結論，一個吻合既有看法的結論，對於相關細節則是非常敷衍不在乎。要改正這個模式，必須不時從巨觀切換至微觀，著重細節，留意小局。當達爾文要確認自己的理論精確無誤時，他砸下八年的漫長時間專注研究藤壺。聚焦在自然界的小小範疇，卻完美驗證了他的宏大理論。

當達文西要開創全新的繪畫風格，讓畫作更加生動，展現更有層次的情感，他對細節的研究幾近狂熱。他花了數不清的時間把各種光線照在不同的幾何物體上，試驗光線如何改變物體的外觀。

他以幾百頁筆記篇幅探索各種深淺的陰影組合。他也以相同的熱忱研究禮服的皺摺、頭髮形狀、人類面部表情的各種細微變化。當我們佇足欣賞他的作品，鮮少能意識到他曾投注多少工夫，但卻感覺得到他的畫作多麼鮮活、眞實，彷彿眞正捕捉到了現實世界。

總括來說，面對一個問題或理論時，心胸要盡量敞開。但要鑽研細節，讓細節引導你的思考、揉塑你的觀點。把自然界或世上萬物視爲一種全息圖（hologram）[17]，亦即由最小的部分反映出整體本質。沉浸於細節之中可以抵抗大腦想一概而論的傾向，讓自己更貼近事實。但千萬別迷失在細節中，以致忽略了細節是用來反映整體，屬於大局中的一小塊，否則就會陷入同一種毛病的另一極端。

肯定規範，忽視異常：

每個領域都免不了自有一套既有的規矩，對事情的共識。這有其必要，因爲缺少規範，我們將更難理解世界。但有時候，這些規矩主宰了我們的思想。我們反射式地想從世界中尋找吻合規範的模式，不符合規範的事物（異常事物）經常遭到忽視，或用個說法就呼攏過去。事實上，**異常事物蘊含的資訊最為豐富。這些異常往往揭露了規範中的瑕疵，可以開啓看待世界的新方法**。你務必化身成偵探一般，盡力發掘並好好檢視一般人視若無睹的異常事物。

十九世紀末葉，幾位科學家發覺鈾之類的稀有金屬即使沒有接觸光源，也會散發性質不明的亮

17 一種三維圖像，與傳統照片不同。傳統照片呈現的是真實的物理圖像，全息圖則包含了被記錄物體的尺寸、形狀、亮度和對比度等訊息。

光。但沒人多想，認定反正這個現象終究會有合理解釋，可以符合一般物質理論。但對科學家居禮夫人 (Marie Curie)[18] 來說，這個現象可值得好好深究了。她直覺判定這或許能擴展人類對物質的概念。在漫長的四年裡，居禮夫人在丈夫皮耶 (Pierre) 的協助下全力進行研究，最後把這現象命名爲放射性 (radioactivity)。她的發現的確徹底改變了科學家對物質的觀點，以前認爲物質元素是靜態且固定的，這下才曉得其實既不穩定又複雜。

當谷歌創辦人賴瑞・佩吉 (Larry Page) 和謝爾蓋・布林 (Sergey Brin) 在九〇年代中期檢視當時的各種搜尋引擎時，他們很關切在 AltaVista 系統中看似微不足道的一個瑕疵，也就是異常之處。這些搜尋引擎都是當時最炙手可熱的新創公司，搜尋結果多半是以文章中關鍵詞的出現次數進行排列。有時候，搜尋引擎會搜到派不上用場或不相干的文章，大部分人認爲那是遲早會解決修正的系統異常，或乾脆接受這個瑕疵也無所謂。佩吉和布林認眞地鑽研這一項異常，察覺到是因爲整個搜尋概念出了明顯的問題，於是開發了一種概念截然不同的排序演算法（依據一篇文章被連結的次數排序），徹底改變了搜尋引擎的效能。

達爾文理論的要點在於檢視畸型。自然界怪異、隨機的變異經常引領一個物種踏上新的演化方向。達爾文理論中的畸型即爲異常之處。異常往往象徵著未來，只是當下看來不太尋常。花心思研究異常之處，你便能比別人早一步揭示未來。

⊘只關心發生的事，忽略沒發生的事：

在柯南・道爾 (Arthur Conan Doyle)[19] 的《名駒銀斑》(*Silver Blaze*) 故事中，福爾摩斯破案的契機是關注沒發生的事：哪戶人家養的狗沒有吠。這表示兇手是狗熟識的人，這故事突顯出一般人經常忽略應該發生卻沒發生的事，這可稱爲隱性線索 (negative clues)。我們的天性是留意顯性資訊，只關心看得到、聽得見的事物。要像福爾摩斯那樣腦筋動得快，才能多方探索、忖度事件中沒出現的資訊，一眼揪出缺漏的部分，就如同我們看見眼前事物那樣輕而易舉。

長達數個世紀，醫界都認爲疾病純粹是身體遭受外在攻擊所致，像是病菌、寒風、瘴氣等。所以治療重點在於找出藥物來抵抗環境中致病因素的傷害。二十世紀初期的生化學家斐德烈克·哥蘭·霍普金斯 (Frederick Gowland Hopkins)[20] 研究壞血病的影響，認爲應該要反轉這個論點才對。他推測壞血病的發病原因不是源自外在攻擊，而是人體內缺少某種東西所致，也就是如今所知的維生素C。他發揮創想，不光檢視看得見的情況，而是逆向揪出欠缺的東西來解決問題。這進而促使他創立了關於維生素的研究，全面改寫健康概念。

在工商業界，我們的慣性是檢視市場上已有的產品，思考如何進行改良或降低成本。但眞正的難處，是要挖掘目前尚未被滿足的需求，專注在市場上缺少的產品（即是看見隱性線索）。這需要投注更大量的思考，不易抓出具體的概念，但若是能挖掘到尚未被滿足的需求，常常就能大發利市。**展開這種思考程序的一個好法子，是去想想現行新科技能有什麼截然不同的用途，可以滿足一項我們感覺得到卻又還不太明顯的需求**。倘使這種需求太顯而易見，別人老早就開始想方設法滿足了。

18 一八六七～一九三四年，波蘭裔法國籍物理學家、化學家。是放射性研究的先驅者，也是首位獲得諾貝爾獎的女性。
19 一八五九～一九三〇年，英國作家、醫生。因塑造了成功的偵探人物福爾摩斯，而成為偵探小說史上最重要的作家之一。
20 一八六一～一九四七年，英國生物化學家，在一九二九年與克里斯蒂安·艾克曼因為發現了多種維生素，而獲得諾貝爾生醫獎。

說到底，改變觀點的能力在於想像力發達與否。我們必須學習如何強化想像力，發想出比較多的可能性，而且腦筋要活絡、前瞻。這種本領對投資人、工商人士來說，跟對藝術家一樣切身。看看亨利．福特的例子，他本身就是個點子王，在製造汽車的初期，他構思出一種與當時企業迥異的公司形態。他要大量生產汽車，催生他認爲即將來臨的消費文化。但工廠員工平均十二個半小時才能生產一輛汽車，比他期望的目標慢太多。

福特有天一邊思索如何加快生產速度，一邊觀察員工手腳迅捷地圍著汽車組裝，汽車則被安放在平台上。福特沒有想著如何改良機具，或如何讓員工動得更快速，或雇用更多人手，因爲這些小改變提高的效率太微小，不足以達成大量生產的目標。他想像中的解決方案截然不同。在他心裡，漸漸浮現汽車移動、工人站著不動的畫面，想像著每名工人專責一小部分的工作，汽車則從一個工作站被移動到下一個工作站。過沒幾天，他便開始實際試驗，釐清到底該如何執行想法。到了一九一四年，他全面落實這種生產線概念，福特汽車工廠每九十分鐘便能生產一輛車。接下來幾年，他節省下來的生產時間屢屢教人咋舌。

當你努力解放心智、賦予大腦改變觀點的力量，請記住底下事項：我們在每個當下感受到的情緒會強烈影響看待世界的角度。害怕時，就會認爲某些行動的可能危險特別大；但若膽子一大起來時，就經常對潛在風險視若無睹。**切記：你不但要改變心智的觀點，也要一併改變情緒**。例如，如果在工作上頻頻受阻受挫，請把它想成是好事。這些阻礙能把你磨練得更強，認清自己需要補強之處。如同操練身體，阻力是讓體魄變強壯的方式，心智亦是如此。就算凡事一帆風順，也要練習轉變思維，看穿一帆風順本身的潛伏危險，像是變得愈來愈安逸、對別人的關注上癮了等。反轉的練習能夠解放想像力，讓你窺見更多可能，這將左右你會選擇的作法。若能把挫敗視爲轉機，到頭來獲取機會的可能性就會大幅提高。

E 回歸原始的智能形式

如同簡介中的討論（見第18頁），我們最原始的祖先在語言問世前，便發展出各種形式的智能，以提高在惡劣環境中生存的能力。他們主要以視覺的形象進行思考，擅長發掘模式並掌握環境中的重要細節。他們在遼闊的大片土地上漫遊，發展出空間思考能力，學會運用地標和太陽位置在各種地貌上判斷方位。他們能思考如何手工製作，在製作器具時手眼協調度極高。

發明語言後，祖先們的智能大幅躍進。透過語言思考，他們對周遭世界便產生更多可能的想法，彼此溝通並據以行動。人腦遵循這些演化路線發展，成爲多功能、彈性奇佳的器官，可在各種層次進行思考，把多種智能與所有的感官綜合起來應用。但在某個時間點出了差錯，我們慢慢喪失昔日的彈性想法，全憑語言進行思考，與曾在人類智能裡扮演要角的感官失聯，像是視覺、嗅覺、觸覺等。語言系統主要是爲了人際有效率交流而發展，透過約定俗成而發明建立，規範嚴密且穩定，才能把溝通的誤解降到最低。但生命錯綜複雜、變化多端，光賴語言系統往往無力應付。

文法將我們限縮在特定的邏輯形式與思維之中。一如美國哲學家悉尼・胡克（Sidney Hook）所說：「對亞里斯多德而言，他的範疇表[21]就相當於萬物存在的文法。當他繪製範疇表，其實就是把希

21 亞里斯多德是範疇論的開山祖師，他在《範疇篇》這本著作中列舉並且討論了十大基本存在。

腦語的文法投射到宇宙上。」語言學家列舉了許多無法用特定英文詞彙表達的概念；不能以特定詞彙表達的概念，我們通常就不會花心思深究。因此，跟我們天賦的多層次智能相比，語言通常是過度嚴謹且侷限的工具。

近幾百年來，科學、科技、藝術的發展突飛猛進，人類必須使用大腦解決日益複雜的問題，而眞正創造力十足的人懂得去培養非語言的思考能力，取用較低層次的意識，重拾曾爲人類效勞幾百萬年的原始智能形式。

根據偉大的數學家雅克·阿達馬 (Jacques Hadamard) 的說法，大部分數學家都是以圖像思考，爲試圖破解的定理製作視覺圖像。麥克·法拉第便是視覺思考中的翹楚。他比二十世紀的場論早一步想到電磁的磁力線，在他提筆記錄之前，他已先在腦海裡畫出磁力線。化學家迪米崔·門德列夫 (Dmitry Mendeleyev)[22] 則是在睡夢中看見週期表架構，化學元素以表單的形式攤在眼前。仰賴圖像的偉大思想家不勝枚舉，其中最厲害的或許要算是愛因斯坦，他曾寫道：「語言中的字詞，不論是書面或口語的，似乎都沒在我的思想機制中扮演任何角色。充當思想元件的是成堆的符號和還算清晰的圖像，我可以自行將它們重製、合併運用。」

愛迪生、亨利·福特等發明家不僅以視覺圖像思考，也還運用了立體模型。偉大的電機工程師尼古拉·特斯拉 (Nikola Tesla) 據說可以觀想出機械的詳盡細節及全部的運轉方式，再依據這個圖像來進行發明。

我們之所以該「退化」到以圖像思考的原因很簡單。人類能運用的記憶力有限，一次只能記住寥寥幾項資訊。運用圖像的話，只須一瞥就可以同時聯想很多事。圖像不同於語言，語言較冷淡且較嚴謹；圖像則可以自行創造、依據當下需求量身打造，比純語文更能靈活逼眞地呈現想法。運用圖像理解世界或許可算是最原始的智能形式，有助於構思想法，事後再用言語予以表達。文字是抽象的；圖像或模型則可以令我們的想法具體起來，滿足我們想用感官去看、去觸摸的需求。

如果你覺得難以進行圖像思考，運用圖表和模型也能幫助你發揮創意。達爾文就不擅長圖像思考，但他在研究初期發明了一個可以協助自己建立演化概念的圖像：一棵有不規則分支的樹。這棵樹象徵所有生命源自一枚種子；有的樹枝枯亡，有的持續生長、萌生新芽。他在筆記本畫上這麼一棵樹，這個圖像不時就派上用場，對他助益很大。分子生物學家詹姆斯・華生 (James D. Watson)[23] 與法蘭西斯・克里克 (Francis Crick) 製作了一個可以供他們操作、修改的 DNA 分子立體大模型；他們能夠發現 DNA 並進行解碼，這個模型厥功甚偉。

運用圖像、圖表、模型能幫助你辨識自己的思考模式，以及光用語言思考時難以想像出的新方向。當想法以簡圖或模型具體呈現出來，你可以一眼看清自己的概念，這能幫助你歸納大量資訊，增添新的想法。

概念圖或模型可以是費心思考的成果，華生與克里克的立體 DNA 模型就是一例，但也可以是處於覺知力的邊陲時迸現的，例如來自夢境或白日夢。若是後者，這種觀想需要相當程度的放鬆才能辨得到。過度刻意思考，只會得到制式的想法。讓注意力漂移，在你的想法周邊上玩耍，放鬆對

22 一八三四～一九〇七年，俄國科學家。發現化學元素的週期性，依照原子量，製作出世上第一張元素週期表。

23 一九二八年生，美國分子生物學家。與同僚法蘭西斯・克里克共同發現 DNA 的雙螺旋結構，與莫里斯・威爾金斯獲得一九六二年諾貝爾生醫獎。

意識的控制，容許圖像浮現。

麥克．法拉第在生涯初期去上繪畫課和油畫課，就是爲了重現他在各個講堂上看過的實驗。但他發現繪畫在各方面來看都有助於他思考。手與腦的連動深刻烙印在我們身上；要繪製東西，就得先仔細觀察，並從指尖感受如何爲圖畫賦予生命力。這樣的練習可以幫助你用圖像思考，讓心智從制約它的語言中得到解放。對達文西來說，繪畫與思考是一組同義詞。

博學多聞的作家歌德有天去拜訪偉大的德國作家斐德烈區．席勒 (Friedrich Schiller)，[24]發現了這位朋友有個怪異的創作習慣。歌德那天造訪席勒家，得知他不在但很快就會回來後，決定在席勒寫作的桌前坐下等待。歌德突然感到一陣莫名的暈眩，頭漸漸發昏，他移步到窗邊，暈眩感就消退了。他突然察覺是桌子抽屜裡飄出一股令人作嘔的怪味，他拉開抽屜，驚愕地看到裡頭滿是爛掉的蘋果，有些都已嚴重腐壞。席勒的妻子進門來時，歌德問她爲何這些臭蘋果會出現在此。她告訴他，是她按時在抽屜裡放滿爛蘋果，因爲她丈夫獨沽此味，席勒發現唯有那股氣味存在時，創作靈感才會最豐沛。

其他藝術家和思想家同樣會用稀奇古怪的方式刺激創意。愛因斯坦習慣在思索相對論時手拿一顆橡皮球，每當陷入苦思時就緊握。作家山謬．強森 (Samuel Johnson)[25]寫作時桌上一定要有貓，他會不時撫摸貓到讓牠打呼嚕，另外還要備有一片柳橙；據說唯有憑靠這些感官刺激，他才能進入寫作狀態。

這些都是與聯覺 (synesthesia) 現象相關的例子，亦即藉由刺激一個感官去觸發另一個感官。例如，聽到某個聲音就聯想到某個顏色。研究顯示，在藝術家和重度使用腦力的人之間，聯覺力尤其盛行。有人猜測聯覺代表大腦的高度互聯性，與智力有關。創造力強的人不單用言語思考，而是動用全部感官、全身都投入思考活動中。他們遍尋能在不同層次刺激思考的感官線索，就像氣味很重的爛蘋果或橡皮球的手感。這表示他們較常人更能敞開心胸，以不同形式的思維、創造、感覺來體驗世界，允許自己接觸範圍更廣大的感官體驗。你也務必要擴展自己對思考與創意的認識，不要只侷限在文字語言的框架內。多樣化刺激大腦和各種感官將有助於解放你的天賦，拓展你的創造力。

步驟三：創造力的柳暗花明：壓力與洞見

在每一位大師揮灑創意的故事中，幾乎都可瞧見底下模式：他們憑藉最初的直覺與求取成功的熱望一頭栽入；他們的初心帶有強烈的情感，計畫對他們而言無比鮮活。

初期精神上的興奮激勵他們朝特定方向前進，開始糅塑想法，限縮其他可能性，然後投注心血灌溉想法，讓想法漸漸發展出鮮明的樣貌。他們進入高度聚焦的階段，但大師通常不免具備另一種干擾工作的特質：不容易從手上的工作獲得滿足。一方面感到興奮，一方面又懷疑自己的作爲有何價值，標準極高。隨著工作進展，他們開始在原始想法裡發現始料未及的瑕疵與障礙。

當創造過程逐漸仰賴理智時，直覺愈來愈派不上用場，他們內心想法一度活蹦亂竄的狀況便開

24 一七五九～一八〇五年，德國著名詩人、哲學家、歷史學家和劇作家，德國啓蒙文學的代表人物之一。

25 一七〇九～一七八四年，常被稱為約翰遜博士（Dr. Johnson），英國史上最有名的文人之一。前半生名不經傳，但花了九年時間獨力編出的《約翰遜字典》，為他贏得「博士」頭銜。

始沉寂下來，進行創作味同嚼蠟。那種滋味難捱，因此他們更加賣力，想靠硬拚做出成果。但愈是努力，衍生的內在壓力和挫折感就愈沉重。索然無味的感覺愈來愈強烈。一開始，他們浮想聯翩；現在，思路卻陷入狹隘的窠臼，激盪不出和先前同等的創意。等撐到某個階段時，不夠堅強的人索性就放棄了或安於現有成績：不怎麼樣的的半成品。但傑出的大師往往具有過人韌性，雖經歷相同的低潮，但在無意識裡明白自己必須繼續挺進，一時的挫敗或被絆住的感受皆是具有意義的。

在壓力特別沉重時，大師們會放鬆片刻。也許是放下工作去睡個覺，也許是短暫休息或先找別的事來做。在這樣的時刻，問題的解答、執行計畫的完美點子幾乎一定會自動送上門來。

愛因斯坦花了十年的漫長歲月探索相對論，有天傍晚他決定放棄了，受夠了，這可能根本超出他的能力範圍。於是他早早上床就寢，沒想到一覺醒來，答案就在腦海中迸現。作曲家理察·華格納（Richard Wagner）[26]太過於投入創作《萊茵的黃金》（*Das Rheingold*）歌劇，後來陷入瓶頸。他感到非常氣餒，於是到森林裡散步散心，沒想到躺著躺著就睡著了。就在半夢半醒之間，他覺得自己彷彿沉入湍急的水流之中，轟隆隆的水聲轉變成音樂的和弦。他醒了過來，溺水的感覺令他餘悸猶存。他急忙趕回家寫下夢中的和弦，完美重現了湍急的水流聲。這些和弦成為這部歌劇的序曲，也是貫穿全劇的主旋律，是他極令人驚豔的作品。

類似這樣的故事俯拾皆是，足見這必然是大腦的一個特徵，也披露了大腦如何抵達創意的巔峰。可以用下文來闡釋這個過程：我們展開計畫初期會滿懷興奮之情，但如果一直停留在那種情緒當中，直覺得想不斷點燃一切，就無法拉開必要的距離，客觀檢視工作並予以改良。最初的熱血冷卻後，會令我們反覆琢磨想法，逼迫自己不要過早安於得到的簡單解答。全心投入一個問題或想法會引發挫折感與壓力，情緒累積到一定程度會達到臨界點。當我們察覺自己一籌莫展，這便是大腦發送的該鬆手訊號，該放手多久就放手多久。創造力強的人會在有意無意間接收到訊號。

鬆手時，我們沒有察覺想法與累積的聯想仍在表意識下持續運轉、醞釀。當緊繃感消散時，大腦便能立即重拾最初的興奮與渾身是勁的感覺，加上先前的辛勤灌溉，那種感覺更變本加厲。先前正是因爲思路窄狹了才遍尋不到破解之道，如今，大腦已做好得到答案的準備。或許《萊茵的黃金》的水聲靈感早已用不同形式在華格納的大腦裡翻攪，而他卻還在苦苦追尋適當的序曲。唯有當他停止追尋，在森林裡放鬆入眠，才能觸及無意識，容許在底層醞釀的靈感以夢的形式浮現到表意識。

關鍵就是你要熟悉這個過程，鼓舞滿腹懷疑、經歷修修改改、已經心力交瘁的自己值得繼續撐下去，明白挫折、瓶頸的背後價值與目的。當自己的禪修師父，師父會透過毆打學生，讓他們落入自我懷疑與充滿壓力的境地，因爲這樣的狀態正是開悟的前哨站。

在幾千則有關新洞見與新發明的故事中，最離奇的或許可算是法國人埃瓦里斯特・伽羅瓦(Évariste Galois)。[27]他是個天才型的數學家，十幾歲便展現驚人的代數才華。一八三一年，正值二十歲的他爲了女人跟別人起衝突，對方要求進行決鬥。在決鬥前一夜，伽羅瓦認爲自己必死無疑，便坐下來將苦思多年的代數方程式摘要記錄下來。突然間，點子流瀉而出，甚至不斷迸出新靈感。他振筆疾書了一整夜。第二天，一如自己的預料，他在決鬥中喪命，但他的筆記在隨後幾年經由專家

26 一八一三～一八八三年，德國作曲家。以歌劇聞名，不同於其他歌劇作者，他不但作曲，還編寫歌劇劇本。是德國歌劇史上舉足輕重的人物，前面承接莫札特、貝多芬的歌劇傳統，後面開啓了後浪漫主義歌劇作曲潮流。

27 一八一一～一八三二年，法國著名數學家。在十幾歲時，他就發現 n 次多項式可以用根式解的充要條件，解決長期困擾數學界的問題。他是激進的共和主義者，並因此被逮捕、坐牢。二十歲出獄後，在一次幾近自殺的決鬥中逝世。

鑑定後公諸於世，引發高等代數的全面革命。部分筆記指點的數學發展方向超越當代甚多，令人無法想像那些想法到底由何而來。

這個例子或許極端，但揭露了我們需要壓力的根本原因。**覺得自己有無窮盡的時間可以完成工作的話，會戕害心智、削弱我們的力量**。注意力和心思會因此渙散。缺乏緊張感令大腦很難啓動高速運轉，各種聯想冒不出頭。因此，記得都要爲自己的工作訂下期限，不論是眞正的期限或刻意規定的。面對即將來臨的截止日期，心智才會依你的敦促振作起來，令點子蜂湧而出。沒有多餘時間去感受挫敗，每天都得打起精神面對嚴峻的挑戰，早上一起床，你就會有各種具原創力的靈感和聯想推著你前進。

如果你沒有實際的工作期限，就自己設法訂一個。愛迪生深知壓力可以激發出優異表現，於是在新計畫完工前，就先向媒體放話。一來替新發明打打廣告；再者，大眾會興奮地期待他宣稱的新發明面世，萬一他失敗或步調太緩慢，便會有損聲譽。因此，他的心智會加速運轉以求實踐承諾。在這種情況下，大腦就像被逼到死角的大軍，無路可退，覺悟到不成功便成仁，心智就會奮力一搏。

情緒絆腳石

當事業發展到積極創造階段，我們的新挑戰就不再僅只是心理或智能上的挑戰。工作會更累人，我們不但得獨當一面，做事的風險也提高了。且在工作上的能見度提高後，我們做事的成果會受到嚴格的檢驗。或許你有著最優異的點子，還有一副靈光的腦袋，在智能上，能夠處理棘手的挑戰，但若稍有不慎，卻會被情緒絆倒。你有可能是個缺乏安全感的人，對別人的看法感到擔心，但也可能會過度自信；工作一久，你也可能變得不耐煩，喪失了幹勁，但幹勁卻是永遠不可或缺的。一旦被這些絆腳石阻礙，有可能很難重新站起來，不能重新站在一個足夠的高度上辨識出自己哪裡犯錯了。所以必須先認識這些情緒絆腳石，才能知己知彼、化險爲夷。底下就是一路上可能干擾我們的六大絆腳石：

自滿：小時候，世界宛如一個魔法世界，遇見每件事物都令我們覺得異常新鮮，教我們驚奇不已；如今以成人觀點來看，那種驚奇感未免太天眞了，我們已經變得世故、在現實世界累積了豐富閱歷，那種眞性情就不見了。「著迷」、「驚奇」之類的字眼令我們不屑一顧。姑且讓我們抱持相反的態度一會兒，想像一下生命在幾十億年前突然誕生，後來又出現了像人類這樣有意識的物種，世界演化成如今的樣貌，我們竟登上月球，搞懂了物理的一些重要法則。這一切難道不應該繼續令我們敬畏不已才是嗎？但人們猜疑、憤世嫉俗的態度禁絕讓我們提出許多有趣的問題，讓我們與現實世界漸行漸遠。

經歷了嚴格的學徒訓練，我們開始運用創意力的肌肉，對自己的收穫、一路走來的成就忍不住志得意滿起來。對於領悟到的學問、醞釀成形的想法，我們漸漸視爲理所當然。先前常常把我們搞得灰頭土臉的那類問題，我們不再繼續問了，因爲自以爲已經都得到解答，心中滿是優越感。我們沒有意識到的是，自滿正在逐漸鑽進靈魂裡，讓自己的心胸緩緩狹隘起來，或許過往表現已經獲得眾人肯定，但創造力正在崩壞，有可能一去不返。要切記常保容易感到驚奇的心態，抵擋和自滿一起向下沉淪，要常提醒自己懂的事情其實少得可憐，大世界依然充滿無限神祕。

故步自封：如果在創造階段的表現贏得眾人青睞、大獲成功，你便面臨了故步自封的危險。這種危險有好幾種不同形式。你戀棧曾經行得通的點子或策略，生怕改換作風，不願採行新方法。最好就遵循著已經通過考驗、證實有效的作法。況且，你現在還有名聲必須捍衛，任何可能危害美好現狀的作法必須一律封殺。你對擁有舒適物質生活的現況上了癮，在不知不覺間認定自己所奉行的都是真心信服的眞理，但實際上你其實是爲了取悅觀眾、贊助者或任何想討好的對象才這樣。

創造力的本質就是勇敢、叛逆。你應該拒絕接受現狀和傳統，好好拿自己學會的規矩開刀、驗證，測試邊界究竟在何處。這個世界渴求大膽的點子，渴求努力推敲思索、追根究柢的人。爲了媚俗而故步自封會限縮你的能量，將你跟舒適圈內的陳舊點子綁在一起，然後拉著你向下沉淪，因爲創造力的火花會遠離你。也因此你得更死命地抱緊陳舊想法、昔日的成功規則、維持現況的心理需求。反之，倘若將保有創造力視爲目標，不追求安逸，保證前途無量。

依賴成性：在學徒訓練階段，你仰賴師父及上司提供必要的業內評量標準。但稍不留心，便會把需要別人肯定的心理需求帶進下一個階段。你不再有師父在旁評鑑你的表現，但經常對自己的工作並無把握、老擔憂著別人有何評價，於是過度仰賴大眾的看法。倒不是說大眾的評價該全然不理，但你必須先建構起自己的評量標準，追求高度的獨立性。你要能夠超然、客觀檢視自己的工作表現；當眾人給予批評時，你才能分辨何者值得參酌，何者應該一笑置之。終極目標是讓大師般的聲音出現在你的內心，如此一來你既是老師，也是學生。否則，少了評量自我工作表現的內在標準，你會跟著別人的意見父子騎驢、隨波逐流。

不耐煩：這或許堪稱六大弊病中最大的一顆絆腳石。不論你自以爲自律多麼嚴謹，不耐煩的情緒都很容易陰魂不散。你可能相信自己事情已經完成，而且表現也一流，殊不知不耐煩的態度使得你的判斷力變差。你的體力漸衰，渴望漸弱，開始在不知不覺中一再重彈老調，把過往的成功點子和作法當成省力祕方，反反覆覆使用。可惜，創造階段需要持續投入幹勁和腦力。每次的任務、問題或工作皆不會相同，急於抵達終點而回鍋舊點子，保證最後的成績只能差強人意。

達文西深知不耐煩可能造成的弊病。他將 ostinato rigore 奉爲座右銘，這句話可譯爲「絕不鬆懈」或「絕不放手」。每次有計畫要實行（直到他過世前算下來可有幾千個），他都會如此先對自己喊話，砥礪出相同的幹勁與韌性來持之以恆。對抗不耐煩天性的絕招，就是訓練自己吃苦當吃補。你要像職業運動選手一般愛上嚴格的操練，才能幫助自己突破極限，抗拒省事省力的誘惑。

好大喜功：有時候，成功、別人的讚美比批評暗藏更大的凶險。如果學習好好面對批評，批評便能對我們有所增益，幫助我們看見自身疏失。美言則經常帶來危機，我們慢慢地不再關注創造過程本身的喜悅，而愛上出風頭的感覺，日漸不可一世起來。沒有意識到自己爲了希望聽到別人的讚美，改變、調整了一直以來的態度。我們沒有覺悟到的是，機運是成功很關鍵的一個要件，成功往往有賴於天時地利；我們頭變大以後，認爲可以受人矚目全憑自己的聰明才智，彷彿自己是天之驕子。人一旦變成自大狂，唯有經歷痛苦失敗的棒喝才能重返現實。爲了避免落入這種慘況，務必好好學會現實。人外有人，這是不變的道理；機運是成功的必要條件，且師父、一路上幫到你的人皆有助於你的成功。你的主動力必須來自對工作本身的喜愛，大眾的注目常常會招來危險的狀況，攪取你的注意力。先有這樣的認知與心理建設，是避免落入自大陷阱唯一的防備之道。

缺乏彈性：創造力是一件很弔詭的事。你必須徹頭徹尾摸熟自己的領域；卻也得質疑業界中最理所當然的事。你必須純眞到可以去思考別人不當成問題的問題，盲目樂觀地相信自己有能力破解；同時又得經常懷疑自己是否眞的有達成目標，嚴格檢討自己的表現。要能如此必須仰賴相當的心智彈性，心態不能老侷限在單一框架中。你必須因時制宜，採用當下最適宜的態度。

要養成彈性並非易事，因爲這不是天性。當你對一個點子感到興奮時，你會對它滿懷希望，經過一段時間後就難以改變這個態度，切換成對它批判的角度。當你嚴格檢視自己、質疑自己，你就難以樂觀，甚至可能一併喪失對工作的熱愛。要避免這種不幸，需要刻意勤加練習，累積經驗。只要有了一次成功克服自我懷疑的經驗，下次就會相對簡單。無論如何，請避免情緒大起大落，設法在樂觀中同時抱持質疑，這是難以言喻的滋味，卻是大師們的家常便飯。

每個人都在追尋與現實更緊密的結合：與他人產生關連、認清生活的現況、認識自然界、摸透自己的性格、知道自己哪裡獨一無二。但在我們所處的現代文化中，人們卻以各種方式與現實脫節。沉溺於毒品或酒精，或從事極限運動或高風險行爲，只爲了讓自己暫別日常生活的昏沉，想找到眞正活著的感受。但要感受到滿足，最有效的方式其實是揮灑創造力。投入創造的過程讓人感受到強勁的生命力，因爲是在創造，而非消耗。在創造出的小小現實中，我們儼然是大師。透過創作，形塑的其實是自我。

儘管創造之路充滿荊棘，但整體過程催生出的強烈喜悅，依然令人想要一嚐再嚐。於是，創造力旺盛的人會一遍又一遍地投入旁人看似辛苦的創作，不會因爲過程中被翻攪出來的焦慮感和自我猜疑而怯步。大自然便是以這種方式獎勵辛勞的人；少了這種獎勵，沒有人會想自討苦吃，那將會是人類文明無法彌補的損失。從創造過程獲得的快樂感受就是你得到的獎勵，不論追求的是哪種等級的創作。

積極創造階段的策略

別管你為何提問，只要別停止提問就行。別擔心自己回答不了問題，只要別試圖解釋自己並不知道的事。好奇的原因就是好奇。當你思忖永恆、生命、現實世界背後的非凡架構，難道你不會滿心敬畏？而這正是人類心智的神奇，心智以架構、概念、慣例當工具，解釋人類看見的、感覺到的、碰觸到的是什麼。盡量做到每天都多懂一點點，擁抱神聖的好奇心。

愛因斯坦

準大師脫離了學徒訓練，都會面臨到相同難題：從來沒人確切教導他該如何展開創造階段，也沒有實際的書本和老師可以解答此事。他獨自摸索，試驗如何更積極、靈活地應用滿腹學問，在摸索中發展出一套適合自己脾性及領域的作法。然而，從創意演化的歷程中，還是可以歸納出一些基本模式，以及每個人都適用的教誨。底下九位大師的故事披露了九種達成相同目標的策略。他們的作法適用於任何領域，因爲那都是在發揮人皆有之的大腦創造力。建議你盡量消化所有的策略，增進自己對邁向大師之路的知識，擴充你的創造力資本。

一、真實的聲音

約翰．柯川從小在北卡羅來納州長大，把音樂當成嗜好。他年輕時焦慮感很重，需要一個能渲洩壓力的管道。他從中音號開始學起，然後改學單簧管，之後又換中音薩克斯風，至此不再換學別的樂器了。他在學校樂隊負責吹奏中音薩克斯風，對當時聽過他演奏的人來說，他的表現十分普通。

一九四三年，他們舉家搬遷到費城。搬家不久後的某天傍晚，柯川偶然聽到「偉大的咆勃」(Bebop)[28]薩克斯風樂手查利．帕克的表演，當場完全被震懾住。（見第47頁。）他不曾聽過像那樣的演奏，從沒想過樂器竟然可以展現那種聲音。帕克自有一套伴隨薩克斯風的抑揚頓挫歌唱的辦法，樂器似乎與他的歌聲合而爲一，聽見他的演奏，彷彿就能讀出他的心情。從那一刻起，約翰．柯川便難以自拔，他卯足全勁追隨帕克的腳步，這成了他的天命。

柯川對如何能抵達帕克的神人境界摸不著頭緒，但知道帕克曾經苦學各種類型的音樂，比誰都更勤加練樂器。這適合柯川的個性，他總是特立獨行，熱愛學習和增加知識。他開始在當地的音樂學校進修音樂理論。日夜苦練樂器，發憤到簧片都被他的鮮血染紅。不練習的時候，他就到公共圖書館聆聽古典樂，飢渴地接收繁多的音樂旋律。他著魔似地練習音階，幾乎快把家人逼瘋了。他把爲彈鋼琴設計的音階練習套用到薩克斯風上，幾乎演練完西方音樂的所有曲式。他開始在費城的樂團裡獲得演奏機會，在迪吉·葛拉斯彼 (Dizzy Gillespie) 的管弦樂隊演出期間，他第一次有了眞正的突破。葛拉斯彼要他改吹奏次中音薩克斯風，才能吹奏出更貼近帕克的曲風，不出幾個月，柯川便在幾乎無止無休的狂練後，精通了這個樂器。

隨後五年，柯川在各個樂團之間輾轉，每個樂團都有不同的風格和演奏曲目。這種流浪般的生活很適合他，他覺得自己需要消化每一種想精通的音樂風格，但這也造成一些困擾。每回輪到他獨奏表演時，他的演出都相當彆扭且帶點遲疑，他的節奏感非常奇特，是一種連蹦帶跳的風格，獨特到融不進一起表演的樂團。他自己也感到尷尬極了，每到獨奏時就乾脆模仿其他團員的樂風。然而每隔幾個月，他便會突然試驗起最近聽到的新樂風。有些人認爲年紀輕輕的柯川是在大量的學習與漫遊中迷失了自我。

一九五五年，當時名氣最響亮的爵士四重奏樂團的團長邁爾斯·戴維斯 (Miles Davis) 決定冒點險，邀請柯川加入他的樂團。一如其他人，戴維斯知道這個年輕人的精湛技藝全拜苦練之賜，但他也察覺柯川的演奏有極獨特之處，彷彿有個新聲音正掙扎著要破繭而出。他鼓勵柯川走出自己的風格，不要回頭。但隨後幾個月，戴維斯就不時懊悔自己做的建議，柯川吹奏出某種根本很難跟其他

28 源於美國，一種興起於四〇年代初中期的爵士樂演奏形式，相較於大樂團的爵士樂，咆勃爵士樂在垂直的和聲上採用許多延伸音，水平的旋律構築除與和聲的延伸音相應外，也運用許多鄰接音與半音來即興。

團員配搭的音樂。他會在莫名其妙的時機吹奏和弦，交錯吹奏急遽的段落和長音，彷彿薩克斯風同時發出好幾種聲音。從來沒人聽過這樣的樂聲。他吹奏出來的聲音也同樣奇怪；他以怪異的姿勢緊緊含住吹嘴，就像是透過薩克斯風發出自己的粗啞嗓音。他的演奏裡藏有一股融合焦躁和挑釁的暗流，賦予其音樂一種急迫感。

這種古怪的新樂音令許多人大搖其頭，但有些樂評家卻從中嗅到教人振奮的新鮮特質。對於從柯川的薩克斯風流洩出來的音樂，有位樂評家形容那是一片片溫暖柔和的音浪席捲向聽眾，彷彿他的音符是一波波地釋出。儘管他開始得到認可與關注，柯川依舊煩躁不安、猶疑不決。在長年累月的練習和演奏中，他一直在追尋自己無以名狀的東西。他想讓樂音發展出極致的個人風格，精準地傾訴他的感受：通常是兼有靈性及超自然的情感，難以言喻。他的演奏有時散發鮮活的生命力，有時又令人抓不到聲音中的情感。或許他豐沛的學問箝制了他，對他造成阻礙。一九五九年，他離開邁爾斯．戴維斯，組成自己的四重奏。自此之後，幾乎任何東西他都會拿來實驗一番，嘗試看看，直到他尋獲長久以來一直追尋的聲音。

他的作品《邁開大步》(*Giant Steps*) 收錄在他的第一張同名大碟，這是一首打破傳統的曲目。在三音做調動的不尋常和弦進行，不斷變換的音調與和弦令音樂十萬火急地向前衝。（與三音相關的和弦進行後來被稱為柯川曲式〔Coltrane Changes〕，至今仍是樂手在爵士即興演奏時使用的模板。）這張唱片大獲成功；當中幾首曲目後來成為爵士樂的標竿，但柯川完成實驗後便意興闌珊。他想要回歸旋律，回到更隨興、更有表現力的音樂，結果他重拾了童年時期的音樂：黑人靈魂樂。一九六〇年，他締造了第一支令他聲名大噪的作品，也就是轟動一時的百老匯音樂劇《真善美》(*The Sound of Music*) 中的《我最喜歡的事物》(*My Favorite Things*) 延長版。他用高音薩克斯風以近乎東印度的風格吹奏，同時摻雜少許黑人靈魂樂的曲調，完全符合他對和弦進行及急速音階的特殊癖好。那是實驗性音樂與熱門音樂的特異結合，非常獨到。

這時的柯川就像鍊金術士，投身幾近不可能達到的音樂追尋，想糅塑出音樂本身的精萃，讓音樂更深刻、直接地傳達其感受，直通無意識，他似乎逐漸接近目標。一九六三年，阿拉巴馬州伯明罕的一座教堂遭受三K黨的炸彈攻擊，他創作抒情作品《阿拉巴馬》(*Alabama*) 作爲回應，似乎捕捉到事件的本質與當下的社會氛圍，那作品幾近哀傷欲絕的化身。一年後，他的專輯《無上的愛》(*A Love Supreme*) 問世，只用上一天時間便錄製完成，而製作這張音樂作品對他來說宛如宗教體驗。其中具備他追求的一切，將樂章盡情延展到他喜歡的長度（在爵士樂中屬於創新作法），營造令聽眾聽到忘我的效果，同時維持住他聞名的強烈樂音及精湛技法。這張專輯展現了他無法以言語表達的靈性元素，銷售奇佳，吸引了全然不同的一批新聽眾。

曾在此時期聽過他現場演奏的人說，那是無可比擬的體驗。一如薩克斯風手喬·麥克菲 (Joe McPhee) 的描述：「我以爲自己要被那些情感滅頂……覺得自己整個人會當場爆掉。那股能量不斷不斷地加強，我心裡在呼喊，全能的上帝啊，我要撐不住了。」聽眾爲之瘋狂，有些人隨著強烈的音樂聲一起尖叫。從柯川的薩克斯風流洩出來的音樂，彷彿直接傳遞了他深邃的情緒感受，不論他想將聽眾引領到什麼方向都沒問題。他對聽眾的感染力令其他爵士樂手望塵莫及。

柯川狂潮，就是他對爵士樂的所有創新都會蔚爲流行：曲目延長演奏、樂團樂手人數變多、小手鼓和鈴聲的增添、東方樂音的加入等等。他花費了足足十年，學習各種音樂類型的風格和爵士樂，而今成爲引領潮流的人。然而，柯川的輝煌事業在一九六七年戛然而止，時年四十的他因肝癌早逝。

在柯川的年代，爵士樂已成爲對個人風格的頌揚。查利．帕克之流令爵士獨奏成爲任何作品的核心，樂手在獨奏時傾瀉出自身獨一無二的聲音。但高手作品所展露的鮮明特色究竟爲何？那無法以言語具體陳述。音樂家表達發自肺腑的本色、個人精神，甚至是無意識。這一切皆從他們獨一無二的韻律和分句方法中傳遞出來，也就是其風格。但這個聲音不單純只賴自行其是、卸下束縛就得以展現出來。任何樂器的初學者若妄想立即展現這種樂音，只會奏出不堪入耳的音樂。爵士或任何音樂形式皆是一種語言，有其語法慣例和語彙。因此，極其弔詭的是，最能展現個人特色的樂手（約翰．柯川是當中佼佼者），都是先將個人性格完全沉浸在長期的學徒訓練中。以柯川來說，這個歷程可以明確地分段：十年多一些的嚴密學徒訓練；學徒訓練結束直至他過世的十年間，這一階段堪稱現代音樂史上最精彩的創造力爆發期。

柯川花費長久時間在學習基本架構，培養基本技藝，消化每一種想習得的風格與演奏方式，建立了廣博的音樂語彙。當這一切永久烙印在他的神經系統後，心智便可以轉去專注在較高層次的事物上。他以愈來愈快的步調將學過的所有技藝融合成更具個人風格的東西。他開放地探索、嘗試，在機緣巧合下發現了與自己最投合的音樂概念。透過學習、駕馭的一切，他能用獨樹一格的方式結合構想與風格。他很有耐性，一步一腳印地走過這個歷程，直到能展現自我特色的音樂傾瀉而出。他在創作的音樂類型中注入個人風格，從藍調到百老匯歌曲無一不然。他那眞實帶著焦慮、急切的調性，反映出他的天生性格，在歷經漫長的歷練後終於得以完美展現。經由表達來自最心底的聲音、最原始的情感，他令聽眾的內心深深共鳴。

要明白：容易不耐煩會鈍化你的創造力，人都免不了會想壓縮學習歷程，盡快可以發揮所學、受人注目。但缺乏耐性的後果就是無法扎好基礎；你無法眞正將此領域的語彙運用自如。你自以爲展現了創意與鮮明的個人色彩，但其實只是粗略抄抄改改別人的風格，說穿了，只是沒有太大價值的狂妄表現。然而，大眾的耳朵眼睛都是雪亮的，他們若覺得你的表現並不太突出、只像是在模仿、目的只想譁眾取寵，就會轉身離開，或只給予你一兩次籠統的稱讚。不想淪落至此，最好的方法是拿柯川作榜樣，狂熱學習。**任何人只要願意花十年融會貫通一個領域的技藝，直至爐火純青，並融入個人風格，必然會找到自己的眞實聲音，把你才擁有的獨一無二、令人驚豔的東西帶到這世上來。**

二、尋找投資報酬率高的現象

就拉瑪錢德朗記憶所及，他一向沉迷於自然界的異常現象。一如第一章所述（見第48頁），他自幼便在馬德拉斯住家附近的海灘上蒐集貝殼。在研究貝殼的資料時，他迷上了最奇特的貝殼種類，諸如肉食性的骨螺。不久，他便將這些奇特的標本納入收藏。長大後，他對異常現象的興趣移轉到化學、天文、人類解剖學。或許他憑直覺知道這些異常現象在自然界有其存在意義，而不符合常規的事物可以揭露耐人尋味的新眞相；或許他覺得自己也是異類，他只熱愛科學，其他男生卻都喜歡運動或比賽。無論如何，隨著年紀增長，他對奇特、異常事物的喜好有增無減。

八〇年代，他在加州大學聖地牙哥分校擔任視覺心理系教授，邂逅了最教他著迷的異常現象，也就是所謂的幻肢症候群。截肢的人持續感到不復存在的肢體作痛。拉瑪錢德朗的視覺心理學研究專攻視錯覺，亦即大腦對眼睛接收到的影像做出錯誤判讀。幻肢是嚴重版的視錯覺，因爲大腦讓實際上並不存在的感覺產生。那麼，大腦爲何會發出這樣的訊號？這個現象能增加多少我們對大腦運作的認識？爲何極少人對這個怪到極點的現象感興趣？他對這些問題很執著，把找得到的相關文獻悉數閱讀完畢。

一九九一年某天，他讀到國立衛生研究院（National Institution of Health）提摩西．彭斯（Timothy Pons）博士的實驗，實驗的發現令他大感震驚。彭斯參考五〇年代加拿大神經外科醫師懷爾德．彭菲爾德（Wilder Penfield）的研究，該實驗發現人腦分區控管不同身體部位的感覺，而相同的腦部區域劃分也吻合於靈長目動物。

彭斯用猴子做實驗，將猴子腦部與一隻手臂相連的神經切斷，在測試牠們的腦部區域劃分時，彭斯發現當他碰觸癱肢的手掌時，猴腦的對應部位並沒有產生反應，這在他意料之中。但當他碰觸猴子臉部時，突然間，不但對應臉部的大腦細胞產生反應，就連對應癱肢的腦部區域也立刻出現反應。管理手部感覺的大腦神經細胞不知爲何轉移到了掌管臉部區域的神經。儘管無法下定論，但觸碰猴子臉部時，猴子確實體驗到了幻肢現象。

拉瑪錢德朗受到彭斯實驗的啓發，決定做一個簡單到不可思議的實驗。他把一名年輕男子帶到辦公室，這名男子不久前因爲出車禍，左臂從肘彎的上方截肢，現在卻經常產生幻肢現象。拉瑪錢德朗用棉花棒碰觸男子的雙腿和腹部，他回答感覺正常；但當拉瑪錢德朗碰觸臉頰上的某個部位時，男子覺得臉頰及幻肢的拇指都被碰觸到了。拉瑪錢德朗繼續用棉花棒碰觸其餘的臉部部位，找出對應幻肢其餘部位的臉部區域。這項實驗的結果與彭斯的實驗極爲相近。

這項簡單實驗的影響十分深遠。在此之前，神經科學普遍主張腦部的神經連結從一出生或年幼時期便烙印在腦海，基本上終生不會變。拉瑪錢德朗的實驗結果推翻了這項假設。以這個例子來說，大腦在嚴重的意外後大幅自我改造，在相對短暫的時間內建立全新的連結網絡。這表示人腦的可塑性比我們過去想的更具潛力。大腦有能力以奇異且費解的方式改造自己，那倘使這股改造力量可以挪用到正向的治療工作上呢？

因爲這項實驗，拉瑪錢德朗決定改變鑽研的領域，進入加州大學聖地牙哥分校的神經科學部門，致力研究異常的神經失調。他提高幻肢實驗的複雜程度。許多截肢者體驗到極度疼痛的、不太可能存在的癱瘓感。他們感覺得到幻肢、想移動幻肢，但幻肢卻癱瘓、抽筋了，甚至產生劇痛。拉瑪錢德朗的猜測是，大腦在截肢前就已學會手臂或腿部等肢體癱瘓的感覺，當肢體截除後，大腦持續產生肢體癱瘓的相關感覺。既然大腦具有可塑性，那有沒有可能逆轉、重設感覺呢？他再度構思了一個極其簡單的實驗，以測試自己的推斷。

他用辦公室的一面中型鏡子來製作實驗器具。先把一個中型紙箱的蓋子移除，接著在箱子一側挖出兩個可讓手穿進去的洞口，最後再把鏡子直立放進紙箱內。將紙箱置於病患前方，讓他把健全的手伸進其中一個洞口，截肢的手放進另一個洞口；然後移動鏡子到截肢的手的位置，讓病患可以探看到，被截除的另一隻手的部位上出現了健全手的鏡中影像。當病患移動健全的手，就會在斷臂的位置看到它的影像在移動，幾乎就在同一刻，病患的幻肢癱瘓感受獲得緩解。把紙箱帶回家自行練習的病患就這樣逆轉了幻肢的癱瘓感。

這項發現還具有更深遠的意義。大腦的可塑性不但比原先人們認知的更強，感官間的連結也比以往想的更緊密，大腦原來並不是由每種感官的模組構成而已，而是互相重重疊疊。以這個例子來說，純粹的視覺刺激改變了觸覺和知覺。不只如此，這個實驗也令人開始懷疑痛覺的概念爲何。痛覺似乎是身體依據自己的經歷，傳達出對健康狀況的認知。這種認知是可以經由誘導或操縱加以改造，鏡子實驗完全證明了這一點。

拉瑪錢德朗繼續進行實驗，這回疊加到斷臂部位的影像是另一位學生的手臂，而不是病患本身的手臂。病患對拉瑪錢德朗的這項安排並不知情，當學生移動手臂時，病患的癱瘓感受也同樣緩解。僅僅是看到手臂做出動作就能產生效果，之後也有愈來愈多證據顯示痛覺是種主觀感受，而且可以變造。

隨後那些年，拉瑪錢德朗把做研究的創想變成一門藝術，成爲神經科學領域的頂尖科學家。他擬定一套原則，要在神經科學及其相關領域尋找任何異常現象的證據，那些啓人疑竇、卻足以挑戰世俗觀點的證據。他選擇異常現象的標準在於，該現象的存在與否必須能加以證明（心電感應之類的現象就不符合此標準），這些現象要能以目前的科學知識加以解釋，而且影響層面超越他的專業領域。如果這些現象因過於怪異而遭人忽略、棄之不顧，那更是理想，因爲他的實證將可獨霸整個研究領域。

不只如此，他也尋求以簡單實驗就能驗證的想法，不需要動用笨重或昂貴的設備。他已察覺到，想申請到大筆研究經費（包括大批科技設備）的人終究得捲進權術角力之中，因爲得設法證明自己值那筆龐大經費。他們仰賴的是科技，而不是自己的思考；他們變得更保守，怯於以研究結果撼動現狀。拉瑪錢德朗情願使用棉花棒和鏡子工作就好，加上跟病人詳詳細細地懇談。

例如，他對一種名爲截肢癖 (apotemnophilia) 的神經失調症狀充滿興趣，截肢癖指的是身體健全的人卻渴望截肢，許多患者甚至還眞的去動截肢手術。有人認爲這種惡名昭彰的失調症是在渴求別人關注，或是一種性變態的形式，或病患在童年曾見過截肢者，並莫名地認定那是種完美形象。臆測固然多，但說到底，大家都懷疑病患對身體的實際感受出了差錯，暗指截肢只是出於病患的一個怪誕念頭。

拉瑪錢德朗簡單訪問幾位截肢癖病患，他發現的事實否決了上述各種臆測。事實上，每名病患想截除的都一樣是左腿，這可就怪了。在與病患對談期間，拉瑪錢德朗清楚感受到他們並不是想博取關注，也不是性變態，而是體驗到極爲眞實的欲望，那是由千眞萬確的感受所催生出來的渴望。他請病患用筆標示出想從何處截肢，結果每個人都標出一模一樣的位置。

他對病患做了簡單的皮膚電流反應測試（記錄感受到微痛部位的測試），發現反應完全正常，唯一的例外就是當他戳病患想截肢的部位時，他們的反應極爲強烈。病患那一部分肢體的存在感似乎異常強勁，過度敏感的痛苦似乎唯有靠截肢才能解除。

在後續研究中，他找到此種病患腦部神經損傷的部位，那是人創造及控制身體形象的神經。這種損傷在出生或童年便已造成，大腦能讓健全的人對自己的身體形象產生毫不理性的觀感。同時，我們的自我感 (**sense of self**) 遠比我們想的更主觀、更具可塑性。如果我們對自己身體的感受是由大腦建構起的，並且可能會短路，那自我感也是一種建構或幻覺，一種爲了個人目的而營造的感覺，並且可能失眞。這些發現的影響超越了神經科學範疇，已經進入哲學領域。

動物可分爲兩類：專家及投機客。鷹或鵰等是專家，仗著一項主要技能求生存，不狩獵時可以進入徹底放鬆的模式；投機客沒有特殊專長，在周遭環境中尋覓機會，善用機會就是牠們的求生之道，所以隨時都處於緊繃狀態，需要持續不斷的刺激。人類可說是動物界裡的終極投機客，是所有生物中最不具專長的一種。我們的整個大腦和神經系統皆是爲了尋找可趁之機而打造，最原始的祖先並沒有刻意要製作工具來輔助撿拾食物或狩獵，他們只是看到特別尖銳、細長的石頭（一種異常）時，從中嗅到加以利用的可能性，於是撿起石頭把玩，萌生了拿它作爲工具的念頭。人類心智中的投機傾向便是創造力的來源與基礎，唯有順從這種大腦傾向，才能將創造力發揮到極致。

但常可看到有人用錯方法發揮創造力，他通常還很年輕、缺乏經驗。首先，他會立下遠大的抱負，比如要創業、要發明、要解決一個難題，認爲名利雙收是指日可待的事；他接著開始尋找達成目標的方法，但抵達成功的路徑有千百萬條，三兩下便令他筋疲力竭，始終找不到達成目標的關鍵爲何。成功的變數委實太多。閱歷較豐富、腦筋較機伶的人（例如拉瑪錢德朗）的確是稱職的投機客。**他的第一步不是立下遠大的目標，而是尋找投資報酬率高的事物：稍微有違常規卻可以作為證據的異常**。這一點點看來突兀的證據吸引了他的目光，如同較細長、尖銳的石頭。他不確定目標爲何，對如何應用自己的發現的想法也還不具體，但他敞開心胸，順其自然地往下走。一旦深入進行研究，他的研究成果多半可以挑戰主流觀點，提供寶貴的機會來拓展人類的知識，可能的用途無限寬廣。

尋找投資報酬率高的事情時，請謹守幾個大原則。儘管是從自己非常熟悉的特定領域裡出發，千萬別讓腦袋只限縮在領域之內，務必廣泛閱讀跨領域的書刊資訊。有時候，有趣的異常現象會發生在與你不相干、但對你專業領域極有影響的地方。心胸要開放，沒有所謂任何事叫做太細瑣或不重要，任何蛛絲馬跡都必須留心。如果有個異常現象看似牴觸你的信念或認知，那其實最爲理想，一定要推敲其中的可能，據此做後續研究，但切勿妄下定論。假如你的研究成果有潛力帶來重大影響，那更該鍥而不捨地追根究柢。你寧可研究十個這樣的現象，但其中只有一個戰果豐碩；也不要研究二十個可有可無的點子，但每個都用途注定微小。你要當一名頂尖的獵人，隨時保持警醒，掃視四周，尋找能夠揭開未知世界的現象，散發影響力。

三、機械智力

威爾伯・萊特（Wilbur Wright，一八六七～一九一二年）與奧維爾・萊特（Orville Wright，一八七一～一九四八年）兄弟倆從小便非常熱衷操作各種類型的裝置，特別是父親出差帶回來的精巧玩具。他們的父親是基督教協基會的主教，經常到處出差。他們會興奮地拆開玩具，熱切地研究玩具的操作原理。之後再組裝回去，但總是會略爲加以修改。

兩兄弟的課業成績大致良好，但都沒有取得高中文憑，一心只想與機械爲伍，唯一眞心感興趣的學問是設計與製作新裝置。他們是極度務實的人。

一八八八年，他們的父親需要趕製教會手冊。兄弟倆想幫父親一把，從後院的一輛折疊車車身拆下絞鏈、生鏽的彈簧和其他破銅爛鐵，拼湊出自己的小印刷機，結果這台拼裝印刷機運作得還相當順暢。兩人在成功的欣喜下進一步將它改良設計，使用更好的零件，還開了自己的印刷廠。凡是聽說這事的人，無不對兩兄弟打造出來的怪奇印刷機讚美不已，因爲它每小時可以印上一千頁，是一般印刷機速度的兩倍。

兩兄弟是閒不下來的，不時都需要物色新目標進行新挑戰。一八九二年，奧維爾發現了最適合兩人發洩精力的新出口。安全型單車（第一輛雙輪一樣大的單車）在當時首度問世，在美國掀起一陣單車狂潮。兄弟倆買了單車去參加競賽，非常熱衷於單車運動。過沒多久，他們忍不住又拆了單車略做改裝。朋友和其他熟人看到他們在後院裝修單車，就把自己的單車也送去修理。不出幾個月，他們對製造單車所使用的技術就瞭如指掌，決定在俄亥俄州的老家代頓 (Dayton) 開間自己的單車店，販售、修理，甚至改裝成最新車款。

這門生意非常適合他們發揮。他們可以對單車進行各種改造，然後試騎一下感受哪個行得通、哪個行不通，回頭再繼續改。他們時時刻刻都想讓單車變成更容易操控、更符合空氣動力學，提升騎單車的整體體驗，讓騎士能隨心所欲地騎控單車。他們對最新設計感到不太滿意，判斷合理的下一步是自行打造鋁製車身，然後設計自己的客製化車身。這是一項艱難的挑戰，必須實際操練好幾個月才能學會如何做出像樣的車身。車身若是稍有瑕疵，便會釀成嚴重意外。爲了學習這項技能，他們添購許多最新款的工具，打造自己的單汽缸引擎作爲動力來源，穩紮穩打地成爲單車師傅。騎萊特兄弟單車的人立刻就能感覺到單車的優越之處，當中的一些技術改良，不久之後便成爲業界的標準。

一八九六年，威爾伯在養傷期間看到一篇報導令他念念不忘。報導內容是有關奧托．李林塔爾(Otto Lilienthal) 的死訊，他是首屈一指的滑翔翼設計師，也是當時逐漸興起的航空領域的專家。他在試飛自己最新設計的滑翔翼時不慎墜落死亡。威爾伯看到他各款滑翔翼的飛行照片，心中大爲震撼，滑翔翼看來就像史前巨鳥的翅膀。威爾伯的視覺觀想能力非凡，他模擬起飛行的感覺，不禁對此事感到痴迷。報導中教他驚訝的是，李林塔爾多年來已經試飛不下數百次，但他在空中維持飛行的時間太短，以致不足以察覺到設計的瑕疵，這大概也是他喪命的原因。

幾年後，報紙刊載了許多關於航空先驅者的報導，許多人都快要達到完成電動機飛行器的目標了，也都搶著要拔得頭籌。威爾伯對這個主題日益好奇，寫信到華盛頓特區的史密斯森研究協會(Smithsonian Institution)，請他們提供協會所有的航空學及飛行器資料。隨後幾個月，他埋首在成堆的資料中，研讀飛行的物理學、數學、達文西的設計，以及十九世紀的滑翔翼。此外，他也把鳥類書籍納入書單，開始觀察與研究鳥類。資料看得愈多，他愈是莫名地覺得自己和弟弟有望贏得這場競賽。

他的念頭乍看之下很瘋狂。航空領域的人可都是些專家，有著滿腹的專業技術知識，有些人還有顯赫的文憑，起步比萊特兄弟搶先了何止一大步。設計、製造飛行器是很昂貴的冒險，金額高達數千美元，最後還可能落得墜機收場。最有機會得第一的是史密斯森研究協會的會長山謬．蘭利(Samuel Langley)，政府提供給他寬裕的飛行器研究經費，他已成功地讓一架蒸氣動力無人模型機升空。萊特兄弟家世背景平平，唯一財源是單車店並不龐大的收益，但威爾伯卻認爲這些所謂的專家統統缺乏對機械的基本常識。

這些飛行專家認爲研究的第一步，是先用某種強力引擎把飛行器送上天空，等到飛行成功了，再去設法釐清其餘的部分。因爲升空飛行能轟動一時，成爲眾所矚目的焦點，吸引金主挹注財源。但這導致了許多墜機事件的發生，於是不斷更新設計、尋找完美引擎及其材質，然後又發生更多的墜機。研究陷入膠著的原因其實顯而易見。威爾伯知道要打造精良器械的祕訣就是反覆試驗。唯有親手打造過單車，反覆修改，再從試騎中體會何種設計可行，萊特兄弟才製造出了性能優越的單車。但當時的飛行器設計者無法成功讓它們升空超過一分鐘，於是陷入惡性循環：飛行時間不夠長，根本無法在過程中學會飛行、測試出飛行器性能，無法感受怎樣的設計才算好。失敗是必然的。

威爾伯錯愕地發現他們有另一個邏輯上的錯誤：過度重視穩定度。他們把飛行器想成飄浮在天上的船隻。船隻的設計是維持平衡，盡可能平穩地直線移動；左右搖晃會造成危險。依據這樣的類比，他們把飛行器的機翼設計成細小的V型來抵消突如其來的陣風，維持飛行器的直線巡航。但威爾伯認爲比擬成船隻根本就大錯特錯，不如從類比成單車的角度思考還來得正確些。單車的原理向來不是追求四平八穩，但騎士可以很快駕馭它平穩地行進，並藉由傾向側邊來控制單車轉彎。在他想來，飛行器駕駛員應該可以安全地傾斜轉彎或上下移動，不必像船隻鎖定在固定的水平線上。試圖讓飛行器避免承受到風力其實相當危險，因爲那等於讓飛行員喪失調控的能力。

憑藉這些基礎知識，威爾伯輕鬆地說服弟弟接受打造飛行器的挑戰，這是他們的終極任務。他們只能以單車店的有限利潤作爲資金，兩人不得不隨機應變、使用廢料、絕不做超乎財力負擔的事。他們不能立即打造酷炫的飛行器來測試想法，而要仿照當年製造印刷機和單車的模式，一步步把雛形改良到幾近完美。

他們決定要保守一點。先設計各式風箏，釐清怎樣的機翼形狀最適合作爲滑翔翼，再依據實驗結果製作成品。他們要自己學會飛行，一般讓滑翔翼起飛的作法是跳下山崖，眞是十分危險。他們於是轉移陣地，到北卡羅萊納州的小鷹鎮 (Kitty Hawk) 去，那是全美國風勢最強勁的地方。他們在小鷹鎮灘頭的沙丘找到足以讓滑翔翼起飛的高度，等飛到接近地面就可降落在柔軟的沙床上。僅僅是在一九〇〇年，他們的試飛次數就已超越李林塔爾數年的總合。他們一步步讓設計盡善盡美，改良材質和組態：把機翼改得較長、較薄來增加飛行器的升空能力。到了一九〇三年，他們的滑翔翼已可飛行相當可觀的距離，在轉彎、傾斜時也能駕馭自如，宛如一輛飛行單車。

現在，到了進行最後步驟的時刻：在現階段的設計中加裝引擎和螺旋槳。一如既往，他們檢視競爭對手的設計，發現那些設計有著另一項缺點：以船隻的螺旋槳作爲參考模型，再次以追求穩定爲目的。萊特兄弟根據自己的研究，判定槳片得要像鳥翼一樣具有弧度，才能提供飛機更多的推進力。他們本想找最輕巧的引擎作爲飛機動力，但發現那會大幅超越預算，於是在工坊的一位技師協助下自行打造引擎。他們的飛行器總成本不到一千美元，比所有競爭對手的設計便宜極多。

一九〇三年十二月十七日，威爾伯在小鷹鎮駕駛他們的飛行器，飛行了五十九秒，令人刮目相看，是史上第一次以人力操控的機動飛行器的成功飛行。他們在隨後幾年不斷改良設計，延長飛行時間。這場競賽的其他競爭者全都感到一頭霧水，想不通兩個不懂工程學和航空學、沒有金主贊助的傢伙，如何能拔得頭籌。

飛機的研發是史上最偉大的科技成就，影響後世甚鉅。飛行器在草創時期完全沒有可供參考的前例或模型，一切皆渾沌不明，唯有最靈巧的心思才能破解這道謎題。在飛機的發明史中，我們可以看到兩種大相逕庭的作法。擁有科學背景的大批工程師與設計師待在抽象角度思考問題：如何發動並推進飛機、如何克服風阻等。他們重視學理層面，致力打造性能最優異的零組件：最強大的引擎、設計最精良的機翼，而這一切都是在實驗室裡做繁複的研究。錢反正不是問題，這種研發過程非常專業化，有著專門研發不同組件的團隊及專攻不同材質的專家。設計師通常不負責實際飛行，試飛是分派給其他人的工作。

另一端則是背景相差甚遠的兩兄弟。他們不論做什麼都沉浸在設計的樂趣與興奮之情中。親自設計、打造及試飛，沒有仰賴優越的科技，而是從最多次的試飛中建立起最佳學習曲線。從中看見需要修改的瑕疵，掌握產品給人的感覺，這是光透過抽象思考絕對辦不到的事。重點不在於零組件，而是整體的飛行體驗；不是動力，而是控制力。由於財力有限，他們極度重視發揮巧思，以最少的錢做最多的事。兩套策略的差異也可以從他們採行的設計參考看出端倪。抽象思考者有鑑於船與飛機都是在異質媒介（水或空氣）中航行，於是選擇了船隻的類比，力求其穩定。萊特兄弟則選擇單車作為類比，重點擺放在騎士或飛行員，講究機器要容易操作，重視整體的功能。最後，重點放飛行員身上而不是飛行媒介（空氣）的作法為解謎團帶來一道曙光，讓他們設計出易於駕馭的機械。從這樣的思考起點，就能順利推演出複雜的飛機設計。

要明白：機械智力絕不是對比抽象推理的低階思考方式。事實上，機械智力是許多推理技能及創造力的源頭。我們的大腦因為複雜的手部操作而發展到現今的規模。我們的祖先使用耐材製作工具，發展出不是純粹只能用雙手直接做工作的思維。機械智力背後的原理可以概括如下：不論你從事何種創造或設計，務必親自測試、親自使用。把工作切割成幾塊，你就看不見整體的運作狀態。要從辛苦的工作中去實際感受自己的創作，才能看見當中的瑕疵。眼中的零組件於是不再各自獨立，會看到它們如何交互作用，並體驗到整個產品。你努力創造的東西不會光靠幾次靈感迸發就神奇地問世，必須一步步創造、修正瑕疵才能慢慢做出雛形。最後，你會憑著精湛的技藝勝出，而不是靠行銷，這種技藝包括創造出優雅、結構極簡的東西，讓材料發揮最大效益，這是一種很高階的創造力。這些原則符合大腦的天生傾向，背離就得付出代價。

四、自然力量

一九七三年，聖地牙哥．卡拉特拉瓦在西班牙的建築學校畢業，想到要倉促進入建築事務所工作就感到焦慮。（卡拉特拉瓦的經歷見第111頁。）他早年立志當畫家，後來受到建築吸引，認為建築才是更遼闊的表達形式，雖具備實質功能卻宛如雕刻，是可以公開展示眾人的大型作品。建築是一個奇怪的行業，實際蓋一個結構體時會受到諸多限制：客戶的意見、預算、可用的建材、地貌，有時甚至政治議題也會扯進來。綜觀史上傑出的建築師作品，諸如柯比意的作品，都可以從中窺見濃厚的個人色彩，但也有很多建築師在這麼多的限制與干預下喪失個人特色。卡拉特拉瓦自認尚未建立豐富的建築語彙，能駕馭自如的元素尚不足夠，因此他還不算站穩腳步。假如到建築事務所工作，他的創造能量應該會被排山倒海的商業壓力消磨光，一輩子翻不了身。

他於是做了一個不同一般的決定：前往蘇黎世就讀聯邦理工學院，取得土木工程學位。他要成爲工程師，摸清在設計建築與結構體時的限制與可能。他要在日後建造能夠眞正活動的建築物，顚覆建築業最根本的原則。鑑於美國太空總署有很多具備折疊、伸展功能的實用太空任務裝置，他開始研究那些裝置的設計。要做出同樣的設計，卡拉特拉瓦必須精通在聯邦理工學院學習的新工程原則。

他在一九八一年取得工程學位，展開他的建築與工作生涯。他如今已精通工作的技術層面及完成建案的基本功，但沒人教他如何進行創意發想。他得自己摸索，發展自己的學習步驟。

他在一九八三年首次接到大案子，要爲一棟已經蓋好的建築設計門面：德國知名服飾恩斯廷(Ernsting) 的大型倉庫。他決定以未經表面處理的鋁材覆蓋整棟建築。這能整合整棟建築的風格，同時陽光在建築的每一側都會構成不同效果，有時會被照射得十分耀眼。對卡拉特拉瓦來說，設計的關鍵部分在於三個卸貨區的出入口，三個門分別位於倉庫的三側。這些門剛好可以用來試驗他對活動與折疊功能的構想，但他不確定從何著手最好，也不曉得如何展開實際的設計，於是就爲這些門畫出各種可能的草圖。他小時候很愛畫畫，常會畫素描畫個不停。他對鉛筆或畫筆都可駕馭自如，幾乎三兩下就能精準重現任何東西。他畫的速度趕得上思維的活潑運轉，能將內心的圖像輕鬆轉移到紙張上。

他開始漫無邊際地用水彩塗抹，想到什麼就一股腦地畫到紙上，就如同是在進行腦力激盪一般。突然間，鯨魚擱淺的意象浮上心頭，他將它畫下來，決定進一步發展這個意象，於是鯨魚化身成為倉庫，鯨齒和鯨嘴打開成為卸貨出入口。他這才對此意象恍然大悟，倉庫這時彷彿成了約拿的鯨魚，[29]從鯨魚口吞沒貨車和原料。他在圖的旁邊寫下：「把倉庫視為一種生物。」他盯著這幅畫，留意到畫在嘴側（卸貨門）的大大鯨魚眼睛。眼睛本身似乎就是一個極為有意思的比擬，因此指引出一個新方向。

他開始在倉庫側面畫出眼睛，把眼睛變成門。他這次畫得比較詳盡，比較具有建築架構了，寫實地描繪建築的實際側牆和門口，但依然保留巨大眼睛開闔的意象。最後，他設計出來的門就是以眼瞼的曲線形狀開闔的折疊門。

進入設計過程尾聲時，卡拉特拉瓦已畫出大量的草圖，當他按著順序迅速翻閱，他看到了挺耐人尋味的一系列圖像：從無意識的模糊想像，進展到愈來愈具體的圖像。但即使是倉庫門面最精確的草圖，當中依然保有某種鮮活的藝術成分、嬉耍的元素。瀏覽這些草圖，簡直就像是照片浸泡在化學藥劑中漸漸顯像的過程。這種工作方式令他感到滿足，彷彿在創造的是某種活生生的東西；這樣的設計方式讓他開始盡情地採用各種譬喻，有神話類的，也有佛洛依德式的。

最後，他營造出奇特又強烈的視覺效果。僅僅利用建築的門面，他就創造出希臘神殿般的外觀，波浪狀的鋁材就像銀柱子。卸貨門多了一抹超現實的氛圍，當門向上收闔時，看來就像進入神殿的入口。這一切也都能與倉庫的功能完美結合。這個設計案十分叫好，立即吸引眾人的注目。

年復一年，一個大案子接著另一個。卡拉特拉瓦承接的案件愈來愈具規模，然而他清楚看見前頭的阻礙。他完成一個設計案通常要耗時十年、甚至更久的時間，才能從初步草圖進展到動工興建。期間可能會遇到形形色色的問題與衝突，連最初的構想也可能遭到推翻。預算不斷提高，限制愈來愈多，還得取悅各方人馬。一不小心，便會棄守自己建立的準則，在過程中妥協，以致於犧牲掉展現個人願景的初衷。因此，僅管事業蒸蒸日上，他內心的聲音卻要他重拾設計恩斯廷倉庫的工作方式，且要更上一層樓。

他一律從手繪開始。手繪草圖的作法日益罕見，自從八〇年代電腦繪圖興起，電腦就主宰了建築設計的方方面面。卡拉特拉瓦既是訓練有素的工程師，他明瞭電腦有諸多優勢：測試模型、確認結構穩固與否。但若是只用電腦作業，就不能複製用鉛筆、畫筆、紙張的創作層次。電腦螢幕會阻斷用手勾勒圖案的那種夢幻過程，斷絕他與無意識的連線，那種連線可幫助他的手和心智用一種原始又真實的方式合作，這種合作形式無法透過電腦複製。

現在的工作上，他每個案子都要畫上幾百張設計圖。第一步是進入舒放的隨興狀態，累積各種聯想。從一個設計想法在內心激盪的感覺或情緒切入，他會得到一個意象，有時候可能極為模糊。例如，當他為密爾瓦基美術館設計擴建的部分，首先浮現心頭、接著躍然紙上的意象是一隻即將展翅高飛的鳥。這個意象在繪圖過程中一再經過淬煉，最後他設計出來的建築物屋頂有兩根巨大的肋板，肋板會跟著陽光開闔，營造出一隻史前巨鳥即將飛向密西根湖面的景象。

他初期的自由聯想大部分都跟自然有關：花草樹木、各種姿勢的人型、肋骨框架，並且與地貌緊密結合。慢慢地，整體結構的形狀會在過程中變得清晰，想法漸趨理性、更加符合建築的形式。

29《聖經》故事，船上的水手將約拿拋入海中以祈平息風浪，結果約拿被鯨魚吞下，三天後再被鯨魚吐回陸地上。

他會製作模型來輔助這個過程，有時是從類似雕刻的抽象形狀著手，在隨後的版本中逐漸轉變成建築結構體的設計。製作草圖和雕塑，就如同把他的無意識及非語言的思考過程具體呈現出來。

當他一步步接近施工興建的階段，免不了會處處受限，像是可用的建材、預算考量等。但他把侷限當作是施展創意時的挑戰，例如，如何把某種建材融入已繪製完成的設計之中，讓一切看來更接近渾然天成？如果設計標的是火車站或地鐵站，如何讓月台及火車的動線既順暢又可融入整體設計，進而提升車站的功能性？這種種挑戰都令他感到振奮。

然而他在此階段面臨的最大障礙在於，當設計案拖拖拉拉個幾年之後，他可能喪失幹勁，與原始構想的共鳴因而中斷。爲了避免產生這種困境，卡拉特拉瓦的作法是：保持吹毛求疵的態度。設計圖永遠都不對勁，必須隨時進行修正，力求盡善盡美。不斷追求完美、一直沉浸在不確定感當中，案子就絕對不會變得呆板、了無生氣。他的設計在每個當下都要散發生命力，一如畫筆初碰觸到紙張的那一刻。如果設計流露出沉沉暮氣，那就表示得歸零重新來過。這種作法極度考驗耐性，也需要過人的勇氣，才能將投注了好幾個月的心血一筆勾銷。但對他來說，保持心智的犀利與活力更加重要。

多年後，當卡拉特拉瓦回顧他完成的所有案子時，湧現一股奇妙的感受。其設計案的演化歷程彷彿來自外力促成，而不是出自他想像力的推動。冥冥中有股力量引導他走上有如水到渠成的設計過程。設計案激盪出一些情緒或想法在他心裡頭先生根了，然後移轉至設計圖裡成長茁壯，正如生命本身一樣具有成長力且變化多端，也像一株植物那般，經歷從抽芽到開花的各個階段。每當他在工作中感受到這樣的生命力時，就能將那股感覺移植到建築結構上，讓看到此作品的大眾產生敬畏感而讚嘆不已。

創意發想的過程不易捉摸，我們沒受過相關的訓練，在初試身手時，通常是自生自滅，不成功便成仁。我們必須在這樣的情況下，形成一套符合個人性情與職業的作法。但在摸索作法時經常會誤入歧途，有著必須拿出成果的壓力，加上壓力衍生的恐慌，皆可能令你敗得一塌糊塗。然而，從卡拉特拉瓦摸索如何進行設計的歷程，可以歸納出一個應用廣泛的基本模式，因爲他的作法是建立在人腦的天性之上。

首先，在創作初期要採取開放式的作法。給自己一段時間發發白日夢、漫步遊蕩，以放鬆、不必太聚焦的心情開始工作。在此階段，允許你的案子自行與強烈的情緒產生關連，亦即當你專注在點子時突然湧現的各種情感。你在往下走的任何時候都可以進一步讓點子更完整、讓案子更務實及理性，但若是一開始就讓自己處於緊繃與壓力之下，心繫資金、競爭及他人的意見，只會扼殺大腦的聯想能力，讓工作迅速失去樂趣、讓自己變得死氣沉沉。**第二，最好擁有對其他領域的淵博知識，提供大腦更多可串連的資源**。**第三，工作中時時保有活力，切勿輕易感到自滿，彷彿最初的構想就已經幾乎很完善了**。你要用極度挑剔的眼光看待自己的表現，做好時時需要修改眼前構想的心理準備，同時建立一切都還未可知的心態，認爲自己委實無法完全掌握後續走向，這股不確定感可以維持你的動能，衝勁能時時保鮮。遇到任何阻力或障礙時，都應該把它視爲促使你精進的契機。

最後，請認同慢工是一種美德。每當進行創意工作時，時間永遠是相對的。不論是爲期幾個月或幾年的案件，你永遠會產生不耐煩與渴望抵達終點的感覺。但想要汲取更大的創造力，最強大的作法就是反轉你的不耐煩。人若能在辛苦的研究過程中自得其樂；享受慢慢孵育點子的過程，久而久之，想法自然會發育成形。不要違反自然地揠苗助長，否則會功虧一簣。做計畫都需要設定期限，但你愈能從容地把心血投注在案子之中，愈能展現出你有著眞材實學。想像多年後當你回顧自己的成就，當你站在遠處的未來反觀回來，你加碼投入的時間就一點都不白費了，你的煎熬也就辛苦的値得了。你在現下對時間產生的反感會消失，時間其實是人最強大的盟友。

五、曠野

瑪莎·葛蘭姆的父親喬治·葛蘭姆（George Graham）醫師是一八九〇年代少數專門治療精神疾病患者的先驅。（瑪莎·葛蘭姆的經歷請見第46頁及89頁。）他鮮少跟家人聊自己的工作，不過有個他會和瑪莎聊起的話題倒是令她十分感興趣。葛蘭姆醫生從治療病人的經驗中，磨練出依據病人的肢體語言判斷其心理狀態的能力。從病人的步態、移動手臂、盯著某件物品的樣子，就能判讀他們的焦慮程度。「身體不會說謊。」他常常對瑪莎這麼說。

在加州聖塔巴巴拉就讀高中時，瑪莎對戲劇產生了興趣。但一九一一年某天傍晚，葛蘭姆醫生帶當時十七歲的瑪莎到洛杉磯觀賞知名舞者露絲·聖丹尼斯（Ruth St. Denis）的表演，從那時候起，她開始一心只想成爲舞者。受到父親影響，她對於舞者不用言語、純粹透過身體動作來傳達情感萬分好奇。當聖丹尼斯在一九一六年開設自己的舞蹈學校（與伴侶泰德·蕭恩〔Ted Shawn〕合夥），瑪莎立刻成爲他們第一期的學生。練習的舞碼主要是自由形態的芭蕾，強調動作要如行雲流水、渾然天成，其中還有許多擺弄姿勢、披著布巾移動的動作，類似伊莎朵拉·鄧肯（Isadora Duncan）[30]的舞蹈風格。

一開始，聖丹尼斯他們不認爲瑪莎有潛力，她個性太羞怯了，總是躲在班上同學的後面。尤其她並沒有舞蹈家的體格（缺少芭蕾舞者的輕盈感及柔軟度），舞碼也學得緩慢。但當她得到第一次的獨舞機會時，聖丹尼斯和蕭恩看到了令他們眼睛一亮的東西：迸發的活力，出人意表且極具個人魅力。聖丹尼斯形容她是舞台上的「小龍捲風」。凡是他們教授的一切，她總有辦法轉變成更精彩、更具氣勢的舞蹈。

幾年後，瑪莎成爲他們的頂尖學生、舞團的首席舞者，也開始教授他們的舞蹈課程，亦即丹尼蕭恩舞蹈教學法。但不久之後，她厭倦了這種不適合她個性的舞蹈。爲了疏遠這個舞蹈學校，她搬到紐約，開設採用丹尼蕭恩舞蹈教學法的舞蹈課程來維持生計。聖丹尼斯他們或許是對瑪莎的背棄感到生氣，泰德・蕭恩在一九二六年無預警地向她發出最後通牒，她必須支付五百美元（約台幣一萬五千元）的權利金，才能教授丹尼蕭恩舞蹈練習與舞蹈教材。她不論授課內容或個人舞蹈作品，都嚴禁跟他們的舞蹈訓練法沾上邊，否則就等著吃官司。

對瑪莎來說，這是青天霹靂。她這時已經三十二歲，要發展舞蹈事業已不算年輕。她名下連五十美元的存款都沒有，即使有意願支付權利金，也是有心無力，根本湊不出錢給蕭恩。她曾爲了開源到百老匯的熱門舞蹈劇團中工作，結果非常不開心，誓言絕不會再吃回頭草。但在她評估自己現有的選項時，有一個點子持續湧現。她心裡始終有一種尚不存在於世上的舞蹈，這種舞蹈契合她

30 一八七七～一九二七年，美國舞蹈家。現代舞的創始人之一，是世界上第一位披頭赤腳在舞台上表演的藝術家。

的渴望，不論是身爲表演者或觀眾時，那都是她嚮往的舞蹈形式。這種舞與丹尼蕭恩舞蹈訓練完全相反，丹尼蕭恩式的舞蹈在她看來很空洞，像是爲了附庸風雅而裝模作樣；她想追求的舞蹈接近她所目睹的現代藝術：有點尖銳、不和諧，卻充滿力量與節奏。她預見這一種發自肺腑的舞蹈，每當她在腦海裡想像它，就不斷回想起自己與父親曾討論過的肢體語言，他們暢談時聊到過，所有動物皆是透過動作在傳達訊息。

瑪莎觀想著的舞蹈極爲嚴謹，必須建立在扎實的訓練基礎上，迥異於無拘無束、隨興的丹尼蕭恩風格。這種舞蹈擁有自己的語彙，雖然初成形，但舞蹈的美麗畫面已經揮之不去。眼看機會稍縱即逝，也怕人年紀愈大愈保守，愈想要求安逸，爲了要創造嶄新形式的舞蹈，瑪莎必須開設自己的舞蹈學校和舞團，自行建立新的訓練方式。爲了維持生計，她必須開班授課，一邊發想新舞蹈的動作，一邊教給學生。此舉風險極高，財務隨時可能開天窗，但她極度渴望創作自己腦海裡的呼喚，那股即將絕望的拚勁成了推她闖過難關的動力。

收到泰德．蕭恩的最後通牒沒幾週，她便採取第一步行動。她租下一間舞蹈教室，爲了向學生示範即將開始學習的新舞蹈，她用粗麻布覆蓋牆面上的鏡子。她的舞蹈教室與旁人不同，不必要用鏡子。舞者必須全神貫注在她教導的舞蹈上，學會利用身體的感覺修正舞姿，不須斤斤計較自己的身影如何。她要新形態舞蹈產生的衝擊力道直接朝著觀眾而去，毫不扭捏造作。

起初，一切看來似乎沒有勝算。她只招收到寥寥幾名學生，收入只夠攤平房租。學生經常得等她開發好新舞蹈動作或練習方式，才能開始參與練習，一起修改動作。雖然早期的幾場表演有點卡卡的，但還是招募到一些新血加入，足夠讓瑪莎選擇去成立一支小舞團。她給團員極嚴格的訓練，因爲要創造新的舞蹈語言，唯有透過苦練才能達成。一週復一週，她終於設計出一整套練習，幫助舞者更能夠掌控動作，同時學會全新的動作形式。她和新成員會花上足足一整年的時間練習、琢磨一個簡單的新技巧，直到磨練成反射動作。

爲了與別種舞蹈做出區隔，瑪莎把重點擺放在軀幹。她將軀幹稱爲「骨盆眞相的所在處」(the house of the pelvic truth)。她判定人體表現力最強的方式是透過橫隔膜的收縮與軀幹的強力扭轉，所以是她聚焦的重點，而不是放在令舞蹈表現過度浪漫的臉部與手臂。她設計了無數的練習法來強化這種舞式，也敦促舞者去體會運用這些肌肉時產生的情緒。

支撐她度過草創時期的動力，源自於她想要開創沒人在舞台上見識過的舞蹈。比方說，西方舞蹈的傳統禁忌是舞者不能在台上摔跤，摔跤代表犯錯、失敗。舞者必須跟地板拼了，不能被地板打倒。她決定顚覆此禁忌，設計了刻意表演摔跤的一系列新動作，舞者要融入地板再爬升起來，動作極其緩慢。要能表演這組舞蹈動作，就必須鍛鍊起一些新的肌肉群。她延伸這個想法，把地板當成可運用的空間，舞者可以像盤捲的蛇一樣在地板上移動。在她的新舞蹈系統中，膝蓋變成另一種表達的工具，有如協助舞者保持平衡及移動的樞紐，營造出看似毫無重量的效果。

漸漸地，她看到想像中的新式舞蹈有了雛形。爲了增添新意，瑪莎決定自己設計並縫製舞衣。舞衣大多是用彈性布料製成，舞者彷彿搖身變成一個個抽象形體，令他們犀利的動作更加突顯。她的舞台布景不是芭蕾舞慣用的童話風格，而是簡約與樸實。舞者幾近裸妝。凡此種種皆是爲了突顯舞者本身，令他們的動作爆發出張力。

瑪莎早期的一系列舞蹈表演引發熱議。大眾壓根沒見識過這樣的表演，許多人對它嫌惡不已；卻也有些人覺得此舞碼莫名地激盪人心，令舞蹈出現意料之外的張力。瑪莎的舞蹈引發極端反應，震撼力可見一斑。隨著時間過去，起初被認爲是粗糙、醜陋的舞蹈終於獲得認同，瑪莎・葛蘭姆獨力開創了舞蹈的新類型，也就是我們如今熟知的現代舞。她不願這樣的新舞蹈日後又變成一套常規，總是挖空心思在顛覆大眾的期待，她絕不走回頭路，並不時更新舞蹈題材，從希臘神話、美洲民間傳說到文學素材皆有。從她成立舞團起將近六十年的時間裡，她持續鞭策自己，創造新鮮感受及她一向熱衷追求的率眞。

人類創造力的最大障礙或許在於，不論任何一種媒介或專業，時間久了都會走向衰敗。在科學界或工商業界，曾經大獲成功的思維或作法迅速被拱爲典範，形成慣例。年復一年，大眾漸漸忘記當初典範成形的時空背景，只是一味遵循，將之視爲一套僵固的技術。在藝術界，若有一個人呈現令人耳目一新的風格，回應著那時代獨有的氛圍；這種風格就會一枝獨秀，因爲與眾不同。但不久之後模仿者紛紛出籠，蔚爲一股風潮，把它變成眾人在服膺的規矩。這種跟隨貌似叛逆又彷彿有個性，但在持續十年、二十年之後，終至變成陳腔濫調，缺乏眞實情感的空殼。人類文化中的一切皆逃不過這種由盛而衰的歷程。

文化中充斥著槁木死灰般的形式加慣例，我們卻渾然不覺地深受其荼毒。這個事實正是創意人大展拳腳的好機會，瑪莎・葛蘭姆便是其中的好典範。這種歷程如下：首先，要向內探尋。你擁有獨一無二、符合性情的某種東西亟欲破繭而出，但要確認它不單只是附庸某種流行，而是發自內心的。或許是一種從沒人聽過的樂音、一種沒人訴說過的故事類型、一本無法輕易歸類的書籍，甚至是一種全新的商業模式。讓這個點子、這個聲音、這個畫面在你內心扎根。當你察覺到這樣東西或許有潛力發展成一套語彙、一種作法，務必堅決起身反抗你認爲食之無味的慣例。瑪莎不是憑空生出新舞蹈類型，而是芭蕾與當代舞蹈無法令她滿意，她的願景才萌芽。她先接收既有的舞蹈規則，再予以打破。也就是說，這種策略是先有個反指標作爲你的參考依據，並用它來琢磨出嶄新的方向。

許多人老愛把求新與想到什麼做什麼的隨興混爲一談，最容易淪落到呈現出乏善可陳的東西，也很難有所堅持，因爲缺乏務實與自律。你應該要做的是，將你在專業領域累積起的學問，全部傾注到你的新想法中，用來顚覆現狀，一如瑪莎推翻了丹尼蕭恩的舞蹈訓練。基本上，就像是在已成紅海的文化範疇裡開闢出藍海，爲自己掙得一片曠野，進而在上頭栽種出新鮮玩意。世人渴求新鮮的東西，等待以原創手法揮灑當代精神的東西。當你創新事物，也會擁有一群屬於自己的觀眾，在世上掌握到終極的權力形式。

六、高級路線

松岡容子（見第一章第50頁）總覺得自己是個怪咖。倒不是她衣著怪異或相貌奇特等等，而是她的興趣跟旁人就是不一樣。在八〇年代的日本，社會會期待她這樣的少女專攻一個領域，並在日後從事相關職業。但她年紀愈大，興趣愈廣泛。她喜愛物理與數學，但生物學與生理學也很吸引她。她同時是個有天分的運動員，原本打算打職業網球賽，後來因爲受傷而放棄這條路。不只如此，她也熱衷於做手工，以及修理機器。

容子很慶幸自己剛到加州大學柏克萊分校念大學就邂逅了機器人學。機器人學在當時仍算是新興領域，爲她開啓了各種大哉問，相當投合她胃口奇大無比的知識欲。大學畢業後，她有心繼續探索機器人學，於是到麻省理工學院就讀機器人學碩士課程。她在研究所的工作包含協助打造大型機器人，她很快就決定要專攻機械手的設計。人手的複雜度與能力總是令她著迷不已，而且這個機會能把她的廣泛興趣共冶一爐（數學、生理學、製造東西），她覺得自己找到了立足之地。

但當她開始打造機械手時，她再次察覺自己的思路與眾不同。系上學生以男性居多，他們習慣把一切簡化成工程問題：如何把各種機械裝置安裝到機器人身上，好讓機器人的動作與行為近似於人類。他們把機器人視爲精巧的機器，建造機器人等於是在解決一連串的技術問題，打造一款可以模擬基本思考模式的行動電腦。

容子的方向卻大相逕庭。她想打造逼眞、結構盡可能與人類相仿的機器人。這才是機器人學的未來，而要達成這個目標，涉及的層面複雜許多：是什麼賦予萬物生命，發展出複雜的有機結構？對她來說，研究演化論、人類生理學、神經科學，與浸淫在工程學一樣重要。或許這會令她的事業路線走得崎嶇些，但她要順著自己的性情，看看最後走到哪裡。

容子在從事設計時做了一個關鍵決定：先製作模擬人類手臂的機械手模型，力求逼眞。這是個艱鉅的大工程，她得要徹底認識每個手臂部位的運作方式。比如她在重現手臂的各個骨骼時，發現骨骼上有各種莫名其妙的隆起和溝槽。又好比食指指節的骨骼有一塊隆起，令它單側較大。她深入研究這個細節，發現了它的奧妙功能：這令我們把東西握在掌心時比較有力。若說人類是爲了此目的而特地演化出這個隆起，似乎說不太通；或許那是某種變異、畸型，最後才成爲演化的一部分，一如手臂對人類的發展愈來愈具重要性。

機械手的掌心她也以相同方式打造，她認爲從各方面來說，掌心都是設計機械手的關鍵。對大部分工程師而言，機械手要追求的是最佳勁道和機動力。他們會內建各種機械功能選項，但要做出一隻會動的機械手，就得將所有的電動機和電纜都安裝在最方便的位置，也就是掌心，但這導致機械手變得僵固。依此設計完成的機械手，必須靠軟體工程來掩飾僵固的問題，設法恢復其機動能力。但由於這種機械手本身就是很僵固，拇指永遠碰不到小指，最後成品的機動能力注定大受限制。

容子反向思考，她研究的目標是要發掘手部能如此靈巧的奧祕，當中顯然扮演關鍵角色的就是靈活、能夠彎曲的掌心。拉高到這個層次思考，答案就昭然若揭，不論是電動機及電纜都必須得裝設在掌心以外的部位。她沒有將電動機塞滿手部各個角落來讓機械手活動，她判斷手部最需要機動力的重要部位是拇指，拇指才是抓握能力的關鍵，這正是她必須增加機動力的部位。

延續這個模式，她一點一滴地發掘手部的強大機動力從何而來。運用這種怪招工作，其他工程師嘲笑她及其特異的生物學設計模式，說她是在浪費時間。但到頭來，她稱之爲「正確解剖結構測試台」(anatomically correct test-bed) 的機械手迅速成爲業界典範，爲手部義肢帶來全新的可能，回頭看，她的作法聰明又正確，不但打響了她的工程技能名聲，也贏得認可。

但這只是起步而已，她持續鑽研手部結構的特色，致力完美重現。取得機器人學碩士學位後，她回到麻省理工學院攻讀神經科學博士。如今的她對手腦連結的神經訊號擁有深厚的學問，計畫打造能與大腦連線的義手，期待其運作方式與感覺都要跟眞的手如出一轍。爲了達此目標，她持續鑽研更高層次的概念，諸如手腦之間的連結對思考的影響爲何。

她在實驗室做過相關實驗，觀察人閉著眼睛時如何擺弄不明物品。她研究受試對象如何用手探索看不見的東西，並記錄他們在過程中產生的複雜神經訊號。她納悶著，身體探索東西與抽象思考之間是否有關聯（或許會產生類似的神經訊號），就像我們不清楚如何解決難題時的情況。她想把探索東西的感覺建置在義手上。在她所做的其他實驗中，受試者必須移動一隻虛擬的手，她發現受試者愈能認同假手是自己身體的一部分，就愈能控制它。產生這種感官的感覺，就是她研發義手的終極目標。儘管要等到多年後才能實現，但這種連結神經的義手設計對科技的未來發展，將遠遠超越機器人學的範疇。

我們在許多領域都可看到相同的心理通病，稱之爲技術閉鎖症 (technical lock)。意思如下：學習一項主題或技能（尤其是複雜的題材），必須熟悉解決問題的標準流程，浸淫在當中的細節與技術裡。但如果不留心，腦筋就會閉鎖起來，老是以固定角度看待所有問題，只會用銘記在腦海裡的相同技巧和策略來應付。遵循同一套老辦法絕對比較省事，但如此一來，我們見樹不見林，忘了自己所爲何來，忘了遇到的每個問題都不一樣，需要不一樣的應對方式。於是變得目光狹隘。

技術閉鎖症的影響到處可見，受其影響的人看不見工作的整體目標，無法辨識出眼前更大的問題，忘記當初從事這份工作的初衷。松岡容子發現的妙解讓她成爲其專業領域中的先驅。這一切都要歸功於，她不遵循機器人學界崇尚工程學的風氣。她能綜觀大局，腦筋自然活絡起來，可以拉高思考層次，持續思索事物之間的關連：是什麼令人類雙手如此出奇地完美、雙手如何影響自我形塑與思考。用這些大哉問來主導研究，便不會狹隘地只聚焦在技術層面，而沒有大局觀。拉高層次思考，心智便可以從不同角度更自由地探索問題：爲何手部骨骼會長成這副模樣？是什麼讓手掌如此靈活？觸覺對思考的影響爲何？這讓她能在深入細節時不忘記想追根究柢的初衷。

工作時應該效法松岡容子的方式。當下在探究的主題或試圖破解的問題永遠都要連接到更大的宗旨：一個大問題、一個核心思想、一個令你振奮的目標。每當工作開始變得沉悶，你就要回歸初心，想想當初驅策你前進的那個目標。這個關鍵理念會凌駕於你的小型探索之上，爲你開啓更多類似的探索。時時提醒自己終極目標爲何，可避免你開始盲目追求某項技術，或過度沉溺於芝麻綠豆的細節。如此一來，便能善用人腦的強項，在愈來愈高的層次中不斷尋找到新的連結點。

七、演化劫持

一九九五年夏天，保羅．葛藍（見第二章第115頁）聽到廣播節目在讚揚電子商務的無限可能。當時的電子商務還不蓬勃，網景公司是在自我行銷，試圖在首次公開釋股前夕挑起大眾對這門生意的興趣。電子商務聽起來雖是前途無量，但概念卻很模糊。葛藍當時正處於人生的十字路口，自從拿到哈佛大學電子計算機科學博士學位，他便落入一套生涯模式：在軟體公司兼差當諮詢顧問，一存夠些錢就離職，縱情於他熱愛的藝術與繪畫，等到存款見底了，再尋找另一份工作。他如今已三十一歲，開始厭倦了這種模式，也愈來愈討厭做顧問工作。若能經由開發網路程式一夕致富，這樣的前景聽起來非常誘人。

他打電話給哈佛時期寫程式的老搭檔羅伯特．莫里斯，說服老友跟他一起創業，但葛藍對於從何著手、要開發什麼生意都還沒有概念。兩人討論了幾天，決定寫程式幫助大小公司建立網路商店。釐清大方向後，他們立刻碰到巨大障礙。在那個年代，程式的銷路要好，就必須能在 Windows 的環境中執行。他們可是技藝高超的駭客，非常鄙視 Windows，從沒花半分力氣學過如何爲 Windows 系統開發應用軟體。所以他們寧可用 LISP 語言寫程式，用開放原始碼的 Unix 作業系統跑程式。

儘管現實如此，但他們打算能拖就拖，不管三七二十一先寫好 Unix 作業系統用的程式再說，反正將來要把程式轉換到 Windows 作業系統應該不是很困難。但當他們再仔細琢磨起這件事後，才省悟到這麼做的可怕後果：一旦將 Windows 作業系統版本的程式上市，後續就有使用者的客服問題必須處理，並得依據其回饋進行改良。屆時，勢必還是得用 Windows 作業系統來思考及編寫程式，可能費時數月、甚至數年。這種前景太過悲慘，他們認眞考慮放棄。

葛藍這時借住在莫里斯位於曼哈頓的公寓，睡在鋪在地板上的床墊。他有天早上突然醒來，口裡唸唸有詞，那想必是來自夢境中的點子：「你可以藉由點擊連結來控制程式。」他猛然坐直身體，醒悟到這些字詞的意思：他可以撰寫利用網站伺服器執行開設網路店鋪的程式。使用者透過網景下載、跑程式，點選網頁上的各種連結來開設網路商店。這表示，他和莫里斯可以規避目前一般的作法：使用者下載程式到自己的電腦。如此一來，他們就不必和 Windows 糾纏不清了。市面上還沒有出現這種作法，但顯然這可以行得通，他興奮地向莫里斯解說自己的想法，兩人同意立即放手一搏。不出幾天，他們就完成了第一個版本，程式運作極其順暢。結果證明，網路應用軟體的概念確實可行。

隨後幾週，他們改良軟體，找到肯掏錢的金主，對方初步支付一萬美元買下這個生意百分之十的股份。店家一開始對他們的點子還不太買帳，但他們這家軟體伺服器供應商是第一個專供創業用的網路程式，堪稱電子商務的開路先鋒。慢慢地，生意還是漸有起色。

事實證明，葛藍和莫里斯因爲看不上 Windows 而想出來的奇想，有許多意想不到的優點。直接在網路上運作，就能持續更新軟體並立即測試。他們可以和客戶直接互動，得到客戶對程式的即時回饋，然後在幾天內就完成改良，不必像桌上型電腦的軟體更新必須等上幾個月。他們缺少經營生意的經驗，沒有想到雇用業務員來推銷產品，而是親自打電話給潛在客戶。儘管必須身兼業務員角色，倒也因此能在第一時間聽到客戶的投訴或建議，讓他們直接知道到程式的瑕疵並思考如何改良。這是門前所未有、獨門的商業模式，沒有競爭者需要擔心；沒有人能盜用這個點子，因爲只有他們兩個夠瘋狂到敢這麼放手一搏。

他們後來是犯過一些錯，但這個生意模式太厲害，犯錯不足以使他們輕易垮臺。在一九九八年，他們便將這間名爲經網的公司以五千萬美元（約台幣一億五千萬元）賣給雅虎公司。

葛藍在多年後回顧這段經歷時，不禁對自己和莫里斯走過的歷程感到不可思議。他回想起微電腦等歷史上的諸多發明。讓微電腦得以誕生的微處理器原本是開發來控管紅綠燈及自動販賣機，從來無意供電腦使用。最早嘗試這麼做的人遭人譏笑說，他們打造的電腦不配叫做電腦，尺寸那麼小，功能也那麼少。但他們仍然吸引了夠多想節省時間的人。於是慢慢地，微電腦便盛行起來。電晶體的故事也如出一轍，在三〇及四〇年代，電晶體是爲了供軍方電子設備使用而開發，直到五〇年代初期，才有人想到把電晶體運用在民間的電晶體收音機上，旋即成爲史上最大行其道的電子裝置。

上述這些案例耐人尋味之處，在於這些發明離奇的開發過程：大致描述起來，就是發明者偶然邂逅到現有的科技，然後萌生想把此科技應用在其他用途的點子，最後就是測試並做出不同的原型，一直到最合適的產生。促成這個過程的動能，來自創新發明者樂於換上不同的眼光看待日常事物，發想出日常事物的新用途。目光如豆的人容易被熟悉的舊用途綁住，看不見其他可能性。說穿了，關鍵就在於擁有彈性十足的靈活腦袋，這便足以讓人脫穎而出。

賣出經網公司後，葛藍又有了撰寫網路文章的點子，這是他獨特的部落格形式。憑著這些文章，他成了各地年輕駭客及程式人員熟悉的網紅。二〇〇五年，哈佛電算機科學系的大學生邀請他前去演講。他決定不要分析各種程式語言，省得學生跟他自己都覺得好無趣，而是分享自己的科技創業理念：爲何有人成功，有人失敗。這場演講大受好評，葛藍的想法極具啓發性，學生熱烈地向他提出自己的創業構想。葛藍仔細聆聽，察覺到有些學生的想法雖不中亦不遠矣，只是亟需糅塑成形和指引。

葛藍一直都有意投資別人的構想。當年是善心的金主幫助他起步，現在輪到他透過幫助其他人來傳遞那一份恩情。於是問題又來了，大部分善心金主在投入資金前都多少有些相關經驗，而且通常是從小額投資入場。葛藍缺乏這一類經驗，有鑑於這點，葛藍萌生一個乍看荒謬的點子：他要同時投資十個創業案，金額為一萬五千美元（約台幣四十五萬元）。他替自己的這個點子打廣告，挑選出十位最優秀的應徵者。他將花幾個月的時間帶領這些創業菜鳥，協助他們實現構想。創業成功者，他會收取百分之十作為分紅。這類似科技創業的學徒制度，但背後暗藏另一個目的：這其實是葛藍學習投資企業的速成課程。他是蹩腳的金主，他的學徒則是創業生手，也算是另類的相得益彰。

他再度找來羅伯特．莫里斯合夥。進行訓練課程幾週後，他和莫里斯察覺自己其實挖到寶了。憑著經營經網公司的經驗，他們已經有能力提供明確、有效的建議，而他們輔導的這些創業點子看來深具潛力。或許他們為了快速自學資金投資而設計這種灑大網的制度，本身就是個極有趣的生意模式。大部分投資人一年只能經手幾個創業案，就已經忙到昏天暗地，難以負荷更多。但若是葛藍和莫里斯把時間全投入這個學徒系統呢？他們的服務是可以量產的，投資的創業案將是幾百個，而不是僅僅幾十個。而且在過程中，他們的學習速度可以三級跳，以等比級數累積的知識可以良性循環，促成更多創業案開花結果。

假如這想法行得通，不但能大發利市，他們也會對整個經濟造成顯著且正面的影響，吸納數不清的聰明創業家加入這個系統。他們把新公司命名為Y型組合者（Y Combinator），認定這是他們對改善這個世界的終極努力。

他們把這一路上學到的原則傾囊傳授給學徒：為現有科技開發新用途並發掘未被滿足的需求，

將使人受益無窮；傾全力與客戶保持緊密關係；創業點子力求簡單、實際；創造有價值的優異產品、憑著精細的做工勝出，不要光顧著想賺錢。

學徒學習，老師也能教學相長。說來奇妙，他們發現創業家成功的眞正關鍵，不在於點子的本身，也不是就讀的大學，而是他們的眞實性格：樂於擁抱自己的想法，善用自己一開始沒料到的可能性。**這就是葛藍在自己及其他發明家身上看到的共同特質：彈性靈活的腦筋。另一項也很必要的人格特質則是高度的韌性**。

這些年來，Y型組合者以獨特方式逐步發展，持續以驚人的速度成長。如今公司價值高達五億美元（約台幣十五億元），顯然仍有再成長的潛力。

我們對人類的發明力及創造力通常抱有一個錯誤觀念，以爲創造力強的人萌生一個絕妙點子時，就能進一步發展，直到雕琢成形，一切都是直線式的發展。但實際狀況其實會混亂、複雜得多。創造力其實類似一種稱爲演化劫持 (evolutionary hijacking) 的自然過程，意外與偶發事件皆會深深影響演化。例如，羽毛是從爬蟲類的鱗片演化而來，作用是替鳥類維持體溫。（鳥類是從爬蟲類演化而來。）但到頭來，保溫用的羽毛退場，改用於飛行，演變成翅膀的羽毛。而我們靈長類的祖先原本是住在樹上，需要快速、靈敏地抓握樹枝，這便是手部的演化主軸。早期的原始人祖先開始在陸面行走，發現精巧的雙手在擺弄石頭、製作器具、以手勢溝通上相當好用。或許語言的發展原本是作爲純粹的社交工具，最後被劫持去充當邏輯推理的媒介，而人類的意識則是意外的產物。

人類的創造力大致上也是遵循類似的模式，創造任何事物都逃不過自然演化的法則。點子不會憑空降臨。我們偶然遇到某件事物（在保羅．葛藍的例子中，是聽到的廣播節目以及哈佛演講結束後的聽眾提問），如果閱歷夠豐富、時機也夠成熟，便會在內心激發有趣的聯想。檢視自己能使用的素材，赫然發現它其實可以有另一種用途。在這一路上，偶然事件發生了，揭示我們還能採行的其他路線，假如前景看來不錯，就算沒有十足把握仍會向前挺進。點子萌生到開花結果絕對不是直線行進，創造過程反倒像是彎彎曲曲的樹枝。

道理很簡單：真正的創造力仰賴於開放的胸襟與心智的彈性。目睹或經歷一件事物時，應該要從幾個不同角度檢視，找出不那麼顯而易見的其他可能。想像周身的物品或許可以挪爲他用，或與其他物品合併著用，創造出新用途。不會基於固執而緊抓著原本的點子不放，或害怕丟臉就堅持原本的點子一定對。我們臨機應變，探索、開發不同的分歧，再加上偶然事件，於是把羽毛變成了飛行素材。由此可知，造成差異的並非大腦的基本創造能力，而是如何看待世界、對眼前事物的看法能具有多大彈性。創造力和臨機應變能力兩者缺一不可。

八、多重思考

拿破崙在一七九八年攻打埃及，準備把埃及收納爲殖民地，但英國出兵扼阻，以致戰局陷入膠著。一年後，戰事仍未結束，一名士兵在羅塞塔 (Rosetta) 附近的法軍堡壘進行強化工事，在挖地時挖到一塊石頭，發現那是一塊寫滿字跡的玄武岩石板，應該是某種古埃及文物。拿破崙入侵埃及的部分原因是他對埃及的一切極爲好奇，於是隨軍帶著法國科學家與歷史學家同行，如果如願發現一些文物，就交由這些專家進行分析。

這塊石板後來被稱爲羅塞塔石碑。當法國專家群檢視這塊玄武岩石板，感到興奮不已。石碑上有三種文字：上方是古埃及聖書體文字（hieroglyphs，古埃及的一種書寫字體），中間是所謂的世俗體文字（demotic，古埃及平民使用的語言和文字），下方是古希臘文。翻譯古希臘文時，他們發現內容是頌揚托勒密五世（Ptolemy V，西元前二〇三～一八一年）統治的普通文告，但最後註明這份文告分別寫成三種文字版本，可見世俗體、聖書體的內容皆相同。他們以古希臘文爲比對基準，頓時之間，另外兩種版本的文字似乎也有了能夠解讀的指望。上回挖掘到的聖書體文字書寫於西元三九四年，由於懂得閱讀的人早已不存於世，成爲徹底的死亡語言、無法進行翻譯，於是神殿及莎草紙上的大量文字成了無法破解的謎團。現在，終於露出一點曙光。

石碑被送往開羅的研究機構，但英軍在一八〇一年擊敗在埃及的法軍，驅離了法國人。他們知道羅塞塔石碑的珍貴價值，在開羅搜出石碑後就送往倫敦，至今仍收藏在大英博物館中。石碑的拓文開始流傳出來，歐洲各地的知識分子搶著當第一個破解聖書體文字的人，搶當解謎功臣。眾人著手研究，獲得些許進展。有些聖書體文字外圍有一個方框，稱爲象形繭（cartouches）。他們發現象形繭代表王室成員的名字。一位瑞典教授在世俗體辨識出托勒密的名字，並推測這些文字的可能發音。但解譯聖書體的初期狂熱終究緩緩平息了下來，許多人憂心終將無疾而終。因爲鑽研愈深，那些符號所代表的文字系統就愈教人一頭霧水。

一八一四年，有張新面孔加入論戰，他是英國人湯瑪斯．楊（Thomas Young）醫師。他很快就成爲第一個有希望破解羅塞塔石碑的人，雖然身爲醫師，但他對各種科學皆有涉獵，是公認的天才。英國當局樂觀其成，他可調閱英國徵收的所有莎草紙文稿及文物，包括羅塞塔石碑。除此之外，他本人極富裕，可將全部時間投注於研究工作。於是他以十足的熱忱，一頭栽進去研究，並獲得一些進展。

他是以計算的方式來解謎。他計算特定字彙在希臘文版本出現的次數，比如「神」字，然後在世俗體文本中找到出現次數相同的字，假定它們是同一個字。他盡一切努力讓世俗體的字母符合歸納出來的對應表，假如顯然應該是「神」的字彙似乎過長，他就認定當中的某些字母不具意義。他推斷三份文本應該是採用同樣的文句順序，因此可以憑文字的位置配對來下判斷。有時候，他猜對了，但更常一無所獲。他是有一些重要發現：世俗體和聖書體文字具有關聯，世俗體是聖書體比較寬鬆的書寫形式；而世俗體使用字母拼出外文名字，但主要是採用象形符號的系統。研究不斷陷入膠著，距離破譯聖書體文字仍遙不可及。幾年後，他基本上已算是投降了。

同期間，一個看似不可能在此挑戰中勝出的年輕人加入這場競賽，他是尚－法蘭索瓦・商博良（Jean-François Champollion，一七九〇～一八三二年）。他來自格勒諾勃（Grenoble）附近的小鎮，家境相對貧寒，七歲前沒有受過正式教育。但他有一項別人沒有的優勢：從小就熱愛古文明史。他想發掘人類起源的新知，因而勤學古代語言：希臘文、拉丁文、希伯來文，還有好幾種閃語語系的語言，他的學習速度很驚人，十二歲就已經到達精通境界。

古埃及很早便吸引了他的注意。他在一八〇二年聽聞羅塞塔石碑，就跟哥哥說他一定會破解碑文。當他開始研究古埃及，立刻對古埃及文明的一切產生強烈的喜愛。他從小就有優異的圖像記憶力，能以超凡的技巧繪圖，他往往將書本上的文字（即使是法文書）視爲繪畫，而不是字母。當他第一次看到聖書體文字，就覺得十分親切。過沒多久，他對聖書體文字已經近乎狂熱。

爲了確保對此研究有所突破，他斷定自己必須學習所謂的哥普特語（Coptic）。當埃及在西元前三十年成爲羅馬殖民地，古語、世俗體都慢慢消失，由哥普特語（希臘語與埃及語的混合體）取而代之。當阿拉伯人征服埃及，要埃及人改信伊斯蘭教，將阿拉伯語訂為官方語言時，當地剩餘的基督徒依然使用哥普特語。在商博良的年代，只剩寥寥無幾的基督徒會說這種古老的語言，大部分是僧侶和神父。一八〇五年，恰巧有一位這樣的僧侶路過商博良居住的小鎮，商博良很快便去結識他。這僧侶教導他哥普特語的基礎概念，當他在幾個月後再度回到鎮上時，帶了一本文法書給商博良。這個小男孩日夜研習哥普特語，狂熱到旁人覺得他瘋了。他寫信給哥哥：「我無心做別的事，做的夢也是講哥普特語……我完全沉浸在哥普特語裡，把每個念頭都翻譯成哥普特語當成是在找樂子。」他後來到巴黎念書時又遇見幾位僧侶，他們誇他把這種瀕臨滅絕的語言講得和母語者一樣好。

他只有一份看起來很粗劣的羅塞塔石碑複印本，就開始用各種假設破譯，後來發現所有的假設都大錯特錯。但商博良和旁人不同，他的熱忱始終沒有被澆熄的時候。他苦惱的是當時的政治很混亂，他坦承自己支持法國大革命，在皇帝失勢之際終於認同拿破崙的理念。當路易十八登基成為法國的新任國王，商博良對拿破崙的同情導致他丟了教授職務。他長年貧病交加，只得割捨對羅塞塔石碑的熱忱。但在一八二一年，政府總算讓他復職，商博良於是定居巴黎，又再以嶄新的活力與決心重拾破譯石碑的挑戰。

當他重拾擱置一段時日的聖書體文字研究，竟有了全新的觀點。他判斷解譯石碑的問題在於大眾似乎認為這是某種數學密碼。但商博良能講幾十種語言，也能閱讀許多已經消失的語言，他明白語言的演變充滿偶然，會受到該社會中的新興族群影響並隨著時間更迭。語言不是數學方程式，而是充滿活力、不斷演化的生命體。語言極複雜。現在，他改採比較全面的手段，目標是釐清那上頭出現的究竟是何類文字：象形文字（畫出事物圖樣的文字）、表意文字（將概念畫成圖像的文字）、某種拼音字母，或三者兼具？

基於這樣出發點，他做了一件別人從沒想到的事：他比較希臘文與聖書體文的字數。他算出希臘文有四百八十六字，聖書體符號有一千四百一十九個。商博良先前的研究都是假定聖書體是表意文字，每個符碼代表一個概念或一個字。然而，兩者字數相距太懸殊，他先前的假設不可能成立。接著，他嘗試判讀構成完整字彙的聖書體符碼，但只算出一百八十個字。他無法從兩者之間找到明確的數字關連，根據這些資訊，唯一可能的結論是聖書體文字混合了表意、象形及表音文字，因此遠比大家想的更爲複雜。

任誰都會覺得他接下來的嘗試是白費工夫，是個瘋狂舉動：運用敏銳的視覺觀察能力檢視世俗體和聖書體文本，只比對兩者字體或符碼的形狀。這麼一來，他開始看出兩者之間的模式與可呼應之處。例如，聖書體代表一隻鳥圖像的符碼，在世俗體也有一個粗略對等的符碼，只是沒那麼逼眞、形狀也比較抽象。憑著他不可思議的照相式記憶能力，他可以辨識幾百組對應符碼，但完全不懂其字義。對他而言，符碼只是圖像。

他憑著這些收穫繼續再出擊。羅塞塔石碑的世俗體中，有個先前判定爲寫了托勒密名字的象形繭，他開始進行檢視。他指認出許多對應的聖書體及世俗體符碼，便將世俗體的符號轉換成聖書體應該會用的符號，寫出托勒密這個名字。他又驚又喜地在聖書體果然發現同樣的字，這成了第一個成功被破解的聖書體文字。他知道這個名字是採用拼音而來（一如所有的外國姓名），推斷出托勒密在世俗體及聖書體該如何發音。既然能辨識出Ｐ、Ｔ、Ｌ三個字母（Ptolemy 的三個字母），他發現一份莎草紙文件上的另一個象形繭必然就是克麗歐帕特拉（Cleopatra，即埃及豔后），現在，他認識的字母又增加了。托勒密和克麗歐帕特拉的Ｔ拼法不同，換作別人可能一頭霧水，但商博良明白這只是同音字，就如同 phone 和 fold 的第一個音都是 f。他認識的字母愈來愈多，於是把找得到的王室成員象形繭都拿來解譯出名字，累積字母資訊的寶庫。

一八二二年九月，謎團以最出人意表的方式解開了，前後不過一天的光景。有人在埃及的荒僻地點發現一座神殿，牆壁及雕像上寫滿了聖書體文字。商博良拿到這些聖書體文字的精確謄本，在進行檢視時，他發現一個奇怪的地方：上頭的象形繭都不是他已經辨識出來的名字。他決定將自己研究出來的字母發音套用到其中一個象形繭，但只能認出名字是以S結尾。第一個符號看起來像太陽，在古埃及語的遠親哥普特語中，太陽是**Re**。這個象形繭的中段有個三叉戟的符號，離奇的是那三叉看起來像M。他欣喜若狂地聯想到這個名字可能是拉美西斯（**Ramses**）。拉美西斯是西元前十三世紀的法老王，這表示埃及人拼音系統的歷史可以回溯到更久遠以前，這是驚天動地的發現。他需要更多證據來確認此事。

神殿的另一個象形繭也有相同的M型符號。這個象形繭的第一個符號是䴉。憑他對古埃及史的知識，他知道這種鳥是托特神（Thoth，智慧之神）的象徵。這個象形繭現在可以拼成**Thot-mu-sis**或**Thuthmose**，又是一位古代法老王的名字。在神殿的另一個部分，他看到一個等於都用M和S構成的聖書體文字。他以哥普特語的概念，把這個字轉換爲**mis**，意思是「生產」。果然，他在羅塞塔石碑的希臘文部分找到提及生日的句子，辨識出它在聖書體文本的對應用字。

這項發現太過震撼，他跑過巴黎的街道去找哥哥。進門嚷了一聲「我知道怎麼破解了！」就昏厥過去，摔倒在地。持續將近二十年的狂熱，經歷數不清的難關、在貧困中掙扎，商博良終於在短短幾個月的接續研究後，發現了破解聖書體的關鍵。

在這場發現後，他再接再厲地翻譯一個又一個字，釐清聖書體文字的確切性。在這樣的努力後，他完全改變了世人對古埃及的知識與觀念。他初期的翻譯揭露了聖書體一如他的推測，是三種符碼形式兼具的複雜系統，而且擁有等同字母的符碼，出現的時間比一般人認定的字母發明年代還要更久遠。埃及並不是一個由神職人員主宰奴隸、以神祕符碼保守祕密的落後文明，而是文字既複雜又美麗的繁盛社會，足以與古希臘文明媲美。

商博良的發現傳出去之後，立刻在法國成為英雄人物。但商博良的主要對手楊醫師卻吞不下失敗。隨後那些年，他不斷控訴商博良造假、剽竊，無法接受一個出身寒微的人怎能締造出如此神人般的功績。

商博良與楊醫師的故事有著學習過程的基本典範，揭示了兩種處理問題的典型。楊醫師對聖體書之謎是採取從外圍進攻的策略，動力源自想成為破解聖書體第一人的野心，藉此揚名立萬。為了加快研究速度，他將古埃及的書寫系統簡化為有條理的數學公式，假定它們是表意文字。如此，他便能將破譯當成一種演算工作。為了做到這一點，他不得不簡化其實複雜至極且層次豐富的書寫系統。

商博良的方法則恰恰相反。他的動機是真心渴望了解人類的起源，並且熱愛古埃及文明。他想發掘真相，不為追求名利。他將翻譯羅塞塔石碑視為生命任務，甘願付出二十年、甚至更久的時間來完成，不惜一切代價，只想破解謎團。他不從外圍進攻、也不套用公式，而是投身入嚴密的學徒訓練，學習古代語言及哥普特語。結果，他對哥普特語的知識成為解謎的關鍵。憑著對多種語言的認識，他了解到語言的錯綜複雜反映出社會的繁複程度。當他在一八二一年重拾羅塞塔石碑的研究時，專心一意，心智便進入創意活躍狀態。他重新界定問題，決定先把世俗體與聖書體兩個文本視爲純粹的視覺圖像，這是神來之筆。他從更多層次進行思考，對古埃及語累積了足夠認識，終至成功破解這個語言。

在各個領域中，很多人都喜歡採取楊醫師的策略。當研究經濟學、人體健康或大腦的運作方式，都偏愛抽象、簡化的手段，把極度複雜、互相牽連的諸多問題簡化爲模式、公式，以及有條有理的統計數字，或可供解剖的獨立器官。但如此簡化之後，有血肉有生命的元素就喪失了。請採用商博良的模式，切勿貪快，情願採用比較完整的作法，盡量從不同角度檢視研究標的，讓思維增添不同層面的資訊。你要假定任何整體內的部位都在與其他部位互動，無法一刀切割。在你心裡，要盡可能貼近研究目標的複雜眞相與現況。一步一腳印之下，巨大的謎團會也會自動在你眼前解開。

九、鍊金術般的創造力與無意識

藝術家泰芮絲塔．費南德茲長久以來都對鍊金術著迷，這是一種志在將基材轉變成黃金的早期科學。（泰芮絲塔的經歷詳見第186頁。）鍊金術士相信，地與火、日與月、男與女、黑暗與光明之類的兩極互動，造就了自然界的運行。鍊金術士相信若能設法調和這些對立的極端，就能揭開自然界最深刻的奧祕，獲得從無生有的力量，把塵埃變黃金。

對泰芮絲塔來說，鍊金術在許多方面都類似藝術與創造的過程。首先，一個想法或點子觸動了藝術家的心弦。慢慢地，藝術家將點子轉變成實際的藝術作品，而藝術作品創造了第三樣東西，即觀眾的內心感受，那是藝術家想要挑起的特定情感。這是個無中生有的神奇過程，如同將塵埃轉變成黃金；以泰芮絲塔的例子來說，就是她把點子化爲現實，進而挑起觀眾的強烈反應。

鍊金術仰賴調和各種相對的特質，從這個角度反思自己，泰芮絲塔發現自己的作品調和了許多對立的想法。她個人很欣賞極簡主義，亦即運用最少素材來溝通的表達形式，素材必須縮減到最少的規矩，雖然嚴苛，卻激盪出令她樂在其中的思考。同時，她擁有浪漫主義的特質，對能挑動觀眾強烈情緒的作品很感興趣。她喜歡在作品中糅合感官感受與簡樸元素，她留意到此種風格的作品若能同時展現內在的緊繃情緒，就能傳達給觀眾一種扭曲、夢幻的效果。

泰芮絲塔從小就對大小比例異常敏銳。在她看來，原本狹小的空間或房間居然因為空間規畫的方式或開一扇窗戶就產生開闊的感覺，實在很詭異，令人不安。小孩對大小比例通常會著迷，他們打造迷你版的成人世界來玩耍，覺得那些小物件代表了尺寸大上很多倍的實物。我們長大後通常會失去這種興致，但泰芮絲塔在火山爆發（Eruption，二〇〇五年）這件作品中，就拿人們對大小比例的感受大作文章，讓我們重新體驗大小比例的變化可以激發起多麼強烈的不安感。火山爆發是一件相對較小型的地板雕塑，形狀像畫家的調色板。表面有幾千顆透明玻璃珠，玻璃珠底下是一幅放大的抽象畫，透過玻璃珠反射出畫作的五顏六色，整件作品看來儼然就是在啵啵冒泡的火山口。我們無法看見底下畫作，也不知道珠子本身是透明的。我們單純地被作品營造出來的效果吸引住目光，憑空幻想出許多不存在的東西。她就這樣在有限的空間裡，令我們覺得彷彿置身在深邃、遼闊的地貌中。明知道那是錯覺，但作品創造的感官感受及緊張氛圍撼動了我們。

藝術家打造放置在戶外公共場所的作品時，通常有兩種可供選擇的方向：創造與地貌巧妙融合的作品；或創造在環境中異常醒目的作品，讓觀眾聚焦在作品上。在創造西雅圖雲天這件作品時（Seattle Cloud Cover，二〇〇六年，位於華盛頓州西雅圖奧林匹克雕塑公園），泰芮絲塔在兩個相對立的策略間遊走。她在跨越鐵道的戶外人行天橋安置大片彩色玻璃板，玻璃板黏合了雲層的照片圖案。這些玻璃板延伸到頭頂上，呈半透明，並以等距打出幾百個透明圓孔露出一點點上方的天空。行人穿越陸橋時，會看到頭頂上有寫實的雲層圖片，圖片經常被西雅圖平日的灰色天空襯托得極爲搶眼，有時則因爲陽光而變得明亮，或在日落時變身成爲萬花筒。行人穿越天橋時，虛實輪番出現、難以分辨眞僞，這是令觀眾感到極度錯亂的超現實效果。

想體驗泰芮絲塔鍊金術的終極表現，可以前往德州奧斯汀的布蘭頓美術館 (Blanton Museum of Art) 欣賞她的堆疊水域作品（Stacked Waters，二〇〇九年）。這件案子的挑戰在於，她必須爲美術館開闊的多層次中庭創造一件搶眼作品，位在一個進入美術館其餘展間的入口處。這座中庭的天花板上有大片天窗，明亮的光線透過天窗灑落到中庭。泰芮絲塔沒有費心思考要爲這樣的空間創造哪種雕塑，而是嘗試扭轉人們對藝術的體驗。進入博物館或藝廊空間，觀眾通常會感受到疏離與冰冷；他們保持距離觀賞一件作品一陣子，接著繼續往前挪進。泰芮絲塔的目標是創造比傳統雕塑更能撼動觀眾心弦的作品，於是決定以中庭的冰冷白牆及川流不息的參觀者人潮爲基礎，進行她的鍊金術實驗。

她在牆壁貼上幾千條高度反光的壓克力條，壓克力條呈現從藍到白的色彩渦流。營造置身中庭就有如沉浸在巨大游泳池裡的感受，從上方灑落的陽光令藍色的池水波光粼粼。觀眾爬上樓梯時，會在壓克力條看見自己的倒影，倒影以扭曲的樣貌呈現，就如同隔著水看東西一樣。近距離檢視壓克力條，就能看清這是以最簡約的素材營造出來的豐富氛圍，但水的感覺、彷彿被淹沒於水底的感受卻眞實到令人打寒顫。觀眾成爲這件藝術作品的一部分，他們的倒影也是營造錯覺的一環。在這個如夢似幻的空間裡走動，再度令人感受到藝術與自然、錯覺與眞實、冰冷與溫暖、濕潤與乾燥之間的拉扯，激盪出強烈的理智及情感共鳴。

人類文化在許多方面都仰賴標準與慣例，人人都必須奉行不渝。慣例常常以二元對立的概念來表達：善與惡、美與醜、痛苦與愉悅、理性與非理性、理智與感性。信奉這些對立的概念讓世人凝聚住向心力，教人感到自在。試想如果世事可以既理智又感性，既愉悅又痛苦，既眞實又不眞實，既善且惡，既陽剛又陰柔，我們不覺得天下大亂才怪，會惶惶不可終日。然而，生命本身就是多變且複雜，人的欲望和經歷豈能歸類到如此明確的條目之下。

一如泰芮絲塔．費南德茲的作品所展示，眞實與不眞實是人爲了表達想法、解說而存在的概念，因此能拿來戲耍、更改、控制，隨意變動。篤信事物區分爲眞實與不眞實，兩者界線涇渭分明，絕不可能融合成第三選項的人，創造力便會大受侷限，工作表現很快就流露出缺乏生氣、老套乏味。要謹守二元對立的人生觀，必須對很多隨處可見的眞實現象視若無睹，但在無意識及夢境中，才會放下把所有事物分門別類的心理需求，輕鬆地把看似迥異且矛盾的想法感受融合爲一。

你若想要擁有創意無限的思維，就要積極探索自己心中的無意識及矛盾之處，也要檢視外界的對立及緊繃。透過工作使用的媒介來展現這些拉鋸，便能強烈地撼動他人心弦，他們會因而體認到無意識的眞相，或是被蒙蔽、被壓抑的感受。要檢視大環境與充斥其中的各種矛盾，例如，一個文化可能支持自由表達的理念，卻又以政治正確之名鎭壓自由表述。在科學界，則要尋找違反現行準則的觀點，或自相矛盾、看似無法解釋的觀點。這些衝突與矛盾都蘊含關於現實的豐沛資訊，超越表象，能夠揭發更深刻、複雜的眞相。潛入表意識底下的混亂與變動不定，那是另一種對立的存在，你會驚異地發現那能令豐饒的點子不斷湧現腦海。

反其道而行

西方文化有個特有的迷思，認爲毒品或瘋狂行徑可以點燃最精彩的創意大爆發。否則要如何解釋約翰・柯川嗑了海洛因後的創作？另外，奧古斯特・斯特林堡（August Strindberg）[31]已經符合醫學定義下的瘋狂，他那些精彩的劇作又該作何解釋？他們的作品如此隨興、自由，遠遠超越理性、意識的掌控。

但這其實是很容易推翻的陳腔濫調。柯川本人承認他在海洛因上癮期間的作品低劣不堪，毒品摧毀了他及其創造力。他在一九五七年戒除毒癮，從此不再犯。傳記作家後來檢視斯特林堡的書信和日記，發現他在人前舉止浮誇，私底下卻極度自律。他在劇作中刻畫的瘋狂是精心雕琢的成果。

要明白：創造意義深遠的藝術作品，或發掘新事物，或發明東西，都需要高度的紀律、自制及穩定的情緒。也需要精通專業領域的表達形式，毒品與瘋狂只會摧毀這樣的能力。不要誤信現今對創造力的浪漫迷思和陳腔濫調，世上沒有能輕易取得創造力的萬靈丹。當你欣賞大師匠心獨具的創意作品，千萬別忽略他們曾經長年練習，經歷無止無休的例行公事、長時間的自我懷疑，並頑強地克服障礙。創造力是這些努力的成果，並無其他捷徑。

31 一八四九～一九一二年，瑞典作家、劇作家和畫家，被稱為現代戲劇創始人之一。

我們的自負、激情、模仿精神、抽象智能、習慣都經年累月地影響我們，而藝術的任務就是將之全面化解，讓我們回歸正途，邁向內心深處那些真實存在而我們卻一無所知的事物。

普魯斯特，法國意識流作家

第六章

融合直覺與理性：大師境界

每個人都能汲取更高階的智能，進而拓展眼界，看出大勢所趨，遇事可以快狠準地回應。但要取得這種智能，就要在一個學習領域中沉潛，忠於自己的性向，不論別人覺得你的作法多麼偏離傳統。經過多年的沉潛後，學問浸入你的體內，光憑直覺反應便能洞悉業界的複雜事務。當你將這種直覺與理性邏輯併用，便能將心智拓展到最大潛能的外圍疆界，也看穿生命的奧祕核心。屆時你所擁有的本事便幾乎不輸給動物的直覺與敏捷，但你還多出了人類意識所帶來的額外優勢。大腦構造就是為了取得這種能力而設計，如果你將自己的性向發揮到極致，就會自然而然得到這種層次的智能。

第三次蛻變

作家普魯斯特的命運似乎從呱呱墜地時就已經注定。他生來極爲弱小，在生死邊緣徘徊了兩週，幸而存活下來。童年時體弱多病，一病就得在家養病好幾個月。九歲時，他第一次氣喘發作，險些送命。他的母親珍妮始終很擔心他的身體，會定期帶他到鄉間休養。

在這樣的固定行程中，他的人生漸漸定型。時常孤單一人的他愛上看書，他喜歡閱讀歷史，狼吞虎嚥各類文學作品。到鄉間散步個大半天是他活動筋骨的主要方式，有些景色令他喜愛不已。見到蘋果花、山楂花等別致一點的花，他便會佇足幾個鐘頭好好欣賞；他覺得行進間的螞蟻或正在織網的蜘蛛尤其迷人，不久他便將植物學和昆蟲學也納入閱讀清單。在這些年少時光裡，跟他最親密的人就是母親，他對母親的依戀超越一切。母子倆相貌相似，藝術品味一致。他無法忍受跟母親分離超過一天，就算分開的幾個鐘頭裡，他也會不停寫信給母親。

一八八六年，他看了奧古斯丁．帝埃里 (Augustin Thierry)[1]寫的諾曼人征服英格蘭的歷史書，人生就此改變。書中活靈活現地敘述歷史事件，普魯斯特覺得彷彿置身過去一般。作者說，這個故事披露了古今皆然的人性法則，想到作家可以發掘出這類的法則令普魯斯特興奮不已。昆蟲學家找出主宰昆蟲行爲的神祕原則，作家也能發掘人性法則及看透複雜的人性嗎？帝埃里栩栩如生呈現歷史的本領令普魯斯特怦然心動，他在一瞬間就知道這就是他的生命任務：他要成爲作家，闡述人性法則。他始終覺得自己不會太長壽，必須加緊腳步，盡一切努力培養起寫作才能。

普魯斯特住在巴黎，他的怪異令同學嘆爲觀止。他飽覽群書，腦子裡塞滿各種想法；他會在同一場對話中，暢談歷史、古羅馬文學及蜜蜂社會的生活習性。他也會古今夾雜地談論某位羅馬作家，彷彿人仍然在世；或敘述他們家的一位朋友時，活像在談論一位歷史人物。他有雙大眼睛，朋友將之比擬爲蒼蠅眼；這雙大眼睛會在交談期間用灼熱的眼神盯著對方。在他寫給朋友的書信中，精準地剖析朋友的心情和問題，令他們讀得心驚肉跳；他也會將矛頭指向自己，冷酷地揭露自己的缺點。他偏愛獨處，卻非常合群，個人魅力十足。他懂得如何奉承別人、討人歡心。誰都摸不透他，也想不出這樣一個怪咖會有什麼樣的未來。

一八八八年，普魯斯特邂逅了三十七歲的交際花蘿荷·埃曼 (Laure Hayman)，對她一見鍾情。她有幾個情夫，普魯斯特的叔叔也是其中的一個。她宛如小說中的人物，她的美麗服飾、嬌媚舉止、對男性散發的無窮魅力在在令他心醉。他則以談吐間的機智和彬彬有禮的態度吸引著她，兩人旋即成爲密友。法國素來有沙龍傳統，志趣相投的一群人會聚在一起討論文學和哲學。主持沙龍的通常是女性，視女主人的社會地位而定，有可能吸引到來頭不小的藝術家、思想家及政治人物參與。蘿荷有自己臭名遠揚的沙龍，來的都是些藝術家、波西米亞人、男女演員。普魯斯特很快就成了常客。

他覺得法國上流階級的社交生活引人入勝到一個極點。那是個充滿晦澀暗號的世界，是否得到舞會邀請或宴會上的座位安排都是地位的象徵，看得出一個人的重要性是處於竄升或下滑階段。服飾打扮、儀態、對話中的某些字句都可能會招惹來無盡的批評，以及對當事人的批判。普魯斯特很

1 一七九五～一八五六年，法國歷史學家。

有興趣想探索那個世界，學習當中錯綜複雜的光影。他將昔日研讀歷史與文學的心力，現在轉而投入上流社會的世界。他蒙混進入其他沙龍，很快便與上流貴族認識往來。

早已立志當作家的普魯斯特一直苦尋不到自己想寫些什麼題材。但現在他有了答案：華麗的社交世界正是他想要分析的蟻群，他要像昆蟲學家一樣冷靜地剖析他們。爲此，他開始爲小說蒐集摹寫的人物。其中一位就是羅伯·德·孟德斯鳩（Robert de Montequiou）伯爵，他是詩人、唯美主義者，也是極度貪圖逸樂的人，對英俊的青年男子完全無力招架。另一位是查爾斯·哈斯（Charles Hass），他活脫是上流社會最優雅的典範，也是名藝術收藏家，卻總是情不自禁愛上社會階級低下的女性。他研究這些人物，凝神傾聽他們的談吐，細看他們的舉手投足，並在筆記上以簡短篇幅維妙維肖地描繪他們。寫作時，普魯斯特彷彿化身成臨摹大師。

他很講究，字字句句都必須很寫實，得是他親眼目睹甚至親身經歷過的事；否則，寫出來的內容就會沒有生命力。但他畏懼與人建立親密關係，這就成了問題。他同時受到男性與女性的吸引，卻對任何肌膚之親或親密情感的關係敬而遠之，以致很難由第一手的角度書寫戀情。爲此他使出一招，結果成效竟然不錯。假如哪位女士令他傾心，他就與她的未婚夫或男友往來，贏取這名男士的信任，進而刺探他們感情中最私密的細節。由於他能洞悉人心，可以提供絕佳建言。之後，他會在內心重新建構整段戀情，盡全力感受當中的歡喜悲愁及擔憂醋意，彷彿沐浴愛河的就是自己。他把這一招淋漓盡致地運用在男女兩性身上。

普魯斯特的父親是位名醫，非常憂心兒子的前途。普魯斯特經常尋歡作樂一整夜，直至隔日早晨才返家，白天就在昏睡中度過。爲了融入上流社會，他花錢如流水，似乎不懂得節制，也沒有明確的志向。由於他身體不太好，母親又溺愛的緊，父親憂心普魯斯特會一路墮落，最後成了窩囊廢，變成父母一輩子的包袱。他逼迫普魯斯特趕緊挑選個職業。普魯斯特竭力安撫住父親，今天跟他說要學法律，明天說要找圖書館員的工作。其實，他正悄悄把一切都賭在他的處女作《歡樂與時日》(*Pleasures and Days*)上。這是一部故事集，描繪他所窺見的社會百態。一如帝埃里描寫的諾曼人征服英格蘭，他也要讓自己筆下的世界栩栩如生。等到這本書一炮而紅，父親和所有不看好他的人就會開始肯定他。爲了確保銷路，讓《歡樂與時日》不僅僅是一本文字書，他還商請一位交好的上流社會女士爲這本書提供美麗圖畫，並且以最精美的紙張印製。

經歷無數次延宕後，這本書終於在一八九六年出版。儘管大致說來得到的是好的評價，書評家卻一再提及這本書的文詞細膩精巧，暗指內容淺薄。更惱人的是銷路慘兮兮，因爲印刷成本頗高，這本書根本就虧了大錢。馬塞爾．普魯斯特的公眾形象因此定了型：一名紈褲子弟、把自己所熟悉的唯一世界如實寫出的自大狂、一個不肯腳踏實地的年輕人、粗通文藝的社交高手。這整件事實在丟人現眼，將他的銳氣挫盡。

家人逼他別再拖延逃避，趕緊找份正經工作，壓力這下子更加沉重了。他對自己的文才依然頗有信心，判斷自己唯一的出路是再寫一本小說，但要與《歡樂與時日》的風格迥然不同。第二本書的篇幅一定要比第一本長很多，要更具分量。他要融入童年回憶和近年來的社交閱歷，描述社會各階層的生活，還有將法國歷史上的一整段時期寫入。這絕不可能再被視爲膚淺之作。但這部小說愈寫愈長，他卻一直想不出如何讓此故事更有邏輯，甚至連故事都快稱不上了。他察覺自己在偌大的抱負中迷失了，儘管已經寫了幾百頁，他終究還是在一八九九年放棄這個寫作計畫。

他變得抑鬱不得志，沙龍已經去膩了，也厭倦再與富人廝混。他沒有工作，沒有一個維持生計的職業；年近三十還住在家裡，跟父母伸手拿錢。他時常憂心自己的健康，認定自己再過不了幾年就會死。他聽到學生時代的朋友很多皆已成爲社會中堅，成家立業且兒女成群。相形之下，他覺得自己一事無成。寥寥幾篇刊登在報上的上流社會文章及一本令他淪爲巴黎笑柄的著作，就是他的全部成就。他唯一還能仰賴的就是母親對他源源不絕的付出。

他在絕望之中突然萌生一念。有好幾年時間，他津津有味地拜讀英國藝評家、思想家約翰．羅斯金 (John Ruskin) 的著作。他決定要自學英文，將羅斯金的作品翻譯成法文。他需要投注幾年時間鑽研羅斯金專精的各個領域，諸如哥德式建築。這項工作會占用他大部分時間，寫小說的念頭只能擱置一旁，但這可以讓父母看到他有在努力討生活，而且他也會選定一個職業。他認爲這是最後一線希望，於是全心投入這件事。

經過幾年的辛勞，他翻譯的羅斯金作品有一部分問市了，大獲好評。他爲譯本撰寫的介紹及評論，終於一雪從《歡樂與時日》出版後便揮之不去的半吊子惡名。現在，大眾認爲他是名正經的學者了。他從翻譯工作中磨練自己的文風，消化了羅斯金的作品，他已有能力撰寫思慮周詳、精準到位的文章。他終於打好底子，奠定了繼續向上發展的基礎。然而，就在初嘗一點成功的果實之際，他的情感支柱突然開始搖動，終至崩塌。他的父親在一九〇三年過世，兩年後，無法走出喪夫之痛的母親也離開人世。他們母子倆鮮少分離，他從小就很害怕這一天的到來。他感到徹底孤獨無依，擔憂自己也來日不多了。

他在隨後幾個月逐漸從社會退縮回來，不禁回顧起在此之前的人生。然而他辨識出了一個模式，一絲希望因而油然而生。他自小爲了補身體孱弱的不足而養成了閱讀習慣，從中發掘到生命任務。他在過去二十年累積了對法國社會的豐沛知識，來自各個階層、形形色色的眞實人物就活在他的腦海裡，數量到達驚人的程度。他寫過的文稿不下幾千頁，包括失敗的小說、爲報紙撰寫的人物速寫等各類文章。他以羅斯金爲師，在翻譯其作品時建立了紀律，也學到架構文章的技巧。長久以來，他都認爲人生就是一場學徒訓練，涓滴接收有關於世道的調教。有些人學會辨識出跡象，從學徒訓練中記取了教訓，滋養自己成長茁壯；但也有些人最後鎩羽而歸。他接受了二十年對寫作及人性的扎實訓練，深深改造了自己。儘管健康狀況欠佳，人生看不出實際的成就，但他從不曾放棄。這其中必然有一番道理存在，或許是因爲某種天命所致。他認爲自己品嘗到的失敗皆是有意義的，關鍵在於他得懂得如何加以善用。他的人生並沒有虛度。

他要做的是善用自己的滿腹經綸，這表示他必須重拾一直寫不出來的小說。素材就在腦袋裡，但他對小說的內容（情節、敘事者的口吻）依然毫無頭緒。既然他現在處於孤寂之中無法喚回母親、童年及青春，那麼他想要全面重建這一切，就在他如今棲身的這間公寓書房裡。至關重要的是得開始提筆寫，他一定會寫出一番成績。

一九〇八年秋天，他買了幾十本學生時代用的那種筆記本，開始做筆記。他寫下關於美學的文章、許多人物速寫、拼命追憶的童年回憶。當他沉浸其中，感覺到自己心境的轉變，彷彿有件東西到位了。不知道怎麼地，有個聲音突然迸現了，那是他自己的聲音，也是小說敘事者的聲音。這個故事的核心是關於一名年輕人，過度神經質地依附他的母親，無法建立自我的認同感。立志想當作家，卻苦思不出題材，長大之後，開始探索波西米亞與上流階級地主等不同社交圈。他剖析自己曾遇過的形形色色人物，發掘在其外顯的社交人格底下是何種性情。他幾度失戀，遭受蝕骨的嫉妒所折磨。經歷無數次的冒險、在人生進程中驀然回首時，驚覺一事無成，終於在小說結尾領悟到自己注定要寫成的題材：正是方才讀下來的故事。

這部小說後來命名爲《追憶似水年華》，它娓娓道出普魯斯特大半的人生，描述他遇到過的許多人物（在小說以假名呈現）。普魯斯特決定涵蓋從他出生到當下的完整法國歷史，不論「當下」進展到何時。他要勾勒出社會全貌；宛如昆蟲學者一般，揭露是何法則主宰蟻丘住民的行爲。然而他開始憂心起自己的健康，眼前的任務委實龐大，他是否能活到把著作完成？

他在幾年之間完成小說的第一部分《去斯萬家那邊》(*Swann's Way*)，於一九一三年出版，評價極高。從來沒人看過那樣的小說，普魯斯特樹立了屬於自己的新文類：半小說、半隨筆。但就在他規畫後半部小說時，歐洲爆發戰爭，出版業基本上形同停擺。但普魯斯特堅持不懈，小說寫著寫著，怪事發生了，小說的篇幅和範疇不斷擴展，一冊寫完接著一冊。部分原因在於寫作方式，他多年來所蒐集的幾千則故事、人物、人生啓示、心理法則慢慢地在小說裡彙整了起來，就像一幅馬賽克磁磚拼貼畫。他看不到盡頭。

隨著篇幅增長，這部著作呈現出另一番風情：眞實人生與小說相互交融。當他需要一個新角色，例如初次參加社交活動亮相的富家少女，他就在現實世界中找一位身分地位相當的人，設法讓自己受邀去參加舞會或社交晚宴，然後親自觀察她。她所使用的言語會在書中重現。他有天晚上爲朋友在戲院預約幾個包廂，邀請書中角色的現實原型前來。之後共進晚餐，他便宛如化學家一般仔細觀察餐桌前的每個人，書中的各種元素盡在他眼前攤展開來。當事人卻都被蒙在鼓裡。這一切都可能成爲他的寫作素材，不僅是過去，眼前的事件與偶然的邂逅也可能激盪出一個新點子或新方向。

當他想描繪童年時曾心醉過的花草植物，他就開車到鄉間，花上幾個小時忘情地觀察，試圖掌握這些植物的精髓及令他著迷的點，爲讀者重建原始的感官感受。他將孟德斯鳩伯爵變成虛構人物夏呂斯 (Charlus)，是個惡名昭彰的同性戀，眾所皆知伯爵會定期光顧巴黎最隱密的男性妓院，於是普魯斯特專程前去一探究竟。他的書要力求眞實，包括逼眞的性愛場景。至於無法親眼見證的事物，他就掏錢向人買八卦等小道消息，甚至請人做點偵探工作。隨著篇幅與張力的拓展，他覺得自己描繪的社會百態在內心活生生了起來，而內心既有眞實感受，他所建構的世界就更容易由內源源不絕地流瀉出來。他用一個譬喻形容那種感受，並寫進小說裡：他就像坐鎭在蛛網中的蜘蛛，感覺到每一絲細微的振動，深刻感受著自己創造並駕馭的世界。

戰爭結束後，普魯斯特的書一冊一冊持續地出版。書評家對作品的深度及廣度讚嘆不已。他創造出一個世界，或者該說是重新建構了一個完整的世界。這不只是一部寫實小說，其中還廣泛討論著藝術、心理學、記憶、大腦運作等領域。普魯斯特如此深入自己的心理狀態，對記憶及無意識的領悟實在精準到令人驚愕。當一冊接著一冊往下閱讀時，讀者會恍若置身書中世界，體驗著當中的生活，敘事者的思想與自己合而爲一，敘事者與讀者之間的界線不存在了。那是一種極爲神奇的效應，宛如生命現象。

普魯斯特拚命要寫完最後一冊，也就是敘事者終於提筆寫下讀者一直在讀的小說。他振筆疾書，感覺到自己氣力正在消退，大限近在眼前。書籍即使準備付印，他隨時都可能會喊停，因爲他所最新見證到的事件一定也得要納入書中。他察覺自己時日無多，便要女看護聽寫下他的最後敘述。他終於明白瀕臨死亡的滋味爲何，所以先前完成的臨終場景必須重新改寫：他嫌自己對臨終的心理刻畫仍不夠眞實。他在兩天後離開人世，自己從不曾看到全套七冊的成書。

庖丁為文惠君解牛……文惠君曰：「譆，善哉！技蓋至此乎？」庖丁釋刀對曰：「臣之所好者道也，進乎技矣。始臣之解牛之時，所見無非牛者。三年之後，未嘗見全牛也。方今之時，臣以神遇而不以目視，官知止而神欲行。」

莊子，中國戰國時代思想家

古今的大師不論從事什麼千奇百怪的人類壯舉，史料上都會記載他們描述自己浸淫在專業領域多年後，突然智慧大開的感受。卓越的西洋棋大師鮑比．費雪 (Bobby Fischer) [2] 形容自己的思維超越了在棋盤上的各種棋步；他在一段時間後可以看見「力場」(fields of forces) 浮現，據此預測棋局的全盤走向。鋼琴家格連．顧爾德毋須專注在個別音符或彈奏的段落，而是能「看見」樂曲完整的結構並演奏出來。愛因斯坦不但能頓悟到答案，還發現全新檢視宇宙的方式，一切就在他憑直覺聯想出的視覺意象中。發明家愛迪生提過想以電燈照亮全城的願景，這樣複雜的系統只憑一個意象就完整傳遞給了他。

在這些例子中，各種技藝的大師都提到「眼界變開闊」的感受。冷不防，一個畫面、一個點子、或畫面與點子兼而有之，就讓他們能全盤掌握局面。他們將這種力量形容爲「直覺」，或一種「手感」(fingertip feel)。

想想這種智能形式可以帶來的力量，想想具備這種本領的大師對人類文化的偉大貢獻，這種高階直覺力理應是數不清的書籍與討論的主題，而能締造出這種直覺的思維方式應該受到重視，成爲人人竭力追尋求的夢幻境界。奇怪的是現實可完全不是如此。這種形式的智能不是遭受漠視、被貶爲神神鬼鬼的玩意，就是歸類給天才與基因來解釋。有些人甚至全面駁斥這種力量的存在，批評大師只是誇大了自己的感受，所謂的直覺力不過是仗著學問好，思考格局比一般人廣闊些罷了。

人們普遍漠視這種能力的原因很簡單：人類只認同一種特定的思考形式及智能，也就是所謂的理智。理性思考的本質就是循序漸進，我們看到現象A，推論出原因B，預期看到反應C。在理性思考的框架下，人可以重建推論出結論或答案前的每一個步驟。這種思考形式極爲有效率，賦予人強大的力量。我們於是培養理性思考來理解世界、設法掌控情況。透過理性分析得到答案的過程通常可以檢驗、證實，備受人們推崇。人喜歡可以簡化成公式、或以精確語言描述的事物。然而，大師的種種直覺類型不能簡化成公式，其抵達結論的步驟也無法重建。我們不能進入愛因斯坦的心智，體驗他對時間相對論那種瞬間領悟。因爲我們認爲理智是唯一正當的智能形式，「眼界變開闊」的體驗只能歸類爲超快速的理性思考形式，本質上或許是個奇蹟。

我們在此面臨的挑戰是，這種高階直覺力，即大師境界的終極標誌與一般理性思考有著截然不同的養成過程，卻更精準，洞察力也更強大，可以觸及埋藏較深的眞相。直覺是非常妥當的智能形式，這點值得我們好好了解一番。只要認清直覺爲何，就可以讓我們明白它可不是奇蹟，而是人類本來就有的能力，任何人皆可大方取用。

先來釐清這種思考形式，瞧瞧直覺如何套用在兩種迥異的知識類型：生命科學與戰事。

假如你爲了認識一種動物而進行研究，會把分析工作切割成幾個部分。研究牠的各個器官、大

2 一九四三～二〇〇八年，他在一九七二年的世界冠軍挑戰賽上，代表美國擊敗前西洋棋世界冠軍，登上世界棋王的寶座。

腦及身體結構，分析牠適應環境的方式與其他動物有何差異；研究牠的行爲模式、覓食方式及交配習慣，看看牠如何在一個生態系內生存。你就如此建構出這種動物精確的全貌，從各種角度剖析牠。若要處理戰事也是採用類似程序，把它切割成幾個部分：作戰區域、武器、後勤、策略等。憑著對這些小主題的深厚學問，就可以推演出一場戰爭的結果，得到有趣的結論；或憑著曾有過實際作戰經驗，也率領軍隊到前線打出一場好仗。

但不論分析得再詳盡，總是缺少了一點什麼。並不是把細部資訊整合起來後，就能透徹了解一隻動物。動物擁有自己的經驗和情緒，對牠們的行爲影響甚鉅，卻是你沒看見、也無法估量出的。動物與環境之間的互動錯綜複雜，切割成各個細部進行分析反而會失眞。動物和環境之間隨時都在進行許多層次的互動，這憑肉眼是無法辨識的。至於戰爭呢，一旦開打，我們就陷入所謂的戰爭迷霧（fog of war），即敵對雙方開戰之後，一切皆成無定數、難以逆料的情況。戰局持續流動不定，一方的回應出乎另一方意料。戰事的你來我往、持續變動的本質，根本無法輕易切割成細部進行簡單分析，那既無形也無從測量。

這種無形構成動物的完整體驗，也令戰爭千變萬化、自然推展，世人賦予這種無形很多名稱。古代中國人對此知之甚詳，將之稱爲「道」，「道」蘊含在天地萬物之內，也深植在萬物的關係當中。大師可以辨識「道」，不論是身處烹飪、木作、戰爭或哲學領域。我們也可稱之爲動能（dynamic），亦即生命力，學習或從事的任何事物皆是憑動能運行。這是萬物得以運作的力量，各種關係也從而產生演化。要看的不單是棋盤上的棋步如何移動，而是整場棋局，包括對手的心理狀態、棋手每一步的策略、過往經驗如何影響現在、能量如何在相互影響、甚至是座椅的舒適度等，一言以蔽之，所有一切都在參與著並同時產生作用。

長期認眞吸收自身領域的學問後，大師對自己鑽研的所有細節瞭如指掌。**把學問專精到變成自己的，再也看不見細節，而是出現對整體的直觀感受**。他們眞的能看到或感覺到那股動力。在生命科學領域中，珍．古德 (Jane Goodall) 堪稱典範，她在東非荒野間研究黑猩猩多年，與牠們共同生活。時常與牠們互動，思維方式也變得跟黑猩猩很像，所以能夠辨識出牠們社交生活的元素，其他科學家根本難以望其項背。她不只能憑直覺就理解牠們的個別舉止，同時也了解其整個族群，族群生活是黑猩猩生命中不可或缺的一環。她研究黑猩猩社交生活得到的結論，改寫了世人對牠們的認識，誰敢說仰賴這種直覺力叫做不科學呢。

在戰事領域，我們可以拿傑出的德國元帥埃爾文．隆美爾 (Erwin Rommel)[3] 作爲範例，據說他具備戰爭史上有案可考的最高超「手感」。他可以精準地感覺到敵軍準備出擊了，據此去破壞他們的計畫；他可以分毫不差地下令攻擊敵軍防線中的弱點，活像是腦袋背後長了雙眼睛似的，可以神準地洞悉戰況。更何況，他身處的可是北非的沙漠裡，根本不可能對地形有什麼明確概念。但隆美爾的本事若從本質上來看，一點都不神祕，他對戰事各個層面的知識比其他將領強上太多，就只是僅僅如此而已。他時常獨自飛往沙漠，從鳥瞰角度建立對地形的概念。他是訓練精良的機械技師，摸透透坦克的所有性能。他深入研究敵軍及敵軍將領的心理狀態。他幾乎與所有的士兵都有所互動，很清楚自己能施加多少壓力在他們身上。不論他在研究什麼，都極其認眞且深入，直到諸多細節變

3 一八九一～一九四四年，二次世界大戰一位著名的德國陸軍元帥，被稱為「沙漠之狐」。

成他的常識。種種細節在他腦子裡進行整合，讓他得以掌控大局，感覺到動能。

憑直覺就掌握大局、感應到動能存在，要歸功於長時間的累積。證據顯示了，大腦在大約一萬小時的練習後會產生實質變化，直覺力則是在大約兩萬小時或更久之後的蛻變成果。累積如此多的練習與經驗後，大腦在不同類型的學問之間建立了各種連結，於是大師能洞悉一切事物的互動本質，在瞬間憑直覺辨識出模式或解決方案。這種流動的思考不是循序漸進、經由推敲而來，而是大腦在離散著的不同類型知識之間突然產出連結，迸出靈光一閃的洞見，即時察覺到動能。

有些人寧可認爲直覺是一步步推理後的結果，只是過程進展得太迅速，以致連當事人都無法看清自己的推理步驟，這種論述是因爲把每一種智能都拉低到與理性思維同等的層次。但以簡易相對論(theory of simple relativity)層級的發現來說，假如連愛因斯坦事後回顧都無法重建頓悟過程，爲何還要幻想說那些步驟確實存在？我們必須信任與採信這些大師的經驗與自白，他們可都是自我覺察和分析的箇中高手。

但如果認爲大師全靠直覺而揚棄理性思考，這也同樣錯得離譜。首先，他們辛勤耕耘，奠定深厚的學問基礎、培養了分析技巧，才能得到比較高階的智能。再者，當他們體驗到這種直覺或洞見時，總是歸功於深入的反思與推理。科學家必須耗費幾個月或幾年證明自己的直覺正確與否；藝術家則必須釐清以直覺得到的點子，才能以邏輯推理化點子爲現實。**我們很難想像這個，因為會認為直覺與理性是相互排斥的，但在那個高階的層次上，兩者其實合作無間**。大師以直覺引導推理式的論證；而其直覺總是在專注於理性論證時冒出頭。兩者相輔相成。

儘管時間是能登上大師境界與汲取直覺能力的關鍵，但這兒的時間指的並非純然中性、客觀的時間單位。十六歲的愛因斯坦思考一小時，跟普通一名高中生思考物理問題的一小時並不會等值。

學習某個主題長達二十年不能保證你成爲大師，締造大師境界所投注的時間必須是聚精會神的時間。

由此，取得這種高階智能的關鍵，就是要在學徒時期就注重學習的品質。你不是單純被動地接收資訊，而是要消化資訊，設法實際應用看看，讓知識變成自己的。從學習的各種元素之間、從學徒訓練階段意識到的潛在法則之間，想法子尋找連結。如果嘗到敗績或遇到挫折，不要因爲自尊受損就迅速拋卻遺忘，你必須深切反省，釐清到底哪裡出了岔，辨識你犯的錯是否有固定的模式可循。隨著你的進展，要開始質疑一路上學過的假設與慣例；開始試驗新作法，讓腦筋愈來愈活躍。在登上大師境界前的每一刻，都得要保持聚精會神。每個時間點、每個經驗值都蘊含你能學習的教誨。時時保持警醒，不能虛應故事。

善用時間登上大師境界的最佳典範正是普魯斯特，他的經典著作《追憶似水年華》中有討論這個主題。法文的 lost 是 *perdu*，同時有「浪擲」之意。對普魯斯特本人，及在他年輕時期認識他的人來說，普魯斯特根本無緣變成大師，因爲表面看來，他浪擲了大把的寶貴光陰。他只會看書、散步、撰寫冗長書信、參加派對、白天睡覺、發表夸夸其談的社會文章。當他好不容易著手翻譯羅斯金的著作時，他花費大量時間做些看似毫不相干的事，例如親自造訪羅斯金描述的地點，根本沒有其他譯者會做同樣的事。

普魯斯特無止境地埋怨自己虛擲青春，一事無成，但可別把這些牢騷當眞了，因爲他可從未放棄。儘管身體孱弱，三番兩次陷入抑鬱的情緒，但他總持續嘗試著新計畫，不斷擴展知識的範疇。他不知疲倦，生性十分頑強。自我懷疑是鞭策自己前進的動力，也不斷提醒自己時日無多。他深刻感知自己的命運，知道自己之所以異於常人的意義；知道自己受到召喚，必須透過寫作來完成。

他所投注的二十年時間，跟一般人的最大差異在於專注的程度。他不只是閱讀，而是解構書籍的內容、仔細分析著，並擷取寶貴心得應用在自己的生活上。他大量閱讀，將各種風格烙印在腦海，增益自己的寫作風格。他不只是做表面社交，他認眞探索別人的內在世界，發掘他們的私密動機。他不只分析自己的心理，更發現到意識的諸多層次並深入去研究，他對記憶功能有了一套自己的見解，成爲許多神經科學發現的先驅。他不只翻譯羅斯金的著作，更像是棲身至其心智內。最後，他甚至運用喪母之慟敦促自己向前挺進。母親離世後，他必須憑著寫作來擺脫抑鬱，設法透過書寫重現母子之間的情感。一如他後來的描述，這些過往經驗宛如種子般，當他開始提筆寫作，他就彷彿化身成園丁，在照料、培植多年前就播下的種子。

憑著努力，他從學徒蛻變爲成熟的作家和譯者，然後打算尋獲寫作主題，成爲優秀的小說家，不斷思索該採用怎樣的敘事口吻及如何架構小說。小說進行一段時間後，第三次蛻變發生了。回憶與點子洶湧進入他的腦海，即使篇幅不斷擴增，他也能憑直覺看清小說的完整形態，以及千絲萬縷般的眾多細節如何彼此產生關聯。這部龐大著作的鮮活動力在他體內流竄著，他鑽進角色們的內心，潛入他筆下的法國社會。更重要的是，他能聽見敘事者（普魯斯特本人）的心聲。閱讀他的小說，讀者有如置身書中世界，品味著另一個人的思想與感官感受。他能營造出這等效果，全是憑藉三十年來不斷實作與省思所建立起的直覺力。

一如普魯斯特，你要堅持自己的天命，感受自己與天命的連結。你是獨一無二的個體，而且這個獨一無二是具有意義的。你必須把每次遇到的挫折、失敗、困難視爲路途中的必要試煉，視爲先行播種的種子，需要你妥善栽培的種子。如果你好好留意每次經驗，從中汲取到教訓，時間就沒有虛度。持續接觸符合你性向的題材、從各種不同角度進行研究，就等於是在爲土壤施肥、讓種子孕育。你眼下或許看不出名堂，但一切已在悄悄萌芽。只要不與生命任務斷了線，你會在不知不覺中做出正確的人生選擇，久而久之，大師境界終究會降臨。

此處談論的高階直覺力，奠基於我們身爲思考動物的發展過程，具有演化上的意義，對理解事物大有助益，在現今的時代益發重要。

大師級直覺的根源

速度幾乎是所有動物存亡的關鍵。幾秒之差便決定動物是否能從掠食者爪下逃生。爲了追求敏捷度，生物演化出巧妙的本能。本能反應是即時的，通常由特定刺激所引發。有些生物把這種隨機應變的本能發揮到極致，有如神乎其技。

沙泥蜂就是一例。雌沙泥蜂以驚人速度螫刺不同的受害者，像是蜘蛛、甲蟲、毛毛蟲等，精準地命中正確位置令其癱瘓卻不死。牠產卵在已癱瘓的受害者體內，鮮肉可供幼蟲食用個幾天。螫刺部位得因受害者是誰而異，例如毛毛蟲要分別螫在三個不同位置才能讓牠完全癱瘓。這是極爲精巧的步驟，沙泥蜂有時也會失手讓受害者立即死亡，但成功率卻高到足以確保其後代的存續。牠下手之際根本無暇盤算受害者爲何，以及要螫在哪些部位，這是一種本能，沙泥蜂彷彿可以感應得到不同受害者的神經中樞，具有能感覺到的內在能力。

我們的原始祖先也具備一套自己的本能，但其中的絕大部分至今仍在我們體內休眠。隨著原始祖先慢慢培養出推理能力，他們便開始從周遭環境抽離，較少仰賴本能。爲了留意所追蹤的動物有何行為模式，必須把動物與牠們不是那麼一目瞭然的行為想在一塊。當原始祖先要判斷食物來源的精確位置，或在長途跋涉時判讀方位，也要進行類似的推理。憑著從四周環境抽離、辨識模式的能力，他們獲得驚人的心智力量，但這種發展也有風險：增加大腦處理資訊的負荷，會減損臨機應變的速度。

動作遲緩原本會導致人類滅亡，所幸人腦發展出另一種可茲彌補的力量。長年追蹤特定動物、觀察周遭環境，讓原始祖先對所處環境及當中錯綜複雜的一切了然於胸。他們熟悉各種動物的行為模式，能預測掠食者會從何處出擊，並感覺得到獵物可能藏身之處。他們非常習慣於長途旅行，可以快速、從容地往返自如，無須進行推理。也就是說，他們發展出原始形式的直覺力，經由持續不斷的體驗與實作，原始祖先重拾一部分已喪失的敏捷與速度，可以憑直覺回應，不再透過本能。在這個層次上，直覺力比本能更加妙用無窮，因為直覺力的運用不限於特定情境，也不需透過外來刺激來驅動，適用更廣泛。

原始祖先的大腦尚不用負荷伴隨語言而來的龐雜資訊，也不用應付大型群體高複雜度的群居生活。他們與環境直接互動，在幾年內便發展出直覺力。然而，我們現居的生活環境要較彼時複雜許多，這個發展過程必須耗上十五到二十年。我們的高階直覺力穩穩奠基於這種原始直覺力之上。

不論原始或高階直覺力，基本上都是由記憶所驅動。當我們接收到資訊，便儲放在大腦的記憶網絡當中。要維持網絡的穩定性與持久性，必須仰賴重複相同經驗的強度及專注力的深度。心不在焉地上一堂外語詞彙課程，很難記住任何東西。但如果身處在該外語的母語國，就會在對話中反覆聽到相同的詞彙，我們基於現實需求必須專心聆聽，記憶的烙印也因此深刻得多。

根據心理學家肯尼斯．鮑爾斯（Kenneth Bowers）建立的模型，每次當我們遇到問題（一張需要辨識的臉孔、需要記起的字眼或詞句），大腦的記憶網絡就會啓動，遵循固定的路徑搜尋答案。這一切都在意識不到的層次裡頭發生。當某個網絡充分活躍起來，就會突然意識到眼前的臉孔喚作何名，或是想起適當的遣詞用字。這些都是屬於日常生活中的低階直覺力；但我們無法重建辨識臉孔、記起名字的步驟。

長年累月研究特定主題或領域，可以建立起大量的記憶網絡及路徑，大腦隨時都在搜尋並發掘龐大資訊之間的連結。遇到高階問題時，我們在意識不到的層次進行上百個不同方向的搜尋，在直覺力的引導下來到答案的可能位置。各種網絡同時啓動後，點子和解決方案就突然浮現到意識表層。感覺起來特別周詳、妥當的答案便會留在記憶之中，成爲行動的依據。這種答案不是透過循序漸進的推理而來，而是在意識中浮現的直觀感受。永久烙印的海量經驗與記憶網絡成爲大師大腦中的一塊可供探索的區域，這區域裡廣納入各種層面，感覺起來非常眞實，也感覺得到動能。

像西洋棋大師鮑比．費雪這等人物，他參與過無數類似棋局、見識到各種棋步、不同對手的反應，締造了深刻的記憶軌跡，因而內化的模式多到不可計數。累積到一定程度後，這些記憶交融成對整體棋局動能的感受力。他不再著眼於棋盤上的單一棋步，然後回憶昔日曾用過的反制棋步；而是看見並回想起一長串可能的棋步，這些棋步自動以力場的形式呈現，橫掃過整個棋盤。如此掌握到賽局後，他便能在對手渾然不覺的情況下予以封殺，快狠準的程度足以媲美沙泥蜂螫刺受害者。

在體壇、軍事領域，或任何分秒必爭的競賽中，大師的直覺決定遠比分析所有條件得來的最佳方案還更爲精準。因爲要考量的資訊太多，而時間卻太短。儘管直覺力是爲了追求速度而發展出的能力，但如今也能運用在科學、藝術，或任何不需追求效率的複雜狀況上。

高階直覺力就如同任何技能，需要練習與經驗。一開始，我們的直覺或許會微弱到難以察覺或還難以信賴，很多大師都曾提及這個現象。但久而久之，他們就知道該留意這些瞬間浮現的點子了。他們學會把這些點子付諸實行，驗證其價值，有些點子可能令其白費工夫，有些卻獲得可貴的洞見。假以時日，大師湧現的高階直覺力愈來愈強，直到滿溢出來。當他們經常汲取這種層次的思維後，就可以加深直覺力與理性思維的整合。

要明白：直覺式智能的目的是輔助我們處理複雜的多層次資訊，以求掌控全局。在現今的世界，取得這種層次的思維比以往還更重要。任何職業都很辛苦，需要培養足夠的耐心與好的紀律。要精通的東西多到令人望而生畏。必須應付工作的技術層面、小心社交及權謀上的小動作、在乎別人對我們工作的評價，以及追趕專業領域裡不斷變動的趨勢。學習負擔已經夠重了，還得應付伴隨科技便利而產生的海量資訊。這一切都令人難以招架。

很多人面對如此龐雜的世界時，尚未敢小試身手便先心生膽怯。在如此白熱化競爭的現代環境中，畏怕退縮的人愈來愈多。他們漸漸對安逸舒適上癮；只想對現實抱持簡化後的概念，樂於接受傳統思維；輕信提供速效、輕鬆得到知識的公式。不願砸下時間、放下驕傲來培養技能，學習技能的初步階段自尊心勢必老會遭受打擊，因為會赤裸裸地感受到自己的不足。這樣的人學會埋怨世界，把自己的問題都怪罪到別人頭上；會為自己的退縮找到政治正確的藉口，但說穿了，就是無力應付複雜的挑戰罷了。為了簡化精神負擔，切斷與現實的連結，壓制人腦歷經幾百萬年才辛苦開發出來的各種能力。

追求簡化的欲望影響了每個人，通常是以最難察覺的形式。唯一的解套方法如下：必須學會平息一遇到看似複雜、混亂事物就產生的焦慮。從學徒訓練進展到大師境界的旅程中，我們必須耐著性子學習各種必要技能，不能好高騖遠。在察覺危機的時刻，必須養成保持冷靜、絕不過度反應的習慣。假如遇到的情況很複雜，別人只想要一個非黑即白的簡答，或採取傳統制式的反應，我們必須拒絕這種誘惑。要有容受力，維持稍微可抽離的態度。磨練容忍的功夫，甚至最好能愛上混亂，訓練自己用腦思考出幾種可能性或解決方案。學習管理自己的焦慮感，這是身處混亂時刻的關鍵技能。

在鍛鍊自制力之餘，還要增強記憶力，這堪稱是現今科技導向的環境中關鍵的技能。科技所造成的隱憂在於，可供我們任意取用的資訊變得極多，但記住資訊的能力卻一點一滴地崩壞。以前必須用腦才能處理的事務，像是記住電話號碼、城市街道及方位、做簡單的算數，現在都有一堆科技可代勞，然而腦力就像肌力一樣，一旦停止使用就只能等著萎縮。要反轉這種衰弱，閒暇時間就不能一味尋歡作樂就好。要培養獨門嗜好，不論是一種競賽、樂器或外語都行，嗜好不但可以帶來無數樂趣，同時還有機會強化我們的記憶力，增加腦袋瓜的彈性。這麼一來，我們可以訓練自己在處理大量資訊時不會太焦慮或覺得超載。

在這條路上持之以恆地走下去，終究會獲得直覺力作爲報償。你的專業如同一隻活生生、變幻多端的野獸，牠將會成爲你的一部分，活在你之內。就算僅握有些許這樣的能力，你也能立即脫穎而出，不像別人那般，稍微複雜點的情況就駕馭不了，硬要簡化成四不像。你的反應速度會比別人更敏捷、更精準。以前認爲是混亂的情況，現在可以看出是依循特定動能流動的結果；你只要感受到那股動能，做起事來就能游刃有餘。

妙的是許多具備高階直覺的大師，心境隨著歲月流轉而益發年輕，光這點就足以鼓舞所有的人。他們不必耗用大量心力去理解一個現象，就能迅捷地進行創意思辨。除非受到身體疾病的拖累，否則即使到七十歲，他們都還能保持風采以及靈活的腦筋。禪師兼畫家白隱便是一例，他六十幾歲的畫作至今仍被公認是當代傑作，可見大師隨興表達的能力有多不凡。另一個例子是西班牙電影導演路易斯・布紐爾 (Luis Buñuel)，[4]他超現實的電影作品到了六、七十歲，更是隨意揮灑、天馬行空，令人讚嘆不已。但最具代表性的人物則非富蘭克林莫屬。

富蘭克林對自然現象的觀察力一向敏銳，這種本事隨著年齡增長而增強。他到七、八十歲仍持續提出一連串推測，他的點子涵蓋健康與醫療、天氣、物理、地球物理學、演化、飛機的軍事及商業應用等，這些推測超越他的時代許多。上了年紀之後，他把自己著名的發明本事用到日漸衰弱的身體上。爲了改善視力和生活品質，他發明了雙焦眼鏡。拿不到書架上層的書本，他發明了可以延伸的機械臂。他要印製自己的著作卻不想踏出家門，於是發明了可以在兩分鐘內印出精確文件影本的滾筒印刷機。在人生尾聲，他對政治與美國前途的洞見令人嘖嘖稱奇，大眾認爲他像是握有某種神奇力量的先知。美國制憲會議的代表威廉・皮爾斯 (William Pierce) 見識到這時期的富蘭克林，寫道：「富蘭克林博士是當代聞名的偉大思想家；他似乎深諳自然界所有的運行之道……他高齡八十二歲，心智還跟二十五歲的小伙子一樣活躍。」

這樣的大師若再長壽一點，其洞悉力能抵達何等境地實在令人好奇。或許將來人類壽命得以大幅延長時，我們有機會見證富蘭克林之流的大師活到超高壽的風采。

回歸現實

眞相一直沒有定論，但我們不妨從簡單、無可否認的事實說起：大約四十億年前，地球上出現了簡單細胞，也就是生命的起源。這些細胞（或許只是一枚細胞）成爲隨後所有生命形式的共同祖先。從單一源頭衍生的生命開始出現各種分支。大約十二億年前出現最早的多細胞生物；六億年前發生了堪稱最重大的躍進：具有中樞神經系統的生物現身，最終演化成我們如今擁有的大腦。大約五億年前的寒武紀生命大爆發時期，[5]出現了最早的簡單動物，接著最早的脊椎動物跟著現身。大約三億六千萬年前，兩棲類動物開始現出蹤跡，一億兩千萬年前則出現了最早的哺乳類。大約六千萬年前，一個新的哺乳類演化方向孕育出最早的靈長目，人類正是牠們的直系後裔。最早的人類祖先則是在六百萬年前出現，又經過四百萬年才發現近代祖先直立人(Homo erectus)。生理結構跟我們相仿的人類要到二十萬年前才終於現身，腦容量大致與我們相當。

在這複雜至極、環環相扣的發展中，可以指認出人類的始祖在某個轉捩點上出現了（最早的細胞、簡單動物、哺乳類、靈長目）。有些考古學家推測所有現代人類都是來自同一位女性祖先。如果往前回溯，我們如今的樣貌（固定的生理結構）顯然定與這些始祖們相關，最遠可以回溯到最初的細胞生物。既然所有生命都是從這麼平凡的起點演化而來，萬物之間必定是以某種方式產生連結，而人類就在這個網絡中與萬物緊密相依。這是無法否認的事實。

4 一九〇〇～一九八三年，西班牙國寶級電影導演、電影劇作家，代表作有《安達魯之犬》、《青樓怨婦》。

5 相對短時期的演化事件，化石記錄顯示絕大多數的動物「門」(Phylum) 都在這時期出現。持續了接下來的二千萬到二千五百萬年，並導致大多數現代動物門的發散。由於出現大量的較高等生物、物種也較多樣化，於是被稱為生命大爆發。

姑且就把這種萬物息息相關的現象稱爲終極現實 (ultimate reality)。人類心智與這種現實的關係通常朝兩個方向發展。一個方向是心智會背離這種連動的關係，專注在事物之間的區別，把研究標的從整體環境中切割出來，當成獨立個體來進行研究。這個方向發展到極致，就帶來高度專精的知識種類。在現今的世界中，我們可以看到這種傾向的諸多現象：大學裡精細的系所分類、科學界最狹小的專精研究領域。在整個文化中，大眾精細地區分開來本是密切相關或相互重疊的主題，沒完沒了地爭辯兩者的不同。區分軍人族群與平民族群，即使在民主政體下，兩者很難分出差別。（或許如此嚴密地把人與研究領域分門別類，可以視爲掌權者最終極的統治手段，一種易於各個擊破的狀態。）從這個層次思考，便看不見天地萬物與各種現象之間有許多關聯，在如此精細的專業分隔下，想法可能變得極爲零碎偏頗，悖離現實。

另一個相反方向，是大腦想在每件事物之間建立連結的傾向。這通常發生在累積夠了深厚學問的人身上，因爲他們的知識淵博到足以發動這些連結。我們很容易從大師身上認出這種傾向，也能看到當回歸現實的潮流在文化中盛行時，會締造出歷史上某些運動及哲學流派，成爲時代精神。古代例子中有東方的道教及西方的斯多葛學派 (Stoicism)，[6] 兩者都是長達幾世紀的運動。道教尊崇「道」的概念，斯多葛學派則主張「邏各斯」(Logos)：連結一切生命的宇宙秩序規範。古羅馬哲學家皇帝馬可·奧理略 (Marcus Aurelius) 說得好：「時時提醒自己萬物是息息相關、彼此相連的。萬物互相影響、互相支持。一起事件是由另一起事件所引發。萬物互相牽扯、一起呼吸，其實是一個整體。」

回歸現實最著名的例子要算是文藝復興了，那是將「全人」(Universal Man) 視爲理想狀態的文化運動，所謂的全人就是能夠連接各類知識，希望智力能直追造物主的人。

我們如今也見證到回歸現實的初步跡象了，也就是現代版的文藝復興。在科學界，此現象的早期種子始於法拉第、馬克斯威爾（Maxwell）、愛因斯坦，他們著眼於現象和力場之間的關係，不會在各別的粒子上鑽牛角尖。放大格局來看，現今許多科學家積極設法把自己的各種專長連接到其他領域，例如，神經科學與其他爲數眾多的學科之間有何交集。大眾愈來愈樂於把複雜的理論應用在截然不同的領域，諸如經濟、生物、電腦等。也持續拓展對生態系統的觀點，試圖徹底理解自然萬物的互動關係。在健康及醫學界也不例外，許多人開始聰明地把身體視爲一體、一個系統。這個潮流意味著看見未來，因爲意識存在的目的向來都是要把我們和現實連結。

以個人來說，只要追求大師境界便能參與這個潮流。在學徒訓練階段，理所當然是要從細部開始學習，做出種種區別：區分作法的對錯、需要精通的個別技能及其眉眉角角、業界共同遵循的各種規則與慣例。在積極創造階段，你會想開始拿慣例開刀、予以修正調整來滿足你的需求，於是原先的種種區別之間的界線開始消融。到了大師階段，你已左右逢源，回歸到整體的概念之中。這時你可以憑藉直覺力看出連結，擁抱生命極複雜的本質，讓大腦擴展到現實的眾多層次中，而不是將它限縮至最狹隘的專業裡。這是認真浸淫在一個領域後的必然收穫。形成脈絡更健全的思維、對萬物之間的關係更爲敏銳。

請這樣想：終極區隔就在你與世界之間，區分成內在（你的主觀體驗）與外部世界。然而，每回你學到點什麼，大腦都會形成新的連結，再也不同於以往了。你的外部經歷會重塑你的大腦，你

6 古希臘和羅馬帝國思想流派，哲學家芝諾於西元前三世紀早期創立。斯多葛派學說以倫理學為重心，秉持泛神物質一元論，強調神、自然與人為一體。

與外部的界線比想像中變動不定。當你朝著大師境界邁進，長年練習與積極試驗將大幅改造你的大腦。隨著時光流逝，你的大腦不再是個簡單的生態系統，漸漸充滿五花八門的聯想與連結，整個生態體系欣欣向榮了，儼然就是外部實質世界的翻版。當人的大腦愈來愈類近這個複雜的世界，就代表了重拾現實的回歸。

晉升大師境界的策略

> 直觀的心智是神聖的禮物，理性的心智則是忠心的僕人。我們建立了尊敬僕人而遺忘禮物的社會。
>
> 愛因斯坦

登上大師境界憑藉的並非天資才華，而是鑽研某個知識領域的用心及投注的時間。另外還有一點，是大師一定會具備的神祕特色，似乎很玄，任何人卻皆可取用。不論從事任何領域的工作，通常都有一條大家公認的攻頂路線。那是眾人皆服膺的路線，人們講究合群，所以大部分的人都會自然選擇傳統路線。但大師卻擁有著強大的內在導航系統，有著高度自覺，所以並不會走以往別人走的老路，因爲走著走著只會冷卻原有的創造熱忱，如此便無法好好實現他們的追尋。

大師在職涯上一步步前行時，幾乎都免不了在一個關鍵時刻做出了決定：鋪設自己的路。別人覺得此舉違背了傳統，但這樣的新路才完全符合他們的性情和步調，能帶領他們好好鑽研，逐步接近隱而未現的眞相。這個關鍵決定並不容易，必須擁有自信與自覺，也就是登上大師境界所需的所謂神祕特質。底下是運用這項特質的實例，以及其所採取的配套策略。舉例的用意是在證明這項特質的重要性，並解說如何運用在你的處境之中。

一、連結你的環境：原始力量

在人類族繁不及備載的航海成就中，最了不起、也最神祕的要算是大洋洲地區原住民發展出來的航海技術。大洋洲由密克羅尼西亞群島、美拉尼西亞群島、玻里尼西亞群島所構成，百分之九十九點八面積是海域，許多世紀以來，當地居民都能老練地在相距遙遠的諸島之間航行。大約一千五百年前，他們航行了數千浬抵達了夏威夷，說不定甚至遠航到北美及南美，靠的只是獨木舟，此時獨木舟的設計與技術就差不多是石器時代的水準。這種古老的航海技術在十九世紀消失，主要是由於西方的干擾及航海圖、羅盤的引進，他們神乎其技的航海技能怎麼來的就此成爲謎團。但在密克羅尼西亞群島地區的加羅林群島，有些島民一直到二十世紀仍在用這種古老的航海技術，最早與他們一起出航的西方人對自己目睹的一切大感震驚。

島民駕駛有單張船帆的單舷平衡體舟，船上載有三四人，其中一人是首要駕船者。他們沒有航海圖或任何導航裝備，對隨行的西方人來說，這是一趟令人膽戰心驚的航程。他們可以在夜間或白晝啓航（日夜對島民來說沒有差別），顯然不需要任何導航工具。島嶼之間相距遙遠，出航幾天仍然看不到陸地，若是稍微偏離航道（暴風雨或天氣變化皆會造成致命的偏差），鐵定會在茫茫大海中迷航，屆時八成會賠上性命。這時若想找到島鏈中的下一座島，補給品恐怕在見到陸地前老早就消耗殆盡。然而，他們出海時卻出奇地氣定神閒。

首席駕船員偶爾望一眼夜空或太陽方位，但大多時間都在跟別人交談或凝視前方。有時候，其中一人會趴在單舷平衡體舟的中央，回報所蒐集到的資訊。大致說來，他們就像火車乘客，安然自在地在流動的景色中悠閒交談。夜晚時，他們更加放鬆。唯有在快要抵達目的地之際，才會稍微警覺起來。他們跟隨飛鳥在天上飛行的路線，專注凝視海域，有時掬起一捧海水嗅聞。最後如同準時到站的火車抵達目的地。他們確切知道航行所需的時間，以及該爲航程準備多少補給品。一路上，他們隨著天氣變化或洋流做出準確的調整。

西方人對他們這項本事十分好奇，於是有人邀他們分享祕訣，幾十年下來，西方人終於拼湊出島民的導航系統如何運作。他們發現島民導航的主要依據是遵循夜空星象。幾百年來，他們根據十四個星座的移動路徑制定出一份航海圖。運用星座加上太陽、月亮，描繪出天空的弧度，據此轉換成四周地平線上三十二個不同方向。天空的弧度維持不變，四季皆然。根據島嶼在夜晚某個時刻應該位於哪個星座之下，他們從自己的島就能定位其他島嶼的相關位置。朝著目的地航行時，他們也知道島嶼位置會變換到哪個星座之下。島民沒有書寫系統，駕船員學徒只能憑腦袋記住這一份持續移動變化的繁複地圖。

白天時，他們依據太陽判斷航道。接近中午時分，他們可以從船桅影子精準推測航向。在黎明或日落之際，可以借助月亮或觀察哪顆星星正從地平面沉落或升起。要測量自己航行了多遠，就用航道旁邊的某個島嶼作爲參考點。根據天上的星星，他們可以計算何時經過作爲參考點的島嶼，以及還要多久航程才能抵達目的地。

這套導航系統的其中一環，就是島民得想像獨木舟靜止不動，星辰在他們上方移動。行經島嶼時，看成是島嶼向他們接近又漂開。想像獨木舟是固定不動的，有助於他們運用參考系統計算自己的方位。他們當然知道島嶼實際上不動如山，但如此航行一久，船彷彿也眞的靜止住了。正因爲這樣，他們在航程中才能像名火車乘客般，悠閒地欣賞風景的流動。

除了星空圖，他們另外學習了幾十種輔助判讀的參考依據。在他們的學徒制度中，年輕的駕船員會被帶到海上，置身海裡漂流個幾小時。如此一來，他們可以學會用皮膚感受、分辨出各種洋流。如此訓練久了，只要躺在獨木舟的船板上就能判讀洋流。他們對風也培養出類似的敏銳度，從風吹拂頭髮或船帆的方式，就能知道空氣如何在流動。

接近島嶼時，他們知道如何解讀陸地鳥類的飛行路徑，牠們早上出發捕魚，薄暮時打道回府。他們藉由水中磷光判斷陸地距離多遠，評估遠方雲層象徵了底下有陸地或海洋。他們用海水蘸嘴唇，從水溫變化判斷島嶼是否接近了。島民使用了許多類似的指標；幾乎環境中的一切皆可視爲潛在訊號。

最了不起的是，首席駕船員外表看來對這套複雜的訊號網絡漫不經心的，只有在他偶爾往上或往下瞧一眼時，你才知道他在讀取環境訊息。領航大師顯然已經把星空圖牢記於心，瞄一眼天上的某顆星宿就能立刻掌握其他星星的相對位置。他們也把其他導航訊號學到精通的境地，儼然成爲本能。他們對環境瞭如指掌，包括會造成環境混亂、危險的所有變數。有位曾參與航程的西方人是這麼說的，此等大師可以從一座島航行到幾百里外的另一座島，輕鬆得像計程車司機在宛如迷宮的倫敦街道中穿梭一般。

在歷史上的某個時期，此地區最早的航海者在被迫出海尋覓其他食物來源時，必然極為茫然與惶恐，明白航海過程將會極度凶險。浩瀚汪洋一定比自己居住的蕞爾小島混亂無序得多。但他們慢慢克服恐懼，漸漸推演出一套極為契合該處環境的導航系統。在這個地區，一年到頭夜空多半都很清晰，所以他們後來能出神入化地善用星辰位置的變換。駕駛小型船隻讓他們得以貼近海水，令其判讀海洋就跟辨認島上起伏的陸地一樣精準。把自己想像成固定不動、是島嶼在移動，有助於他們辨別參考路標，而且能舒緩航程中緊繃的神經。他們毋須使用任何工具或裝置，這套精巧的系統就儲放在腦海中。島民與環境建立深刻的關連性，只判讀身邊的種種跡象就能施展精湛的導航功夫，完全不輸給動物的強大本能，就像有些鳥類對地球的地磁場極度敏銳，可以藉此穿梭世界飛行。

要明白：與環境深度連接是一種最原始、也最強大的大師級本事。這一套不僅適用於密克羅尼西亞海域，也能運用在任何現代的領域或職場上。要取得這種能力，首先要把自己變身成一流的觀察者。把周遭一切都視為可以供人解讀的潛在訊號，而不要只看表象。如同島民們，你可以把觀察細分為幾個系統。你有工作、有互動的一群對象，他們的一言一行皆透露了隱藏的訊號。你可以檢視自己與他人的互動，別人如何形容你的工作表現，別人的喜好如何變化不定。你可以想法子沉浸在業界的每個層面，比如，認眞關注重大的經濟元素。你要化身普魯斯特形容的蜘蛛，再細微的蛛網振動都難逃你的法眼。日起有功，久而久之，你就能把各區塊的學問整合成對大環境的整體感受。不必再為了追逐環境中的複雜變化而疲於奔命，一切都會了然於心，甚至在變動還沒來臨之前就已心裡有數。

對加羅林群島的島民來說，他們邁向大師境界的方法毫無出奇之處，只是因地制宜。但對我們而言，生活在科技高度開發的時代，要像他們那樣登上大師境界就必須刻意打破傳統。你必須成為敏銳的觀察者，切勿向科技帶來的各種令人分心的事物低頭。你必須樸實一點，唯一最值得信賴的樸實工具就是雙眼，用眼睛觀察、用大腦分析。從各種媒介取得的資訊只占我們與環境相關連的一小部分，我們卻很容易迷上科技所賦予的力量，將之視爲目的而非工具。一旦如此，我們連接到的對象就會變成虛擬環境，眼睛和大腦能力將慢慢衰退。請要把環境視爲眞正的現實，與環境的關連必須發自內心，假如有任何你一定要迷戀的工具，一定要選擇你的大腦，人腦是宇宙中最不可思議、最令人讚嘆的處理資訊裝置，複雜到根本超乎想像，人腦的龐大能力妙用無窮，任何科技皆瞠乎其後。

二、發揮強項：極度專注

範例一

愛因斯坦小時候，父母很擔心他。小愛因斯坦學說話比一般小孩慢，他總是躊躇許久才吱吱唔唔說出新字詞。（愛因斯坦的經歷請見第45及88頁。）他有個奇怪的習慣，每次講話前都要先喃喃複誦他打算說出的話。父母擔心兒子的智能有問題，向醫師求助。但過不了多久，他開口前完全不再遲疑，並展現出原本潛伏著的強大心智能力。他擅長解謎，對某些科學領域特別有天分；熱愛拉小提琴，對莫札特的作品喜愛不已，一遍又一遍地演奏。

在他就學後，新問題又浮現了。他可不是乖巧的學生，討厭背誦和做算數，不喜歡師長的威權。他的成績差強人意，父母憂心他的未來，於是在愛因斯坦十六歲時，送他到位於亞牢（Aarau）的學校就讀，那兒學風自由，離他們在蘇黎世的住家不遠。這所學校施行瑞士教育改革家約翰·裴斯泰洛

齊 (Johann Pestalozzi) 設計的教學法，強調透過觀察來學習，進而培育學生的思辨能力及直覺力。就連數學和物理也都這樣教，學生沒有必須要死記硬背的習作，這套教學法極度著重視覺上的智能，裴斯泰洛齊認爲那是創意思維的關鍵。

愛因斯坦少年時在這樣的學風裡頓時感到渾身是勁。他認爲這所學校非常能啓發學生，校方鼓勵學生要自主學習，跟隨自己的性向自由發展。對愛因斯坦來說，這表示他可以深入研究牛頓的物理學主張（他熱衷的主題）及電磁學的近期發展。但在鑽研牛頓學說的時候，牛頓的宇宙觀令他困惑不已，還經常爲此失眠。

根據牛頓的主張，所有自然現象都可以用簡單的機械化法則來解釋。學會這些法則，幾乎每件事都能推論出起因。物體依據這些機械化法則移動，諸如重力法則，而且所有物體的運動都可以透過數學方法來測量。這是個井然有序、講究理性的宇宙。然而，牛頓的觀點是建立在兩個無從驗證的假設上：絕對時間與絕對空間的存在，兩者完全獨立於生物與物體之外。少了這些假設，就沒有其他可作爲依歸的測量標準了。但牛頓的系統卻精妙到難以提出質疑，畢竟科學家可以運用他的法則精確測量聲波的移動、氣體的散播、星辰的運行等。

十九世紀末，牛頓的機械宇宙觀開始出現裂痕。根據麥克·法拉第的研究，傑出的蘇格蘭數學家約翰·裴斯泰洛齊 (Johann Pestalozzi) 發現電磁的一些有趣特性。馬克斯威爾在建構後人所謂的場論時，堅稱不該把電磁視爲帶電的粒子，應該描述爲一個空間中隨時可能轉變爲電磁的場域。根據他的計算，電磁波以秒速二十九·九七九九萬公里移動，正好就是光速。這不可能純屬巧合，因此，光必然就是電磁波的完整可見頻譜。

這對物理宇宙來說，是一種罕見的創新觀點，但爲了配合牛頓的主張，馬克斯威爾和其他人假設有一種「承載光的以太」(light-bearing ether) 存在，以太是可以振動並產生電磁波的物質，如同海水之於海浪或空氣之於聲波。這個概念在牛頓的方程式添加了一個絕對項目：絕對靜止。這些波的運動只有在某種絕對靜止的背景前才能測量，也就是以太。可見以太一定是某種怪異物質，可涵蓋整個宇宙卻毫不干擾星球或物體的運動。

舉世的科學家耗費數十年，絞盡腦汁要證明以太的存在，發想出各種精巧的實驗卻都鎩羽而歸，所以漸漸有愈來愈多人質疑牛頓的宇宙觀及當中的那幾個絕對項目。愛因斯坦拜讀馬克斯威爾的全部論述及其提出的質疑，愛因斯坦一向都有崇尚法則的心理偏好，他渴望相信宇宙是井然有序的，對這些法則起疑令他感到焦慮。

愛因斯坦在亞牢就學期間，有一天正沉浸在這些思緒當中，腦海突然浮現出一個畫面：一個人以光速移動。他反覆思索，畫面發展成一個謎團，他後來把它稱爲思想實驗：假如一個人以光速跟一道光束一起移動，這人應該會「看到光束呈現靜止不動的電磁場狀態，儘管這個電磁場實際上在不停振盪」。

然而，他一開始會一頭霧水的原因有二。當這人望著光源看到光束的那一刻，光脈衝便會以光速移動到他前方；否則他就看不到光束，因爲可見光是以光的定速前進。對此觀察者來說，光脈衝仍是以秒速二十九．九七九萬公里移動。主宰光速或電磁波的法則必須同時適用於一個在地球上靜止不動的人，或一個理論上以光速移動的人身上，不能有兩套獨立的法則。但從理論上推斷，一個人應該能追上光波，看到它變成光之前的模樣。這很弔詭，他愈想愈是焦慮得難以忍受。

隔年，愛因斯坦到蘇黎世聯邦理工學院就學，他對傳統教學方式的厭惡再度來襲。他的數學成績不甚理想；他討厭物理的教學方式，選修了很多毫不相干的學科。他不是個前景看好的學生，吸引不了重量級教授或自己導師的青睞。他很快便鄙夷起學術圈及學術圈對他的思想箝制。他依然爲思想實驗苦惱不已，持續自行進行研究。他花了幾個月設計一個實驗，認爲或許能夠偵測以太及以太對光的效應，但理工學院的一名教授說他的實驗根本就行不通。他給了愛因斯坦一篇文章，介紹知名科學家如何嘗試偵測以太卻失敗收場，或許是想挫挫這名二十歲學生的銳氣，他是誰，居然自以爲可以發現全球頂尖科學家都遍尋不著的東西。

一年後，也就是一九〇〇年，愛因斯坦做了一個改變人生的決定。他不是實驗型的科學家，不擅長設計實驗，也無法樂在其中。但他倒是有幾個強項，他可以破解任何抽象的謎團；他在心裡反覆思量，把抽象謎團變成任他擺弄的圖像或形態。他生性瞧不起權威和傳統，他的思想方式創新又充滿彈性。當然，這也表示他絕不可能在傳統的學術圈成功，他必須另闢蹊徑，但這也可以是一種優勢。他沒有必須融入群體的包袱，也不必遵從任何標準規範。

他日以繼夜進行思想實驗，終於有了結論：牛頓對物理宇宙的整個主張裡必定哪裡出了錯。科學家站在錯誤的立足點試圖解決問題，縱使挖空心思，爲的只是證明以太存在，以維護牛頓的偉業。儘管愛因斯坦很欣賞牛頓，但他不受任何思想派系的羈絆。既然決定走自己的路，要怎麼放膽闖撞都隨自己高興。他也要拋開以太的假設，那些無法驗證的絕對項目也要統統捨棄。他要運用邏輯推理能力及數學來推演法則，也就是主宰運動的定律。他不需依靠一個大學的教職或實驗室就能成就這些。不管身在何處，他都能進行研究。

一年一年過去，看在別人眼裡，愛因斯坦像是個輸家。他從理工學院以倒數幾名成績畢了業；他找不到教職，後來在位於伯恩的瑞士專利局做聊勝於無的低薪工作，審核別人的發明。好處是他可以繼續自己的研究，以不可思議的韌性鑽研問題。即使身在專利局辦公室裡工作，他照樣花上幾個鐘頭凝神思考在心裡建構的理論；即使跟朋友一同散步，同時也持續探索自己的想法，他擁有一邊聽人說話一邊思考的特殊能力。他隨身攜帶小記事本，在裡頭寫上各種點子。反思自己最初的悖論及後續的所有調整，在心裡無止盡地反覆推敲，想像一千種不同的可能性。幾乎凡是醒著的時間，他都在從各種角度推敲問題。

在沉浸思考期間，他歸納出兩條引導其更上層樓的重要原則。第一，他判斷自己最初的直覺必然是正確的：物理法則必須同時適用於靜止不動及在太空船上以等速移動的人身上，否則就不能成立。第二，光速是恆定不變的。即使是時速幾千公里運行的恆星所發散的光芒，其速度也維持二十九·九七九萬公里的秒速，不會更快。如此一來，就吻合馬克斯威爾認爲電磁波速度恆定的法則。

他不斷思忖這些原則，另一個悖論同樣也以圖像浮現腦海。他想像一輛亮著燈光的火車在軌道上加速。一個站在鐵道護坡上的男人會看到光束以預料中的速度移動，但假如有個女人在鐵軌上跑向或跑離火車呢？女人與火車的相對速度視她跑的速度及方向而定，但這跟光束的情況有何不同？當然，女人跑向或跑離火車，會影響火車光束與她的相對速度，而這道光束的速度跟護坡上男人之間的相對速度也不一樣。看來，這個圖像挑戰了他截至當時所信奉的所有原則。

他思索這個悖論幾個月，到了一九〇五年五月決定放棄。這似乎無解。在伯恩的一個美麗、晴朗日子裡，他從專利局辦公室跟一位朋友兼同事一起散步，聊到自己陷入的困局、挫折及放棄的決定。愛因斯坦事後回顧，正是在他說那一番話的時候，「頓悟問題關鍵」的直觀靈感瞬間大鳴大放，首先是一個畫面，接著浮現字句，在那一瞬間迸出的洞見永久改變了世人對宇宙的概念。

後來，愛因斯坦用底下的圖像闡述他的發現。假設火車以固定速度行經護坡，一個男人站在護坡中央。就在火車經過時，一道閃電同時擊中兩個等距的點：A 點和 B 點，兩個點位於男人的左右兩側。假設有個女人坐在火車中央，在閃電劈下來的當下，她正好從護坡上的男人面前經過。她朝著B點前進，燈號也在前進。她會看到燈光比閃電稍早抵達A點，但對護坡上的男人來說，他在那一刻看到的情況跟火車上的女人並不相同。任兩件事都不能說是同時發生，每個移動中的參考框架(reference frame)都有自己的相對時間，而宇宙萬物與其他事物都處於相對的移動狀態。一如愛因斯坦所言：「世界各地任何聽得見的時鐘滴答聲，都不能被視爲是時間。」如果時間並非絕對，空間、距離也是如此。萬物皆是相對的，速度、時間、距離等，唯有光速永恆不變。

這就是他提出的狹義相對論，在隨後幾年撼動了物理學與科學根基。再過幾年，愛因斯坦經歷如出一轍的歷程，推敲出廣義相對論及他所說的「時空彎曲」(curvature of spacetime)，也就是把相對論套用到引力上頭。他再次以圖像爲起點，花了將近十年思忖一個思想實驗，終於在一九一五年獲得突破性的進展。從這個單一理論，他推斷光線必然隨著時空彎曲，進而推測出擦過太陽的星光的確切弧度。一九一九年發生日蝕時，天文學家驗證了愛因斯坦的推論精確無誤，令科學家和大眾同感震驚，唯有具備超人的腦力才能光憑抽象推理就得到測量數字。愛因斯坦的怪才聲譽就在那一刻誕生，至今屹立不搖。

我們傾向於認定愛因斯坦之屬的天才擁有異於常人的天賦，但他的偉大成就其實歸功於年輕時做的兩個簡單決定。首先，他在二十歲認定了自己是平庸的實驗科學家。儘管沉浸於數學及實驗才是物理研究的傳統路線，但他決定另闢自己的路，這是一個極具膽識的決定。第二，他把憎惡權威及傳統的天性視爲優勢。從體制外出擊，擺脫牛頓令科學界苦惱不已的假設。這兩個決定讓他的強項得以發揮。另外，我們還可以辨識出第三個重要原因：他熱愛小提琴及莫札特的作品。當別人讚嘆他對莫札特音樂的精通時，他回答：「它就在我的血液裡。」意思是他太常練琴，音樂已成爲他的一部分，就存在他之內。他從內在體會著音樂，這正是他面對科學問題時不自覺採行的模式：置身於複雜的現象內思考。

我們把愛因斯坦視爲最高段的抽象思想家，但他的思考方式卻極其務實，總是運用火車、時鐘、電梯等周遭日常小物。透過如此務實的思考，可以在腦海中反覆把玩問題，不論走路、閒聊或人在專利局辦公室上班的當下，都能從各種角度去切入思考。他後來曾說，想像力和直覺力對於他的科學及數學成就貢獻良多，甚至大幅超越他在這兩個領域所累積的學問。要說他具備什麼超厲害的特質，那就是極致的耐心與韌性了。我們只能說他在思考同一個問題遠超過一萬個小時後，終於蛻變成功。一個複雜至極的現象徹頭徹尾與他融爲一體，讓他能憑直覺就掌握全局，以上述範例來看，就是浮現腦海的圖像揭示了時間相對性。他提出的兩個相對論可視爲史上最輝煌的智慧偉業，是辛勤耕耘帶來的豐碩果實，而不是什麼異於常人、無法解釋的天才。

登上大師境界的路徑多不勝數，只要堅持，必然會找到適合自己的道路。尋覓階段時，最重要的功課是釐清自己的身心強項，加以發揮。成爲大師需要許多個小時的專心致志及練習，如果工作起來無法自得其樂，必須很吃力地補強自己的弱點，就難以登上大師境界。你要潛心自省，誠實地摸清自己的強弱項。一旦找到強項就要將它發揮到極致，只要你朝著這個方向挺進，就能得到最天然的推進力。不要受傳統所束縛，不要因爲想去訓練有違本性及強項的技能而阻礙自己的腳步。如此一來，你的創造力與直覺力自然會甦醒。

範例二

當天寶．葛蘭汀回顧五〇年代的幼年時期，她只記得一個混亂的黑歷史。她天生就有自閉症，記得自己會在沙灘上消磨幾個鐘頭，觀看沙子從雙手指間滑落。（葛蘭汀的經歷參見第62頁及191頁。）她活在不時受到驚嚇的世界，任何突如其來的響聲都令她難以招架。她比其他小孩花費更多時間才學會講話，在慢速學習講話的過程中，她清楚意識到自己跟其他小朋友的差異有多大。她時常獨處，自然而然地受到動物吸引，尤其是馬匹。那不只是基於滿足需要友伴的心理需求，她對動物有異乎尋常的認同與憐惜。她最愛在自己土生土長的波士頓郊區騎馬，這更加深了她愛馬的情結。

到了少女時期，父母有年夏天送她去拜訪在亞歷桑納州經營牧場的安姨媽。天寶立刻感受到自己與牧場牛隻的情感連結，她可以盯著牛隻，觀看幾個小時。她最感興趣的是牛隻打疫苗時會使用的擠壓槽。槽中側板的擠壓能幫助牛隻在挨針時放鬆。

從有記憶以來，她就一直想用毯子包覆自己，或把自己埋在抱枕、枕頭底下，就是要感受被擠壓的感覺。一如牛隻，任何和緩的擠壓都能讓她感到放鬆。（然而人與人之間的擁抱對她來說又太過刺激，反而會導致焦慮，令她無法招架。這是自閉症孩童常有的狀況。）她長久以來都想要有個什麼東西來擠壓自己，當她看到牛在槽中的模樣，頓時覺得這正是她所渴望的。有天她拜託姨媽讓她到槽中像牛一樣被擠壓，姨媽答應了。那是夢寐以求的三十分鐘，之後，她感到心曠神怡。就在那當下，她明白自己與牛有奇特的相似之處，她的命運與動物無法分割。

因爲對這份關聯性感到好奇，她在幾年後就讀中學時決定開始研究牛隻。她也好奇想知道，其他自閉症小孩與大人是否和她有相同感受。她想深入了解牛這種動物，牠的情緒、牠眼中的世界，但找到的資料少得可憐；自閉症的資料相對豐富許多，她狼吞虎嚥相關書籍。就這樣，她發現自己開始對科學感興趣；做研究可以渲洩緊張情緒，並幫她認識世界。她心無旁騖地鑽研起這個主題。

慢慢地，她開始脫胎換骨，變成一個深具潛力的學生，獲得一所位於新罕布夏的文科學校錄取，主修心理學。她選擇心理學是基於對自閉症的興趣，她對自閉症有切身的內在知識，主修心理學能幫助她了解自閉症背後的科學原因。畢業後，她決定在亞歷桑納州立大學攻讀心理學博士，但當她又回到西南部拜訪姨媽時，重溫了童年時期對牛的興趣，旋即決定把主修改爲動物科學，自己說不出具體原因，更不曉得未來會如何。但很確定的是，她的論文裡主要研究對象會是牛。

天寶向來都以圖像進行思考，而且是必須先把文字轉換成圖像後才能理解。或許是她大腦裡獨一無二的迴路使然。主修課程規定要進行實地考察，於是她造訪該州的幾個牛隻圈養場，對目睹的情況感到震驚極了。她頓時明白，原來大部分人並不具備視覺圖像思考的本領，否則圈養場裡哪來那麼多明顯不合理的設計？她一眼就看出問題的癥結所在，別人竟然絲毫都沒有察覺。

她驚愕地看著牛隻被趕進地面過分滑溜的裝卸道。她可以想像一頭五百四十公斤的牛突然察覺自己來到一個滑溜表面、連站都站不穩會是什麼樣的滋味。牛隻放聲嘶喊，在裝卸道不斷滑倒，撞上前面的牛隻，導致牛群撞成一團。在某間圈養場，幾乎每頭牛都會在同一個地方止步，顯然那裡的視野範圍內有著令牠們害怕的東西。難道都沒人去思考背後原因？在另一處圈養場裡，她驚駭地看著牛被趕上斜坡道，再跌進藥浴池（加了消毒藥劑的池子）裡，去除身上的蜱和寄生蟲。但斜坡道太陡峭了，距離底下池子又太遠，導致部分牛隻頭下腳上地栽進池子溺斃。

有鑑於自己目睹的實況，她決定仔細研究這些圈養場的效率及如何改善的方法，這也成了她的博士論文。她訪察幾十座圈養場，每次都站在裝卸道旁記錄牛在被烙印、打疫苗時的反應。她獨自接近牛隻，撫摸著牠們。童年騎馬時，只要透過雙手、雙腿做肢體接觸，她就能感知馬的情緒。她開始試驗自己能否與牛心靈相通，她把雙手放在牛的側身，感受牠們放鬆時的反應。她察覺當自己心平氣和時，牛也會心平氣和地回應。慢慢地，她開始能判讀牛的意識，發現牠們的行爲多半是在閃避可能的威脅，只是人未必能察覺到牠們的恐懼。

天寶不久後便明白，在動物科學研究所裡，唯獨她對動物情緒與體驗感興趣。其他人認爲這根本稱不上是科學研究，但她決心追根究柢，一方面爲了自己，一方面也爲了完成博士論文。她開始攜帶相機前往圈養場。她知道牛對視野內的任何對比呈現都很敏感，於是進入牛被趕往的各種通道，跪著從牛的視角拍攝黑白照片。相機可以捕捉牠們視野中各種搶眼的對比：明亮的陽光反射、突如其來的陰影、窗戶上的刺目反光。她推斷這些強烈對比正是牛老是在相同地點止步的原因。有時候，看到懸掛的塑膠瓶或晃蕩的鐵鍊也會引發相同反應，不知爲何，牠們判定那是危險的徵兆。

牛的天性顯然無法適應工業化的圈養場生活，以致牠們感受到龐大的壓力。只要牛出於本能表現出驚嚇反應，圈養場人員就會氣惱地催趕牠們往前進，徒增牠們的恐懼。牠們的傷亡比率高得嚇人，擠成一團所延宕的時間更是多到難以估算；然而，這些對她來說都是很容易解決的情況。

畢業後，她最初幾份工作是爲西南部的圈養場解決各種設計上的瑕疵。她爲肉品包裝廠設計牛隻斜坡通道和保定器系統，改良得比原先設計更爲人道。其中一些工作只需留心一些簡單細節就能辦到，例如把斜坡通道變更成彎道，讓牛看不到側邊、也望不見前頭，牠們就能平靜下來。在另一個圈養場，她把藥浴池改良成由平緩的坡道進入，並在水泥地上設計一條條的深溝來止滑，避免牛隻摔倒；踏進藥浴池的高度也降低許多；還重新設計了供牛隻弄乾身體的區域，打造出一個讓牠們有安全感的環境。

在藥浴池進行改造的階段，現場牛仔和工人瞪著她看，活像她是來自火星的異類。他們私下揶揄她對牧場動物「卿卿我我」的態度。但當藥浴池完工後，他們吃驚地目睹牛隻悠閒地漫步，再噗通下池，幾乎連個哞叫聲都聽不到。牛隻的傷亡比率降到零，也不再因爲推撞或集體恐慌而耽誤人員的工作時間。所有她操刀設計的圈養場，效率都大幅提升，原先極度懷疑她的男性工作人員不禁敬她三分。她一點一滴建立起自己在這一行的聲望，回顧自己從重度自閉的童年一路走到今天，她對自己的成就感到非常自豪。

幾年下來，她對牛的知識更加淵博，部分歸功於研究工作，部分則是因爲她更頻繁接觸牛隻。她的工作範疇不久便拓展到其他農場動物，例如豬隻，後來甚至擴展到羚羊和麋鹿。她成爲農場和動物園界的搶手顧問。她憑直覺就能判讀眼前動物的內心情緒並知道如何安撫，這種功夫扎根於大量的科學研究，以及長時間從牠們的內心視角進行思考。例如，她判定動物是透過圖像及其他感官方式來記憶和思考。動物絕對具有學習能力，但其推理是以圖像方式進行。這種思考方式或許難以想像，但人類在發明語言之前，也是採用相仿的推理方式。人類與動物的差別遠不如我們自以爲的那麼大，這樣的關聯性令她深深著迷。

從牛的耳朵動作、眼神、撫觸其皮膚時感受到的緊綳，她就能判讀牠們的情緒。研究牛的腦部運作時，她萌生牛在許多方面都跟自閉症患者類似的想法。她掃描自己的大腦，發現她的恐懼中樞是一般人的三倍大，她必須應付比多數人都要強烈許多的焦慮感，並持續在環境中感受到威脅。牛身爲被獵食的動物，需要時時保持警戒，心情自然容易焦慮。她推論自己過大的恐懼中樞，或許是回歸到遙遠過往的返祖現象，因爲遠古人類也是居於被獵食的角色。這類反應如今大多已被阻斷或隱蔽，但罹患自閉症令她的大腦保有這些遠古人類的特徵。她留意到牛與自閉症患者還有其他相似之處，像是兩者都高度仰賴習慣與例行公事。

這麼一想，她回憶起自己當年曾對自閉症患者的心理狀態感到好奇，於是開始深入鑽研背後的神經科學。她以自閉症患者的身分在科學界建立一番事業，切身體驗讓她推論出獨一無二的自閉症觀點。正如她對待動物的方式，她從外界（科學）及內在（擬情作用）探索自閉症。她飽覽最新的科學發現，再用自己的經驗加以驗證。其他科學家無法描述或理解的自閉症特質，她信手拈來就可以形容出來。當她深入研究、寫書分享經驗，很快便成爲自閉症領域炙手可熱的顧問及講師，同時成爲自閉症青少年效法的標竿。

天寶回顧過往人生，浮現一股奇妙感受。她之所以能夠脫離自閉症在童年造成的黑暗與混亂，部分得歸功於對動物的熱愛，她對動物內心世界的好奇引導她走出自閉症。在姨媽經營的牧場接觸到牛群時，開啓了她對科學的興趣；這份興趣轉而啓迪了她，讓她敞開心扉，開始研究自閉症。她後來重回動物圈建立事業，憑藉自己的科學知識和敏銳觀察，發明出創新的獨門設計，推論出獨一無二的科學發現。這些科學發現轉而又促使她重拾自閉症研究，她如今已能把受過的科學訓練及思維在這個領域中應用自如。如此回顧，冥冥中似乎有種力量不斷引導她專注探索這些相關的領域，令其可以獨門方式來駕馭研究。

對天寶．葛蘭汀這類的人來說，想躋身大師之林無異是痴人說夢，自閉症患者要克服的障礙多到難以想像。但她憑著專注努力進入兩個領域，開啓了更上層樓的可能。儘管一切像是冥冥中注定的，但她在孩提時期就憑直覺認出自己的強項（對動物的熱愛與憐惜、視覺圖像式思考、專注學習），並傾全力發揮。一路上她憑著天賦披荊斬棘，具有過人韌性，她能忍受所有不看好她、譏笑她是怪胎的人；就算別人認爲她選擇的研究主題不符合常軌，她依然堅持。她投入能施展天生擬情能力及特殊思維方式的領域，循序漸進地鑽研，建立起憑直覺力洞悉動物感受的強大本事。等她精通了這個領域，便把相同技能應用在另一個興趣同等濃厚的主題：自閉症。

要了解：要在這一生登上大師境界，關鍵在於生命早期所採取的行動。不但要找到自己的天命，也要摸清自己的思考方式及強項。對動物或某一族群的人具有高度的擬情能力，感覺上好像比不過強大的技能或智能，但它無庸置疑是一種天賦。擬情能力對學習與研究都至關重要，即使是以客觀見稱的科學家，也必須要暫時切換立場，要能從受試者的角度進行思考。其他諸如善用視覺圖像思考等特質，也是極具潛力的強項，絕非是弱點。問題在於人類極度講求合群，與眾不同的特質經常會遭到揶揄或師長壓制。例如，視覺敏銳的人經常被貼上閱讀障礙的標籤。這些評斷導致我們把強項誤認爲缺陷，將之棄而不用，只爲求得能融入群體。然而，你身上若有任何與眾不同的特質，正是最有潛力、待琢磨的地方，有助於你晉身大師。邁向大師境界有如游泳一般，扯自己後腿或逆流行進都是自討苦吃。必須找到自己的強項，讓強項來佐助你向前。

三、透過練習轉變自己：手感

如同第二章所述（第100頁），西薩．羅德里格斯在一九八一年從色岱爾軍校畢業後，加入美國空軍飛行員訓練課程，他旋即面對無情的現實：他並非駕駛噴射機的天生好手。同梯的受訓學員有幾位所謂的「金童」，他們擅長高速飛行，飛行讓他們如魚得水。西薩從小就熱愛飛行，有成爲戰鬥機飛行員的抱負，那可是空軍最菁英、最受青睞的職位，但除非他把飛行技能提升到等同金童們的程度，否則絕不可能拿到門票。他的困難在於，他一下子就被飛行員必須應付的龐雜資訊所淹滅，想出的解套方法則是，學會使用瀏覽模式監看全部儀器（快速掃視而過），同時對自己在天空中的方位有概念。無法掌握自己身陷何種情況可是會危及性命。他透過在模擬機上操練無數個小時，以及實際試飛來加強快速瀏覽的能力，一直到讓它變成近乎自動化的動作。

西薩在高中時期喜歡運動，深知重複操練的效用，但飛行比任何他曾嘗試駕馭的運動或技能都要複雜得多。當他適應了操作各種儀器，立刻面臨學習各種飛行技巧（例如翻滾）的困難考驗，他必須精通到，能明確判斷在什麼速度下可以進行哪一種飛行。這一切需要高速的心智運算力，金童們三兩下就駕輕就熟，西薩卻需要不停地反覆演練，每次坐進駕駛艙都必須全神貫注。他發覺，身體有時候反應得比頭腦還快；他的神經和十指已經熟悉駕馭飛行的感覺，於是他設法重現那種感覺。

通過這道考驗後，再來就得學習編隊飛行，與其他飛行員協力，組成一個合作無間的機隊。編隊飛行必須同時運用到數種技能，操作方式複雜到無以復加。但他興致勃勃，一部分是因爲能夠駕駛噴射機進行團隊合作，一部分則是因爲這事非常具有挑戰性。在學習駕馭噴射機及練習各種飛行技巧的過程中，他培養出能夠一心不亂的專注力。可以滌清雜念，全然沉浸在當下。這等功夫讓每一套新技能都很容易練到爐火純青。

憑著毅力與練習，他慢慢攀升到與同梯金童一樣的頂尖位置，即少數可能成爲戰鬥機飛行員的候選人。登上這個頂峰之前，還必須闖過最後一道關卡：三軍共同參與的高階演練。這項考驗的重點在於能夠對出勤的任務有全盤了解，並在精心策畫的陸海空軍聯合行動中完成擔負的任務，這會需要更高度的覺察力，西薩在這樣的演練中浮現出一種奇特的感覺，他已經不再專注於飛行的各項細節或技巧，而是在思考並感受著整體的運作，天衣無縫地優遊其中。那是一種駕馭自如的感覺，皆是在轉瞬之間流動。他察覺到自己與天之驕子們之間的細微差距，他們長期仰賴天賦的能力，若單論專注力，已輸給奮起直追的他，他在許多層面已超越那些人。參與幾次這種演練後，西薩晉升到了菁英階層。

一九九一年一月十九日，就在區區幾分鐘內，他以往所有繁複的訓練與操演遇上了終極的試煉。幾天之前，美國與其盟軍發動沙漠風暴行動 (Operation Desert Storm) 來反制攻打科威特的海珊 (Saddam Hussein)。十九日上午，西薩和他的僚機飛行員「鼴鼠」克里格．昂德希爾 (Craig "Mole" Underhill) 飛抵伊拉克，跟其他人一同組成三十六架戰鬥機的攻擊武力，往巴格達附近的目標挺進。那是西薩首次參與實戰，他和鼴鼠駕駛著F－十五戰鬥機很快就看到遠方有兩架伊拉克米格戰鬥機，決定追上去。不出幾秒，他們察覺自己中了對方圈套，一下子從追擊者變成被追擊的獵物，兩架米格機從出乎意料的方向衝著他們而來。

西薩察覺其中一架敵機疾速追上來，臨機一動，拋棄油箱來換取速度及靈巧度，接著向地面俯衝，飛到比進逼的米格機更低的高度，盡力讓敵機雷達偵測不到他，包括與地面垂直飛行來掩蔽戰鬥機。只要雷達偵測不到，米格機就無法朝他射擊。一切都在頃刻之間發生，他的雷達隨時都可能亮起顯示，遭到敵機鎖定，他也就毫無生還的機會可言。他唯一的保命方式就是當米格機因爲追得太近而無法發射武器時，跟米格機進行纏鬥，這是在現代戰事中極爲罕見的環狀戰鬥。他一邊盤算著如何替僚機爭取解救他的時間，他感覺得到鼴鼠就在遠處跟著他。然而，拖延時間也可能會招致另一項危險：讓第二架米格機加入戰局。

他用上所有的標準閃避技巧。眼見米格機步步進逼，鼴鼠終於跟他通上話，他一路尾隨，現在已就射擊定位。接著，西薩轉頭就看見敵機遭鼴鼠擊落。這場追逐戰完全依照西薩的盤算發展，但他們並沒有放鬆警戒的餘裕，第二架米格機正在飛快逼近。

鼴鼠爬升到七千公尺的高空。米格機追上西薩的戰鬥機時，飛行員察覺到鼴鼠在上空，便忽上忽下地飛行，試圖逃出兩人的手掌心。西薩利用米格機飛行員片刻的錯亂，進入米格機的迴旋圈中。局勢演變成典型的雙圈纏鬥，亦即雙方戰機都試圖追上對方的尾部，讓敵機進入射擊範圍，他們每繞一圈就離地面愈近。雙方盤旋著互相追逐，最後，西薩的雷達在一千兩百五十公尺的高度偵測到敵機，並鎖定準備射擊。伊拉克飛行員採取搏命的閃避技巧，向地面俯衝，然後翻轉機身往反方向逃逸，但就在那幾秒的纏鬥中，米格機飛行員沒察覺到他們已經相當接近地面，結果撞進下方的沙漠。

鼴鼠和西薩回到基地時，向負責這趟任務的長官做簡報，當西薩描述戰鬥經過並觀看對戰錄影時，他有種奇特的感覺。他其實記不起其中任何一幕，一切皆是以迅雷不及掩耳的速度發生。他與兩架米格機的對戰其實僅僅持續三到四分鐘，最後的纏鬥更是在幾秒之間就結束。在戰鬥期間，他必然採取了某種方式進行思考，他施展的飛行技巧近乎完美。例如，他並不記得丟棄油箱的決定，更不知道那是打哪來的神來一筆。學過的知識在那一刻即時浮現腦海，救了他一命。他閃避第一架米格機的技巧令長官感到震撼，不但速度極快又都發揮了效用。他在纏鬥期間的覺察力必然極度敏捷；他在愈飛愈快的迴旋中追上敵機的尾翼，卻絲毫沒有疏忽下方的沙漠已愈來愈近。他無法解釋自己是如何辦到的，一切根本不復記憶。他只記得自己當下並無畏懼，強勁的腎上腺素飆升到令他身心合作無間，以驚人的高速進行思考，快到連他自己都無從分析。

這場對戰之後他接連失眠了三天，腎上腺素仍在血管中流竄。他這才醒悟到人體蟄伏的生理能力（若在千驚萬險的時刻爆發）可把頭腦的專注力提升到極高的檔次。後來，西薩在沙漠風暴行動中再度殲滅一架敵機，在一九九九年的科索沃行動 (Kosovo campaign) 同樣擊落一架敵機，是近年戰事中殲滅最多敵機的飛行員，因而獲得「最後的美國王牌」(Last American Ace) 的稱號。

我們通常是以身心分離的狀態，進行平日清醒時的各種活動。我們思索自己的身體和實際行動；其他動物不像人類，並沒有身心分離的問題。當你開始學習一項技能，這種分離狀態會更加明顯。你會心繫這項技能牽涉到的各個動作，並遵循每一個步驟；你感受得到自己的遲緩，肢體也笨拙。等進步到某個程度後，你可以洞悉執行步驟的過程該如何來改善，心智不再阻礙身體，明白把技能練到爐火純青會是何種狀況。憑著這一份洞見，你掌握了努力的方向。只要練習得夠多夠久，技能會進展爲自動化的動作，你會感覺到身心合作無間。

如果學習的是複雜技能，像是要駕駛噴射機進行戰鬥，你必須精通一系列的簡單技能，一項一項逐漸累加。每當一項技能變成自動化的反應後，心智便能轉去專注在更高層次的學習。如此反覆這個歷程，就可把所有必須學會的技能手到擒來，大腦消化了分量驚人的資訊，把一切內化成神經系統的一部分。這項複雜的技能如今已完整地存放在你體內、你的雙手上。你依然需要思考，但思考方式不同了，因爲身心已經徹底融合爲一。你蛻變了，擁有一種近乎動物本能的智能。這種智能唯有透過長時間的投入練習才能取得。

我們的文化經常貶低練習的價值，一廂情願地幻想豐功偉業源自天生的才能，是天才或才華超群者的專利。經由練習取得非凡成就似乎顯得不怎麼樣，太不激勵人心了。除此之外，我們也不願承認砸下一萬到兩萬小時方能登上大師境界的事實。這樣的價值觀招致嚴重的反效果，忽視了任何人都可透過堅持不懈的努力攀上巔峰，那是一個理應能鼓舞人心的事實。現在正是時候推翻對於後天努力的成見了，要把透過練習與自律磨練出大師級才能視為希望之所在，甚至是可以擁有的奇蹟。經由建構大腦的連結來駕馭複雜技能的能力，是耗費數百萬年演化而來的產物，也是一切才能及文化的功臣。在練習初期，若察覺身心有正在整合的跡象，就表示你已受到往這種能力邁進的牽引。大腦天生便會朝這個方向發展，透過重複練習來自我提升。與這種天性切斷關聯是很荒謬的行為，你將不再有耐心學習駕馭複雜技能。我們應該挺身而出，開始尊崇經由練習取得的進化能力。

四、內化細節：生命能量

李奧納多．達文西（經歷參閱第34頁）是公證人瑟．皮耶羅．達文西的私生子，基本上不能受教育、不能從事傳統的專業工作（醫生、律師等），與高等教育注定是絕緣的。他在佛羅倫斯附近的文西度過童年時光，沒受過什麼正式教育，多半時間都在鄉間閒逛，到城鎮外頭的森林裡探險。他在森林裡流連忘返，那裡有種類繁多的生物，還有巧奪天工的岩層及瀑布等地貌。父親是公證人，所以家裡有很多紙張（在當代很稀罕），他極渴望把散步時看見的一切景象畫下來，於是便偷取了紙張隨身攜帶著。

他坐在岩石上描繪令他著迷的昆蟲、鳥類及花朵，但他從未學過繪畫，只是純粹畫著自己看見的東西。他察覺到，想在紙張上重現眼前景象，就必須深入思考，聚焦在眼睛通常會忽略的細節上。例如他在描繪植物時，注意到各種花卉的雄蕊樣貌不盡相同，而且各有千秋。他留意到植物開花前的轉變歷程，並呈現在一系列的繪畫中。就在深入鑽研細節時，他短暫見證了植物內在的生命力，接觸到令植物呈現出千姿百態的鮮活力量。不久，思考與繪畫融入他的心靈之中，就在描繪周遭事物的過程中，他漸漸認識了萬物。

父親見他的繪畫功力進步神速，有心替他在佛羅倫斯物色一間畫室，送他去那當學徒。藝術工作是那時代的私生子可以從事的少數幾種職業。一四六六年，他憑著自己是佛羅倫斯備受敬重的公證人，幫當時十四歲的兒子在知名畫家維羅基奧（Verrocchio）[7]的畫室覓得一職。這簡直是為達文西量身打造的工作。當代的開明風氣深深影響了維羅基奧，他教導學徒以有如科學家的嚴謹態度工作。例如，畫室裡擺放了幾尊披掛各式布料的石膏人像，學徒必須修練專心一意的功夫，辨識各種布料特有的皺摺和陰影，並忠實地呈現出來。達文西很喜歡這種學習方式，維羅基奧也很快看出這名年輕學徒已鍛鍊出掌握細節的超凡眼力。

到了一四七二年，李奧納多成為維羅基奧的主要助手，協助他繪製大型畫作，分攤了不少責任。在維羅基奧的《基督受洗》(*The Baptism of Christ*) 作品中，位在側邊的一名天使便是出自達文西之手，這成了他留給後世最早的畫作。當維羅基奧看到達文西的成品時，感到非常驚異，天使臉龐有一種他不曾見識過的特質，彷彿真的有亮光從祂內部透了出來。天使的神韻栩栩如生，表情極為豐富。

維羅基奧可能認為那是魔法，但近代的X光技術披露了達文西早期的繪畫祕密。他使用一層又一層極為稀薄的顏料，以致肉眼無法辨識出筆觸。他層層地堆疊顏料，每層都比上一層更深一點。他以這種畫法試驗過不同的顏料，摸索出如何捕捉人類筋肉的細膩輪廓。由於每一層都很稀薄，灑

7 一四三五～一四八八年，義大利畫家和雕塑家。達文西和波提切利等名畫家都是他的學生，對米開朗基羅也有深遠影響。

落在畫作上的光線便彷彿穿透天使臉龐，從內部綻出光芒。

從這幅他在畫室工作六年後的繪畫作品來判斷，他絕對潛心鑽研過各種顏料的特質，並能嫻熟地以堆疊手法建構紋理與深度，將一切畫得細膩鮮活；他必然也耗費大量時間研究人類肌理的結構。這披露了達文西驚人的耐性，他一定對如此細膩的觀察抱持熱情。

多年後，當他離開維羅基奧的畫室，成了知名畫家，達文西建立了自己的首要原則，不但用在繪畫上，後來也應用於科學研究之中。他發覺其他畫家工作的第一步是構思畫作的整體構圖，講究畫面的震撼效果或靈性表現。但他從不同角度思考，密切關注著細節：各種鼻型、突顯不同情緒的嘴部曲線、手部血管、樹木糾結出的樹瘤等。他沉浸在細節中不可自拔。他後來也相信，若聚焦於細節，並鑽研到了然於心，有助於貼近生命的奧祕，遇見蘊藏在所有生物及物質當中的造物主。他發覺手部骨骼或人類唇形也能有啓迪人心的效果，效果不亞於任何宗教的繪畫。對他來說，繪畫是在追尋驅動萬物的生命力。他相信如此一來，作品的動人、眞實程度將可大幅提高。爲了實現這個目標，他發想出一連串的練習並以驚人的認眞態度徹底執行。

白天，他在市區及鄉間無止盡地散步著，細究肉眼所見的一切細節。他刻意在每一件熟悉的物品中發掘新東西。夜晚，他在睡前鉅細靡遺地回顧所有事物，烙印在記憶中。他狂熱地捕捉千變萬化的人臉神韻。爲了觀察形形色色的人，任何想得到的場合他都造訪過，像是妓院、酒館、監獄、醫院、教堂祈禱區、鄉間慶典等。他隨身攜帶筆記本，把所見到數量驚人的臉龐素描下來，皺眉、大笑、痛苦、安詳、色迷迷等各種表情皆有之。假如他看到某個路人有一張自己從沒見過的臉形，或是某種畸形，他就會尾隨對方，邊走邊素描。他會在同一張紙上畫出幾十種不同鼻型；他對嘴唇似乎特別著迷，認爲嘴唇和眼睛一樣富有表情。他在不同時段反覆進行相同練習，確保自己捕捉到不同光線對人臉造成的不同效果。

他在繪製曠世傑作《最後晚餐》(*The Last Supper*)期間，贊助人米蘭公爵愈來愈不滿達文西拖拖拉拉著無法完工。整幅畫作看來獨缺猶大人的臉孔，但達文西遍尋不著適合的模特兒。他前往米蘭最墮落的地區爲猶太人臉龐物色最傳神的邪惡表情，可惜運氣不太好。公爵接受他的解釋，不久之後，達文西如願找到心目中的理想模特兒。

他以同樣的熱忱捕捉著肢體動作。他抱持的另一個理念是，連續動作及不間斷的變動定義了生命，畫家必須在靜止的畫面裡呈現出動感。他從青少年開始就爲流水痴迷，磨練出描繪大小瀑布及洶湧水流的扎實功夫。對人，他坐在街邊幾個鐘頭觀察過往行人，快速畫出他們的輪廓，並以停格的一系列畫面捕捉各種動作（他能以驚人速度素描），待回家後再補上輪廓的細節。爲了加強捕捉動作的眼力，他設計了另一套練習。他有天在筆記本寫道：「明天要用紙板做出各種形狀輪廓，然後從陽台往下扔，再畫下它們在墜落各個階段的樣貌。」

他殷切地探索細節，想從中尋找生命精髓，於是精心研究起人類及動物的解剖構造。他想從內而外描繪人類或貓。他親自解剖屍骸，鋸開骨骼和顱骨，也定期去觀摩別人解剖屍體，以便仔細研究肌肉和神經結構。他畫的解剖圖既逼眞又精確，遠比當時的解剖圖來得先進。

在其他畫家眼中，達文西對細節的講究近乎瘋狂，但從他完成的少數繪畫作品中，即可目睹並感受到如此勤奮練習的成果。他畫作背景中的風景，比同時期畫家的作品更具生命力。每一朵花、每一根樹枝、每一片葉或每一顆石頭都蘊含精密的細節，絕對不是充當裝飾而已。暈染是他繪畫的獨特技法，他將一部分背景畫得很柔和，與前景的人物相互融合，營造如夢似幻的感覺。這表現出他認爲所有生命都密切關連、在某些層次上相互融合的理念。

他畫筆下的女性容貌極能令人怦然心動，男人經常對他在宗教場景所描繪的女性產生愛慕之情。這些女人的表情並沒有流露出任何性暗示，但她們朦朧的微笑、柔美的肌膚在男人眼中都極爲誘人。達文西經常聽說，有男子潛進收藏他畫作的人家，偷偷撫摸畫中女郎並親吻她們的嘴唇。

前人試圖清潔及修復達文西的《蒙娜麗莎》(*Mona Lisa*) 畫作，以致畫作嚴重受損，如今已很難想像它的原有風貌，更無法感受到當年觀畫的人如何讚嘆不已。所幸，畫評家瓦薩利 (Vasari)[8] 在它被修整到面目全非前留下了文字記錄：「眉毛濃稀有致，皮膚上的毛孔逼真到無以復加。鼻子上有漂亮細緻的粉紅色鼻孔，栩栩如生。唇色的紅自然融入臉部肌膚的膚色，建構出唇形，完全不像是顏料，彷彿是活生生的肌肉。喉嚨下方有一處凹陷，眼尖的人還能瞧見血管的脈動。」

儘管達文西早已與世長辭，但他的畫作依然持續撼動、撩撥所有賞畫的人。世界各地有許多博物館警衛因爲過分沉迷他的畫作遭到開除，達文西的作品是藝術史上遭到最多破壞的畫作，其撩撥肺腑感受的程度可見一斑。

在達文西的年代，畫家主要的困擾是隨時都承受著得多產的壓力。他們必須維持相對較高的產能，才能持續獲得贊助金，保持作品的能見度，但這大大戕害了畫作品質。他們因而開創出迅速帶給觀畫者感官刺激的畫風，締造這種效果的手法是運用明亮色彩、不尋常的並置與構圖、具有戲劇張力的場景。在過程中，免不了忽略背景細節，甚至描繪的主要人物。他們沒有在花草樹木或前景人物的手臂上下點工夫，他們的畫作必須金玉其外才能取悅觀畫者。達文西在作畫生涯初期就已察覺這樣的潮流，並甚感苦悶。這有違他的個性，原因有二：他討厭倉促完成事情，而喜歡琢磨細節並樂在其中，對於只是營造出一些膚淺的效果敬謝不敏；他的主要動力來自想要徹底了解生命本身。他想要掌握令萬物如此活躍著的力量，並且試圖想在紙面上展現這一切。於是，跟大環境格格不入的他開創了自己的獨特路線：融合著科學與藝術。

為了成就自己的追尋，達文西必須做到他所謂的「面面俱到」(universal)，他要能展現物品當中的所有細節，也要竭力把這樣的知識拓展到他想研究的世間萬物上。僅僅是如此累積著對細節的觀察，他便能辨識生命的本質。他對這股生命能量的了解完全展現在畫作當中。

你在職涯的發展上應該要以達文西為師。多數人耐不住性子，沒有潛心學習工作領域特有的細膩處。便急著想討好別人、想爆紅，大筆一揮之下急就章，最後不免在成果上露出馬腳，讓人看出你對細節的敷衍，作品不但無法撼動人心，還會令人覺得是草率之作。不論你最終呈現給世人看的成品為何，都要將之視為有生命、具獨立存在感的東西。但存在感可以是鮮活而深刻的，也可能是微弱而了無生氣的。以小說人物的塑造來說，唯有作家用心揣摩過該角色的人生細節，才能讓該人物在讀者眼中活靈活現似的。作家不必實際交代所有細節，讀者就能從小說內容感受到夠多的細節，憑直覺就知道作家為了塑造這些角色下了多大的工夫。一切生物都是繁複細節的綜合體，由那股連結萬物的動能所驅動。把作品視為活生生的東西，在你登上大師境界的必經道路上，全面地研究、消化著細節，直到你能感受到當中的生命力，並神乎其技地展現在作品中。

8 一五一一～一五七四年，義大利文藝復興時期畫家和建築師，以傳記《藝苑名人傳》留名後世。

五、拓展你的視野：綜觀全局的觀點

剛擔任拳擊教練的時候，佛雷迪．羅區自認爲對這一行已瞭如指掌，必然能馬到成功。（佛雷迪經歷詳見第56頁及第90頁。）他以職業拳擊手的身分比賽那麼多年下來，對拳賽的一切皆了然於心。他以前的教練是傳奇人物艾迪．法奇，法奇指導過喬．佛雷澤等人。當佛雷迪在八〇年代中期結束拳手生涯，就在法奇旗下當了幾年教練學徒。佛雷迪自行研發了運用拳擊大手套的嶄新訓練技術。戴上拳擊大手套，他就能在拳擊擂台上與受訓選手實際對打並立即予以點評指導，兩者同步進行。這讓他的教練功力更上層樓；他也刻意與受訓拳手培養出良好交情。最後，他開始觀看敵方拳手的影片，深入研究其風格並據此設計有效的反制策略。

儘管盡心盡力，他仍舊覺得少了點什麼。陪拳手練習時一切都很順利，但拳手實際上場對戰時，他只能無奈地在角落看著拳手使用慣用招式出擊，或僅用上少數他教的反制策略。有時候，他可以與受訓拳手達成共識；有時候沒辦法。這一切都反映在受訓拳手的勝率上：這樣雖然差強人意，但離優異還遠著。他回憶起自己接受法奇訓練的期間，他也是在練習時很厲害，但實際上場時，情緒一來就把所有策略和練習都拋諸腦後，憑藉本能出擊。法奇給他的訓練總是缺點什麼，法奇針對拳賽的每個部分（例如出擊、防禦、腳法）設計精良的訓練方法，但整體策略缺了綜觀全局的想法。他與法奇的關係一向不緊密，在出賽的壓力下，他會突然切回自己慣常的打法。如今，他和自己訓練的拳手之間也出現類似的問題。

佛雷迪自行摸索著要如何改善這一點，知道自己應該爲旗下拳手做一件當年打拳時並沒能替自己做過的事：建立綜觀全局的能力。他要拳手在每一回合都將全局謹記在心，並加深拳手與教練之間的關係。首先，他擴充餵招訓練，這不再只是訓練的配角，而是關鍵重點所在。他花上幾個鐘頭跟受訓拳手對打個好幾回合，日復一日感受他們的出拳、腳法的韻律，彷彿跟他們融爲一體。他可以感受到拳手的情緒、專注程度、願意聽從指導的意願高低。他一句話都不必說，就能憑大量的餵招訓練改變拳手的心情和專注度。

佛雷迪從六歲開始接受拳擊訓練，對拳擊擂台的每一吋都知之甚詳。閉上眼睛也能估計出自己在擂台上的確切位置，隨時都行。他長時間陪拳手做餵招練習，把自己對擂台空間的第六感烙印到他們身上，並蓄意誘導拳手落入劣勢，讓他們感受到自己會如何陷入險境。如此一來，佛雷迪就能傳授他們免於被逼入死角的化解招數。

有天他在研究敵方拳手的影片時突然豁然開朗，他以往觀看影片的方式簡直錯得離譜。他通常專注在拳手的出拳路數，但拳手其實會依據策略改變拳路。頓時，他研究敵手的方式顯得非常膚淺，遠不如找出他們的慣性動作或特色來得有效，那是不論他們再努力都控制不了的事。每一位拳手都會有慣性動作，這代表某種深深銘記在其出拳韻律中的東西，也代表了潛在弱點。一旦找出慣性動作，佛雷迪就能進一步分析對手，看穿其精神狀態和心思。

他開始觀看影片想尋找出線索，初期得耗上幾天才看得出端倪。但在研究許多小時後，他開始能掌握對方的行動及思維模式，終於找出一直在尋找的慣性動作，例如，頭部微微一抖後才使出某個拳擊招式。一旦找出慣性動作，他便開始在影片中頻頻看到。幾年下來，他研究了數不清的拳賽，對辨識慣性動作的特徵已有十分的心得，發掘過程也更加快速。

根據發現，佛雷迪擬定靈活的整套策略。根據敵手第一回合的打法，佛雷迪爲自己的拳手準備幾種出對方意料的戰略，迫使對手得戰戰兢兢地處於守勢。他的策略橫跨整場拳賽，必要時，拳手可以犧牲一、兩回合，卻不喪失對整體走勢的主導權。如今在餵招練習時，佛雷迪可以盡情地演練策略。他把對手的動作特徵及韻律摸得一清二楚，並細心模仿，讓拳手學習如何毫不客氣地利用對手的慣性及弱點；他再視對手第一回合的表現，示範各種可行的策略。到了比賽當天，拳手會覺得自己彷彿已經擊垮對手般，因為賽前已經跟佛雷迪模擬演練過很多遍了。

現在當拳手上場比賽時，佛雷迪的感受與幾年前截然不同。他與拳手之間的關係變得十分深厚。他綜觀全局，掌握到對手的精神狀態、每一回合稱霸擂台的方法、贏得拳賽的主策略，這種視野深刻烙印在自家拳手的腳法、出拳及思維上。他覺得簡直像是自己在擂台上出賽，他彷彿同時操控著自家拳手及對方拳手的思維，這令他感到無比滿足。他快活地觀看自家拳手涓滴地消耗著對手的精力，善用對方的慣性動作來看穿他們的心思，將他的指導落實下來。

他的比賽勝率攀升到拳擊界前所未見的高峰。不單是他的主力拳手曼尼．帕奎奧的戰果豐碩，經過他調教的拳手幾乎都大獲成功。自從二〇〇三年以來，他五度獲選為年度最佳拳擊訓練師，以往從來沒人獲獎超過兩次。他堪稱是獨霸現代拳壇的風雲人物。

仔細研究佛雷迪的職業生涯，便能清楚看見登上大師境界的歷程。他父親曾是新英格蘭的羽量級拳王，每個兒子從小就會開始練拳。佛雷迪從六歲開始接受嚴格的拳手訓練，直到十八歲成為職業選手。為期十二年的訓練打下非常扎實的基礎，他浸淫在拳擊當中。一直到從拳手生涯退休共八年的時間，他打了五十三場拳賽，出賽頻率相當密集。他喜歡練習與訓練，在職業拳手生涯期間，待在拳擊館的時間遠比其他拳手多很多。他退休後並沒有捨棄拳擊，在艾迪．法奇的拳擊館充當教練學徒。在自立門戶展開教練生涯前，他在拳擊這項運動已投注相當可觀的時間，看待拳賽的觀點自然比其他教練更寬廣而深入。因此，當他自認還有精進的餘地，這項直覺是建立在日積月累的專注練習之上。藉由直覺的帶領，他分析截至那一刻之前的職涯，看見了自己的侷限。

佛雷迪從自己的職業拳手經驗得知拳擊講求的是心理戰。一個目標明確、預想好戰略的拳手上場後，挾著已做好萬全準備的自信，勝算就會大幅提高。沙盤推演是一回事，但實際辦到又是另外一回事。令人分心的事物太多；到了比賽當下，更是容易跟隨著情緒反應出拳，把策略統統拋諸腦後。爲了克服這些問題，佛雷迪擬訂兩個齊頭並進的作法：他依據自己找出的敵手慣性，研擬出全面的靈活戰略，再以長時間的餵招練習把戰略烙印在拳手的神經系統中。在這個層次上，他的訓練方式並非加強拳手的各項技巧，而是一遍又一遍近乎實戰的綜合練習。他經歷多年的跌跌撞撞才摸索出這套高標的訓練，在這套訓練方法成形之後，他的比賽勝率一飛沖天。

在非贏即輸的競爭之中，眼界愈開闊、愈能綜觀全局的人必定勝出。原因很簡單：這樣的人思考時會超越現狀，藉由嚴擬的策略主導整個賽局的走向。多數人只顧眼前，現況過度主宰他們的決定；這樣的人動輒變得很情緒化，把小事看得太重。想登上大師境界，自然要能掌握大局觀；及早拓展自己的眼界來縮短進程，方才是明智之舉。要做到這一點，請隨時提醒自己初心爲何，當初是爲了哪種遠大的目標而投入眼前的工作，現下的工作又能如何幫助你的長程目標。**處理問題時，務必訓練自己看出個別問題與大局之間的關聯性**。如果工作成效不如預期，一定要從各種角度反思，直到揪出問題的根源。不能只是有觀察業界的競爭對手就好，還要深度剖析、發掘對方的弱點所在。務必奉行「看寬想遠」的座右銘。這樣的心智練習可讓你的大師之路更爲暢通，讓你從激烈競爭中脫穎而出。

六、把自己交託給別人：由內而外的觀點

如同第二章所述（第96頁），丹尼爾．埃佛瑞特與妻子凱倫在一九七七年十二月帶著兩個孩子前往巴西亞馬遜叢林的偏僻村莊，隨後二十年大多在當地度過。那是屬於皮拉哈族的村莊，他們散居在當地。丹尼爾奉暑期語言學學院之命前來駐守，暑期語言學學院是基督教的組織，他們傳授準宣教士語言學技能，以便將《聖經》譯爲當地的土著語言，協助散播福音。丹尼爾是領受聖職的牧師。

暑期語言學學院的高層認爲在把《聖經》譯成所有語言的任務中，皮拉哈語可算是「最後的邊疆」；皮拉哈語是外人很難學會的語言。皮拉哈人在同一片亞馬遜流域生活幾個世紀，抗拒外人同化他們的企圖，拒絕學習葡萄牙語。他們與世隔絕，以致沒有外人會說皮拉哈語，要學會它簡直難如登天。在二次世界大戰後，幾位宣教士銜命前往當地，全都一籌莫展；儘管他們受過精良訓練又有語言天賦，但皮拉哈語實在難以掌握。

在暑期語言學學院長期接觸過的語言學者當中，丹尼爾．埃佛瑞特展現的潛力名列前茅。當他們提出學習皮拉哈語的任務，丹尼爾興奮到不能自已。岳父母是派駐在巴西的宣教士，凱倫的成長環境與皮拉哈村莊其實很相近。他們一家人看似足以扛下這個任務，丹尼爾在當地前幾個月的工作也頗有斬獲。他衝勁十足地學習皮拉哈語，以暑期語言學學院教導的方式慢慢累積皮拉哈語的語彙，能說上幾個基本句子。他把學到的東西寫在索引卡，並掛在皮帶環上隨身攜帶著，孜孜不倦地進行研究。儘管一家人在村莊裡的生活有些辛苦，但他與皮拉哈人相處融洽，希望最終能融入他們的生活。不久之後，他發現一切都相當不對勁。

暑期語言學學院的部分作法是鼓勵宣教士浸淫在土著文化中，主張那是學習語言的最佳方式，

但基本上是在任由宣教士自生自滅，不論是在當地文化裡優遊自在或滅頂，都不會有人出手相救。丹尼爾或許是在沒有自覺的情況下與皮拉哈人保持著距離，略帶優越感地看待他們的落後文明，後來幾樁在村莊裡發生的事件才令他覺醒到自己的疏離態度。

第一樁，他們在當地待了幾個月後，妻子和女兒險些死於瘧疾。皮拉哈人對此事毫不同情，令他感到很心寒。過了一段時間之後，丹尼爾和妻子竭力照料一名重病的皮拉哈嬰兒，希望協助寶寶重拾健康。但皮拉哈人認爲寶寶必死無疑，似乎不滿宣教士竟插手干預。丹尼爾和妻子後來發現寶寶還是死了，原來是皮拉哈人以灌酒的方式害死寶寶。儘管丹尼爾有心替他們辯解，但也忍不住感到憤怒。後來，有一群喝到爛醉的皮拉哈男人莫名其妙地來找他麻煩，威脅要殺掉他。雖然有保住一命，之後也沒再發生類似的事件，但他不禁爲自家人的安全感到擔憂。

但令他最苦惱的是，自己對皮拉哈人感到期望落空。他大量閱讀過有關亞馬遜種族的資料，皮拉哈人怎麼看都不符合那個標準。他們幾乎沒有物質文明：沒有重要的器具、藝術作品、服裝及首飾。假如婦女需要籃子之類的東西，她們會去蒐集一些濕潤的棕櫚葉，三兩下就編織成籃子，用過一、兩次就扔掉。他們毫不重視物品，村莊裡沒有任何打算要長期使用的物品。他們也沒有任何儀式，據他所知，也沒有像樣點的民間傳說或創世神話等。有一回他被村莊裡的騷動吵醒，原來是有個據說住在雲上的靈體現身了，警告他們不可進入叢林。但他順著村民仰望的地方抬頭看，卻什麼也沒瞧見。他們沒有關於這個靈體的精彩故事，也沒有相關的神話，只有一群村民興奮莫名地望向空無一物的天空。在丹尼爾看來，他們簡直就像結群露營的男童子軍或嬉皮，一個不知爲何喪失了自身文化的種族。

除了這份失望與不安之情，工作進展也令他很氣餒。他學習皮哈拉語已略有成績，但學了愈多字句，發現的問題和謎團也變多。當他自認已搞懂某個字句，卻發現意思和他想的還是有出入，或是語義範圍比他想的更大。他看著當地小孩輕輕鬆鬆就學會說話，但他就算與皮哈拉人共同生活，卻還是學得極慢。一直到有天發生了一件事，成為一個轉捩點。

他們一家人居住的小屋需要更換茅草屋頂，他決定找一些村民幫忙。雖然自認已融入當地生活，但他從不曾跟皮拉哈男人深入四周的叢林裡。這回為了整修屋頂，他進入比以往更深入的叢林採集必需的材料。在途中，他看到皮拉哈男人截然不同的一面。在他步伐沉重、奮力撥開擋路植物的時候，他們卻像是從濃密的叢林間飄過似的，幾乎沒有碰觸到任何樹枝。他跟不太上，便停下來休息。他聽到遠處傳來怪異的聲音，原來竟是皮拉哈男人在交談，但不知為何改採用哨音溝通。這才發現他們在叢林間會採行另一套溝通系統，以免在叢林的嘈雜聲中顯得突兀。這是不會引起不必要騷動的絕妙交談法，對狩獵想必很有助益。

之後，他開始跟隨他們到叢林裡探險，變得更加尊敬起他們來。他們可以聽見、看到他渾然不覺的事物，像是危險的動物、異狀跡象或其他可疑情況。雖然在非雨季期間偶爾還是會下雨，但他們在叢林裡對天氣有敏銳的第六感，在大雨降下前幾小時就會感應到。（他們甚至可以提早幾小時感應到會有飛機抵達，丹尼爾始終無法搞懂他們是如何辦到的。）他們可以辨識每一種植物及其可能的醫療用途，摸清叢林裡的每一吋土地。看到河面冒泡泡或起漣漪，立刻察覺那是落石或潛伏在水面下頭的危險動物。觀察他們在村莊裡的模樣，不會知道他們對環境如此瞭如指掌。當埃佛瑞特察覺這一點，才算是真正了解他們的生活與文化，以世俗標準來評斷，他們的文化乍看似乎很貧乏，實際上卻無比豐饒。在長達幾百年的光陰裡，他們發展出與惡劣環境完全共生的生活方式。

如今，當丹尼爾回顧先前令他反感的事件，便能以全新的角度詮釋。他們每天都在生死邊緣討生活（叢林裡充滿危險與疾病），所以培養出相當堅忍的生活態度。他們沒有多餘的時間或精力進行哀悼儀式或發揮同情心。當他們感覺到一個生命即將死亡，就像他們斷定丹尼爾照顧的寶寶難逃一死，就會認爲早點送寶寶上路比較省事，也比較妥當。一度威脅他性命的男性村民聽說他不喜歡村民喝酒，擔心他是另一個想把自己的價值觀及權威硬套在他們身上的人，他們出此下策自有一番道理。但唯有時間久了，丹尼爾才能看出箇中緣由。

他增加自己參與當地生活的面向，像是狩獵、捕魚、收割土地裡的根莖類及蔬菜等。他們一家人跟村民共享食物，多方與他們互動，就這樣慢慢融入皮拉哈文化之中。儘管初期並不明顯，但這從根本改變了他學習皮拉哈語的狀況，他的學習開始水到渠成，不再是孜孜不倦地做田野研究，而是發自內心、單純地融入當地生活。他的思維方式開始像個皮拉哈人，當來訪的西方人提出問題時，他可以猜出村民的反應；他領略到他們的幽默感，知道他們圍著營火時喜歡講述怎樣的故事。

而當他開始了解當地文化更多的層面，溝通起來更加流利，卻發現更多皮拉哈語的怪異之處。丹尼爾接受以諾姆．杭士基爲首的主流語言學觀點，杭士基主張所有語言的特徵都相同，稱之爲普遍語法 (Universal Grammar)。普遍語法意味著大腦具備相同的神經特徵，所以兒童才有辦法學會語言。根據這項理論，人類生來就具有語言本能。但丹尼爾和皮拉哈人相處愈久，就發現愈多皮拉哈語與普遍語法的不符之處。他們沒有數字，沒有算數系統；不用特定的詞彙描述顏色，而是用描述實物的方式表達出顏色。

根據普遍語法，每種語言都具備的最重要特徵就是遞歸 (recursion)，也就是嵌入文句內的小句子，遞歸讓語言描述經驗的潛力幾近無限大。例如：「你在吃的東西聞起來很香。」丹尼爾在皮拉哈語完全找不到遞歸用法的跡象，他們是以簡單、果斷的句子表達相同概念，例如：「你在吃東西。

東西聞起來很香。」他找到愈來愈多違反普遍語法之處。

當他漸漸認識皮拉哈文化，對皮拉哈語的概念也隨之改變。例如，他有一回學到一個新詞，皮拉哈人解釋詞義是：「睡覺時存在頭裡面的東西。」這個詞指的應該是「夢」；但若用一種特殊的語調來說這個詞時，指的則是「新體驗」。他繼續追問，發現他們認爲夢只是不同形式的體驗，一點都不虛幻；夢與清醒期間經歷的事物一樣眞實不虛。類似的例子累積多了，丹尼爾漸漸有了自己的一套主張，稱之爲即時經驗原則 (Immediate Experience Principle, IEP)，指的是皮拉哈人只關心當下可以體驗到的事物，或某人最近經歷過的事物。

這便是造成他們語言怪異的原因。顏色和數字是不符即時經驗原則的抽象概念。他們不用遞歸句法，而是用簡單的陳述句描述目睹的情況。丹尼爾的主張也能用來解釋他們爲何沒有物質文化，沒有創世神話，沒有描述往日時光的故事。這種文化是爲了完美順應他們的環境與需求；這可以讓他們只好好聚焦在當下，而且快樂無比，有助於他們在心理上超脫艱難的現實環境。由於他們不需要超過即時經驗範疇的事物，自然沒有相應的詞彙產生出來。丹尼爾的理論是積年累月深度浸淫在當地文化後的成果，當理論在他心中成形了，許多疑點就都解開了。這絕非從外圍觀察數月或數年就能察覺或理解的。

丹尼爾得到的結論是：文化對語言發展的影響甚鉅，各種語言間的差異比想像中還大。這些主張在語言學領域引發了激烈的爭議，他認爲所有人類語言之間當然有共通特徵，但並沒有可以凌駕文化影響的普遍語法存在。他得出這樣的結論只能經由日積月累的深入田野調查得知，身在遙遠的千山萬水外、想依據普遍語法做出假設，並無法認清事實。你得投注大量時間與心力才能看出細微的差異，才能眞正參與一個文化；正因爲要察覺出差異的門檻極高，我們因此沒能領悟到文化是影響語言發展的主要因素，事實上文化糅塑了我們體驗世界的方式。

丹尼爾愈是浸淫在皮拉哈文化中，皮拉哈文化改變他愈多。他不再堅信語言學領域由上而下的研究形式及其衍生的觀念，甚至也不再執著於宣教士的工作。兩者皆試圖把外來的觀念及價值觀硬套在皮拉哈人身上。他認爲傳播福音、說服皮拉哈人改信基督教，將會徹底摧毀他們的文化，但他們的文化才能與周遭環境搭配得天衣無縫，令他們一直知足常樂著。基於這些想法，他喪失了對基督教的信仰，終至脫離教會。從陌生文化的內部深處學習時，令他不再認爲有哪一種信念或價值體系比較優越。他判定一個人之所以會有此誤判，是因爲置身在局外所產生的幻覺。

許多研究人員在面臨丹尼爾．埃佛瑞特的處境時，自然都是仰賴學習過的研究技巧與概念。也就是丹尼爾在研究初期採行的作法，盡量學習皮拉哈語、勤做筆記，硬是以語言學及人類學的主流理論來解讀陌生文化。如此一來，這樣的研究人員便能在知名期刊發表論文，在學術界掙得一席之地。但到頭來，他們仍是從外圍向內窺看，研究結論大半只是在驗證他們事前的假設，至於丹尼爾從語言及文化發掘到的豐饒資訊則會被忽略。這種情況以往就所在多有，至今也仍未改善，試想我們因爲採行局外人觀點而錯失了多少土著文化的奧祕。

我們傾向採取局外人的立場做觀察，部分是基於科學界的一項成見。很多人主張從外界觀察才能夠保持客觀，但如果這麼多的假設及簡化理論已先影響了研究人員的觀點，那還稱得上客觀嗎？唯有從內部觀察、參與該文化，才能看見皮拉哈人的眞實樣貌，而這完全不會損及觀察者的客觀。科學家可以從內部參與並保持自己的推理能力。丹尼爾在不干預他們文化的情況下，照樣推論出即時經驗原則。直覺與理性、內在觀點與科學可以輕易共存。對丹尼爾來說，選擇深入內部的研究路線需要非常有勇氣。他實際參與危險的叢林生活；與其他語言學家起嚴重衝突，且極可能危及日後擔任教授的機會；更導致他喪失從年輕時便極珍視的基督教信仰。然而，要發掘眞相就不得不走上這一路途。他突破了傳統，駕馭了極不可思議的語言系統，對皮拉哈文化及其整體影響也獲得了寶貴的洞見。

要明白：你絕不可能眞正體會別人的經歷。我們永遠是從外向內窺看的局外人，這正是許多誤解及衝突的根源。但人類智能是透過鏡像神經元而發展（見第21頁），我們因而得到爲他人設身處地的能力，想像別人的經歷。持續接觸他人、嘗試由他的角度思考，你才比較能掌握他的觀點，但仍必須付出相當的心力。人類天性是把自己的信念及價值系統投射到別人身上，並且極有可能對此毫無自覺。想要研究另一種文化，唯有運用你的擬情能力、參與他們的生活，才能克服天性所做的投射，看見他們生活經驗的眞實樣貌。要做到這一點，也必須克服對非我族類及其生活方式的恐懼感。你必深入他們的信念及價值系統、主要的神話、看待世事的哲學，慢慢地，原先抱持的扭曲見解會開始退散，一步步融入他們，對他們的處境感同身受，如此才能發掘他們的特質，認識他們的性情。這方法適用於想理解文化、個人，甚至是書籍作者。借用尼采的一句話：「一旦你覺得自己在反對我，你便已停止理解我的立場及論點！你必然已淪爲同樣一股激情的受害者。」

七、整合各類學問：全人

歌德生於德國法蘭克福，在一個並不和睦的家庭中長大（見第194頁）。父親是當地一名失敗的政客，滿腹怨憤，與年輕的妻子分居。爲了彌補自己的失意人生，歌德的父親盡全力讓兒子接受最好的教育。歌德學習藝術、科學、各種語言、手藝、劍術、舞蹈。但與緊迫盯人的父親共同生活著實令他吃不消，內心極爲苦悶。當他終於離家到來比錫就讀大學，彷彿脫離囚籠的鳥，所有被積壓的精力、煩躁不安、對女人及冒險的渴望瞬間全部爆發開來，有如一匹脫韁野馬。

他過著紈褲子弟般的生活，穿著最考究的服飾，竭力吸引年輕美眉。他與來比錫的知識分子多所往來；在各處酒館都看得到他與教授、同學爭論哲學的身影。他的想法與傳統相悖，大聲嚷嚷著反對基督教，渴求古希臘的異教信仰。一位教授說了：「大家一致公認他的腦子不正常。」

年輕的歌德戀愛了，所有殘餘的自制力至此蕩然無存。他寫信給朋友講述這場戀愛點滴，卻令大家爲他憂心不已。他從狂喜跌落抑鬱的深淵，從愛慕轉入猜疑。他不再進食任何東西，他求婚卻又放棄，許多人覺得他瀕臨瘋狂邊緣。「人生走下坡的速度一天快似一天。」他在寫給朋友的書信中提到，「我活不過三個月的。」一七六八年，他在這場情感風波中突然病倒了，起床時會發現自己身上血跡斑斑，原來他得了肺出血，接連好幾天都處於病危狀態。醫師覺得他後來竟能保住性命簡直是奇蹟，但也擔心他的病情會再度復發，逼他返回法蘭克福的家中臥床靜養幾個月。

病癒後，歌德覺得自己煥然一新。他在這時萌生出兩個想法，餘生都不曾再改變。首先，他覺得自己體內有一股精氣，他稱之爲精靈 (*daemon*)。這股精氣是他所有濃烈、躁動、妖魔般能量的化身。這股精氣可以帶來破壞，一如他待在來比錫的時期；但他也能駕馭它，善用它來做有益處的事。這股力量極爲強烈，可以令他從一種情感或想法晃蕩到相對的極端：從靈性轉爲縱欲，從純眞轉爲狡詐。他認爲這個精靈在他出生之際已進入體內，與他融合爲一。他如何管控這頭精靈，將決定自己的壽命長度及能否努力有成。

第二，年紀輕輕的瀕死經驗令他覺得死亡有如銘刻在他的骨頭上，揮之不去，這種感覺在康復後依然持續了數週。撿回一條命，他突然驚愕於活著的異樣感受：心臟、肺、大腦等器官皆不受意識控制。他覺得有一股凌駕個別生命在輪迴的能量存在，一股不是來自上帝（歌德終生都是異教徒）、而是自然界的力量。在康復期間，他會到鄉間散步，走上很長一段路，他對自我生命力的異樣感受轉移到花草樹木及動物身上。是哪股力量支撐它們蛻變成如今完全協調的生命狀態？又是打哪來的能量促使它們生生不息？

他覺得自己是被宣判緩刑的死囚，對這股生命力好奇到了極點，於是萌生改編浮士德故事（Faust）的靈感。浮士德是德國家喻戶曉的傳說人物，是一名渴望發掘生命奧祕的學者，惡魔的化身梅菲斯托費勒斯（Mephistopheles）答應助他一臂之力，條件是他得要交出靈魂。只要不安於現狀的浮士德感受到片刻的心滿意足，對生命再無所求，那便是他的死期，惡魔將會收割他的靈魂。歌德開始記錄這齣戲劇的筆記，他在爲惡魔與浮士德撰寫對話時像是聽到發自內在的聲音，就有如他內心的雙面性格在對話。

幾年後，歌德在法蘭克福展開律師生涯。一如先前在來比錫的期間，他的精靈再度取得主控權。他厭惡律師那種一成不變的生活，憎惡主宰社交生活、讓人與自然界斷絕關聯的傳統禮教，滿腦子都是極叛逆的念頭，他後來把這些想法寫成書信型式的小說《少年維特的煩惱》。這本書大致是以他認識的人及一位因失戀而尋短的朋友作爲腳本，但大部分想法來自他的個人經歷。這本小說竭力推崇情感，宣揚回歸能領略個人情感的生活，倡議多多親近自然。這就是後來橫掃歐洲的浪漫主義運動先驅，在德國及其他地區皆掀起狂潮。年輕的歌德一夕之間爆紅，這本書幾乎人手一冊，數以百計的年輕人模仿絕望的維特自殺以終。

這樣的成功令歌德既驚訝又困惑。突然之間，他開始與當代最著名的作家密切往來。但漸漸地精靈又出來鬧事，讓他縱情於酒精、女人及派對，情緒開始大起大落。他的厭惡感日益增加，厭惡自己及自己流連的世界。占據他社交圈泰半篇幅的作家及知識分子也令他惱怒至極，他們那麼自命不凡，與現實及自然失去關連，就如同當年的律師圈一樣無趣。他覺得一流作家的名聲愈來愈綁住他的手腳。

一七七五年，也就是《少年維特的煩惱》出版一年後，韋瑪公爵邀請歌德到他的領地擔任私人顧問及大臣。公爵非常欣賞他的寫作，想徵召更多藝術家加入乏味的宮廷。對歌德來說，這正是夢寐以求的機會。他可以揮別文學界，在韋瑪奉獻心力。他要把所有精力傾注在政治工作及科學研究上，馴服該死的內在精靈。他接受這項邀請，後來除了造訪一趟義大利，餘生幾乎都在韋瑪度過。

歌德想讓韋瑪當地政府跟上時代，但很快便察覺公爵生性懦弱且散漫，任何想革新韋瑪領地的嘗試都注定以失敗收場，這個政府實在過於腐敗。於是，他慢慢地把心力挪用來發展他的新嗜好，亦即科學。他專注在地質學、植物學、解剖學等領域。他寫詩、寫小說的日子已經結束，轉而蒐集大量的岩石、植物及骨骼，供他在家裡隨時進行研究。他深入鑽研之後，開始看出當中的古怪關聯。以地質學來說，大地的轉變是在極度漫長的時間裡以極其緩慢的速度發生，慢到一個人在有生之年無法察覺其變化。植物則是持續轉變形態，從最初的種子成長爲花草樹木等。地球上的萬物無時無刻都在變化，從一種生命形態進入另一種生命形態。他於是萌生了驚人念頭，認爲人類是從原始的生命形態演化而來的，畢竟，這是自然界的運作法則。

當時駁斥這種演化理論的主要論點是：人類沒有頜間骨。所有低等動物的頜骨都有這塊骨骼，包括靈長目，但當時在人類的頭顱骨骼中卻找不到這塊骨骼。反對者認爲這足以證明人類是由一股神聖的力量獨立創造出來的。但歌德認爲自然界的萬物皆互有關聯，無法接受這種假說，在潛心研究後，他終於在人類嬰兒的上顎骨找到頜間骨的殘跡，這是我們與所有生物相關聯的明證。

他的科學研究方式違反了當時的常規。他認爲有一種植物的原型存在，且現今所有植物的樣貌都是從此原型演化、發展而來。他研究骨骼時，喜歡比對各種形態的生物，看看諸如脊柱等結構是否具有相似處。他對於各種生命形態之間的關聯非常著迷，這是他像浮士德一樣想窮究所有生命核心的結果。他認爲自然界的精神就蘊含在本身的構造當中，有賴我們以感官及心智來破解。當時幾乎所有科學家都看不起他的研究，但幾十年後，世人卻公認他是正式提出演化概念的第一人，他的其他研究則成爲後世形態學、比較解剖學的前身。

歌德在韋瑪期間洗心革面，成爲一名穩重的科學家和思想家。但在一八〇一年，他再度病了。這回一養病就耗費了幾年時間，他在一八〇五年覺得體力漸漸恢復並有重返青春的感覺，自此揭開了人類心智史上最奇妙、最神奇的一段多產時期，從他五十多歲一直到年近七十才宣告結束。他壓抑數十年的精靈再次掙脫束縛，但他現已養成足夠的紀律把這股精力導向各種創作，詩、小說、戲劇等，他的作品紛紛誕生。他重拾《浮士德》並在這段期間完成大部分著作。他的生活是混雜著各類研究的大雜燴，早上寫作，下午做實驗、從事科學觀察（這時已拓展到化學及氣象學），晚上跟朋友討論美學、科學和政治。他似乎不曾感到疲累，彷彿正值第二輪的青春年少。

此時，歌德認爲所有類型的人類知識，都是他在年輕瀕死經驗裡領悟到的生命力所展現出的不同形式。他認爲多數人的癥結是在各個主題及想法周圍樹立人工圍牆，唯有懂得思考者才能窺見彼此間的關聯，領略驅策各種現象發生的生命精髓。怎麼會有人對詩敬謝不敏，或認爲藝術與科學毫不相干，或侷限自己追求各式學問的興趣？心智原本就是運用來串連起事物，如同織布機把各種線編織成布料。生物生來就是一個完整個體，切割成細部必然會導致見樹不見林的弊害；同理可證，進行思考時也必須有全盤的考量。

不論他的朋友或點頭之交，都留意到歌德晚年有個怪癖：他喜愛高談闊論未來，幾十年、甚至幾百年後的未來。他待在韋瑪期間持續累積學識，飽覽經濟、歷史、政治學的書籍，從閱讀中獲得新見解，並以自己的邏輯進行分析，他喜歡預測歷史浪潮，精準程度令見證到的人大感驚奇。在法國革命前幾年，他便預測波旁王朝即將失勢，憑直覺感受到波旁王朝在人民眼中已然喪失統治資格。他加入德軍，參與意圖瓦解法國大革命的幾場戰事，在瓦爾密(Valmy)戰役目睹法國民兵獲得勝利，他嚷道：「新時代就此展開，你們大可以宣稱自己見證到歷史性的一刻。」他指的是即將到來的民主及民兵時代。

高齡七十多的他逢人就說，器量狹小的民族主義氣數將盡，有朝一日歐洲會跟美國一樣結合成聯盟，而他則樂見其成。他興高采烈地談論著美國，預測美國有朝一日將會成爲世界強國，國土會慢慢擴及整個北美大陸。他暢談自己認爲新的電報科學將會串聯起全世界，每個小時都能向大眾發布最新消息。他把這樣的未來稱爲「速度時代」(velocipedic age)，一個由速度主宰的時代，但他憂心這將會消磨人類的意志。

最後，他在八十二歲自覺大限已到，儘管腦子裡的點子比起以往更加活躍。他向一位朋友說到，可惜無法再多活八十年，否則憑他累積的豐富經歷，天曉得他還會有什麼新發現。延宕多年，他終於到了撰寫《浮士德》結局的時刻：浮士德獲得片刻喜悅，惡魔收割了他的靈魂，但一股神聖力量鑑於他身懷求知的偉大抱負，勤奮向學，因此決定赦免浮士德，拯救他離開地獄，這或許正是歌德對自己的判決。

他在幾個月後寫信給朋友，也就是傑出的語言學家及教育家威廉・馮・洪堡（Wilhelm von Humboldt），信中提到：「人類器官從練習、訓練、反思、成功或失敗、前進或抵抗……學會在不知不覺中產生必要連接，學問與直覺攜手合作，創造出世上的種種奇蹟……怪異行徑衍生的各種歪理在世間大行其道；我認爲最重要的是得竭盡所能，善用本領及留存內心的一切，堅守自我本色。」這是他寫下的最後一番話。他在幾天後告別人世，享年八十三歲。

歌德人生的轉捩點來自《少年維特的煩惱》的大暢銷。突如其來的名聲令他暈頭轉向，周遭的人爭相要他寫續作，當時他年僅二十五，但終其一生都拒絕爲了大眾提筆書寫。他的後續作品不如《少年維特的煩惱》來得成功，但晚年仍是世人公認的傑出天才。拒絕大眾的需求是亟需勇氣之舉，不乘勝追擊，名氣有可能就此一去不復返，他必須拋得下所有人對他的關注。然而，歌德覺得內在有一股比名利更誘人的強大力量，他不想把格局限縮在一本著作上，把一生全都奉獻給文學。於是他選擇了一條獨一無二的人生道路，遵從精靈的內在力量引導，精靈指的是一股躁動不安的能量，驅策他探索文學之外的領域，追尋生命力的本質。這股力量在他出生之際進入體內，他唯一需做的就是駕馭、引導它。

他在科學研究中遵循自己獨樹一幟的路線，尋找自然界主要的模式。他把研究範疇擴展到政治、經濟及歷史。他在人生的最後階段回歸文學，這時他的腦袋裡充滿各種學問的連結。他在詩、小說及戲劇裡融入科學，在科學研究裡融入詩意的直覺。他對歷史有很深刻的高明見解。他絕非單一領域的大師，他的大師境界扎根於數十年的深度觀察及思考，並在各個領域之間建立的連結。歌德是文藝復興時期所謂的「完美全人」(the Ideal of Universal Man)，由於他涉獵各類型的深厚學問，心智貼近自然界的實貌，能夠識破多數人看不穿的祕密。

如今，或許有人認爲歌德只是十八世紀的古董級人物，他整合學問的理念則是浪漫過頭的夢想，但事實正好相反，而且理由相當簡單：人腦的天賦功能（建立連結及聯想的天性）讓它具備自我意志。儘管這項演化在歷史上經歷各種波折，建立連結的欲望終究會勝出，因爲這是人類天性中極強勢的一塊。我們現可利用前所未有的科技在各種領域及想法間建立串連；藝術與科學之間的人工藩籬將會在挖掘眞理、表達共通實相的壓力下崩解。我們的想法會更趨近自然，更加生猛有勁。你得盡己之能投入全才的塑造歷程，把學問拓展到其他分支，範疇愈廣博愈好。你從這樣的追尋中獲得的豐沛洞見，本身即是一種報償。

反其道而行

推翻大師之路，便是否定大師境界的存在、否定其重要性，連帶否決致力追求大師境界的必要。然而，這麼做只會招致個人的無力及挫敗感。唱這個反調無疑是作繭自縛，招致「假我」(false self)的束縛。

「假我」指的是把別人的意見照單全收，父母親友要求你變成他們認爲你該有的樣貌、要求你遵從他們的意願，以及你在社會壓力的促使下採納某種價值觀。除此之外，隨時都可能想妨礙你面對殘酷眞相的自尊心也是共犯。「假我」會以異常清晰的音量對你喊話，它對於大師境界會有如下的評斷：「想登上大師境界，你得是個天才，才華要比天高，必須是個異數才能辦到，你天生並不是那塊料。」、「大師境界稱不上正道，不好明說，唯有野心勃勃的自大狂才會追求那種事。最好認分一點，偶爾伸手幫幫別人可以，想精進自己到何種境界就免了。」或是「成功都純屬僥倖，被稱爲大師的人只是占盡天時地利的好處，要成爲大師先得有那種好運再說。」也可能是「何苦砸下那麼多時間爲了這麼大的目標受盡折磨？人生苦短，不如及時行樂，悠哉過日子就好了。」

現在，你必然明白這些不是眞的。大師境界不是只因爲具備天賦才能，也不是靠運氣，而是遵循著你的天性，順從你內在翻騰的渴望。每個人都具有同樣的天性，內心渴望並非狂妄自大或只是對權勢的野心，這兩種心態只會阻礙你精進。追求大師境界是展現天賦特質，展現與生俱來的特長。當你順從自己的性向邁向大師境界，會對社會很有貢獻，就可以用自己的發現或見解造福社會，盡情揮灑自然界及人類社會的多樣性。若一味消費別人開創的成果、退縮到狹隘的目標內、只求即時享樂，說穿了不過是極度自私的行爲。疏遠了自己的天性，長期而言只會招致痛苦與失意，隱隱覺得自己糟蹋了某種珍貴的東西。這種痛苦將會漸漸轉變成苦澀和嫉妒，而你無從想起這份抑鬱的眞正根源。

「眞我」(*true self*) 不使用陳腐語句。它發聲自你的肺腑，來自心靈的底層，來自嵌在你內心的東西。源自你的獨一無二，以凌駕於你的強烈渴望跟你進行溝通。你摸不透自己爲何總偏愛某些活動或知識，這是無法言喻、無法解釋的東西，純粹是天性在作用。當你追隨這個聲音的引導，將能發揮潛能，滿足自己創造並展現獨特性的強烈渴望。它的存在有目的，栽培它到開花結果便是你的生命任務。

因為我們自視甚高，但又絕對沒高到以為自己畫得出媲美拉斐爾的畫作，或寫得出莎士比亞那樣劇力萬鈞的場面，於是說服自己那是非凡的成就，是完全超乎尋常的特例，或假如我們仍然抱持宗教信仰，就會說那是上帝的恩賜。於是，虛榮、自戀促使我們崇拜天才：只要認定他們與我們相距十萬八千里，是奇蹟的存在，他們的偉大就不會構成我們的苦惱……但除了虛榮想像之外，天才所在從事的活動與尋常的機械發明家、天文或歷史學者、戰略大師基本上差異並不大。只要想像一個人在某方面的思路特別活絡、會將一切皆視為可用的素材、總是熱切地觀察自己及別人的心靈活動、隨處皆能察覺模型與誘因、永遠不厭其煩地整合所有現成的資源並加以使用，天才的本領便都說得通了。天才所做的事不過就是先學會砌磚再學會蓋房屋，持續尋找建材並持續據以建構自己。人類的所有活動都複雜到極點，不只是天才的專利：一切都不是「奇蹟」。

尼采，德國哲學家、詩人

現代大師生平簡介

聖地牙哥．卡拉特拉瓦 生於一九五一年的西班牙瓦倫西亞。他在瓦倫西亞理工大學取得建築學位，之後在瑞士蘇黎世的瑞士聯邦理工學院取得土木工程博士學位。由於土木工程的背景，卡拉特拉瓦以設計大型公共建築爲主，諸如橋樑、火車站、博物館、文化中心、綜合體育館。卡拉特拉瓦受到自然界的有機造型啓發，設法在公共建案融入宛如神話卻又帶有未來色彩的特質，讓建築的一部分可以活動並改變形狀。知名作品包括加拿大多倫多的 BCE 廣場拱廊街（BCE Place Galleria，一九九二年）、葡萄牙里斯本的奧連提火車站（Oriente Railway Station，一九九八年）、密爾瓦基美術館的擴建部分（二〇〇一年）、阿根廷布宜諾斯艾利斯的女人橋（Puente de la Mujer，二〇〇一年）、加納利群島聖克魯茲的特內里費音樂廳（Auditorio de Tenerife，二〇〇三年）、雅典奧林匹克體育場（Athens Olympic Sports Complex，二〇〇四年）、瑞典馬爾默的扭毛巾大樓（Turning Torso Tower，二〇〇五年）、以色列耶路薩冷的輕軌高架橋（Light Railway Bridge，二〇〇八年）。他正著手設計紐約市世界貿易中心車站，預計二〇一四年啓用。（已於二〇一六年三月啓用。）卡拉特拉瓦也以雕塑聞名，作品在世界各國的美術館展出。他曾贏得許多獎項，包括結構工程師學會 (Institution of Structural Engineers) 金牌獎（一九九二年）、美國建築師學會 (American Institute of Architects) 金牌獎（二〇〇五年）。

丹尼爾．埃佛瑞特 生於一九五一年的加州荷特維。他在芝加哥穆迪聖經學院 (Moody Bible Institute of Chicago) 取得海外傳教的學位，成爲領受聖職的牧師。丹尼爾在基督教組織暑期語言學學院研讀語言學，之後全家成爲派駐在亞馬遜盆地的宣教士，與皮拉哈族共同生活。皮拉哈人是一小群狩獵採集者，其語言與其餘仍有人使用的土話毫無關聯。與皮拉哈人相處多年後，丹尼爾終於破解他們乍看難以解讀的語言，同時對人類語言的特質有了新發現，至今持續在語言學界引發爭議。他還研究了十餘種獨特的亞馬遜語言，並發表相關文章。丹尼爾在巴西坎皮納斯州立大學 (State University of Campinas) 取得語言學博士學位，曾在匹茲堡大學 (University of Pittsburgh) 擔任語言學及人類學教授並出任該校語言學系的主任，也在曼徹斯特大學（University of Manchester，英格蘭）及伊利諾州立大學 (Illinois State University) 執教鞭。丹尼爾目前是本特利大學 (Bentley University) 文理學院院長。他出版過兩本書：暢銷書《別睡，有蛇：亞馬遜叢林的生活與語言》（*Don't Sleep, There are Snakes: Life and Language in the Amazonian Jungle*，二〇〇八年）及《語言：文化工具》（*Language: The Cultural Tool*，二〇一二年）。他研究皮拉哈人的工作是《快樂語法》紀錄片的主題（*The Grammar of Happiness*，二〇一二年）。

泰芮斯塔．費南德茲 生於一九六八年的佛羅里達邁阿密。佛羅里達國際大學 (Florida International University) 藝術學士，維吉尼亞州立邦聯大學 (Virginia Commonwealth University) 藝術碩士。費南德茲是一位觀念藝術家，她以公共雕塑及材質特殊的大型作品最廣爲人知。她喜歡在作品中探索心理如何影響我們對周遭世界的認知；爲此，她創造令人身歷其境的環境，挑戰我們對藝術及自然的傳統觀點。她的作品在世界各國的著名博物館展出，包括紐約現代藝術博物館 (Museum of Modern Art, MoMA)、舊金山現代藝術博物館 (San Francisco Museum of Modern Art)、華盛頓特區科可蘭美術館 (Corcoran Gallery of Art)。她的大型委託案包括最近爲日本直島倍樂生藝術基地 (Bennesee Art Site) 打造的眩藍風景 (Blind Blue Landscape)。費南德茲獲獎無數，包括古根漢研究基金 (Guggenheim Fellowship)、美國學院羅馬附屬學會獎 (American Academy in Rome Affiliated Fellowship)、美國國家藝術贊助基金會藝術家補助金 (National Endowment for the Arts Artist's Grant)。二〇〇五年，她獲頒麥克阿瑟基金會獎助金 (MacArthur Foundation Fellowship)，又稱「天才獎助金」。二〇一一年巴拉克．歐巴馬總統指派費南德茲擔任美國藝術委員會 (U.S. Commission on Fine Arts) 委員。

保羅．葛藍 生於一九六四年的英格蘭威茅斯 (Weymouth)，四歲時舉家前往美國，在賓州門羅維 (Monroeville) 長大成人。康乃爾大學哲學學士，哈佛大學計算機科學博士。他在羅德島設計學院 (Rhode Island School of Design, RISD) 及義大利佛羅倫斯美術學院 (Accademia di Belle Arti di Firenze) 學習繪畫。一九九五年他與朋友合夥創立經網公司，這是第一家允許使用者架設自己的網路店鋪的應用系統服務提供者。後來雅虎公司以接近五億美元的金額買下經網（重新命名爲雅虎商城），葛藍便開始撰寫程式設計、科技創業、科技史及藝術的線上文章，廣受歡迎。二〇〇五年他在哈佛計算機社演講，因聽眾的回饋而創辦Y型組合者公司，這是提供種子資金及建議的學徒制度，擔任年輕的科技創業者的師父，自此成爲世界上最成功的科技育成中心。參與這個學徒制度的兩百多家企業現值超過四十億美元，包括 DropBox、Reddit、loopt 及 AirBnB。他出版過兩本書：討論 LISP 電腦程式語言的《LISP語言》（*On Lisp*，一九九三年）及《駭客與畫家》（*Hackers ad Painters*，二〇〇四年）。他的線上文章可在PaulGraham.com流覽。

天寶．葛蘭汀 生於一九四七年的麻州波士頓，三歲時確診爲自閉症患者。在特殊教育及語言治療師的調教下，慢慢駕馭了語言技能，得以開發智能、就讀各所學校，包括供資優生就讀的高中，當時她在科學方面表現優異。之後，天寶在富蘭克林皮爾斯學院(Franklin Pierce College)心理系取得學士學位，在亞歷桑納州立大學取得動物科學碩士學位，在伊利諾大學厄巴納－香檳分校(University of Illinois at Urbana-Champaign)取得動物科學博士學位。畢業後，她爲牲口處理業者設計廠房。美國半數的牛隻是以她設計的設備進行處理。她在這個領域致力爲屠宰場的動物追求更人道、零壓力的環境。爲此，她爲肉品廠撰寫了處理牛、豬的一系列指導原則，如今已獲得麥當勞等企業採行。天寶是主講動物權利及自閉症的熱門講師。她寫過幾本暢銷書，包括《星星的孩子：自閉天才的圖像思考》（*Thinking in Pictures: My Life with Autism*，一九九六年）、《傾聽動物心語》（*Animals in Translation: Using the Mysteries of Autism to Decode Animal Behavior*，二〇〇五年）、《我看世界的方法跟你不一樣：給自閉症家庭的實用指南》（*The Way I See It: A Personal Look at Autism and Aspergers*，二〇〇九年）。HBO二〇一〇年傳紀電影《星星的孩子》（*Temple Grandin*）便是在講述她的故事。目前她是科羅拉多州立大學(Colorado State University)動物科學教授。

松岡容子 生於一九七二年的日本東京。少女時期是前途看好的網球選手，因而前往美國接受高階的網球學院訓練。結果留在美國完成高中學業，之後取得加州大學柏克萊分校電機工程及計算機科學學士學位，以及麻省理工學院電機工程及人工智慧博士學位。就讀麻省理工學院期間，她是貝瑞特科技公司 (Barrett Technology) 的首席工程師，開發的機械手已是業界標準。她在卡內基美隆大學 (Carnegie Mellon University) 擔任計算機科學及工程學教授。容子在華盛頓大學開創一個新領域，稱爲「神經機器人學」，建立該校的神經機器人學實驗室，以機器人模型及虛擬環境了解人類肢體的生物力學及神經肌肉控制。在二〇〇七年，容子獲頒麥克阿瑟基金會獎助金，又稱「天才獎助金」。她是谷歌 X 部門的共同創立者，擔任創意主管。容子目前是 Nest Labs 的科技副理，他們是開發 Nest 學習型恆溫器等高效節能日用品的環保科技公司。

維蘭努亞．S．拉瑪錢德朗 一九五一年在印度馬德拉斯出生。他接受行醫訓練，之後轉換領域，在英格蘭劍橋大學三一學院修讀視覺心理學，取得博士學位。一九八三年，他在聖地牙哥加州大學擔任心理學助理教授，目前是該校心理系與神經科學課程的特聘教授，同時擔任該校大腦與認知中心 (Center for Brain and Cognition) 的主任。他以研究怪異的神經症候群聞名，諸如幻肢、各種身體認知失調、凱卜葛拉斯妄想症（患者相信家人是別人僞裝的）等，而他對鏡像神經元及聯覺的理論也廣爲人知。除了獲獎無數，他也獲頒大不列顛皇家研究院 (Royal Institution of Great Britain) 榮譽終身院士、牛津大學及史丹佛大學的研究員、國際神經精神病協會 (International Neuropsychiatry Society) 的年度拉蒙．卡哈獎 (Ramón Y Cajal Award)。二〇一一年，《時代》雜誌將他列爲「世界最具影響力的人之一」。他著有暢銷書《尋找腦中幻影》（*Phantoms in the Brain*，一九九八年）、《人類意識小旅行：從冒充的貴賓犬到紫色的數字》（*A Brief Tour of Human Consciousness: From Impostor Poodles to Purple Numbers*，二〇〇五年）、《搬弄是非的大腦：一個神經科學家對人之所以爲人的探尋》（*The Tell-Tale Brain: A Neuroscientist's Quest for What Makes Us Human*，二〇一〇年）。

佛雷迪·羅區 生於一九六〇年的麻州德登 (Dedham)，六歲展開拳手訓練，在打了一百五十場業餘賽後於一九七八年成爲職業拳手，拜師接受傳奇人物艾迪·法奇指導，在職業生涯締造四十一勝（十七次擊倒對手，因對手倒地不起超過規定時間而直接裁決獲勝）、十三敗的成績。一九八六年從職業拳手生涯退休，在法奇手下當訓練師學徒，幾年後自立門戶當教練，一九九五年起在加州好萊塢開設外卡拳擊館 (Wild Card Boxing Club)，如今他就在這裡訓練他旗下的拳擊手。佛雷迪指導過二十八位世界拳王，包括曼尼·帕奎奥、拳王泰森 (Mike Tyson)、奧斯卡·德·拉·霍亞 (Oscar De La Hoya)、阿米爾·罕 (Amir Khan)、小胡利歐·塞薩爾·查維斯 (Julio César Chávez Jr.)、詹姆斯·托尼 (James Toney)、維吉爾·希爾 (Virgil Hill)。他也是終極格鬥錦標賽 (UFC) 輕中量級冠軍喬治·聖皮耶 (Georges St. Pierre)、世界一流女性拳擊手露西雅·瑞科爾 (Lucia Rijker) 的教練。佛雷迪在一九九〇年診斷出帕金森氏症，以藥物及嚴密的訓練計畫大致控制病情。他獲獎無數，包括五度榮獲全美拳擊作家協會 (Boxing Writers Association of America) 頒發年度訓練師獎，最近更躋身國際拳擊名人堂 (International Boxing Hall of Fame)。彼得·柏格 (Peter Berg) 導演的 HBO 紀錄片《拳力以赴》(*On Freddie Roach*) 便是在介紹佛雷迪的故事。

小西薩．羅德里格斯　生於一九五九年的德州帕索（El Paso）。在南卡羅來納州色岱爾軍校取得企管學位，然後加入空軍大學飛行員訓練計畫。他飛過各種噴射機，是訓練有素的F－十五戰鬥機正駕駛，軍階慢慢爬升，於一九九三年成爲少校，一九九七年成爲中校，二〇〇二年上校。他的戰鬥機飛行時數超過三千一百小時，其中三百五十小時是執行戰鬥任務。他空戰表現傑出，有擊落三架敵機的紀錄：在沙漠風暴行動擊落兩架伊拉克米格戰鬥機（一九九一年），在南斯拉夫戰爭時擊落一架南斯拉夫空軍米格機（一九九九年）。自從越南戰爭以降，還沒有其他美軍飛行員超越他擊落三架敵機的戰蹟。西薩在伊拉克自由行動（Operation Iraqi Freedom，二〇〇三年）指揮第三三二遠征戰鬥機大隊（332nd Expeditionary Operations Group），於二〇〇六年從空軍退役。他是美國空軍空戰指揮暨參謀學院（U.S. Air Force Air Command and Staff College）、美國海軍戰爭學院（U.S. Naval War College）畢業生。在他的眾多勳章中，包括三枚傑出飛行十字勳章（Distinguished Flying Cross）、功績勳章（Legion of Merit）、銅星勳章（Bronze Star）。目前他是雷神公司（Raytheon）空戰系統產品線國際計畫暨成長部門的主管。

【謝詞】

首先，深深感謝安娜．比勒 (Anna Biller) 對本書的諸多寶貴貢獻，包括她鞭辟入裡的許多想法、精湛的編輯工作、協助研究、在我漫長的寫作過程始終溫情相挺。多虧她盡心盡力，兩肋插刀，本書才得以成真，我永遠感謝她。

感謝墨水池管理經紀公司 (Inkwell Management) 的經紀人麥克．卡萊爾 (Michael Carlisle) 老練地引導這個寫作計畫度過不時出現的障礙，謝謝他提供的所有編輯及生活建言。他是不折不扣的大師級經紀人。另外，感謝墨水池的蘿倫．史麥思 (Lauren Smythe) 的一切協助，以及將本書推廣到海外市場的埃麗克西絲．賀利 (Alexis Hurley)。

感謝莫莉．斯特恩 (Molly Stern) 推動整個寫作計畫，她與維京出版 (Viking) 的同仁對製作本書功不可沒。包括我的編輯喬許．肯道爾 (Josh Kendall)，他在許多層面都協助並影響了本書；卡洛琳．卡森 (Carolyn Carlson) 操刀編輯，施展了她的神奇功夫；瑪姬．佩埃特 (Maggie Payette) 設計書封；丹尼爾．拉金 (Daniel Lagin) 設計版面；諾琳．盧卡斯 (Noirin Lucas) 幹練地領導本書的製作過程；行銷主任南西．夏柏德 (Nancy Sheppard) 和宣傳主任卡洛琳．柯爾本 (Carolyn Coleburn) 聯手推銷本書，可圈可點；最後是貢獻不亞於別人的瑪格麗特．雷格斯 (Margaret Riggs)，她傾力支援本書。還有，一定要謝謝克蕾兒．費拉羅 (Clare Ferraro) 的耐心，巧妙地引導整個寫作計畫的大方向。

感謝《被新聞出賣的世界：「相信我，我在說謊」，一個媒體操縱者的告白》(*Trust Me I'm*

Lying: Confessions of a Media Manipulator，二〇一二年）作者萊恩・霍利得 (Ryan Holiday) 對本書的研究工作提供無價的襄助，並且幫忙尋找多位現代大師、接洽採訪事宜。

這一路上，許多人貢獻了建言與靈感。名單上的第一人是五角 (50 Cent)。我們在二〇〇七年的討論在我心裡埋下了本書的種子。五角的文學經紀人馬克・傑拉德 (Marc Gerald) 在初期階段扮演了他平時的助產士角色。一路發展下來，我也要謝謝卡斯柏・亞歷山大 (Casper Alexander)、啓斯・法拉利 (Keith Ferrazzi)、尼爾・史特勞斯 (Neil Strauss)、威廉・瑞波教授 (William Ripple)、法蘭西斯戈・席門內斯 (Francisco Gimenez)；我的知心好友艾略特・沙恩 (Eliot Schain)、米契爾・施瓦茲 (Michiel Schwarz)、尤斯特・艾爾菲斯 (Joost Elffers)；凱特琳娜・坎托拉 (Katerina Kantola) 的記憶會長存在人間。我也要謝謝我的姊妹萊絲莉 (Leslie) 對動物及我們的更新世祖先 (Pleistocene ancestors) 提供許多啓迪我的見解。

我當然永遠感謝答應接受本書採訪的現代大師。我開出親自面談的採訪條件，沒有時間限制，而且受訪人必須盡力開誠布公，暢談自己的創意過程、早年的掙扎、甚至是一路上的失敗。每一位受訪者都非常大方地和我長談，優雅地回應我不時提出的尖銳問題。他們這等開闊胸襟想必是他們躋身大師境界、人生成功的核心要素。

感謝協助我安排採訪的人：與V・S・拉瑪錢德朗教授共事的聖地牙哥加州大學研究生伊莉莎白・賽克爾 (Elizabeth Seckel)；保羅・葛藍的夫人暨 Y 型組合者公司創業合夥人潔西卡・李文斯頓；我在英國側寫出版社 (Profile Books) 的優秀出版人安德魯・富蘭克林 (Andrew Franklin) 協助我進行丹尼爾・埃佛瑞特的採訪；經卡拉特拉瓦妙手打造的密爾瓦基美術館的卸任總監大衛・戈登 (David Gordon) 幫忙安排聖地牙哥・卡拉特拉瓦的訪談；卡拉特拉瓦的夫人；天寶・葛蘭汀的行政助理雪柔・

米勒 (Cheryl Miller)；樂曼慕品畫廊 (Lehmann Maupin) 合夥人史黛芬妮·史密斯 (Stephanie Smith) 協助泰芮斯塔·費南德茲的採訪；代表佛雷迪·羅區的創新藝術家經紀公司 (CAA) 經紀人尼克·罕 (Nick Khan) 與伊凡·狄克 (Evan Dick)。

家母蘿芮特 (Laurette) 也是我絕對要感謝的人。謝謝她對我的耐心與慈愛，她是我的頭號書迷。當然，也不能不提布魯圖斯 (Burtus)，牠是史上最棒的貓咪，也是狩獵大師。

最後，我要感謝曾在多年的歲月裡緩緩打開我眼界、介紹我那麼多觀點、教導我如何思考的人：大師、師父、老師。他們的存在與精神貫穿了全書。

國家圖書館出版品預行編目資料

喚醒你心中的大師：偷學 48 位大師精進的藝術, 做個厲害的人 / 羅伯．葛林 (Robert Greene) 著；謝佳真譯. —— 初版. —— 新北市：李茲文化, 2017. 07
面；公分
譯自：Mastery
ISBN 978-986-93677-3-8（平裝）
1. 成功法 2. 自我實現

177.2 106008038

喚醒你心中的大師：偷學 48 位大師精進的藝術，做個厲害的人

作　　者：羅伯．葛林 (Robert Greene)
譯　　者：謝佳真
責任編輯：陳家仁
主　　編：陳家仁、莊碧娟
總 編 輯：吳玫琪

出　　版：李茲文化有限公司
電　　話：+(886) 2 86672245
傳　　真：+(886) 2 86672243
E-Mail: contact@leeds-global.com.tw
網　　站：http://www.leeds-global.com.tw/
郵寄地址：23199 新店郵局第 9-53 號信箱
P. O. Box 9-53 Sindian Taipei County 23199 Taiwan (R. O. C.)

定　　價：420 元
出版日期：2017 年 7 月 1 日 初版
2024 年 4 月 10 日 七刷

總 經 銷：創智文化有限公司
地　　址：新北市土城區忠承路 89 號 6 樓
電　　話：(02) 2268-3489
傳　　真：(02) 2269-6560
網　　站：www.booknews.com.tw

Make Something Different
不一樣就是不一樣

UP UP UP
UP UP UP
UP UP UP UP UP UP UP
UP UP UP UP UP UP UP
UP UP UP UP UP UP UP UP UP
UP UP UP UP UP UP UP UP UP
UP UP UP UP UP UP UP UP UP
UP UP UP UP UP UP UP UP UP
UP UP UP UP UP UP UP UP UP
UP UP UP UP UP UP UP UP UP
UP UP UP UP UP UP UP UP UP
UP UP UP UP UP UP UP UP UP
UP UP UP UP UP UP UP UP UP
UP UP UP UP UP UP UP UP UP
UP UP UP UP UP UP UP UP UP
UP UP UP UP UP UP UP UP UP
UP UP UP UP UP UP UP UP UP
UP UP UP UP UP UP UP UP UP
UP UP UP UP UP UP UP UP
UP UP UP UP UP UP UP UP UP
UP UP UP UP UP UP UP UP UP